D0747014

Diccionario
bilingüe de términos bursátiles

Bilingual Securities Dictionary

Dearborn
Financial Institute, Inc.

Dearborn Financial Institute

Dirección editorial: **Karin N. Kiser**
Supervisión editorial y producción: **Editorial Pax México**
Traducción: **Leduc Servicios Lingüísticos**
Revisión técnica: **Elizabeth Nicholas**
Bertha Escalona
Portada: **Richard Gahalla**

©Copyright 1999 por Dearborn Financial Publishing, Inc.®
Publicado por Dearborn Financial Institute, Inc.,® Chicago

ISBN 0-7931-3006-9

Contenido / Contents

español-inglés

A (*A*) Marca que se utiliza en la Cinta (o Tira) de Precios Consolidada para identificar a la Bolsa de Valores Americana.

a corto (*short hedge*) *Véase* cobertura a corto.

abandonar (*abandon*) No ejercer o no vender una opción antes de su fecha de vencimiento.

absorción (*merger*) *Véase* fusión.

acción americana de depósito (*American depositary receipt; American depositary share*) *Véase* recibo americano de depósito.

acción Clase A (*Class A share*) Acción de un fondo de inversión que se emite con un cargo por venta anticipado. Un fondo de inversión ofrece diferentes clases de acciones con el fin de que los inversionistas puedan elegir el tipo de cargo por venta que van a pagar. *Véanse también* acción Clase B; acción Clase C; acción Clase D; cargo por venta anticipado.

acción Clase B (*Class B share*) Acción de un fondo de inversión que se emite con un cargo por venta diferido. Un fondo de inversión ofrece diferentes clases de acciones con el fin de que los inversionistas puedan elegir el tipo de cargo por venta que van a pagar. *Véanse también* cargo por venta diferido; acción Clase A; acción Clase C; acción Clase D.

acción Clase C (*Class C share*) Acción de un fondo de inversión que se emite con un cargo por venta anual fijo. Un fondo de inversión ofrece diferentes clases de acciones con el fin de que los inversionistas puedan elegir el tipo de cargo por venta que van a pagar. *Véanse también* acción Clase A; acción Clase C; acción Clase D.

acción Clase D (*Class D share*) Acción de un fondo de inversión que se emite con un cargo por venta anual fijo y un cargo por venta diferido. Un fondo de inversión ofrece diferentes clases de acciones con el fin de que los inversionistas puedan elegir el tipo de cargo por venta que van a pagar. *Véanse también* cargo por venta diferido; acción Clase A; acción Clase B; acción Clase C; cargo por venta anual fijo.

acción común (*common stock*) *Véase* acción ordinaria.

acción con garantía (*guaranteed stock*) Título de capital, en la mayoría de los casos una acción preferente, que se emite con la promesa de una sociedad, diferente de la emisora, de cubrir los pagos de dividendos. La acción sigue representando una participación en la entidad emisora, pero se considera un valor doble. *Sin.* acción garantizada.

acción de crecimiento (*growth stock*) Título relativamente especulativo que se supone ofrece posibilidades de producir ganancias de capital significativas; por lo general paga dividendos bajos y se vende a un múltiplo de precio-utilidad alto. *Véase* múltiplo de precio-utilidad.

acción en circulación (*outstanding stock*) Título de capital emitido por una sociedad anónima que se encuentra en manos del público; acción emitida que no ha sido readquirida por el emisor. *Véase también* acciones de tesorería.

acción fraccionaria (*fractional share*) Una parte de una acción. Las acciones de los fondos de inversión con frecuencia se emiten en cantidades fraccionarias. En el pasado, las sociedades solían generar acciones fraccionarias cuando declaraban dividendos, se fusionaban o aprobaban una división de sus acciones, pero hoy día es más común que emitan el equivalente en efectivo de acciones fraccionarias. *Sin.* fracción de acción.

acción garantizada (*guaranteed stock*) *Véase* acción con garantía.

acción ordinaria (*common stock*) Título valor representativo de una participación en una sociedad anónima. Los tenedores de acciones comunes ejercen el control eligiendo al consejo de administración y decidiendo las políticas de la empresa mediante su voto. *Sin.* acción común. *Véanse también* capital social (2); acción preferente.

acción preferencial (*preferred stock*) *Véase* acción preferente.

acción preferencial acumulativa (*cumulative preferred stock*) *Véase* acción preferente acumulativa.

4

acción preferencial amortizable (*callable preferred stock*) *Véase* acción preferente amortizable.

acción preferencial convertible (*convertible preferred stock*) *Véase* acción preferente convertible.

acción preferencial no acumulativa (*noncumulative preferred stock*) *Véase* acción preferente no acumulativa.

acción preferencial participativa (*participating preferred stock*) *Véase* acción preferente participativa.

acción preferencial prioritaria (*prior preferred stock*) *Véase* acción preferente privilegiada.

acción preferencial privilegiada (*prior preferred stock*) *Véase* acción preferente privilegiada.

acción preferencial redimible (*callable preferred stock*) *Véase* acción preferente amortizable.

acción preferente (*preferred stock*) Título de capital que representa una parte de la propiedad de una sociedad anónima. Se emite con un dividendo determinado que debe pagarse antes de que se paguen dividendos a los tenedores de acciones ordinarias. Generalmente no tiene el derecho de voto. *Sin.* acción preferencial. *Véanse*

también acción preferente amortizable; acción preferente convertible; acción preferente acumulativa; acción preferente participativa; acción preferente privilegiada.

acción preferente acumulativa (*cumulative preferred stock*) Título de capital cuyos dividendos se acumulan y tienen que pagársele al tenedor antes del pago de dividendos a los tenedores de acciones ordinarias. *Sin.* acción preferencial acumulativa. *Véanse también* acción preferente convertible; acción preferente no acumulativa; acción preferente.

acción preferente amortizable (*callable preferred stock*) Tipo de acción preferente que se emite con una cláusula que establece que la sociedad emisora puede amortizarla a determinado precio y retirarla. *Sins.* acción preferente redimible; acción preferencial amortizable; acción preferencial redimible. *Véanse también* precio de amortización anticipada; acción preferente.

acción preferente convertible (*convertible preferred stock*) Título de participación que

5

puede intercambiarse por acciones ordinarias a determinados precios o tasas. Sus dividendos pueden ser acumulativos o no acumulativos. *Sin.* acción preferencial convertible. *Véanse también* acción preferente acumulativa; acción preferente no acumulativa; acción preferente.

acción preferente de combinación (*combination preferred stock*) Tipo de acción preferente que combina dos o más de las siguientes características: participante, acumulativa, convertible, amortizable por anticipado. *Véase también* acción preferente.

acción preferente no acumulativa (*noncumulative preferred stock*) Título de capital que no tiene que pagar a su tenedor dividendos atrasados. *Sin.* acción preferencial no acumulativa. *Véanse también* acción preferente convertible; acción preferente acumulativa; acción preferente.

acción preferente participativa (*participating preferred stock*) Título de capital que ofrece a su tenedor una participación en las utilidades de una sociedad que quedan después de pagar un dividendo fijo a todos los títulos prioritarios. El pago es adicional al del dividendo fijo que se establece en el certificado y puede ser acumulativo o no acumulativo. *Sin.* acción preferencial participativa. *Véanse también* acción preferente convertible; acción preferente acumulativa; acción preferente no acumulativa; acción preferente.

acción preferente prioritaria (*prior preferred stock*) *Véase* acción preferente privilegiada.

acción preferente privilegiada (*prior preferred stock*) Título de capital que ofrece a su tenedor el derecho de precedencia sobre otras acciones del mismo tipo en la recepción de dividendos y la distribución de activos en caso de liquidación de la sociedad. *Sins.* acción preferente prioritaria; acción preferencial privilegiada; acción preferencial prioritaria. *Véase también* acción preferente.

acción preferente redimible (*callable preferred stock*) *Véase* acción preferente amortizable.

acción sin valor nominal (*no-par stock*) Título de capital que se emite sin ningún valor declarado.

acción sintética (*synthetic stock*) Posición en opciones que simula el riesgo y el rendimiento potenciales de la tenencia directa de la acción subyacente.

acciones (*equity; EO*) *Véase* capital social (2).

acciones autorizadas (*authorized stock*) Número de acciones que una sociedad anónima está autorizada a emitir. Este número se estipula en su escritura constitutiva y puede modificarse mediante el voto de los accionistas.

acciones de capital (*capital stock*) *Véase* capital social (1).

acciones de tesorería (*treasury stock*) Títulos de capital que una entidad emite y después recompra al público al precio actual de mercado. *Véanse también* acciones emitidas; acción en circulación.

acciones emitidas (*issued stock*) Valores de capital autorizados mediante la declaración de registro del emisor y colocados entre el público. *Véanse también* acción en circulación; acciones de tesorería.

acciones patrimoniales (*blue chip stock*) Emisiones de títulos de participación de compañías bien establecidas y estables desde el punto de vista financiero que han demostrado su capacidad de pagar dividendos tanto en tiempos buenos como malos.

aceptación bancaria (*banker's acceptance; BA*) Instrumento del mercado de dinero que se usa para financiar el comercio exterior e interior. Una aceptación bancaria es un cheque que un importador o exportador de bienes gira a cargo de un banco y representa la promesa condicional de éste de pagar el valor nominal del pagaré a su vencimiento (normalmente a menos de tres meses).

acrecentamiento del descuento sobre un bono (*accretion of bond discount*) Proceso contable en virtud del cual el costo inicial de un bono adquirido con descuento se incrementa anualmente para dar cuenta de la base del bono conforme se acerca su vencimiento.

Cuando se adquiere un bono con descuento, el IRS obliga a declarar cada año, hasta el vencimiento, una parte de la diferencia entre la postura de compra con descuento y el valor nominal, aun cuando la ganancia no se realice hasta el vencimiento. *Véanse también* amortización del premio sobre un bono; base.

acreditante (*creditor*) Intermediario o agente de valores, miembro de una bolsa de valores nacional, o persona asociada con un intermediario-agente que otorga crédito a los clientes. *Sin.* acreedor.

acreedor (*creditor*) *Véase* acreditante.

acres adyacentes (*adjacent acreage*) Concesiones de petróleo o gas productivas o improductivas situadas dentro de los límites de un sitio de pozos. Los acres adyacentes pueden servir para seguir explotando los pozos de sondeo originales.

ACRS Siglas en inglés del nombre Sistema de Recuperación Acelerada de Costos. *Véanse* Sistema de Recuperación Acelerada de Costos; Sistema Modificado de Recuperación Acelerada de Costos.

ACT Acrónimo en inglés del nombre Servicio Automatizado de Confirmación de Operaciones.

activo (*asset*) (1) Cualquier propiedad de una persona física o moral. (2) Partida del balance general que representa los bienes de una sociedad.

activo circulante (*current assets*) Efectivo y otros activos que una sociedad espera convertir en efectivo dentro de los doce meses siguientes, por ejemplo, equivalentes de efectivo, cuentas por cobrar, inventario y gastos pagados por anticipado. *Sin.* activo corriente.

activo computable (*allowable asset*) Activo que un intermediario y representante registrado puede incluir al contabilizar su capital neto; en general, este tipo de activo se puede liquidar con facilidad. *Véanse también* capital neto; activo no computable.

activo corriente (*current assets*) *Véase* activo circulante.

activo de capital (*capital asset*) Bien tangible, por ejemplo un título valor o un bien raíz, cuya propiedad se conserva a largo plazo.

activo de liquidez inmediata (*quick assets*) *Véase* activo líquido.

activo disponible (*quick assets*) *Véase* activo líquido.

activo fijo (*fixed asset*) Bien físico, tangible, que se utiliza en las operaciones diarias de una sociedad; incluye edificios, equipo y terrenos.

activo fijo neto por bono (*net fixed assets per bond*) Indicador de la seguridad de un bono; es una medida conservadora porque excluye el activo intangible, el capital de trabajo y la depreciación acumulada.

activo intangible (*intangible asset*) Bien no físico, por ejemplo, una fórmula, derechos de autor o el crédito mercantil. *Véase también* crédito mercantil.

activo líquido (*cash flow*) *Véase* flujo de efectivo.

activo líquido (*quick assets*) Indicador de la liquidez de una empresa que incorpora el monto del inventario no realizado. Se calcula restando el inventario del activo circulante y se utiliza para calcular el coeficiente de solvencia inmediata. *Sins.* activo de liquidez inmediata; activo disponible. *Véase también* coeficiente de solvencia inmediata.

activo neto (*net worth; owners' equity; shareholders' equity; stockholders' equity*) *Véase* capital contable.

activo no computable (*nonallowable asset*) Activo que un intermediario-agente debe excluir del cálculo de su capital neto. Los activos de este tipo generalmente son cuentas por cobrar o activos no líquidos, sin garantía o parcialmente garantizados. *Véanse también* activo computable; capital neto; capital neto tentativo, cuenta por cobrar no garantizada.

activo tangible neto por acción (*book value per share*) *Véase* valor en libros por acción.

activo tangible neto por bono (*book value per bond*) *Véase* valor en libros por bono.

acuerdo con el cliente (*customer agreement*) *Véase* acuerdo del cliente.

acuerdo de crédito (*credit agreement*) Componente de un contrato de cuenta de margen de un cliente que establece en términos generales el arreglo crediticio entre el intermediario y el cliente.

acuerdo de opción (*option agreement*) Documento que un cliente tiene que firmar dentro de los 15 días siguientes a la fecha en que se le autoriza para negociar opciones, y en el cual acepta sujetarse a las reglas de las bolsas de opciones y no sobrepasar los límites relativos a la posición o el ejercicio.

acuerdo de presentación
(*submission agreement*)
Documento que tienen que
presentar por separado las
partes en una controversia
sujeta a resolución conforme
al Código de Procedimiento
de Arbitraje de la NASD; el
procedimiento no inicia hasta
que presentan este
documento.

acuerdo de préstamo de valores
(*stock loan agreement*)
Documento que un cliente
institucional tiene que firmar
cuando el intermediario-
agente toma en préstamo
acciones de su cuenta, y en el
cual se especifican las
condiciones del préstamo y
los derechos de ambas partes.

acuerdo de recompra (*repurchase
agreement; repo*) *Véase* reporto.

acuerdo de recompra inverso
(*reverse repurchase agreement*)
Véase reporto inverso.

**acuerdo de sociedad en
comandita simple** (*agreement
of limited partnership*) Contrato
que establece las pautas de
operación de un programa de
participación directa; incluye
la descripción de las
responsabilidades del socio
comanditado y de los
socios comanditados.

acuerdo de suscripción
(*subscription agreement*)
Declaración firmada por un
inversionista en la que éste
dispone una oferta para
comprar una parte de un
programa de participación
directa. En este documento, el
inversionista acuerda
otorgarle un poder al socio
comanditado y sujetarse
al contrato de sociedad en
comandita simple. La venta
se cierra cuando el socio
comanditado firma el acuerdo
de suscripción.

acuerdo del cliente (*customer
agreement*) Documento que un
cliente tiene que firmar al
abrir una cuenta de margen
con un intermediario y
representante registrado, el
cual le permite a éste liquidar
toda o parte de la cuenta si
aquél no responde a un aviso
de margen. *Sin.* acuerdo con
el cliente.

acuerdo entre colocadores
(*agreement among underwriters*)
Véase acuerdo entre firmas
colocadoras.

**acuerdo entre firmas
colocadoras** (*agreement among
underwriters*) Arreglo formal
que establece las condiciones
en las que cada miembro de
un sindicato colocador
participará en la oferta de una
emisión nueva, así como los
deberes y las responsabilidades
del administrador de la

misma. *Sin.* acuerdo entre colocadores. *Véanse también* sindicato; colocador libre.

adjudicación funcional (*functional allocation*) *Véase* asignación funcional.

administración automatizada de cartera (*program trading*) Estrategia de negociación coordinada que implica compras o ventas relacionadas de grupos de acciones con un valor de mercado de $1 millón o más. Esta estrategia a menudo implica el arbitraje entre el mercado de valores y el mercado de futuros. *Sin.* manejo automatizado de cartera.

Administración de Crédito Agrícola (*Farm Credit Administration; FCA*) Organismo del gobierno de Estados Unidos que coordina las actividades de los bancos en el Sistema de Crédito Agrícola. *Véase también* Sistema de Crédito Agrícola.

administrador (1) (*administrator*) (b) Persona autorizada por un tribunal judicial para liquidar el patrimonio sucesorio de un intestado. (c) Funcionario u órgano que administra las leyes de valores de un estado.

administrador (2) (*operator*) *Véase* operador (1).

administrador de cartera (*portfolio manager; fund manager*) Entidad responsable de invertir los activos de una sociedad de inversión, implantar la estrategia de inversión del mismo y manejar sus operaciones diarias. *Sin.* administrador de fondo.

administrador de colocación (*underwriting manager; manager of the syndicate; managing underwriter; syndicate manager*) *Véase* colocador libre.

administrador de fondo (*portfolio manager; fund manager*) *Véase* administrador de cartera.

administrador de sindicato de colocadores (*underwriting manager; manager of the syndicate; managing underwriter; syndicate manager*) *Véase* colocador libre.

adquisición de derechos (*vesting*) (1) Directriz de ERISA que estipula que los empleados tienen derecho a gozar de la totalidad de sus prestaciones de retiro durante cierto periodo aunque hayan dejado de trabajar con un empleador. (2) Periodo durante el cual un empleado debe trabajar para poder gozar sin ningún cargo de las aportaciones realizadas por su empleador. El IRS y la Ley de Seguridad de los

Ingresos de Retiro de los Empleados de 1974 establecen los requisitos mínimos para la adquisición de derechos en un plan calificado.

ADR Siglas en inglés del término recibo americano de depósito.

ADS Siglas en inglés del término acción de depósito americana.

afiliado (*affiliate*) *Véase* persona afiliada.

agente (*agent*) (1) Persona física o moral que se dedica a la compraventa de títulos valor por cuenta de terceros. (2) Persona autorizada por un estado para operar como agente de seguros. (3) Vendedor que representa a un intermediario-agente o a una entidad emisora cuando venden o intentan vender títulos valor al público inversionista; a esta persona se le considera agente sin importar que reciba o simplemente solicite órdenes. *Véanse también* intermediario; intermediario-agente; agente de valores.

agente de derechos (*rights agent*) Agente de una sociedad emisora que es responsable de llevar los registros de nombres de los titulares de cédulas de derechos.

agente de intermediación exclusiva (*commission house broker; floor broker; CHB*) *Véase* operador de piso.

agente de pagos de dividendos (*dividend disbursing agent; DDA*) Persona responsable de hacer las distribuciones de dividendos requeridas al departamento de dividendos del intermediario-agente.

agente de transferencias (*transfer agent*) Persona física o moral responsable de registrar los nombres y las tenencias de los propietarios de valores registrados, supervisar que los certificados lleven las firmas de los funcionarios indicados de la empresa, añadir el sello oficial y entregar los valores a los nuevos propietarios. *Sin.* agente de transmisiones.

agente de transmisiones (*transfer agent*) *Véase* agente de transferencias.

agente de valores (*dealer; principal*) (1) Persona física o moral que se dedica a la compraventa de valores por cuenta propia, ya sea directamente o a través de un intermediario. (2) Función que desempeña una empresa cuando actúa como principal y le hace al cliente un aumento o una rebaja de precio. *Sin.* principal (2). *Véanse también* intermediario; intermediario-agente.

agente de valores municipales
(*municipal securities principal*)
Véase principal de valores
municipales.

agotamiento porcentual
(*percentage depletion*) Método de
contabilidad de impuestos
de un programa de
participación directa conforme
al cual se puede tratar como
gasto deducible de impuestos
un porcentaje reglamentario
de los ingresos brutos de las
ventas de un recurso mineral.
El agotamiento porcentual se
les permite exclusivamente a
los pequeños productores, y
no a los compradores de
derechos de producción.
Sins. reducción porcentual;
disminución porcentual.

ajuste a valor actual de mercado
(*mark to the market*) Ajuste del
valor de los títulos de una
cuenta a su valor comercial
presente; se usa para calcular
el valor comercial y el capital
en una cuenta de margen.
Sins. ajuste a valor corriente
de mercado; ajuste a valor
comercial actual; ajuste a
valor comercial corriente;
ajuste a valor presente de
mercado.

ajuste a valor comercial actual
(*mark to the market*) *Véase* ajuste
a valor actual de mercado.

**ajuste a valor comercial
corriente** (*mark to the market*)
Véase ajuste a valor actual de
mercado.

**ajuste a valor corriente de
mercado** (*mark to the market*)
Véase ajuste a valor actual de
mercado.

**ajuste a valor presente de
mercado** (*mark to the market*)
Véase ajuste a valor actual de
mercado.

ajuste al contrato de opción
(*option contract adjustment*)
Ajuste automático a las
condiciones de una opción en
la fecha exdividendo cuando
una acción paga un dividendo
o si hay una división de
acciones o una división
inversa.

ajuste de calidad (*quality
adjustment*) Cantidad en que
aumenta o disminuye el
precio de liquidación de una
operación de futuros cuando
el grado de calidad del
producto entregado difiere
del que se especifica en el
contrato original.

al descubierto (*naked; uncovered*)
Expresión que designa la
posición de un inversionista
que vende una opción de
compra o una opción de venta
sobre un título valor que no es
de su propiedad. *Sin.* sin
cobertura.

albacea (*executor*) Persona a
quien se otorga autorización

fiduciaria para administrar los asuntos de un patrimonio sucesorio. La autoridad de un albacea se establece en un testamento. *Sin.* albacea testamentario.

albacea testamentario (*executor*) *Véase* albacea.

alcista (*bull*) Inversionista que actúa basándose en la suposición de que determinado valor o el mercado está subiendo o se espera que suba. *Véase también* bajista.

alerta anticipada (*early warning*) Término que describe la situación de un intermediario-agente cuando su capital neto baja a menos del 120% del mínimo requerido, o su coeficiente de endeudamiento global a capital neto es mayor que 12:1. Los requisitos para presentación de informes de la empresa FOCUS se escalonan hasta tres meses después de que el intermediario ya no se encuentra en la situación de alerta anticipada.

ALTO (*HALT*) Mensaje en la Cinta (o Tira) de Precios Consolidada que indica que se ha detenido la negociación de cierto título. *Véase también* suspensión de operaciones.

AMBAC Acrónimo del nombre AMBAC Indemnity Corporation.

AMBAC Indemnity Corporation Sociedad anónima que ofrece seguros sobre el pago puntual de intereses y obligaciones de los agentes de títulos valor municipales. Los servicios de calificación usualmente clasifican como AAA los bonos asegurados por esta sociedad. *Sin.* AMBAC.

AMEX Acrónimo del nombre Bolsa Americana de Valores.

amortización (1) (*amortization*) (a) Pago de una deuda en exhibiciones regulares durante un periodo determinado. (b) Deducción proporcional de ciertos gastos capitalizables durante un periodo determinado.

amortización (2) (*in-whole call*) Acto de amortizar una emisión de bonos en su totalidad a opción del emisor, en vez de amortizarla mediante una lotería organizada por un fiduciario independiente. *Sin.* redención total. *Véase también* redención parcial.

amortización (3) (*redemption*) Reembolso a un inversionista del capital que invirtió en un título, ya sea un bono, una acción preferente o una acción de una compañía de inversión. En Estados Unidos, por ley, la amortización de los bonos de fondos mutualistas debe realizarse dentro de los siete días siguientes a la fecha en que se reciba la solicitud de amortización de los inversionistas. *Sin.* redención.

amortización constante (*straight-line depreciation*) *Véase* depreciación en línea recta.

amortización de cuotas fijas (*straight-line depreciation*) *Véase* depreciación en línea recta.

amortización del premio sobre un bono (*amortization of bond premium*) Proceso contable en virtud del cual el costo inicial de un bono adquirido con un premio se reduce anualmente para dar cuenta de la base del bono conforme se acerca su vencimiento.

amortización lineal (*straight-line depreciation*) *Véase* depreciación en línea recta.

amortización parcial (*in-part call*) Amortización de una parte de una emisión de bonos a solicitud del emisor. *Sin.* redención parcial. *Véase también* redención total.

análisis fundamental (*fundamental analysis*) Método para evaluar títulos mediante la medición del valor intrínseco de una acción específica. Los analistas fundamentales estudian la economía en general, las condiciones de la industria, la situación financiera y la administración de determinadas compañías. *Véase también* análisis técnico.

análisis técnico (*technical analysis*) Método de evaluación de valores que consiste en analizar las estadísticas generadas por la actividad del mercado, por ejemplo, los precios y los volúmenes históricos. El análisis técnico no intenta medir el valor intrínseco de los títulos. *Véanse también* analista; análisis fundamental.

analista (*chartist*) Analista de valores que utiliza diagramas y gráficas de los movimientos anteriores de los precios de un título valor para pronosticar sus movimientos futuros. *Sin.* técnico. *Véase también* análisis técnico.

anulación de orden (*cancel former order; CFO*) Instrucción que da un cliente de cancelar una orden emitida.

anuncio de licitación (*invitation for bids*) *Véase* anuncio de subasta.

anuncio de subasta (*invitation for bids*) Aviso dirigido a los colocadores de títulos en el que se les solicita que entreguen posturas para su participación en una emisión de bonos. Estos avisos se publican en *The Bond Buyer, Munifacts*, periódicos y revistas. *Sin.* anuncio de licitación.

apalancamiento (*leverage; trading on the equity*) Uso de préstamos de capital para aumentar el rendimiento de las inversiones. *Sins.* poder multiplicador; efecto palanca.

aportación adicional (*assessment*) Cantidad de capital que a un miembro de un programa de participación directa se le puede pedir que aporte adicionalmente a la cantidad de suscripción. Las aportaciones adicionales pueden ser obligatorias u opcionales y tienen que solicitarse dentro de un periodo de doce meses.

aportación de capital (*capital contribution*) Monto de la inversión de un miembro de un programa de participación directa; no incluye las unidades compradas por los patrocinadores.

aportación voluntaria (*voluntary contribution*) Aportación adicional que un empleado hace a un plan Keogh para ampliar los beneficios del mismo. La aportación máxima permitida es del 10% de la remuneración del empleado. Si bien esta aportación no es deducible de impuestos, las ganancias que produce no incurren en impuestos sino hasta el retiro del empleado.

apreciación (*appreciation*) Aumento del valor de un activo. *Sin.* revaluación (1).

aprovechamiento gratuito (*freeriding*) Acción de comprar valores y venderlos inmediatamente sin pagarlos. Esta práctica representa una violación al Reglamento T de la SEC.

aprovechamiento gratuito y retención (*freeriding and withholding*) Abstención por parte de un miembro que participa en la distribución de una emisión especulativa de hacer una oferta pública de buena fe al precio de oferta pública. Esta práctica representa una violación de las Reglas de Prácticas Leales de la NASD. *Véase también* emisión especulativa.

arbitraje (1) (*arbitrage*) Compra y venta simultáneas de los mismos títulos o de títulos relacionados para aprovechar una ineficiencia del mercado.

Véanse también arbitraje de índices; arbitraje internacional; arbitraje de mercado; arbitraje bursátil; cuenta especial de arbitraje.

arbitraje (2) (*arbitration*) Arreglo en virtud del cual la Junta de Arbitraje de la NYSE, o una asociación de arbitraje designada, conoce de desacuerdos entre miembros, miembros asociados, organizaciones miembros y sus empleados, y los soluciona. Cuando se presentan controversias entre miembros o sus empleados y no miembros, estos últimos tienen la opción de someterse voluntariamente a arbitraje. *Véase también* arbitraje simplificado.

arbitraje bursátil (*security arbitrage*) Compra y venta simultáneas de valores relacionados o convertibles, con objeto de aprovechar una disparidad de precios entre ambos valores. *Véase también* arbitraje (1).

arbitraje de cartera (*switching; rolling forward*) Estrategia especulativa mediante la cual un inversionista cierrra una posición en un producto básico o en una opción con un mes de entrega o de vencimiento específico y abre otra en el mismo producto o la misma opción pero con un mes de entrega o vencimiento más distante.

arbitraje de índices (*index arbitrage*) Negociación de un grupo de acciones junto con opciones de índices de acciones o contratos de futuros, con la intención de aprovechar las diferencias de precios. *Véase también* arbitraje (1).

arbitraje de mercado (*market arbitrage*) Compra y venta simultáneas de un título en mercados diferentes con el objeto de aprovechar una disparidad de precios entre los dos mercados. *Véase también* arbitraje (1).

arbitraje de riesgo (*risk arbitrage*) Compra de acciones en una compañía que es objeto de una adquisición y venta en corto de acciones de la compañía que la está adquiriendo, con el fin de aprovechar el aumento de valor previsto en las acciones de la primera y la disminución del valor de las acciones de la segunda.

arbitraje internacional (*international arbitrage*) Compra y venta simultáneas de un título en una bolsa con objeto de aprovechar la diferencia entre su precio en esa bolsa y su precio en otra fuera de la jurisdicción de las autoridades reguladoras estadounidenses.

arbitraje simplificado (*simplified arbitration*) Método conveniente para resolver controversias que implican demandas de montos inferiores a los $10,000, según el cual un tribunal arbitral examina las pruebas y emite un laudo dentro de un plazo máximo de 30 días hábiles. *Véase también* arbitraje (2).

árbitro (*arbitrageur*) Persona que practica el arbitraje.

árbol de Navidad (*Christmas tree*) Conjunto de válvulas, calibradores y tubos que se encuentran en el cabezal de un pozo de gas o de petróleo; se considera como un gasto tangible en los programas de participación directa relativos a estos productos.

área de prospección (*prospect*) Terreno con reservas probables de gas o petróleo sobre el que un programa de participación directa intenta adquirir un derecho.

arreglo de participación (*sharing arrangement*) Método para distribuir la responsabilidad por los gastos y el derecho de participación en los ingresos entre el patrocinador y los socios comanditarios de un programa de participación directa. *Véanse también* participación en cuenta; participación desproporcionada; asignación funcional; participación en las utilidades netas de operación; participación de regalías predominante; participación directa subordinada.

asesor en comercio de productos básicos (*commodity trading adviser; CTA*) Individuo u organización que, por una comisión, hace recomendaciones y elabora informes sobre las operaciones de futuros y opciones relacionadas con productos básicos. *Sin.* asesor en comercio de productos primarios.

asesor en comercio de productos primarios (*commodity trading adviser; CTA*) *Véase* asesor en comercio de productos básicos.

asesor en inversión (*investment adviser*) *Véase* asesor en inversiones.

asesor en inversiones (*investment adviser*) (1) Persona que hace recomendaciones de inversión a cambio de una comisión fija o de un porcentaje de los activos administrados. (2) En el caso de una compañía de inversión, persona que diariamente tiene la responsabilidad de invertir el efectivo y los valores que constituyen la cartera de la sociedad de acuerdo con los objetivos establecidos en el prospecto de la misma. *Sin.* asesor en inversión.

asesor legal en bonos (*bond counsel; bond attorney*) Abogado que una entidad municipal contrata para que dé una opinión respecto de la legalidad de una emisión y del régimen fiscal aplicable a la misma. *Véase también* dictamen jurídico.

asignación (*takedown*) Descuento sobre el precio de oferta pública al que un miembro de un sindicato le compra a éste valores de reciente emisión para venderlas al público. *Véase también* concesión (1).

asignación desproporcionada (*disproportionate allocation*) *Véase* distribución desproporcionada.

asignación funcional (*functional allocation*) Acuerdo de distribución por virtud del cual los costos intangibles de un programa de participación directa corren a cargo de los inversionistas y los tangibles a cargo del patrocinador; los ingresos son compartidos. *Sins.* distribución funcional; adjudicación funcional. *Véase también* arreglo de participación.

Asociación de Valores Públicos (*Public Securities Association; PSA*) Organización de bancos e intermediarios-agentes que negocian títulos garantizados con hipotecas, valores del mercado monetario y títulos emitidos por el gobierno federal, organismos gubernamentales y municipios de Estados Unidos. *Véase también* modelo de pagos anticipados de la PSA.

Asociación del Sector de Valores (*Securities Industry Association; SIA*) Organización sin fines lucrativos que representa los intereses colectivos de las empresas de valores. Sus actividades incluyen: relaciones con el gobierno, investigación especializada y servicios de capacitación e información para sus miembros.

asociación en participación (*joint venture*) *Véase* coinversión.

Asociación Hipotecaria Nacional Gubernamental (*Government National Mortgage Association; Ginnie Mae; GNMA*) Corporación estatal que emite certificados de deuda de transferencia respaldados por la buena fe y crédito del gobierno de Estados Unidos.

Asociación Nacional de Futuros (*National Futures Association; NFA*) Organización autorreguladora del sector de futuros de productos a la que tienen que pertenecer todos los miembros de bolsas de futuros, asesores en operación de productos básicos y operadores de canastas de productos básicos. Esta asociación es responsable de hacer cumplir las reglas y reglamentos de la Comisión de Comercio de Futuros de Productos Básicos.

Asociación Nacional Federal Hipotecaria (*Federal National Mortgage Association; FNMA; Fannie Mae*) Institución pública que compra hipotecas convencionales y de otros tipos a los organismos gubernamentales, entre ellos la Administración Federal de la Vivienda, el Departamento de Asuntos de Veteranos y la Administración de la Vivienda de los Agricultores.

asociado extranjero (*foreign associate*) Empleado de una empresa miembro de la NASD, que no sea ciudadano estadounidense. Los asociados extranjeros no tienen que registrarse ni acreditarse en la NASD y no pueden participar en el sector bursátil de ningún país o territorio bajo la jurisdicción de Estados Unidos ni realizar negocios con ningún ciudadano, nacional o extranjero residente de ese país.

auditoría de información (*due dilligence*) Investigación cuidadosa que los colocadores deben llevar a cabo para asegurar que a los inversionistas prospecto se les revele toda la información esencial relativa a una emisión.

aumento de precio (*markup*) *Véase* sobreprecio.

AUTOAMOS Acrónimo en inglés del nombre Sistema de Cambio Automático de Opciones de la AMEX.

AUTOPER Acrónimo en inglés del nombre Sistema de Postejecución y Reporte Automáticos.

Autoridad de las Bolsas de Productos Básicos (*Commodity Exchange Authority; CEA*) Organismo federal creado por el Departamento de Agricultura de Estados Unidos para administrar la Ley de Bolsas de Productos Básicos de 1936; predecesor de la Comisión de Comercio de Futuros de Productos Básicos.

autorización amplia para negociar (*full trading authorization; trading authorization*) Autorización, generalmente establecida en un poder amplio, para que otra persona, distinta del cliente, ejerza privilegios amplios de negociación respecto de una cuenta. *Véase también* autorización limitada para negociar.

autorización limitada para negociar (*limited trading authorization*) Autorización, generalmente a través de un poder limitado, que confiere privilegios en el manejo de una cuenta a una persona distinta del cliente. Estos privilegios se limitan a la compraventa y excluyen el retiro de activos. *Véase también* autorización amplia para negociar.

auxiliar de clientes (*customer ledger*) *Véase* libro mayor de clientes.

avalúo (*appraisal*) Opinión por escrito sobre el valor de un bien preparada por un valuador independiente calificado para tasar ese tipo de bien en particular. *Sin.* tasación.

aviso de amortización (*redemption notice*) Aviso público de que una sociedad anónima o municipalidad tiene la intención de amortizar una emisión de bonos. *Sins.* notificación de amortización; aviso de redención; notificación de redención.

aviso de mantenimiento (*margin maintenance call; house maintenance call; maintenance call; NASD/NYSE maintenance call*) *Véase* aviso de mantenimiento de margen.

aviso de mantenimiento de la NASD (*NASD maintenance call*) *Véase* aviso de mantenimiento de margen.

aviso de mantenimiento de margen (*margin maintenance call; house maintenance call; maintenance call*) Exigencia de que un cliente de margen deposite dinero o valores cuando su capital desciende por debajo del requisito de mantenimiento de margen establecido por el intermediario-agente y, la NASD o la NYSE. *Sins.* llamada de mantenimiento de margen; aviso de margen mínimo; llamada de margen mínimo; aviso de mantenimiento; aviso de mantenimiento de la NASD; llamada de mantenimiento; aviso de mantenimiento NASD/NYSE; llamada de mantenimiento NASD/NYSE.

aviso de mantenimiento NASD/NYSE (*margin maintenance call; house maintenance call; maintenance call; NASD/*

NYSE maintenance call) Véase aviso de mantenimiento de margen.

aviso de mantenimiento NYSE (*NYSE maintenance call) Véase* aviso de mantenimiento de margen.

aviso de margen (*margin call; Fed call; federal call; federal margin; Reg. T call; T call*) Exigencia del Consejo de la Reserva Federal de que un cliente deposite determinada cantidad de dinero o de valores cuando realiza una compra en una cuenta de margen. La cantidad en cuestión se expresa como porcentaje del valor de mercado de los títulos en el momento de la compra, y el depósito debe efectuarse dentro de un periodo de pago. *Sin.* llamada de margen. *Véanse también* requisito de margen inicial; margen.

aviso de margen mínimo (*margin maintenance call; house maintenance call; maintenance call; NASD/NYSE maintenance call) Véase* aviso de mantenimiento de margen.

aviso de redención (*redemption notice) Véase* aviso de amortización.

aviso informativo (*tombstone*) Anuncio impreso mediante el cual se solicitan indicios de interés en una oferta de valores. El texto se limita a dar información básica sobre la oferta, por ejemplo, el nombre del emisor, el tipo de título, los nombres de los suscriptores o colocadores y dónde se puede conseguir el prospecto.

aviso oficial de venta (*official notice of sale*) Invitación a la compra de una emisión de bonos municipales que se envía a colocadores potenciales y contiene, entre otros datos, la fecha, la hora y el lugar de la venta, la descripción de la emisión, los vencimientos, las disposiciones sobre amortización anticipada y el monto del depósito de buena fe requerido. *Sin.* notificación oficial de venta.

B

B (*B*) Marca que se utiliza en la Cinta (o Tira) de Precios Consolidada para identificar a la Bolsa de Valores de Boston.

bajista (*bear*) Inversionista que actúa con base en la creencia de que un título valor o un mercado están registrando, o se espera que registren, una tendencia a la baja. *Véase también* alcista.

balance general (*balance sheet*) Informe de la situación financiera de una sociedad en un periodo específico.

balanza comercial (*balance of trade*) El componente más grande de la balanza de pagos de un país; consiste en las exportaciones e importaciones de mercancías (no de servicios). Las partidas deudoras incluyen importaciones, ayuda exterior, gastos de nacionales en el extranjero e inversiones de nacionales en el extranjero. Las partidas acreedoras incluyen exportaciones, gastos de extranjeros en la economía nacional e inversiones extranjeras en la economía nacional. *Véase también* balanza de pagos.

balanza de pagos (*balance of payments; BOP*) Registro contable internacional de todas las transacciones de un país con otros durante cierto periodo; compara los montos en divisas que ese país ha recibido con los montos que ha pagado en su propia moneda. *Véase también* balanza comercial.

banco comercial (*commercial bank*) Institución que se dedica a aceptar depósitos y colocar créditos comerciales. Este tipo de banco no está autorizado para colocar títulos de las empresas ni la mayoría de los bonos municipales. *Véase también* banco de inversión.

banco de inversión (*investment banker*) Institución que se dedica a reunir capital para las sociedades y los municipios. Un banco de inversión no puede aceptar depósitos ni otorgar préstamos comerciales. *Sin.*

banco de inversiones.
Véase banco comercial.

banco de inversiones (*investment banker*) *Véase* banco de inversión.

Banco Federal Intermediario del Crédito (*Federal Intermediate Credit Bank; FICB*) Uno de los 12 bancos que otorgan financiamiento a corto plazo a los agricultores como parte del Sistema de Crédito Agrícola.

Banco Federal para el Financiamiento de la Vivienda (*Federal Home Loan Bank; FHLB*) Organización regulada por el gobierno de Estados Unidos que opera un sistema de reservas crediticias para las instituciones de ahorro y préstamo del país.

Banco Interamericano de Desarrollo (*Inter-American Development Bank; IADB*) Institución establecida con el objeto de promover el desarrollo económico y social de América Latina mediante el financiamiento de proyectos de capital en los países miembros. *Sin.* BID.

Banco Internacional de Reconstrucción y Fomento (*International Bank for Reconstruction and Development; IBRD; World Bank*) Organización internacional que financia créditos para construir y mejorar la infraestructura en los países en desarrollo. Estos créditos los garantiza el gobierno del país acreditado. *Sin.* Banco Mundial; BIRF.

Banco Mundial (*World Bank; International Bank for Reconstruction and Development; IBRC ; IBRD*) *Véase* Banco Internacional de Reconstrucción y Fomento.

banderín (*triangle; pennant*) *Véase* triángulo.

base (*basis*) (1) Costo de un activo o de un título valor. (2) Diferencia entre el precio de contado de un producto básico y el precio de un contrato de futuros del mismo; la base normalmente es el promedio del precio del contrato de contado y el contrato de futuros con fecha de vencimiento próxima.

base ajustada (*adjusted basis*) Valor atribuido a un activo o un título valor en el que se tiene en cuenta cualquier depreciación o apreciación de los mismos. La base ajustada se usa para calcular la pérdida o la ganancia sobre la venta u otra modalidad de disposición de ese activo o título valor.

base de agencia (*agency basis; agency transaction*) *Véase* operación de agencia.

base de costo (*cost basis*) Precio que se paga por un activo, incluye comisiones u honorarios y se usa para calcular las ganancias o las pérdidas de capital que se producen cuando se vende ese activo.

base de fortalecimiento (*strengthening basis*) Tendencia de convergencia del precio al contado y el precio de futuros de un producto básico. *Véase también* base deteriorante.

base de representación (*agency basis; agency transaction*) *Véase* operación de agencia.

base del impuesto (*tax basis*) Monto que un socio comanditado ha invertido en una sociedad. *Sins.* base imponible; base gravable; base impositiva.

base deteriorante (*weakening basis*) Separación creciente del precio de contado y el precio de futuros de un producto. *Véase también* base de fortalecimiento.

base gravable (*tax basis*) *Véase* base del impuesto.

base imponible (*tax basis*) *Véase* base del impuesto.

base impositiva (*tax basis*) *Véase* base del impuesto.

base local (*country basis; local basis*) Precio de mercado en efectivo local de un producto básico en comparación con su precio de futuros a corto plazo en la Bolsa de Comercio de Chicago. Estos precios pueden variar de una región a otra conforme a los sesgos de la oferta y la demanda.

base promedio (*average basis*) Método contable que se aplica cuando un inversionista ha realizado múltiples compras del mismo título valor a diferentes precios. Con este método se saca el promedio de los precios de compra con el fin de calcular la base del costo del inversionista en relación con las acciones liquidadas. La diferencia entre la base del costo promedio y la postura de venta determina la obligación fiscal del inversionista. *Véanse también* primeras entradas, primeras salidas; últimas entradas, primeras salidas; identificación de acciones.

BID (*Inter-American Development Bank; IADB*) *Véase* Banco Interamericano de Desarrollo.

BIRF (*International Bank for Reconstruction and Development; World Bank; IBRD;*) *Véase* Banco Internacional de Reconstrucción y Fomento.

Blue List, The Nombre de una publicación diaria en la que

aparece una lista de las ofertas actuales de bonos municipales que los bancos y los intermediarios bursátiles manejan en todo Estados Unidos.

boleta de entrega uniforme (*uniform delivery ticket*) Documento que debe acompañar a los valores cuando se le entregan al comprador; significa buena entrega. *Véase también* entrega de conformidad.

boleta de orden (*order memorandum; order ticket*) *Véase* memorándum de orden.

boletín de negocios (*market letter*) Publicación que comenta sobre valores, inversiones, la economía u otros temas relacionados y se distribuye entre los clientes de una organización o al público. *Véase también* propaganda.

bolsa (*exchange*) Cualquier organización, asociación o grupo de personas que mantiene o proporciona un mercado en el que se puede comprar y vender valores. Una bolsa no necesariamente tiene un lugar físico, y en todo el mundo operan bolsas estrictamente electrónicas.

Bolsa de Comercio de Chicago (*Chicago Board of Trade; CBOT*) La bolsa de valores más antigua de Estados Unidos (se estableció en 1886). En ella se inscriben los futuros de productos agrícolas básicos como el maíz, la avena y la soya, además de recientes innovaciones como las hipotecas de la GNMA y el Índice de las 100 del Nasdaq.

bolsa de contratos de futuros (*futures exchange*) Instalación centralizada para la negociación continua de contratos de futuros de productos básicos.

Bolsa de Opciones de Chicago (*Chicago Board Options Exchange; CBOE*) Organización autorreguladora con jurisdicción sobre el otorgamiento y la negociación de la totalidad de las opciones estandarizadas y los contratos relacionados inscritos en ella. Fue la primera bolsa de valores nacional que se estableció para negociar opciones inscritas. *Véanse también* Sistema de Encaminamiento de Órdenes; Sistema de Ejecución Automática al Menudeo.

Bolsa de Valores Americana (*American Stock Exchange; AMEX*) Sociedad privada no lucrativa con sede en la ciudad de Nueva York, que maneja alrededor de la quinta parte del comercio de valores en Estados Unidos. *Véanse* *también* Sistema de Cambio Automático de Opciones de la AMEX; Sistema de Postejecución y Reporte Automáticos.

Bolsa de Valores de Boston
(*Boston Stock Exchange; BSE*) Tercera bolsa de valores más antigua en Estados Unidos y primera que admitió como miembros a intermediarios-agentes. *Véase también* bolsa regional.

Bolsa de Valores de Cincinnati
(*Cincinnati Stock Exchange; CSE*) Esta bolsa, que existe desde 1885, opera el Sistema Nacional de Comercio de Valores, el único sistema automático de subasta de valores no inscritos en bolsa. *Véase también* Sistema Nacional de Comercio de Valores.

Bolsa de Valores de Chicago
(*Chicago Stock Exchange; CHX*) Bolsa regional que proporciona un mercado de pequeñas y nuevas empresas inscritas. En 1949 se fusionó con las bolsas de St. Louis, Cleveland y Minneapolis/St. Paul para formar la Bolsa de Valores del Medio Oeste y en 1993 retomó su nombre original. *Véase también* bolsa regional.

Bolsa de Valores de Filadelfia
(*Philadelphia Stock Exchange; PHLX*) La bolsa de valores

más antigua de Estados Unidos; se fundó en 1790. Sus tres pisos de remates están dedicados a títulos de participación, opciones sobre acciones y divisas. *Véase también* Sistema Automatizado de Comunicación y Ejecución de Filadelfia, bolsa regional.

Bolsa de Valores de Nueva York
(*New York Stock Exchange; NYSE*) La bolsa de valores más grande de Estados Unidos. Es una sociedad anónima operada por un consejo de administración, responsable de establecer políticas, supervisar las actividades de la Bolsa y de sus socios, registrar valores, vigilar la transferencia de las acciones de la Bolsa de unos miembros a otros y juzgar si un solicitante está calificado para ser especialista. *Véase también* Sistema de Rotación de Órdenes Sobredesignadas.

Bolsa de Valores del Medio Oeste (*Midwest Stock Exchange; MSE*) Antiguo nombre de la Bolsa de Valores de Chicago. *Véase también* Bolsa de Valores de Chicago.

Bolsa de Valores del Pacífico
(*Pacific Stock Exchange; PSE*) La única bolsa de la región al oeste del Mississippi que se encuentra registrada en la

SEC. Se registró en 1956, tras absorber a cuatro bolsas que daban servicio en Los Ángeles y San Francisco. *Véanse también* bolsa regional; Sistema de Comunicación Bursátil y Encaminamiento y Ejecución de Órdenes.

bolsa regional (*regional exchange*) Bolsa de valores que da servicio a la comunidad financiera de una región determinada de Estados Unidos. En estas bolsas por lo general se negocian principalmente valores emitidos dentro de su región, pero también valores registrados en la NYSE y la AMEX.

bonificación (*allowance; quality allowance*) Deducción del monto de una factura que el vendedor de bienes aplica para compensar al comprador por pérdidas o daños. *Sins.* rebaja; retribución.

bonificación por agotamiento de petróleo (*oil depletion allowance*) Procedimiento contable que reduce la parte gravable de los ingresos por ventas de petróleo para compensar la disminución de las existencias de este producto en el suelo. El agotamiento es la contraparte de la depreciación en la contabilidad de recursos naturales. *Sins.* rebaja por disminución de petróleo; descuento por agotamiento de petróleo.

bono (*bond*) Obligación legal de una entidad emisora, privada o gubernamental, de reembolsar a los tenedores de bonos el principal de un préstamo en una fecha determinada. En Estados Unidos, los bonos generalmente se emiten con un valor par o nominal de $1,000, que representa el monto del préstamo. La emisora se compromete a pagar un porcentaje del valor nominal en forma de intereses sobre los fondos tomados en préstamo. El pago de intereses se indica en la carátula del bono cuando éste se emite.

bono al portador (*coupon bond; bearer bond*) *Véase* bono con cupones.

bono amortizable por anticipado (*callable bond*) Tipo de bono que se emite con una cláusula que establece que la entidad emisora puede amortizarlo a determinado precio antes de su vencimiento. *Sin.* bono redimible por anticipado. *Véase también* precio de amortización anticipada.

bono con cupones (*coupon bond; bearer bond*) Obligación de deuda con cupones que representan pagos de intereses semestrales. El tenedor presenta al fiduciario los cupones para recibir pagos de intereses. La entidad emisora no lleva ningún registro del comprador y el nombre de éste no aparece impreso en el certificado. *Sin.* bono al portador. *Véanse también* título de asiento en libros; registrado; registrado sólo en cuanto al principal.

bono con derecho de alquiler y renta (*lease rental bond*) Título representativo de deuda emitido por una autoridad municipal con objeto de reunir fondos para una nueva construcción, en el entendido de que la estructura terminada se dará en arrendamiento a dicha autoridad y que las rentas se usarán para financiar los pagos del título.

bono con descuento (*discount bond*) bono que se vende a un precio inferior a su valor nominal. *Véanse también* valor nominal; bono con premio.

bono con descuento sobre su valor nominal (*original issue discount bond*) Título de deuda empresarial o municipal que se emite con descuento sobre su valor nominal. Puede o no pagar intereses. Su descuento se grava como si se acumulara anualmente a la manera de los ingresos ordinarios; en el caso de los bonos municipales, está exento de impuestos anuales, pero se toma en cuenta para los fines del cálculo de la base de costo. *Véase también* bono cupón cero.

bono con garantía (1) (*guaranteed bond*) Obligación de deuda que se emite con la promesa de una sociedad diferente de la emisora de cubrir los pagos de capital e intereses. *Sin.* bono garantizado.

bono con garantía (2) (*secured bond*) Título de deuda respaldado por determinados activos reservados como colaterales. En caso de que el emisor no cumpla con el pago, los obligacionistas pueden reclamar el colateral. *Véase también* deuda sin garantía.

bono con garantía en fideicomiso (*collateral trust bond; collateral trust certificate*) Título representativo de deuda garantizado con acciones o bonos que se dan en prenda para que un fiduciario los mantenga bajo su custodia.

bono con garantía hipotecaria
(*mortgage bond*) Obligación de
deuda garantizada por la
pignoración de bienes
muebles e inmuebles de una
sociedad emisora. Representa
un gravamen sobre los
mismos. *Sin.* bono con
garantía prendaria. *Véase
también* bono con garantía
prioritaria.

bono con garantía prendaria
(*mortgage bond*) *Véase* bono
con garantía hipotecaria.

bono con garantía prioritaria
(*prior lien bond*) Bono con
garantía que tiene prioridad
sobre otros bonos
garantizados con los mismos
activos. *Sin.* bono con
garantía privilegiada. *Véanse
también* bono con garantía
hipotecaria; bono con garantía
prendaria.

bono con garantía privilegiada
(*prior lien bond*) *Véase* bono
con garantía prioritaria.

bono con premio (*premium bond*)
Bono que se vende a un
precio más alto que el de su
valor nominal. *Véanse también*
bono con descuento; valor
nominal.

bono con vencimientos en serie
(*serial bond*) Título de deuda
emitido con un programa de
vencimientos en el que partes
de la emisión en circulación
vencen a intervalos hasta que

se termina de reembolsar el
saldo. La mayoría de las
obligaciones municipales son
bonos con vencimientos en
serie. *Véanse también* fecha de
vencimiento; bono en serie.

bono convertible (*convertible
bond*) Título de deuda,
generalmente en la forma de
una obligación, que puede
intercambiarse por títulos de
participación de la entidad
emisora a determinados
precios o tasas. *Véase también*
obligación.

bono cupón cero (*zero-coupon
bond; stripped bond*) Título de
deuda municipal o de una
empresa que cotiza con un
descuento profundo con
respecto a su valor nominal.
No paga intereses, pero puede
amortizarse al vencimiento a
su valor nominal total. Puede
habérsele emitido con
descuento, o desprendido sus
cupones y reempaquetado.
Sins. bono sin cupones; bono
desmantelado. *Véase también*
bono con descuento sobre su
valor nominal.

bono de ahorro (*savings bond*)
Título de deuda
gubernamental no negociable
ni transferible y que no puede
usarse como garantía. *Véanse
también* bono Serie EE; bono
Serie HH.

bono de ajuste (*income bond; adjustment bond*) *Véase* bono de ingresos (1).

bono de amortización garantizada (*put bond; tender bond*) Título representativo de deuda que requiere que el emisor lo compre a discreción del titular o dentro de cierto plazo.

bono de contribución especial (*special assessment bond*) Bono de ingresos municipales que se amortiza exclusivamente con contribuciones de los propietarios de bienes que se benefician de los servicios prestados o de las mejoras realizadas con el producto de la emisión. *Véase también* bono de ingresos.

bono de desarrollo industrial (*industrial development bond; IDB; IDR*) Título emitido por una autoridad municipal, que utiliza el producto del mismo para financiar la construcción o la compra de instalaciones que se ofrecerán en arrendamiento o en venta a una compañía privada. Los bonos de este tipo están respaldados por el crédito de la compañía en cuestión, que es la responsable en última instancia de los pagos de capital e intereses. *Sins.* bono de fomento industrial; bono de ingresos industriales.

bono de doble garantía (*double-barreled bond*) Título municipal respaldado a la vez por la solvencia moral y económica del municipio emisor y por los ingresos pignorados. *Véanse también* bono general; bono de ingresos (2).

bono de emisión abierta con garantía hipotecaria (*open-end mortgage bond*) Bono colateral que se emite con un contrato de fideicomiso que autoriza a la sociedad emisora a emitir más bonos de la misma clase (y con la misma garantía) en una fecha posterior. *Véase también* bono de emisión cerrada con garantía hipotecaria.

bono de emisión cerrada con garantía hipotecaria (*closed-end mortgage bond*) Bono con garantía de una sociedad cuya emisión consta del número máximo de bonos autorizados en el contrato de hipoteca como bonos de primera hipoteca. *Véase también* bono de emisión abierta con garantía hipotecaria.

bono de fomento industrial (*industrial development bond; IDB; IDR*) *Véase* bono de desarrollo industrial.

bono de ganancias (*income bond; adjustment bond*) *Véase* bono de ingresos (1).

bono de impuesto especial
(*special tax bond*) Bono de
ingresos municipales
pagadero exclusivamente con
el producto de un impuesto
sobre ciertos conceptos, y no
con un impuesto ad valorem.
Véase también bono de
ingresos.

bono de ingresos (1) (*income
bond; adjustment bond*)
Obligación de deuda que
conlleva el compromiso del
reembolso total del capital al
vencimiento. Sólo paga
intereses si las utilidades de la
empresa alcanzan para
cubrirlos y si el consejo de
administración declara esos
pagos. Los bonos de este tipo
generalmente se negocian sin
intereses. *Sin.* bono de ajuste;
bono de ganancias. *Véase
también* neto.

bono de ingresos (2) (*revenue
bond*) Título representativo de
una deuda municipal cuyos
intereses y capital se pagan
exclusivamente de las
utilidades específicas de un
proyecto público rentable.
Véanse también bono de doble
garantía; bono general; bono
municipal; bono de ingresos
especial.

bono de ingresos especial (*special
revenue bond*) Bono de
ingresos municipales que se
emite para financiar un

proyecto específico.
Pertenecen a esta categoría las
obligaciones de fomento
industrial, los bonos con
derecho de renta y alquiler,
los bonos de impuestos
especiales y las obligaciones
de la Nueva Autoridad de la
Vivienda. *Véase también* bono
de ingresos (2).

bono de ingresos industriales
(*industrial development bond;
IDB; IDR*) *Véase* bono de
desarrollo industrial.

**bono de la Autoridad de la
Vivienda** (*New Housing
Authority bond;
Housing Authority bond;
Public Housing Authority bond;
NHA*) *Véase* bono de la Nueva
Autoridad de la Vivienda.

**bono de la Autoridad Pública
de la Vivienda** (*New Housing
Authority bond;
Housing Authority bond;
Public Housing Authority bond;
NHA*) *Véase* bono de la Nueva
Autoridad de la Vivienda.

**bono de la Nueva Autoridad de
la Vivienda** (*New Housing
Authority bond;
Housing Authority bond;
Public Housing Authority bond;
NHA*) Bono de ingresos
municipales especial
respaldado por el gobierno de
Estados Unidos y emitido por
una autoridad local de
vivienda pública con la

finalidad de construir y mejorar viviendas de interés social. *Sins.* bono de la Autoridad de la Vivienda; bono de la Autoridad Pública de la Vivienda.

bono de la Tesorería (*Treasury bond; T bond*) Título de deuda con intereses fijos comercializable del gobierno de Estados Unidos con vencimiento a más de 10 años. *Sins.* bono del Tesoro; bono T.

bono de utilidad pública (*public purpose bond*) Bono municipal exento del impuesto federal sobre la renta siempre que no más del 10% de su producto se destine a entidades privadas.

bono del Tesoro (*Treasury bond; T bond*) *Véase* bono de la Tesorería.

bono desmantelado (*zero-coupon bond; stripped bond*) *Véase* bono cupón cero.

bono empresarial (*corporate bond*) Título de deuda emitido por una sociedad anónima. Por lo general tiene un valor nominal de $1,000 dólares estadounidenses, es gravable, se vence a un plazo determinado y se negocia en una bolsa importante.

bono en serie (*series bond*) Título de deuda que se emite en una serie de ofertas públicas durante un periodo prolongado. Todos los bonos de este tipo tienen el mismo derecho de prioridad sobre los activos. *Véase también* bono con vencimientos en serie.

bono esencialmente nominativo (*fully registered bond*) *Véase* bono totalmente registrado.

bono fiscal limitado (*limited tax bond*) Título de deuda municipal representativo de una obligación general que emite un municipio cuyas potestades fiscales se limitan a una tasa máxima específica.

bono garantizado (*guaranteed bond*) *Véase* bono con garantía (1).

bono general (*general obligation bond; full faith and credit bond; GO*) Emisión de títulos municipales representativos de deuda respaldados por la buena fe, poder crediticio y tributario de la entidad emisora en cuanto al pago de intereses y de capital. *Véanse también* bono de doble garantía; bono de ingresos (2).

bono municipal (*municipal bond; municipal security*) Título representativo de deuda emitido por un estado, un municipio u otra subdivisión (por ejemplo, una escuela, un parque, un distrito sanitario u otro distrito fiscal local) para financiar sus gastos de capital. Estos gastos pueden estar relacionados con la construcción de carreteras, escuelas u otras obras públicas.

bono redimible por anticipado (*callable bond*) *Véase* bono amortizable por anticipado.

bono respaldado por equipo (*equipment trust certificate; equipment bond; equipment note*) *Véase* certificado fiduciario respaldado por equipo.

bono respaldado por una obligación moral (*moral obligation bond*) Bono de ingresos municipales con respecto al cual la legislatura estatal tiene la autoridad, mas no la obligación legal, de cubrir pagos de interés y/o principal en caso de que el emisor municipal incumpla.

bono Serie EE (*Series EE bond*) Bono de ahorro con intereses, no comercializable, que el gobierno de Estados Unidos emite con un descuento respecto de su valor nominal. Los intereses producidos por este tipo de bono están exentos de impuestos estatales y municipales. *Véanse también* bono de ahorro; bono Serie HH.

bono Serie HH (*Series HH bond*) (*HH savings bond*) Bono de ahorro con intereses, no comercializable, que el gobierno de Estados Unidos emite a valor nominal y que sólo se puede adquirir mediante la negociación de bonos Serie EE a su vencimiento. Los intereses producidos por este tipo de bono están exentos de impuestos estatales y municipales. *Véanse también* bono de ahorro; bono Serie EE.

bono sin cupones (*zero-coupon bond; stripped bond*) *Véase* bono cupón cero.

bono T (*Treasury bond; T bond*) *Véase* bono de la Tesorería.

bono tipo flor (*flower bond*) Tipo de bono de la Tesorería emitido con ciertas ventajas fiscales que lo hacen idóneo para liquidar los impuestos sobre la herencia de un inversionista a la muerte de éste. Los bonos tipo flor generalmente se negocian con descuentos debido a que las tasas de sus cupones son bajas.

bono totalmente nominativo (*fully registered bond*) *Véase* bono totalmente registrado.

bono totalmente registrado (*fully registered bond*) Título representativo de deuda en cuyo certificado se imprime el nombre del obligacionista. El agente de transferencias del emisor lleva los registros y remite los pagos de capital e intereses directamente al inversionista. *Sins.* bono esencialmente nominativo; bono totalmente nominativo. *Véanse también* registrado; registrado sólo en cuanto al principal.

bonos en dólares *(dollars bonds)* Bonos de ingreso municipales que se cotizan y negocian con base en su monto en dólares y no en el rendimiento a su vencimiento. Los bonos a plazo, los pagarés exentos de impuestos y los bonos de la Nueva Autoridad de la Vivienda son bonos en dólares.

BSE Siglas en inglés del nombre Bolsa de Valores de Boston.

buen nombre *(goodwill)* *Véase* crédito mercantil.

bursatilidad *(marketability)* Facilidad con la que puede comprarse o venderse un título; disponibilidad inmediata de un mercado de valores. *Sin.* comerciabilidad. *Véase también* liquidez.

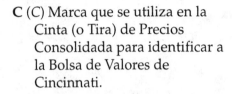

C (*C*) Marca que se utiliza en la Cinta (o Tira) de Precios Consolidada para identificar a la Bolsa de Valores de Cincinnati.

CAES Acrónimo en inglés del nombre Sistema de Operaciones Entre Mercados/ Sistema de Ejecución Asistida por Computadora.

caja de valores (*cashiering department*) *Véase* departamento de cajas.

calificación (*rating*) Evaluación de la seguridad relativa de un bono empresarial o municipal conforme a la capacidad del emisor para reembolsar el capital y cubrir los pagos de intereses. Existen varias instituciones calificadoras de bonos, entre ellas Standard & Poor's y Moody's. Las calificaciones van desde AAA o Aaaa (la más alta) hasta C o D; esta última se le asigna a una compañía que está incurriendo en un incumplimiento.

calificación de bonos (*bond rating*) Evaluación de la posibilidad de que una entidad emisora incurra en un incumplimiento; se basa en el análisis de la situación financiera y la rentabilidad potencial de la emisora. Entre las empresas que prestan servicios de calificación de bonos se encuentran Standard & Poor's Corporation, Moody's Investors Service y Fitch Investors Service. *Véanse también* Fitch Investors Service; Moody's Investors Service; Standard & Poor's Corporation.

cámara de compensación (*clearinghouse; clearing corporation*) Entidad de una bolsa de futuros en la que se liquidan, garantizan, compensan y realizan operaciones con contratos de futuros y opciones. Una cámara de compensación puede ser una sociedad independiente o una bolsa propia. *Véase también* Options Clearing Corporation.

cambiar a fase de distribución (*annuitize*) Cambiar un seguro de renta de la etapa de acumulación (aportaciones) a la de distribución (pagos).

cambio (*change*) (1) En el caso de un contrato de opción o de futuros, diferencia entre el precio corriente y el precio de liquidación del día anterior. (2) En el caso de un índice o de un promedio, diferencia entre el valor corriente y el del cierre de mercado del día anterior. (3) En el caso de la cotización de una acción o de un bono, diferencia entre el precio corriente y el de la última operación del día anterior.

cambio paralelo (*parallel shift*) Movimiento ascendente o descendente de una curva de rendimiento que muestra un cambio de aproximadamente el mismo porcentaje para todos los vencimientos. *Véanse también* curva uniforme de rendimiento; curva invertida de rendimiento; curva de rendimiento normal.

CAMBIOS DE PRECIO MÍNIMO OMITIDOS (*MINIMUM PRICE CHANGES OMITTED*) En la Cinta (o Tira) de Precios Consolidada, variante del modo "Borrar información" en la que sólo se imprimen aquellas operaciones que difieren en más de 1/8 de punto respecto del último reporte. *Véase también* modo "Borrar información".

cancelación (*defeasance*) Terminación de una obligación de deuda. Una sociedad o un municipio elimina una deuda de su balance general mediante una nueva emisión de títulos representativos de deuda o la creación de un fideicomiso que genera suficiente flujo de efectivo para pagar el capital y los intereses. *Véase también* refinanciamiento anticipado.

canje de bonos (*bond swap; tax swap*) *Véase* crédito recíproco.

canje de impuestos (*bond swap; tax swap*) *Véase* crédito recíproco.

cantidad mínima de suscripción (*minimum subscription amount*) Monto mínimo que un inversionista puede aportar a una oferta nueva de un programa de participación directa. Esta cantidad se informa en el prospecto del programa. *Sin.* monto mínimo de suscripción.

capital (*capital*) Dinero o bienes acumulados disponibles para producir más dinero o bienes.

capital accionario (*capital stock*) *Véase* capital social (2).

capital accionario (*equity; EQ*) *Véase* capital social (1).

capital circulante (*working capital*) *Véase* capital de trabajo.

capital contable (*net worth; owners' equity; shareholders' equity; stockholders' equity*) Cantidad en la que el activo supera al pasivo. *Sins.* interés del propietario; patrimonio; patrimonio neto; activo neto.

capital de explotación (*working capital*) *Véase* capital de trabajo.

capital de trabajo (*working capital*) Indicador de la liquidez de una sociedad, es decir, de su capacidad para convertir activos a efectivo para cubrir obligaciones corrientes a corto plazo. Se calcula restando el total de pasivo circulante al total de activo circulante. *Sins.* capital circulante; capital de explotación.

capital en acciones (*capital stock*) *Véase* capital social (1).

capital excedente (*excess equity; margin excess; EE; Regulation T excess*) Valor del dinero o de los títulos de una cuenta de margen superior al que exige la legislación federal. *Sins.* excedente de margen; excedente conforme al Reglamento T; exceso de capital.

capital invertido (*capitalization*) Suma de la deuda a largo plazo, las acciones y los excedentes de una sociedad. *Véase también* estructura de capital.

capital líquido (*net capital; NC*) *Véase* capital neto.

capital neto (*net capital; NC*) Cantidad de efectivo y activos inmediatamente convertibles en efectivo que un intermediario-agente posee por encima de su pasivo. La SEC establece el monto mínimo de capital neto que se requiere para asegurar que los intermediarios bursátiles y agentes de valores tengan recursos suficientes para manejar de manera responsable sus operaciones con el público inversionista. *Sin.* capital líquido. *Véanse también* deuda global; Regla 15c3-1; capital neto tentativo.

capital neto tentativo (*tentative net capital*) Monto total del capital disponible de un intermediario-agente menos todos sus activos no computables. *Véanse también* capital neto; activo no computable.

capital pagado (*capital surplus; paid-in capital; paid-in surplus*) *Véase* excedente de capital.

capital social (1) (*capital stock*) Total de acciones preferentes y ordinarias de una sociedad anónima inscritas a su valor a la par. *Sins.* capital en acciones; capital accionario; acciones de capital.

capital social (2) (*equity; EQ*) (a) Conjunto de derechos de propiedad de los tenedores de acciones ordinarias y preferentes de una sociedad anónima. (b) En una cuenta de margen o a corto, el capital social equivale a lo que se tiene menos lo que se debe. *Sins.* capital accionario; acciones. *Véanse también* acción ordinaria; cuenta de margen; acción preferente.

capitalización total (*total capitalization*) Suma de la deuda a largo, las cuentas accionarias y el capital excedente respecto del valor nominal de una empresa.

capitalizar (*capitalize*) Procedimiento contable mediante el cual una sociedad registra en sus libros un gasto como activo de capital en vez de cargarlo a los gastos del año.

cargo de mantenimiento de existencias (*carrying charge*) Costo asociado con el mantenimiento o el almacenamiento de un producto básico, por ejemplo intereses, seguros y rentas. *Sin.* cargo de mantenimiento de inventarios.

cargo de mantenimiento de inventarios (*carrying charge*) *Véase* cargo de mantenimiento de existencias.

cargo neto por intereses (*net interest cost; NIC*) *Véase* costo neto de intereses.

cargo por administración (*management fee*) Pago que se le hace al patrocinador de un programa de participación directa por administrar el programa. Este cargo tiene como tope el 5% de los ingresos brutos del programa. *Sin.* cargo por manejo.

cargo por manejo (*management fee*) *Véase* cargo por administración.

cargo por venta (*commission; sales charge*) *Véase* comisión. *Véase también* sobreprecio.

cargo por venta (*sales load*) Cantidad que se suma al valor de activo neto de una acción de una compañía de inversión para obtener el precio de oferta de la misma. *Véanse también* compañía de inversión; valor de activo neto; fondo libre de cargos.

cargo por venta anticipado (*front-end load*) (1) Comisión sobre venta u otra que un fondo mutualista carga en el momento en que se adquieren acciones. Este cargo se suma al valor de activo neto de cada acción cuando se calcula el precio de oferta pública. *Véase también* cargo por venta diferido; acción Clase A; cargo por venta anual fijo. (2) Sistema que permite deducir como cargo por venta hasta el 50% de los pagos del primer año relativos a un plan de inversión bajo contrato. Los inversionistas tienen derecho a retirarse del plan, pero con ciertas restricciones. *Véase también* plan de inversión en pagos periódicos; cargo por venta decreciente.

cargo por venta anual fijo (*level load*) Comisión de venta que un fondo mutualista carga anualmente basándose en el valor de activo neto de una acción. Una comisión 12b-1 basada en el activo es un ejemplo de este tipo de cargo. *Véanse también* cargo por venta diferido; acción Clase C; acción Clase D; cargo por venta anticipado.

cargo por venta decreciente (*spread load*) Sistema de cargos por ventas que se utiliza en un plan de inversión en pagos periódicos de un fondo. Permite establecer una escala decreciente de cargos en la que el máximo es el 20% en un año

y el 9% durante la vida del plan. Los derechos de retiro sin ningún recargo tienen una vigencia de 45 días. *Véanse también* plan de inversión en pagos periódicos; cargo por venta anticipado.

cargo por venta diferido (*back-end load; contingent-deferred sales load*) Comisión por venta que se cobra al amortizar acciones de fondos mutualistas o contratos de inversión para el retiro de renta variable. Desciende anualmente hasta llegar a cero después de un periodo de tenencia prolongado –como máximo ocho años–, según se describe en el prospecto. *Sin.* cargo por venta diferido contingente. *Véanse también* acción Clase B; acción Clase D; cargo por venta anticipado; cargo por venta anual fijo.

cargo por venta diferido contingente (*back-end load*) *Véase* cargo por venta diferido.

carta de deficiencias (*deficiency letter; bedbug letter*) Notificación por parte de la SEC de las adiciones o correcciones que una entidad emisora debe hacer a una declaración de registro para que esa comisión autorice la distribución de la oferta.

carta de garantía bancaria (*bank guarantee letter*) Documento expedido por un banco comercial en el que se hace constar que un otorgante de una opción de venta tiene depositados en el banco fondos suficientes para cubrir el precio global de ejercicio de su opción; esto libera al otorgante del requisito de margen de opción.

carta de intención (*letter of intent; statement of intention; LOI*) Convenio firmado que permite a un inversionista comprar acciones de una sociedad de inversión con un cargo total de venta inferior basado en el monto total de la inversión por realizarse. Una carta de intención es válida sólo si el inversionista cumple con las condiciones pactadas dentro de los 13 meses siguientes a la firma del documento. Este tipo de carta se puede antedatar 90 días. *Sin.* declaración de intención.

carta de los 45 días (*free-look letter, 45-day letter*) *Véase* carta de periodo de gracia.

carta de periodo de gracia (*free-look letter, 45-day letter*) Carta a los inversionistas de fondos mutualistas en la que se les explican el cargo por venta y la operación de un plan de inversión bajo contrato. Esta carta debe enviarse dentro de los 60 días siguientes a la venta. Durante el periodo de gracia, el inversionista puede dar por terminado el plan sin pagar ningún cargo por venta. *Sin.* carta de los 45 días. *Véanse también* plan de inversión en pagos periódicos; derecho de retractarse.

carta modelo (*form letter*) Carta de venta cuyo contenido es sustancialmente idéntico al de otra carta de venta. Cada carta modelo está sujeta a los requisitos de aprobación y presentación de la NASD aplicables a la propaganda. *Sin.* carta tipo circular. *Véase también* propaganda.

carta tipo circular (*form letter*) *Véase* carta modelo.

CATS Siglas en inglés del nombre Certificado de Acumulación Garantizado por Títulos de la Tesorería.

CBOE Siglas en inglés del nombre Bolsa de Opciones de Chicago.

CBOT Siglas en inglés del nombre Bolsa de Comercio de Chicago.

CCC Siglas del nombre Commodity Credit Corporation.

CD Acrónimo en inglés del término certificado de depósito negociable.

CEA Siglas en inglés del nombre Autoridad de las Bolsas de Productos Básicos.

cédula de suscripción (*right; subscription right; subscription right certificate*) *Véase* derecho.

Centro de Información sobre Valores (*Securities Information Center; SIC*) Organización designada por la SEC como banco de datos central de registros de títulos extraviados o robados.

Certificado de Acumulación Garantizado por Títulos de la Tesorería (*Certificate of Accrual on Treasury Securities; CATS*) Uno de varios tipos de bonos cupón cero emitidos por casas de bolsa y garantizados por títulos de la Tesorería. *Véase también* recibo de la Tesorería.

certificado de depósito negociable (*negotiable certificate of deposit; CD*) Pagaré sin garantía emitido con un valor nominal mínimo de $100,000. Es un comprobante de un depósito a plazo de fondos en el banco emisor, y éste lo respalda.

certificado de fideicomiso con derecho de voto (*voting trust certificate*) Título que se emite en lugar de un título accionario a los accionistas de una sociedad temporalmente administrada por un fideicomiso con derecho de voto. El certificado representa todos los beneficios de propiedad salvo el derecho de voto. Cuando la sociedad retoma la administración de sus asuntos, sustituye el certificado de fideicomiso con derecho de voto por un nuevo título accionario.

certificado de opción (*warrant*) *Véase* título opcional de compraventa.

certificado de sociedad en comandita simple (*certificate of limited partnership*) Documento legal que proporciona a los acreditantes información sobre una organización de este tipo, por ejemplo: vigencia, aportaciones de los miembros, acuerdos de participación y disposiciones relativas a la transformación de la sociedad.

certificado de transferencia (*pass-through certificate*) Título valor que representa un derecho sobre un fondo de hipotecas convencionales, o de la VA (Veteran's Administration), de la Administración de la Vivienda de los Agricultores u otras instituciones hipotecarias. El fondo recibe los pagos de intereses y amortizaciones de capital y éstos se transfieren al titular del certificado. Los pagos pueden estar garantizados o no. *Véanse también* Asociación Nacional Federal Hipotecaria; Asociación Hipotecaria Nacional Gubernamental.

certificado fiduciario respaldado por equipo (*equipment trust certificate; equipment bond; equipment note*) Obligación de deuda que se garantiza con equipo. El titular del equipo es un fiduciario independiente (por lo general un banco) y no la sociedad emisora. Los certificados de este tipo generalmente los emiten compañías de transportes, por ejemplo, de ferrocarriles. *Sins.* bono respaldado por equipo; pagaré respaldado por equipo. *Véase también* plan neoyorquino.

certificado para compraventa de acciones (*warrant*) *Véase* título opcional de compraventa.

cesión (*assignment*) (1) Documento que acompaña a un título de acciones o que forma parte del mismo y lleva la firma de la persona cuyo nombre aparece en el título a efecto de que la propiedad de éste se transmita a nombre de otra persona. (2) Acto de identificar y notificar al titular de una cuenta que el propietario de una opción en corto de esa cuenta ha ejercido tal opción. *Véase también* poder para transmitir acciones.

cesionario (*assignee*) Persona que ha adquirido de un tercero una participación de beneficios en una sociedad en comandita simple, pero no es ni sustituto de un socio comanditario ni cesionario registrado.

cesionario registrado (*assignee of record*) Persona que ha adquirido una participación de beneficios en una sociedad en comandita simple, la cual ha quedado registrada en los libros de la sociedad y es objeto de un documento de cesión por escrito.

CFTC Siglas en inglés del nombre Comisión de Comercio de Futuros de Productos Básicos.

ciclo coyuntural (*business cycle*) *Véase* ciclo económico.

ciclo de expiración (*expiration cycle*) *Véase* ciclo de vencimiento.

ciclo de vencimiento (*expiration cycle*) Conjunto de cuatro meses de expiración de una clase de opciones registradas. Los meses de vencimiento de una opción pueden ser enero, abril, julio y octubre (JAJO);

febrero, mayo, agosto y noviembre (FMAN); o marzo, junio, septiembre y diciembre (MJSD). *Sin.* ciclo de expiración.

ciclo económico (*business cycle*) Patrón a largo plazo de alternancia de periodos de crecimiento y decrecimiento económicos susceptible de pronosticarse. Este ciclo consta de cuatro etapas: expansión, cima, contracción y valle. *Sins.* ciclo coyuntural; coyuntura.

ciclo normal de liquidación de valores (*regular way; standard securities settlement cycle*) *Véase* plazo normal de liquidación.

cierre forzoso de compra (*buy-in*) Procedimiento que el comprador de un título sigue cuando el vendedor no perfecciona el contrato entregando el título. El comprador cierra el contrato adquiriendo el título en el mercado abierto y cargando a la cuenta del vendedor la comisión por la operación y, en su caso, la pérdida en que incurra por cambios en el mercado. *Véase también* cierre forzoso de venta.

cierre forzoso de venta (*sell-out*) Procedimiento que el vendedor de un título sigue cuando el comprador no perfecciona el contrato

mediante la aceptación de la entrega del título. El vendedor cierra el contrato vendiendo el título en el mercado abierto y carga a la cuenta del comprador sus comisiones y las pérdidas que haya sufrido por cambios en el mercado. *Véase también* cierre forzoso de compra.

cima (*peak; prosperity*) Fin de un periodo de actividad económica creciente; una de las cuatro etapas del ciclo económico. *Sin.* prosperidad. *Véase también* ciclo económico.

cinta ancha (*broad tape*) Serie de cables noticiosos que muestran continuamente las cotizaciones e información básica sobre los mercados de valores y productos.

Cinta de Precios Consolidada (*Consolidated Tape; CT; Consolidated Ticker Tape; Tape; Ticker Tape*) Servicio de la Bolsa de Valores de Nueva York que entrega a sus suscriptores informes en tiempo real de las transacciones con valores que se llevan a cabo en las diversas bolsas.

La Cinta distribuye los informes entre los suscriptores a través de dos redes diferentes, a las que éstos pueden conectarse ya sea por líneas electrónicas de alta velocidad o por líneas de teleimpresoras de baja velocidad. La Red A emite informes sobre las operaciones con los valores registrados en la NYSE; la Red B, sobre las operaciones registradas en la AMEX y las emisiones negociadas en las bolsas regionales que cumplen esencialmente con los requisitos de inscripción de la AMEX. *Sin.* Tira de Precios Consolidada.

circular de oferta (*offering circular*) Prospecto de colocación abreviado que utilizan las sociedades anónimas que emiten menos de $5 millones de acciones. El Reglamento A de la SEC exime estas ofertas de los requisitos de registro completo de la ley de 1933. *Véase también* Reglamento A.

clase (*class*) Grupo de opciones del mismo tipo (es decir, de todas las opciones de compra o de venta) de un título valor de referencia. *Véanse también* serie; tipo.

clasificación (*grade*) Clasificación de la calidad de un producto básico que se especifica en un contrato de futuros.

clasificación base (*contract grade; base grade*) *Véase* clasificación contractual.

clasificación contractual (*contract grade; base grade*) Clasificación de la calidad, autorizada por una bolsa, de un producto básico que se puede entregar contra un contrato de futuros. *Sin.* clasificación base.

cláusula (*covenant*) Componente de un contrato de fideicomiso relativo a una emisión de deuda que establece los derechos de los obligacionistas y otras condiciones, por ejemplo: cláusula de tarifas, que determina una cobertura de ingresos mínima de un bono; cláusula de seguro, que requiere la contratación de un seguro para amparar un proyecto; y cláusula de mantenimiento, que estipula que se dé mantenimiento a una instalación construida con las utilidades de una emisión de bonos.

cláusula abierta (*open-end covenant*) Disposición de un contrato de fideicomiso de bonos que autoriza al emisor a usar la garantía de un bono para respaldar emisiones futuras de otros bonos, con lo cual se les confiere a los nuevos acreditantes el mismo derecho sobre la garantía que los acreditantes precedentes. *Véanse también* cláusula cerrada; deuda con garantía subordinada.

cláusula cerrada (*closed-end covenant*) Disposición de un contrato de fideicomiso relativo a una emisión de bonos conforme a la cual todo bono adicional que se garantice con los mismos activos debe tener un derecho de reclamación subordinado respecto de los mismos. *Véanse también* deuda con garantía subordinada; cláusula abierta.

cláusula de amortización anticipada (*call provision; call feature*) Acuerdo por escrito entre una sociedad emisora y sus obligacionistas o sus accionistas preferentes que le otorga la opción de amortizar sus títulos valor prioritarios a determinado precio antes de su vencimiento y bajo determinadas condiciones. *Sin.* cláusula de redención anticipada.

cláusula de mantenimiento (*maintenance covenant*) Estipulación de un contrato de fideicomiso relativo a bonos de ingresos municipales que procura garantizar la seguridad de la emisión mediante el compromiso de que las instalaciones y el equipo se mantendrán en buenas condiciones de funcionamiento. *Véanse también* cláusula de seguros; cláusula de tarifas.

cláusula de redención anticipada (*call provision; call feature*) *Véase* cláusula de amortización anticipada.

cláusula de salida del mercado (*market-out clause*) Disposición estándar de un acuerdo de colocación en firme que exonera al suscriptor de la obligación de colocar la emisión en condiciones de mercado que menoscaben la calidad de un título como instrumento de inversión.

cláusula de seguros (*insurance covenant*) Una disposición del documento de fideicomiso de un bono de ingresos municipales que procura asegurar la seguridad de la emisión con el compromiso de contratar seguros para las instalaciones construidas. *Véanse también* cláusula de mantenimiento; cláusula de tarifas.

cláusula de tarifas (*rate covenant*) Disposición de un contrato de fideicomiso relativo a un bono de ingresos municipales que ayuda a proteger la seguridad de la emisión especificando las tarifas que se van a cobrar al usuario de la instalación. *Véanse también* cláusula de seguros; cláusula de mantenimiento.

cliente (*customer*) Persona que abre una cuenta con un intermediario-agente. Los clientes se clasifican conforme a su titularidad, sus facultades para autorizar operaciones, el método de pago o los tipos de valores con los que negocian.

CLN Siglas en inglés del nombre del pagaré de garantía de préstamo de construcción.

CMB Siglas en inglés del nombre del pagaré de manejo de efectivo.

CMO Siglas en inglés del nombre de la obligación con garantía hipotecaria.

CMV Siglas en inglés del nombre valor actual de mercado.

cobertura (*hedge*) Inversión realizada para reducir el riesgo de que ocurran movimientos adversos en el precio de un título. Normalmente una cobertura consiste en una posición protectora en un título relacionado. *Sin.* resguardo; protección. *Véanse también* compra de cobertura; cobertura larga; venta de cobertura; cobertura a corto.

cobertura a corto (*short hedge*) Venta de opciones o de futuros como protección contra una disminución del valor de una posición a largo en valores o en productos disponibles. *Sin.* a corto. *Véanse también* compra de cobertura; protección; cobertura a largo; venta de cobertura.

cobertura a corto de punto de equilibrio (*breakeven short hedge*) Protección de una opción de venta con la que el inversionista ni gana ni pierde. El punto de equilibrio se alcanza cuando el precio de mercado de la acción es igual al precio de postura de venta de la posición en corto menos el premio pagado.

cobertura a largo (*long hedge*) *Véase* cobertura larga.

cobertura a largo de punto de equilibrio (*breakeven long hedge*) Protección de una opción de compra con la que el inversionista ni gana ni pierde. El punto de equilibrio se alcanza cuando el precio de mercado de la acción es igual a su postura de compra más el premio pagado por la opción de venta.

cobertura cruzada (*cross hedge*) Posición de futuros que se establece en relación con un título o un producto para proteger una posición a largo respecto de un producto distinto pero relacionado. *Sins.* protección cruzada;

resguardo cruzado. *Véase también* cobertura pura.

cobertura larga (*long hedge*) Compra de opciones de venta para protegerse de una baja en el valor a largo de los títulos y los productos disponibles a largo plazo. *Sins.* resguardo a largo; resguardo largo; cobertura a largo. *Véanse también* compra de cobertura; protección; venta de cobertura; cobertura a corto.

cobertura pura (*pure hedge*) Posición en futuros sobre un título o un producto básico que se mantiene para reducir al mínimo el riesgo de una posición larga en productos disponibles respecto del mismo título o producto básico. *Sin.* resguardo puro. *Véase también* cobertura cruzada.

COD Siglas en inglés del nombre pago contra entrega.

Código de Ingresos Internos (*Internal Revenue Code; IRC*) *Véase* Código Fiscal de Estados Unidos.

Código de Prácticas Uniformes (*Uniform Practice Code; UPC*) Política de la NASD que establece directrices para las negociaciones entre casas de bolsa.

Código de Procedimiento (*Code of Procedure; COP*) Procedimiento formal de la NASD para manejar demandas relacionadas con prácticas comerciales que implican violaciones a las Reglas de Prácticas Leales. El Comité de Administración de Operaciones Distritales de la NASD (DBCC) es el primer órgano que conoce de las demandas y las juzga. El Consejo de Gobernadores de la NASD se encarga de las apelaciones relativas a las decisiones del DBCC y de las revisiones de las mismas.

Código de Procedimiento de Arbitraje (*Code of Arbitration Procedure*) Método formal de la NASD para manejar las controversias relacionadas con valores o con la compensación entre miembros, clientes públicos, cámaras de compensación, o bancos compensadores. Tales controversias guardan más relación con violaciones al Código de Prácticas Uniformes que con las Reglas de Prácticas Leales. Cualquier reclamo, disputa o controversia entre miembros o personas asociadas de los mismos tiene que someterse a arbitraje.

Código de Rentas Internas (*Internal Revenue Code; IRC*) *Véase* Código Fiscal de Estados Unidos.

Código Fiscal de Estados Unidos (*Internal Revenue Code; IRC*) Legislación que define las responsabilidades y deducciones fiscales de los contribuyentes del país. *Sin.* Código de Ingresos Internos; Código de Rentas Internas.

coeficiente alfa (*alpha coefficient*) Medida de la tasa de cambio proyectada del precio de un título valor que no se basa en factores relacionados con el mercado sino en indicadores como la solidez de las ganancias y el nivel esperado de ventas de la compañía. *Véase también* coeficiente beta.

coeficiente beta (*beta coefficient*) Medio para medir la volatilidad de un título valor o de una cartera de títulos valor en comparación con el mercado en su conjunto. Un coeficiente beta de 1 indica que el precio del título se moverá junto con el mercado. Un coeficiente mayor de 1 indica que ese precio será más volátil que el mercado. Un coeficiente menor de 1 significa que será menos volátil que el mercado. *Véase también* coeficiente alfa.

coeficiente de acciones ordinarias (*common stock ratio*) *Véase* relación de acciones ordinarias.

coeficiente de acciones preferenciales (*preferred stock ratio*) *Véase* razón de acciones preferentes.

coeficiente de acciones preferentes (*preferred stock ratio*) *Véase* razón de acciones preferentes.

coeficiente de activo disponible (*cash assets ratio*) La prueba de liquidez más rigurosa de todas; se calcula dividiendo la suma de efectivo y equivalentes de efectivo entre el total del pasivo circulante. *Sins.* razón de activo realizable a corto plazo; relación de activo disponible. *Véanse también* coeficiente de solvencia inmediata; coeficiente de circulante.

coeficiente de activo disponible-pasivo corriente (*acid-test ratio; quick ratio*) *Véase* coeficiente de solvencia inmediata.

coeficiente de capital de trabajo (*current ratio; working capital ratio*) *Véase* coeficiente de circulante.

coeficiente de capitalización (*capitalization ratio*) *Véase* índice de capitalización.

coeficiente de circulante (*current ratio; working capital ratio*) Una de las medidas de la liquidez de una sociedad, es decir, de su capacidad de convertir activos en efectivo para cubrir obligaciones a corto plazo. Se calcula dividiendo el total del activo circulante entre el total del pasivo circulante. *Sins.* coeficiente de capital de trabajo; razón de circulante; razón de capital de trabajo.

coeficiente de cobertura (*coverage ratio*) *Véase* razón de cobertura.

coeficiente de cobertura de dividendos preferenciales (*preferred dividend coverage ratio*) *Véase* razón de cobertura de dividendos preferentes.

coeficiente de cobertura de dividendos preferentes (*preferred dividend coverage ratio*) *Véase* razón de cobertura de dividendos preferentes.

coeficiente de cobros (*collection ratio*) (1) En el caso de las sociedades mercantiles, medida aproximada del tiempo durante el que han estado pendientes las cuentas por cobrar. Se calcula multiplicando estas cuentas por 360 y dividiendo el resultado entre las ventas netas. (2) En el caso de los bonos municipales, medio para determinar el deterioro de las condiciones del crédito; se calcula dividiendo los impuestos cobrados entre los impuestos determinados. *Sin.* relación de cobros.

coeficiente de correlación (*R coefficient; correlation coefficient*) *Véase* coeficiente R.

coeficiente de endeudamiento (*bond ratio; debt ratio*) *Véase* relación de endeudamiento.

coeficiente de gastos (1) (*expense ratio*) Razón que se utiliza para comparar la eficiencia de un fondo mutualista dividiendo sus gastos entre su activo neto. *Sins.* razón de gastos; relación de gastos.

coeficiente de gastos (2) (*operating ratio*) Proporción entre los gastos de operación y las ventas netas; complemento del margen de utilidad.

coeficiente de liquidez (*liquidity ratio*) Indicador de la capacidad de una empresa para cubrir sus obligaciones corrientes. Es una comparación del activo circulante con el pasivo circulante. *Sin.* razón de liquidez; índice de liquidez. *Véanse también* coeficiente de solvencia inmediata; coeficiente de circulante.

coeficiente de pagos de dividendos (*dividend payout ratio*) *Véase* relación de pagos de dividendos.

coeficiente de rentabilidad (*profitability ratio*) Uno de varios indicadores de la utilidad o los ingresos relativos de una sociedad en relación con sus ventas. *Sins.* razón de rentabilidad; relación de rentabilidad. *Véanse también* margen de operación; margen de utilidad neta; rentabilidad del capital.

coeficiente de solvencia inmediata (*acid-test ratio; quick ratio*) Medida del grado de liquidez de una empresa que se calcula sumando el efectivo, los equivalentes de efectivo y las cuentas y documentos por cobrar, y dividiendo el resultado entre el total del pasivo circulante. Es una prueba de liquidez más rigurosa que la del coeficiente de circulante. *Sins.* coeficiente de activo disponible-pasivo corriente; razón de solvencia inmediata; índice de solvencia inmediata; razón de activo disponible-pasivo corriente; relación de activo disponible-pasivo corriente. *Véanse también* coeficiente de activo disponible; coeficiente de circulante; coeficiente de liquidez.

coeficiente de utilidades retenidas (*retained earnings ratio*) *Véase* relación de utilidades retenidas.

coeficiente del servicio de la deuda (*debt service ratio*) *Véase* relación del servicio de la deuda.

coeficiente R (*R coefficient; correlation coefficient*) Medida estadística del grado de correlación entre los movimientos del precio de un valor y los movimientos del mercado. *Sin.* coeficiente de correlación.

coinversión (*joint venture*) Cooperación de dos o más personas físicas o morales en una operación específica, que se interrumpe cuando ésta termina. *Sins.* empresa conjunta; operación conjunta; asociación en participación; sociedad accidental.

colateral (*collateral*) *Véase* garantía.

colindante (*coterminous*) Término que se usa para describir a una entidad municipal que comparte fronteras con otra. Por ejemplo, un distrito escolar y un distrito de incendios pueden emitir deuda por separado aunque ésta se respalde con ingresos obtenidos de los mismos contribuyentes. *Véase también* deuda sobrepuesta.

colocación (*underwriting*) Procedimiento mediante el

cual los bancos de inversiones canalizan el capital de los inversionistas a las sociedades y a los municipios que emiten valores. *Véanse también* colocación "todo o nada"; colocación en consignación; colocación en firme; colocación mínima-máxima.

colocación administrada (*managed underwriting*) *Véase* colocación sindicada.

colocación en consignación (*best efforts underwriting*) Colocación de una emisión nueva de títulos valor en la que el colocador actúa como representante de la entidad emisora y se esfuerza al máximo por colocar el mayor número de acciones posible. El colocador no se responsabiliza por las acciones que no se vendan, a diferencia de lo que sucede con la colocación en firme. *Véase también* colocación.

colocación en firme (*firm commitment underwriting*) Tipo de compromiso de colocación en que el colocador acuerda vender toda una nueva emisión de valores. El colocador actúa como agente, paga a la entidad emisora una cantidad global y asume totalmente la responsabilidad

financiera por las acciones que no se vendan. *Véase también* colocación.

colocación en lotes (*secondary offering*) *Véase* oferta secundaria.

colocación mínima-máxima (*mini-max underwriting*) Forma de colocación en consignación en que el emisor fija un tope mínimo y un tope máximo para la cantidad de valores que se van a vender. *Véase también* colocación.

colocación negociada (*negotiated underwriting*) Forma de acuerdo de colocación en que una casa de bolsa consulta con el emisor con el fin de determinar el precio y el momento más adecuados para lanzar una oferta de valores. *Véase también* colocación por licitación pública.

colocación por concurso de ofertas (*competitive bid underwriting*) *Véase* colocación por licitación pública.

colocación por licitación pública (*competitive bid underwriting*) Forma de colocación con un compromiso en firme en la que sindicatos rivales presentan propuestas selladas para colocar una emisión. La licitación pública normalmente se usa con objeto de seleccionar a los colocadores de emisiones de bonos municipales de obligación general, y es un requisito legal en la mayoría de los estados de la Unión Americana cuando el monto de esos bonos es superior a los $100,000 dólares. *Sins.* colocación por subasta pública; colocación por concurso de ofertas.

colocación por subasta pública (*competitive bid underwriting*) *Véase* colocación por licitación pública.

colocación primaria (*primary offering; primary distribution*) *Véase* oferta primaria.

colocación privada (*private placement*) Oferta de una nueva emisión de valores que cumple con el Reglamento D de la Ley de Valores de 1933. Conforme a este reglamento, en general no se requiere que un título se registre en la SEC si se ofrece a un máximo de 35 inversionistas no acreditados o a un número ilimitado de inversionistas acreditados. *Véase también* Reglamento D.

colocación sindicada (*managed underwriting*) Acuerdo entre el emisor de un título y un banco de inversión conforme al cual el segundo se compromete a formar un sindicato de colocadores para ofrecer la emisión al público. El administrador del sindicato dirige todo el proceso de colocación. *Sin.* colocación administrada.

colocación "todo o nada" (*all or none underwriting*) Forma de colocación en la que el colocador se esfuerza al máximo por vender todas las acciones de una emisión (o un mínimo preestablecido de las mismas) y, si no lo logra, la entidad emisora cancela la oferta. Este tipo de arreglo se puede utilizar cuando la emisora necesita reunir una cantidad mínima de capital; si esto no es posible, se devuelven los títulos vendidos y el dinero reunido. No se paga ninguna comisión a menos que se complete la venta. *Véase también* colocación.

colocador (*underwriter*) Banco de inversiones que colabora con una entidad emisora para introducir un título al mercado y venderlo al público.

colocador administrador (*underwriting manager; manager of the syndicate; managing underwriter; syndicate manager*) *Véase* colocador libre.

colocador calificado de bloques (*qualified block positioner*) Agente de valores que realiza operaciones con clientes que implican grandes cantidades de un título valor, y que cubre todos los requisitos relativos a su capital neto mínimo.

colocador libre (*underwriting manager; manager of the syndicate; managing underwriter; syndicate manager*) Casa de bolsa responsable de organizar un sindicato colocador, preparar la emisión, negociar con la entidad emisora y los demás miembros del sindicato y asignar acciones al grupo vendedor. *Sins.* administrador de colocación; colocador administrador; administrador de sindicato de colocadores. *Véanse también* acuerdo entre firmas colocadoras; sindicato.

combinación (*combination*) Posición que representa una opción de compra y una opción de venta respecto de la misma acción pero a precios de ejecución o fechas de expiración diferentes, o ambos.

comerciabilidad (*marketability*) *Véase* bursatilidad.

comisión (*commission; sales charge*) Cargo por servicio que un agente cobra a cambio de arreglar la compra o la venta de un título valor. Una comisión debe ser justa y razonable y para su cálculo deben tenerse en cuenta todos los factores pertinentes de la operación. *Sin.* cargo por venta.

comisión abonada al firmar (*front-end fee*) *Véase* comisión inicial.

comisión basada en activos 12b-1 (*12b-1 asset-based fees*) Disposición de la Ley de Compañías de Inversión de 1940 que permite a toda compañía de inversión cobrar una comisión por la promoción, venta u otra actividad relacionada con la distribución de sus acciones. Esta comisión debe ser razonable (en promedio, entre el 1/2 y el 1% del activo neto en cuestión), hasta un máximo del 8.5 del precio de oferta por acción.

Comisión de Comercio de Futuros de Productos Básicos (*Commodity Futures Trading Commission; CFTC*) Organismo federal creado en virtud de la Ley de 1974 de la Comisión de Comercio de Futuros de Productos Básicos para asegurar la operación abierta y eficiente de los mercados de futuros. Al Presidente de Estados Unidos le corresponde nombrar (sujeto a la aprobación del Senado) a los cinco comisionados de los mercados de futuros.

comisión de compra (*front-end fee*) *Véase* comisión inicial.

Comisión de Valores y Bolsas (*Securities and Exchange Commission; SEC*) Comisión creada por el Congreso de Estados Unidos para regular el mercado de valores y proteger a los inversionistas. La forman cinco comisionados que nombra el Presidente de Estados Unidos y aprueba el Senado. La SEC administra, entre otras, las siguientes leyes: Ley de Valores de 1933, Ley de Bolsas de Valores de 1934, Ley de Contratos de Fideicomiso de 1939, Ley de Compañías de Inversión de 1940 y Ley de Asesores en Inversión de 1940.

comisión inicial (*front-end fee*) Gastos que se pagan por servicios prestados durante la fase de organización o adquisición de un programa de participación directa, entre ellos los gastos iniciales de organización y oferta, comisiones y gastos de adquisición y otros similares señalados por el patrocinador. *Sins.* comisión pagadera a la firma; comisión abonada al firmar; comisión de compra.

comisión negociada (*negotiated commission*) Comisión sobre una operación de futuros que establece el corredor y no la bolsa. La comisión negociada se aplica a las transacciones que sobrepasan determinado monto; la casa de bolsa fija la comisión para las operaciones de un monto menor.

comisión pagadera a la firma (*front-end fee*) *Véase* comisión inicial.

comisión por administración de bienes (*partnership management fee; program management fee; property management fee*) *Véase* comisión por administración de una sociedad.

comisión por administración de un programa (*partnership management fee; program management fee; property management fee*) *Véase* comisión por administración de una sociedad.

comisión por administración de una sociedad (*partnership management fee; program management fee; property management fee*) Cantidad pagadera a los socios comanditados de una sociedad en comandita simple, o a otras personas, por manejar las operaciones diarias de ésta. *Sins.* comisión por administración de un programa; comisión por administración de bienes.

comisión por adquisición
(*acquisition fee*) Total de
comisiones y demás cargos
que una persona paga por la
selección o compra de
inmuebles mediante un
programa de participación
directa. Incluye cualquier
comisión sobre bienes raíces,
gasto de adquisición, comisión
por urbanización, comisión por
selección, comisión por
construcción u otros cargos de
naturaleza similar. La
comisión por adquisición se
suma a la base del activo con
fines de depreciación y de
cálculo de las pérdidas y
ganancias.

comisión por urbanización
(*development fee*) Dinero que se
paga por el paquete relativo a
las propiedades de un
programa de participación
directa, que incluye la
negociación y aprobación de
los planes, el compromiso de
obtener la zonificación y las
variaciones necesarias, y el
financiamiento de las
propiedades en cuestión.

comisionado (*commissioner*)
Funcionario estatal con
jurisdicción sobre las
operaciones con seguros.

comisionista (*broker*) *Véase*
intermediario.

comisionista de bolsa (*registered
representative; account*

executive; stockbroker; RR)
Véase representante
registrado.

**comisionista de operaciones de
futuros** (*futures commission
merchant; commission house;
wire house; FCM*) *Véase*
intermediario de operaciones
de futuros.

**Comité de Administración de
Operaciones Distritales**
(*District Business Conduct
Committee*) *Véase* Comité de
Administración de
Operaciones Distritales de la
NASD.

**Comité de Administración de
Operaciones Distritales de la
NASD** (*NASD District
Business Conduct Committee;
District Business Conduct
Committee; DBCC*) Comité
compuesto por un máximo de
12 miembros de la NASD,
cada uno de los cuales
administra uno de los 13
distritos locales de la
asociación. Este comité tiene
jurisdicción para celebrar
audiencias y resolver
demandas. *Sin.* Comité de
Administración de
Operaciones Distritales.

**Comité de Operaciones de
Mercado Abierto de la
Reserva Federal** (*Federal Open
Market Comittee; FOMC*)
Comité que toma las
decisiones relativas a las

operaciones de la Fed para controlar la oferta monetaria. *Véase también* operaciones de mercado abierto.

Comité de Procedimientos Uniformes de Identificación de Valores (*Committee on Uniform Securities Identification Procedures; CUSIP*) Comité que asigna a todos los valores números y códigos de identificación que se usan al registrar las órdenes de compra y venta.

Commodity Credit Corporation (CCC) Empresa gubernamental de Estados Unidos que ayuda al sector agrícola del país mediante programas de subsidio de precios y control de abastos e importaciones.

compañía administradora (*management company*) *Véase* compañía de administración.

compañía de administración (*management company*) Sociedad de inversión que maneja diversos tipos de valores en una cartera conforme a objetivos específicos que se establecen en un prospecto. *Sin.* compañía administradora. *Véanse también* compañía de inversión cerrada; compañía de inversión; compañía de inversión diversificada; sociedad de inversión no diversificada.

compañía de certificados con valor nominal (*face-amount certificate company; FAC*) Compañía de inversión que emite certificados que la obligan a pagar a los inversionistas una cantidad determinada de dinero (monto nominal) en una fecha futura específica. Los inversionistas cubren el pago de los certificados ya sea a plazos o mediante una exhibición única.

compañía de inversión (*investment company*) Compañía que se dedica a reunir inversiones y negociar valores de los inversionistas. Son ejemplos de compañías de inversión las compañías de certificados con valor nominal, los fideicomisos de inversión en unidades y las compañías de administración.

compañía de inversión abierta (*mutual fund*) *Véase* sociedad de inversión.

compañía de inversión cerrada (*closed-end investment company; closed-end management company; publicly traded fund*) Compañía de inversión que emite una cantidad fija de acciones en una cartera de valores con movimientos frecuentes. Estas acciones pueden ser de varias clases y se negocian en el mercado secundario, ya sea en bolsa o fuera de bolsa. Su precio de mercado se determina según la oferta y la demanda y no por el valor de activo neto. *Sins.* compañía de inversión con cartera de composición fija; compañía de inversión con número de acciones fijo; compañía de inversión con capital fijo. *Véanse también* fondo con doble finalidad; sociedad de inversión.

compañía de inversión con capital fijo (*closed-end investment company*) *Véase* compañía de inversión cerrada.

compañía de inversión con capital variable (*mutual fund*) *Véase* sociedad de inversión.

compañía de inversión con cartera de composición fija (*closed-end investment company*) *Véase* compañía de inversión cerrada.

compañía de inversión con cartera de composición variable (*mutual fund*) *Véase* sociedad de inversión.

compañía de inversión con número de acciones fijo (*closed-end investment company*) *Véase* compañía de inversión cerrada.

compañía de inversión con número de acciones variable (*mutual fund*) *Véase* sociedad de inversión.

compañía de inversión diversificada (*diversified investment company*) Según se define en la Ley de Compañías de Inversión de 1940, compañía de inversión que cumple con ciertas normas respecto al porcentaje de activos invertidos. Este tipo de compañía recurre a la diversificación para administrar el riesgo. *Véanse también* compañía de administración; compañía de inversión no diversificada; prueba del 75-5-10.

compañía de inversión en unidades fijas (*fixed unit investment trust*) *Véase* fideicomiso de inversión en unidades fijas.

compañía de inversión no diversificada (*nondiversified investment company*) Compañía administradora que no cubre los requisitos de la Ley de Compañías de Inversión de 1940 relativos a la diversificación. Este tipo de sociedad no está restringida en cuanto a su selección de valores o a la concentración de sus derechos sobre esos valores. *Véanse también* compañía de inversión diversificada; compañía de administración; sociedad de inversión.

compañía de inversión regulada (*regulated investment company*)

Compañía de inversión que recibe un tratamiento fiscal especial conforme al subcapítulo M del Código Fiscal de Estados Unidos, lo que le permite transferir a los accionistas las repercusiones fiscales de una distribución. Si la compañía transfiere a los accionistas el 90% de sus ingresos, no tiene que pagar impuestos sobre esta cantidad.

comparación de negociación (*trade comparison*) *Véase* comparación de operación.

comparación de operación (*trade comparison*) Memorándum que envían los intermediarios-agentes en ambos lados de una transacción; se usa para confirmar los detalles de la misma. Los procedimientos de comparación están previstos en el Código de Prácticas Uniformes de la NASD. *Sins.* comparación de negociación; comparación de transacción.

comparación de transacción (*trade comparison*) *Véase* comparación de operación.

compensar (*offset*) Liquidar una posición de futuros asentando una operación equivalente pero opuesta. Para compensar una compra inicial se realiza una venta; para compensar una venta inicial, se realiza una compra.

compra (*call*) Ejercicio de una opción de compra. *Véase también* venta.

compra de apertura (*opening purchase*) *Véase* compra inicial.

compra de cierre (*closing purchase*) *Véase* compra de liquidación.

compra de cobertura (*buying a hedge*) Compra de opciones de futuros para protegerse contra un aumento futuro en los precios de los productos. *Sins.* compra de resguardo; compra de protección. *Véanse también* cobertura; cobertura a largo; venta de cobertura; cobertura a corto.

compra de liquidación (*closing purchase*) Operación en la que alguien vende una opción y a la vez compra otra de la misma serie; ambas transacciones se cancelan mutuamente y la posición se liquida. *Sin.* compra de cierre. *Véanse también* venta de liquidación; compra inicial.

compra de protección (*buying a hedge*) *Véase* compra de cobertura.

compra de resguardo (*buying a hedge*) *Véase* compra de cobertura.

compra inicial (*opening purchase*) Ingreso al mercado de opciones mediante la compra de opciones de compra o de venta. *Sin.* compra de apertura. *Véanse también* venta de liquidación; venta inicial.

compra obligatoria (*mandatory call*) Amortización de un bono por un emisor autorizado en el contrato de fideicomiso y sujeta a un programa o un suceso predeterminado. *Véanse también* compra por catástrofe; compra parcial.

compra parcial (*partial call*) Amortización por parte de un emisor de una parte de una emisión de bonos en circulación antes de su fecha de vencimiento. *Véanse también* compra por catástrofe; compra obligatoria.

compra por catástrofe (*catastrophe call*) Redención de un bono por parte de una entidad emisora a consecuencia de un desastre (por ejemplo, cuando se incendia completamente una planta de energía construida con utilidades producidas por una emisión). *Véanse también* compra obligatoria; compra parcial.

comprador de opciones de compra (*call buyer*) Inversionista que paga premios por contratos de opción y con ello se hace acreedor, durante determinado periodo, al derecho de comprar a determinados precios los títulos valor de referencia. *Véanse también* vendedor de opciones de compra; comprador de opciones de venta; vendedor de opciones de venta.

comprador de opciones de venta (*put buyer*) Inversionista que paga premios por contratos de opción y con ello se hace acreedor durante determinado periodo al derecho de vender a determinados precios los títulos valor de referencia. *Véanse también* comprador de opciones de compra; vendedor de opciones de compra; vendedor de opciones de venta.

compraventa en bloque (*block trade*) Operación de un volumen tan grande que el mercado de subasta normal no puede absorberla en un tiempo razonable y a un costo razonable. En general, un volumen de 10,000 acciones o de $200,000 en bonos se consideraría una compraventa en bloque. *Sin.* operación en bloque.

con derechos (*cum rights*) Expresión que califica una negociación de acciones con derechos. *Véase también* sin derechos.

concesión (1) (*concession; reallowance; selling concession*) Utilidad por bono o por acción que un miembro de un sindicato colocador ofrece al vendedor de una nueva emisión de títulos. El intermediario-agente del grupo vendedor compra a ese miembro los títulos en cuestión al precio de oferta pública menos la concesión. *Sin.* reasignación. *Véase también* asignación.

concesión (2) (*lease*) Derecho total o parcial de uso de un activo. En el caso de las propiedades con reservas de petróleo, gas o minerales, una concesión representa derechos sobre la propiedad y la autorización de extraer, producir y vender esos recursos.

condicionamiento a un precio (*stopping stock*) Método que los especialistas utilizan para garantizar que una orden se ejecute a un precio específico.

confirmación (*confirmation*) Documento impreso en el que se establecen la operación, la fecha de liquidación y la cantidad de dinero que se le debe a un cliente o que éste adeuda; se le envía o entrega al cliente a más tardar en la fecha de liquidación. *Véase también* duplicado de confirmación.

confirmación de negociación (*trade confirmation*) *Véase* confirmación de operación.

confirmación de operación (*trade confirmation*) Documento impreso que contiene los detalles de una transacción, incluyendo la fecha de liquidación y el monto del adeudo de un cliente o con un cliente. Debe enviársele al cliente a más tardar en la fecha de liquidación. *Sins.* confirmación de negociación; confirmación de transacción.

confirmación de transacción (*trade confirmation*) *Véase* confirmación de operación.

congestión (*congestion*) Término del análisis técnico que se emplea para designar el hecho de que los precios de un producto básico fluctúan dentro de una escala limitada durante un periodo largo.

consejo consultivo (*advisory board*) *Véase* junta consultiva.

consejo de administración (*board of directors*) (1) Grupo de personas elegidas por los accionistas de una sociedad para que establezca las políticas de administración de la misma. Un consejo de administración decide, entre otras cosas, si se pagarán dividendos a los accionistas y cuándo. (2) Órgano de gobierno de la NYSE; consta de 20 miembros elegidos por la membresía en general para un mandato de dos años.

Consejo de Gobernadores (*Board of Governors*) Órgano de gobierno de la NASD; consta de 27 miembros elegidos por la membresía en general y por el Consejo mismo.

Consejo para la Regulación de Valores Municipales (*Municipal Securities Rulemaking Board; MSRB*) Organización autorreguladora que rige la emisión y la operación de títulos municipales. Funciona bajo la supervisión de la Comisión de Valores y Bolsas y no está facultada para exigir el cumplimiento.*Véase también* Reformas de 1975 a las Leyes de Valores.

consejos de administración entrelazados (*interlocking directorate*) Dos o más consejos de una sociedad que comparten uno o más de sus miembros. Este concepto se invoca en la Ley de Compañías de Inversión de 1940, que estipula que en una sociedad de este tipo por lo menos el 40% de los consejeros deben mantenerse independientes de las operaciones de la sociedad, y no más del 60% pueden ser personas afiliadas, como por ejemplo, asesores de inversión, custodios o contadores. *Sin.* junta directiva entrelazada.

consolidación (1) (*consolidation*) Término del análisis técnico que designa una reducción de la escala de operaciones relativas a un producto o un valor, y que se considera un indicio de la inminencia de un movimiento fuerte de su precio.

consolidación (2) (*merger*) *Véase* fusión.

consumo (*consumption*) Término utilizado por los economistas keynesianos para referirse a la compra por parte de las unidades familiares de bienes y servicios recién producidos.

contabilidad en valores acumulados (*accrual accounting*) Método según el cual los ingresos se declaran cuando se devengan y los egresos cuando se realizan, que se opone al método según el cual los ingresos se declaran cuando se reciben y los egresos cuando se pagan. *Sin.* contabilidad en valores devengados. *Véase también* contabilidad en valores de caja.

contabilidad en valores de caja (*cash basis accounting*) Método según el cual los ingresos se declaran cuando se reciben y los egresos cuando se realizan, que se opone al método según el cual los ingresos y los gastos se declaran cuando se generan. *Sin.* contabilidad en valores en efectivo. *Véase también* contabilidad en valores acumulados.

contabilidad en valores devengados (*accrual accounting*) *Véase* contabilidad en valores acumulados.

contabilidad en valores en efectivo (*cash basis accounting*) *Véase* contabilidad en valores de caja.

contango (*normal market*) *Véase* mercado normal.

conteo trimestral de títulos (*quarterly securities count*) *Véase* conteo trimestral de valores.

conteo trimestral de títulos valor (*quarterly securities count*) *Véase* conteo trimestral de valores.

conteo trimestral de valores (*quarterly securities count*) Contabilización de los títulos valor bajo su control que un intermediario-agente tiene que realizar cada trimestre calendario. Este procedimiento incluye verificar los títulos en tránsito, comparar el conteo con sus registros y asentar todas las diferencias no conciliadas. *Sins.* conteo trimestral de títulos; conteo trimestral de títulos valor.

contracción (*contraction*) Periodo de decrecimiento económico general, una de las cuatro etapas del ciclo económico. *Véase también* ciclo económico.

contracción económica (*recession*) *Véase* recesión.

contraprestación de colocación (*underwriting compensation*) Cantidad que se paga a un intermediario-agente por participar en la oferta y la venta de valores.

contrato a plazo (*forward contract*) Operación en el mercado de contado en la que se especifica una fecha de entrega futura. Las condiciones de un contrato a plazo no son estándar, y este tipo de contrato no se negocia en los mercados de contratos. *Sins.* contrato a término; contrato adelantado. *Véase también* contrato de futuros.

contrato a término (*forward contract*) *Véase* contrato a plazo.

contrato adelantado (*forward contract*) *Véase* contrato a plazo.

contrato comercializable a su emisión (*when issued contract*) Contrato de operación sobre un título que ya se autorizó pero aún no está disponible físicamente para su entrega. El vendedor conviene en entregarlo tan pronto como el título esté listo, y el contrato estipula las condiciones para ajustarlo a precio de mercado y calcular los intereses acumulados.

contrato con fecha de expiración cercana (*nearby contract; nearby delivery; nearby month*) De dos o más contratos de futuros, aquel con la fecha de vencimiento más próxima. *Sins.* contrato con fecha de vencimiento cercana; contrato con fecha de expiración próxima; contrato con fecha de vencimiento próxima. *Véase* contrato con fecha de expiración distante.

contrato con fecha de expiración distante (*distant contract; distant delivery*) De dos o más contratos de futuros, aquel con plazo de vencimiento más largo. *Sins.* contrato con fecha de expiración lejana; contrato con fecha de vencimiento distante; contrato con fecha de vencimiento lejana. *Véase también* contrato con fecha de expiración cercana.

contrato con fecha de expiración lejana (*distant contract; distant delivery*) *Véase* contrato con fecha de expiración distante.

contrato con fecha de expiración próxima (*nearby contract; nearby delivery; nearby month*) *Véase* contrato con fecha de expiración cercana.

contrato con fecha de vencimiento cercana (*nearby contract; nearby delivery; nearby month*) *Véase* contrato con fecha de expiración cercana.

contrato con fecha de vencimiento distante (*distant contract; distant delivery*) *Véase* contrato con fecha de expiración distante.

contrato con fecha de vencimiento lejana (*distant contract; distant delivery*) *Véase* contrato con fecha de expiración distante.

contrato con fecha de vencimiento próxima (*nearby contract; nearby delivery; nearby month*) *Véase* contrato con fecha de expiración cercana.

contrato de consentimiento de crédito (*loan consent agreement; consent to lend agreement*) *Véase* contrato de consentimiento de préstamo.

contrato de consentimiento de préstamo (*loan consent agreement; consent to lend agreement*) Contrato opcional entre una casa de bolsa y un cliente de margen que permite a la empresa prestar a otros intermediarios bursátiles los valores con margen; este documento forma parte del contrato de margen. *Sin.* contrato de consentimiento de crédito.

contrato de depósito en garantía (*escrow agreement*) Comprobante de que ciertos valores están depositados en un banco aprobado. Un inversionista que vende una opción de compra y puede presentar un contrato de depósito en garantía se considera cubierto y no necesita cubrir los requisitos relativos al margen.

contrato de fideicomiso (*trust indenture; deed of trust; trust agreement*) Contrato legal entre una sociedad y un fiduciario en calidad de representante de sus obligacionistas, en el que se detallan las condiciones de una emisión de deuda. Éstas incluyen la tasa de interés, la fecha de vencimiento, la forma de pago y la garantía. *Sins.* escritura fiduciaria; convenio de fideicomiso; escritura de fideicomiso; contrato fiduciario.

contrato de futuros (*futures contract*) Contrato estándar negociable en bolsas, cuyo objeto es la compraventa de cierto tipo y clase de productos para entregarse en un lugar y fecha determinados en el futuro. Los contratos de futuros son transferibles entre las partes. *Véanse también* producto básico disponible; contrato a plazo.

contrato de futuros de tasas de interés (*interest rate future*) Contrato de futuros que ampara una cantidad determinada de valores de renta fija, por ejemplo, emisiones de la Tesorería, GNMA y CD. *Sin.* contrato de futuros de tipos de interés.

contrato de futuros de tipos de interés (*interest rate future*) *Véase* contrato de futuros de tasas de interés.

contrato de sociedad en comandita simple (*limited partnership agreement*) Contrato entre los socios comanditarios y los socios comanditados de una sociedad que establece las condiciones de operación de ésta y los derechos y responsabilidades de cada socio.

contrato estandarizado
(*standardized contract*) *Véase*
contrato normalizado.

contrato fiduciario (*trust
indenture; deed of trust; trust
agreement*) *Véase* contrato de
fideicomiso.

contrato normalizado
(*standardized contract*)
Contrato que una bolsa
establece en todos sus
términos, excepto el del
precio. *Sins.* contrato
estandarizado; contrato
uniforme.

contrato uniforme (*standardized
contract*) *Véase* contrato
normalizado.

**control (controlar, ser controlado
por, estar bajo el mismo
control que)** (*control,
controlling, controlled by, under
common control with*) Facultad
de dirigir o influir en el
manejo y las políticas de una
compañía, ya sea mediante la
propiedad de sus títulos valor
con derecho a voto, por contrato
o por otro medio. Se supone
que hay control si una persona
tiene la propiedad o el control
de más del 10% de los títulos
valor con derecho a voto de
una compañía, ya sea
directamente o mediante su
tenencia o su representación
por poder.

control de terceros (*third-party
control*) Cuenta de
operaciones con mercancías
en la que introduce órdenes
una parte que no es ni el
titular de la cuenta ni un
miembro de la bolsa ni una
persona asociada. La apertura
de este tipo de cuenta está
permitida si previamente el
propietario expide una
autorización por escrito y
recibe los documentos
informativos adecuados.

control de títulos (*control of
securities; possession
of securities*) *Véase* control de
títulos valor.

control de títulos valor (*control
of securities; possession of
securities*) Término empleado
para designar las
responsabilidades de un
intermediario-agente respecto
de la posesión de los mismos.
Conforme a la regla de
protección del cliente
establecida por la SEC, los
intermediarios-agentes deben
mantener procedimientos de
control sobre los fondos y
los valores de los clientes. Los
valores se consideran bajo el
control o la posesión de un
intermediario-agente si están
en su poder físicamente, en
otro lugar aceptable para la
SEC, o en tránsito durante un
periodo que no exceda de las
normas aceptadas por la SEC.
Sins. control de valores;

control de títulos; posesión de títulos valor; posesión de valores; posesión de títulos.

control de valores (*control of securities; possession of securities*) *Véase* control de títulos valor.

convenio de fideicomiso (*trust indenture; deed of trust; trust agreement*) *Véase* contrato de fideicomiso.

conversión forzosa (*forced conversion*) Condiciones de mercado que una sociedad mercantil crea para alentar a los tenedores de obligaciones convertibles a ejercer sus opciones de conversión. A menudo, la conversión es forzada, amortizando los bonos cuando el valor de mercado de las acciones es más alto que el precio de redención ofrecido por la empresa. *Véase también* amortización.

COP Siglas en inglés del nombre Código de Procedimientos.

Corporación Federal de Préstamos Hipotecarios para la Vivienda (*Federal Home Loan Mortgage Corporation; Freddie Mac; FHLMC*) Institución pública que promueve el mercado secundario de hipotecas de Estados Unidos mediante emisiones de certificados de obligaciones de transferencia respaldados por hipotecas.

Corporación Federal de Seguros de Depósitos (*Federal Deposit Insurance Corporation; FDIC*) Organismo del gobierno de Estados Unidos que proporciona seguros de depósito a los bancos miembros y evita la quiebra de las instituciones bancarias y de ahorro.

CORR. (*CORR.*) Mensaje de la Cinta (o Tira) de Precios Consolidada que indica un error en un reporte previo sobre una operación. *Véase también* reporte de error.

corredor (*broker*) *Véase* intermediario.

corredor de bolsa (*floor trader; local*) Socio de una bolsa que ejecuta transacciones desde el piso de remates exclusivamente por cuenta propia.

corredor de bolsa (*registered representative; account executive; stockbroker; RR*) *Véase* representante registrado.

corredor de inversiones hipotecarias (*real estate mortgage investment conduit; REMIC*) *Véase* intermediario de inversiones hipotecarias.

corredor de la sesión (*day trader*) *Véase* intermediario del día.

corredor de posiciones (*position trader*) *Véase* intermediario de posiciones.

corredor del día (*day trader*) *Véase* intermediario del día.

corredor registrado (*registered trader*) *Véase* operador registrado.

correlación de órdenes (*matching orders*) *Véase* emparejamiento de órdenes.

corretaje clandestino (*bucketing*) Acción de aceptar órdenes de clientes sin ejecutarlas inmediatamente en una bolsa de valores. Una "agencia paralela" puede ejecutar o no posiciones u órdenes de empresas u otros clientes. Este tipo de corretaje es ilegal.

corriente de fondos (*flow of funds*) *Véase* flujo de fondos (2).

corriente financiera (*flow of funds*) *Véase* flujo de fondos (2).

corte (*haircut*) Reducción en el valor de los títulos en manos de un intermediario-agente que se usa para calcular el capital neto. Es una práctica de valuación de activos conservadora que la SEC exige como una protección contra pérdidas en inversiones.

costo de capital (*capitalized expense; capital cost*) *Véase* gasto capitalizado.

costo de elevación (*lifting cost*) Costo en el que se incurre al producir y comercializar gas y petróleo de pozos terminados. Este tipo de costos incluye: mano de obra, combustible, reparaciones, transporte de materiales, suministros, servicios públicos (electricidad, teléfono, agua), impuestos ad valorem y sobre indemnizaciones por despido, seguros y pérdidas por siniestro, y remuneración de los operadores de los pozos por servicios prestados.

costo de intereses (*net interest cost; NIC*) *Véase* costo neto de intereses.

costo de mantenimiento (*cost of carry*) Total de desembolsos realizados por un inversionista mientras mantiene una posición abierta respecto de un título valor; incluye costos marginales, costos de intereses y costos de oportunidad.

costo efectivo (*effective cost*) Precio neto pagado por un producto inclusive en cualquier operación de cobertura.

costo intangible de perforación (*intangible drilling cost; intangible drilling development expense; IDC*) Costo deducible para fines fiscales en una sociedad en comandita simple de petróleo y gas; generalmente se aplica a un activo no físico, por ejemplo la mano de obra o un combustible, que no se deprecia. El costo puede aplicarse en el año en curso o mediante la amortización de deducciones a lo largo de la vida del pozo.

costo neto de intereses (*net interest cost; NIC*) Medio para evaluar las ofertas de los sindicatos colocadores potenciales en las licitaciones públicas. Calcula los intereses de cupón que cada sindicato pagará durante la vigencia de los bonos. *Sins.* gasto neto de intereses; costo de intereses; cargo neto por intereses. *Véase también* costo real de intereses.

costo real de intereses (*true interest cost; TIC*) Medio para evaluar las posturas de los posibles sindicatos de colocadores de bonos. Cada sindicato presenta un cálculo de los intereses de cupón que el emisor va a pagar durante la vida del bono, teniendo en cuenta el valor temporal del dinero. *Véase también* costo neto de intereses.

cotitularidad (*joint tenants in common; tenants in common; JTIC*) Forma de copropiedad de una cuenta en virtud de la cual si alguno de los cotitulares fallece, su participación fraccionaria en la cuenta se retiene para integrarse a su caudal hereditario individual. *Véase también* cotitularidad con derecho de sobrevivencia.

cotitularidad con derecho de sobrevivencia (*joint tenants with right of survivorship*) Forma de copropiedad de una cuenta en virtud de la cual si alguno de los cotitulares fallece, su participación fraccionaria en la cuenta se transmite al (los) cotitular(es) sobreviviente(s); la utilizan casi exclusivamente los cónyuges. *Véase también* cotitularidad.

cotización (*quotation; quote*) Precio al que ofrece vender o comprar un determinado título un formador de mercado o un intermediario-agente. *Véanse también* postura de venta; postura de compra; cotización de bonos; cotización de acciones.

cotización adelantada (*forward pricing*) Proceso de valuación de las acciones de sociedades de inversión mediante el cual las órdenes de compra o de redención de estos títulos se ejecutan al precio determinado conforme al avalúo de la cartera después de la recepción de la orden. La cartera se valúa como mínimo una vez por día hábil.

cotización base (*basis quote*) Precio de un título valor cotizado conforme al rendimiento que el comprador puede esperar recibir.

cotización bona fide (*bona fide quote*) *Véase* cotización de buena fe.

cotización de acciones (*stock quote*) Lista de precios de compra y de venta de una acción representativos durante una sesión bursátil. En el mercado estadounidense, las acciones se cotizan en puntos (cada punto equivale a $1) y en 1/8 de punto (cada 1/8 equivale a 12.5 centavos de dólar). Las cotizaciones de acciones se publican en la prensa financiera y en la mayoría de los diarios. *Véase también* cotización de bonos.

cotización de bonos (*bond quote*) Una de varias cotizaciones publicadas en la prensa financiera y en la mayoría de los periódicos que muestran los precios de compra del mercado de bonos del día anterior. Las cotizaciones de los bonos empresariales y gubernamentales son porcentajes de su valor nominal (generalmente

$1,000 en Estados Unidos). Los bonos empresariales se cotizan en incrementos de 1/8, donde una cotización de 99 1/8 representa 99.125% del valor nominal ($1,000), o $991.25. Los bonos gubernamentales se cotizan en 1/32. Los municipales se pueden cotizar en dólares o con base en su rendimiento al vencimiento. *Véanse también* cotización; cotización de acciones.

cotización de buena fe (*bona fide quote*) Oferta de compra o de venta de títulos valor de un intermediario-agente; indica la disposición de ejecutar una operación conforme a los términos y condiciones que acompañan la cotización. *Sin.* cotización bona fide. *Véanse también* cotización en firme; cotización nominal; cotización tentativa; cotización estimada.

cotización del mercado interno (*inside market*) La mejor postura de compra (la más alta) a la que se puede vender una acción fuera de bolsa, y la mejor postura de venta (la más baja) a la que la misma acción se puede comprar en el mercado interbursátil. *Véanse también* persona afiliada; persona en control.

cotización en firme (*firm quote*) Precio real al que se puede comprar o vender una unidad de operación de un título valor (por ejemplo, 100 acciones o cinco bonos). Se considera que todas las cotizaciones son en firme a menos que se especifique lo contrario. *Véanse también* cotización de buena fe; cotización nominal; cotización estimada.

cotización estimada (*workout quote*) Cotización con reservas en la cual el intermediario-agente estima el precio de una operación que requerirá un manejo especial debido a su importancia o a las condiciones del mercado. *Véanse también* cotización de buena fe; cotización en firme; cotización nominal; cotización tentativa.

cotización ficticia (*fictitious quotation*) Licitación u oferta que se publica sin identificar a la fuente y sin verificar su legitimidad. Una cotización ficticia puede crear la impresión de una actividad comercial donde no la hay y representa una violación a las Reglas de Prácticas Leales de la NASD.

cotización nominal (*nominal quote*) Cotización de un título valor que no se negocia activamente y no representa una verdadera oferta de compra o de venta, sino que

se da exclusivamente como información. *Véanse también* cotización de buena fe; cotización en firme; cotización tentativa; cotización estimada.

cotización tentativa (*subject quote*) Cotización de títulos que no representa una verdadera oferta de compra o de venta, sino que es tentativa, es decir, está sujeta a la reconfirmación del intermediario-agente. *Véanse también* cotización de buena fe; cotización en firme; cotización nominal; cotización estimada.

cotizado fuera de bolsa (*over the counter; OTC*) *Véase* extrabursátil.

coyuntura (*business cycle*) *Véase* ciclo económico.

CPO Siglas en inglés del nombre operador de combinaciones de productos básicos.

CQS Siglas en inglés del nombre Sistema Consolidado de Cotizaciones.

craqueo (*cracking*) Proceso para convertir el petróleo crudo en destilados. *Sin.* desintegración catalítica.

creador de mercado terciario calificado (*qualified third-market maker*) *Véase* formador de mercado terciario calificado.

crédito de intermediario (*broker's loan*) *Véase* préstamo de agente de valores.

crédito fiscal (*tax credit*) Cantidad que se puede deducir de un pasivo fiscal, generalmente relacionado con programas de desarrollos inmobiliarios, conservación de energía e investigación y desarrollo. Cada dólar de crédito fiscal reduce el monto del impuesto por pagar dólar por dólar. *Sins.* crédito tributario; descuento tributario; crédito impositivo; descuento impositivo. *Véase también* deducción.

crédito impositivo (*tax credit*) *Véase* crédito fiscal.

crédito máximo (*maximum loan value*) *Véase* límite máximo de préstamo.

crédito mercantil (*goodwill*) Activo intangible que representa el valor que la reputación de una empresa agrega a su valor en libros. *Sin.* buen nombre.

crédito por una cantidad fija (*loan for set amount*) Préstamo garantizado que un intermediario otorga con la condición de que la empresa acreditada deposite una nueva garantía cuando requiera un nuevo préstamo para reunir fondos adicionales. *Véanse también* préstamo de agente de valores; préstamo pagadero a la demanda; préstamo a plazo.

crédito recíproco (*bond swap; tax swap*) Venta de un bono y compra simultánea de otro en una cantidad similar. Esta técnica se usa para controlar las obligaciones fiscales, extender los vencimientos o actualizar inversiones. *Sins.* canje de bonos; intercambio de bonos; canje de impuestos; intercambio de impuestos. *Véase también* venta ficticia.

crédito tributario (*tax credit*) *Véase* crédito fiscal.

CROP Siglas en inglés del nombre principal registrado del cumplimiento de las opciones.

cruce de órdenes (*crossing orders*) Uso de una orden de un cliente para cubrir una orden de un segundo cliente respecto del mismo título en el lado opuesto del mercado. Esta práctica es lícita si el título en cuestión se ofrece primero al piso de remates de una bolsa a un precio que rebase por una puja el de postura de compra. Si no hay interesados, el intermediario puede cruzar las órdenes. En cambio, si la operación no se presenta o no se registra en una bolsa, se considera manipulativa.

CSE Siglas en inglés del nombre Bolsa de Valores de Cincinnatti.

CT Siglas en inglés del nombre Cinta (o Tira) de Precios Consolidada.

CTA Siglas en inglés del nombre asesor en comercio de productos básicos.

cuarto mercado (*fourth market*) Bolsa en que los inversionistas institucionales negocian directamente entre sí, sin recurrir a los servicios de una casa de bolsa, principalmente a través de INSTINET. *Véase también* INSTINET.

cuenta a la vista con interés (*negotiable order of withdrawal*) (*NOW account*) Cuenta bancaria en la que el cliente puede expedir giros contra el dinero que tiene depositado; una cuenta de cheques que genera intereses. *Sin.* cuenta corriente con interés. *Véase también* M1.

cuenta a nombre de tercero (*third-party account*) *Véase* cuenta de tercero.

cuenta a nombre del propietario nominal (*in-street-name account; street name account*) Cuenta en la que los valores del cliente se mantienen a nombre de la casa de bolsa para facilitar los pagos y las entregas, pero el cliente sigue siendo el propietario real. *Sin.* cuenta a nombre del titular nominal.

cuenta a nombre del titular nominal (*in-street-name account; street name account*) *Véase* cuenta a nombre del propietario nominal.

cuenta aplicada (*Western account; divided account*) *Véase* cuenta del oeste.

cuenta bancaria de reserva especial (*special reserve bank account*) Cuenta separada que un intermediario-agente mantiene en beneficio exclusivo de los clientes y para los depósitos requeridos de los saldos a favor de los mismos.

cuenta bloqueada (*frozen account*) *Véase* cuenta congelada.

cuenta combinada (*combined account; mixed account*) Cuenta de un cliente que tiene posiciones en efectivo y de margen a corto y a largo respecto de ciertos títulos. *Sin.* cuenta mixta.

cuenta común (*joint account*) *Véase* cuenta mancomunada.

cuenta congelada (*frozen account*) Cuenta en que se requiere efectivo antes de que se ejecute una orden de compra, y valores disponibles antes de que se ejecute una orden de venta, debido a que el cuentahabiente ha violado el Reglamento T. *Sin.* cuenta bloqueada.

cuenta corporativa (*corporate account*) Cuenta que se mantiene a nombre de una sociedad. En el contrato correspondiente, que se firma cuando se abre la cuenta, se indica qué funcionarios están autorizados para disponer de ella. Aparte de la documentación estándar de una cuenta de margen, para abrir este tipo de cuenta la sociedad debe presentar una copia de su escritura constitutiva y sus estatutos. *Sin.* cuenta empresarial.

cuenta corriente con interés (*negotiable order of withdrawal (NOW) account*) *Véase* cuenta a la vista con interés.

cuenta de acumulación (*accumulation account*) Cuenta establecida para retener títulos valor mientras no se depositan en un fideicomiso de inversión en unidades de valores municipales.

cuenta de caja (*cash account; special cash account*) Cuenta en la que, conforme al Reglamento T de la SEC, el cliente debe pagar en su totalidad los títulos valor que haya comprado a más tardar dos días después del periodo

de pago normal señalado por el Código de Prácticas Uniformes de la NASD. *Sin.* cuenta en efectivo. *Véanse también* cuenta de margen; Reglamento T.

cuenta de cónyuge (*spousal account*) Cuenta separada para el retiro individual que se abre para un cónyuge que no trabaja. Las aportaciones las realiza el cónyuge trabajador y se acumulan libres de impuestos. *Véase también* cuenta individual para el retiro.

cuenta de crédito de intermediario-agente (*broker-dealer credit account*) Cuenta que se usa principalmente para manejar las operaciones de un intermediario-agente, por ejemplo las que realiza con acreditantes.

cuenta de crédito excluyente de títulos (*nonsecurities credit account*) *Véase* cuenta de crédito excluyente de valores.

cuenta de crédito excluyente de títulos valor (*nonsecurities credit account*) *Véase* cuenta de crédito excluyente de valores.

cuenta de crédito excluyente de valores (*nonsecurities credit account*) Cuenta en firme de un intermediario-agente abierta con el propósito de realizar transacciones, mantener productos básicos o divisas, y otorgar y mantener créditos sin una finalidad específica. *Sins.* cuenta de crédito excluyente de títulos; cuenta de crédito excluyente de títulos valor.

cuenta de custodia (*custodial account*) *Véase* cuenta en custodia.

cuenta de intermediación con reserva de confidencialidad (*omnibus account; special omnibus account*) Cuenta abierta a nombre de un asesor en inversión o un intermediario-agente en beneficio de sus clientes. La empresa titular de la cuenta no es informada de los nombres ni de las tenencias de los clientes y no lleva registros de los mismos. *Véase también* cuenta de intermediación sin reserva de confidencialidad.

cuenta de intermediación sin reserva de confidencialidad (*introduced account; investment adviser's customer account*) Cuenta que un asesor en inversiones o un intermediario-agente abre en representación de un cliente. La empresa que maneja la cuenta recibe información completa sobre la cuenta de los clientes particulares y lleva registros de los estados y confirmaciones para cada cliente. *Véase también* cuenta de intermediación con reserva de confidencialidad.

cuenta de margen (*margin account*) Cuenta de un cliente en la que una casa de bolsa le presta a éste parte de la postura de compra de ciertos títulos. *Véanse también* cuenta de caja; Reglamento T; cuenta especial de arbitraje.

cuenta de opciones (*options account*) Cuenta de un cliente en la que éste ha recibido autorización para negociar opciones.

cuenta de orden especial (*special memorandum account; special miscellaneous account; SMA*) Anotación en una cuenta principal o de margen de un cliente que indica que los fondos se acrediten a la cuenta con base en un memorándum. Esta cuenta se usa en gran medida como una línea de crédito con un banco. Una SMA preserva el derecho del cliente de usar el excedente de margen. *Sins.* cuenta por memorándum especial; cuenta miscelánea especial.

cuenta de tercero (*third-party account*) (1) Cuenta de cliente cuyo titular ha otorgado un poder a un tercero. (2) Cuenta de cliente abierta por un adulto que nombra como titular real a un menor. (3) Cuenta de cliente abierta por un adulto en representación de otro adulto. Este tipo de cuenta está prohibida. *Sin.* cuenta a nombre de tercero.

cuenta del este (*Eastern account; undivided account*) Colocación de valores en que el acuerdo entre colocadores estipula que cada miembro del sindicato será responsable tanto de su propia asignación como de una parte proporcional de los títulos que no se vendan. *Sin.* cuenta por aplicar. *Véanse también* sindicato; cuenta del oeste.

cuenta del oeste (*Western account; divided account*) Colocación de valores en que el acuerdo entre colocadores estipula que cada miembro del sindicato responderá exclusivamente por la venta de la parte de la emisión que se le asignó. *Sin.* cuenta aplicada. *Véanse también* cuenta del este; sindicato.

cuenta del servicio de la deuda (*debt service account*) Cuenta que se usa para pagar los intereses semestrales y el capital con vencimiento en el año en curso respecto de un bono de ingreso municipal; también sirve como fondo de amortización para emisiones a plazo. *Véase también* flujo de fondos (2).

cuenta discrecional (*discretionary account*) Cuenta en la que el cliente ha dado autorización al representante registrado para que realice las operaciones que decida.

cuenta empresarial (*corporate account*) *Véase* cuenta corporativa.

cuenta en custodia (*custodial account*) Cuenta manejada por un custodio en representación del titular real, generalmente un menor. *Sin.* cuenta de custodia. *Véase también* custodio.

cuenta en efectivo (*cash account; special cash account*) *Véase* cuenta de caja.

cuenta en participación (*joint account*) *Véase* cuenta mancomunada.

cuenta especial de arbitraje (*special arbitrage account*) Cuenta de margen para operaciones de arbitraje. Estas operaciones no tienen que cumplir con el Reglamento T ni con los requisitos relativos a las ventas en corto. *Véanse también* arbitraje (1); arbitraje de mercado; arbitraje de riesgo; arbitraje bursátil.

cuenta general (*general account*) Cuenta en la que se consignan todos los activos de una compañía de seguros que no aparecen en las cuentas separadas. Se incluyen en esta cuenta las contribuciones pagadas por contratos de seguros de vida tradicionales. *Sin.* cuenta principal. *Véase también* cuenta separada.

cuenta individual (*single account*) Cuenta en la que sólo una persona tiene control sobre las inversiones y puede realizar operaciones.

cuenta individual para el retiro (*individual retirement account; IRA*) Instrumento de inversión para el retiro de los trabajadores que permite hacer una aportación anual del 100% de los ingresos devengados, hasta un máximo de $2,000. La aportación puede deducirse en su totalidad o en parte de los ingresos fiscales, conforme al ingreso bruto ajustado del trabajador y la cobertura de los planes de retiro calificados patrocinados por los empleadores. *Véanse también* plan Keogh; plan para el retiro no elegible; plan para el retiro elegible; plan simplificado de pensiones para los trabajadores.

cuenta institucional (*institutional account*) Cuenta que se mantiene en beneficio de terceros. Las cuentas institucionales pueden ser de bancos, fideicomisos, planes de pensiones y de participación de utilidades, sociedades de inversión y compañías de seguros.

cuenta mancomunada (*joint account*) Cuenta que manejan dos o más personas, en la cual debe especificarse si esas personas son cotitulares simples o cotitulares con derechos de sobreviviente. *Sins.* cuenta y/o; cuenta común; cuenta en participación. *Véanse también* cotitularidad; cotitularidad con derecho de sobrevivencia.

cuenta miscelánea especial (*special memorandum account; special miscellaneous account; SMA*) *Véase* cuenta de orden especial.

cuenta mixta (*combined account*) *Véase* cuenta combinada.

cuenta numerada (*numbered account*) Cuenta que no se identifica con el nombre del cliente sino con un número, símbolo o título especial. Sin embargo, el cliente debe firmar una forma en la que se indica a quién pertenece la cuenta.

cuenta para el retiro (*retirement account*) Cuenta de un cliente que se abre con el objeto de suministrar fondos para el retiro.

cuenta por aplicar (*Eastern account; undivided account*) *Véase* cuenta del este.

cuenta por cobrar no garantizada (*unsecured receivable*) Cantidad que un intermediario-agente o un cliente le debe a un intermediario-agente y que no está garantizada totalmente por títulos depositados en la empresa. Una cuenta por cobrar no garantizada se considera como activo no computable en el cálculo del capital neto. *Sin.* cuenta por cobrar sin garantía. *Véase también* activo no computable.

cuenta por cobrar sin garantía (*unsecured receivable*) *Véase* cuenta por cobrar no garantizada.

cuenta por memorándum especial (*special memorandum account; special miscellaneous account; SMA*) *Véase* cuenta de orden especial.

cuenta principal (*general account*) *Véase* cuenta general.

cuenta restringida (*restricted account*) Cuenta de margen cuyo capital es inferior al capital inicial que exige el Reglamento T. *Véanse también* capital social; requisito de margen inicial; cuenta de margen; requisito de retención.

cuenta separada (*separate account*) Cuenta en la que se mantienen los fondos pagados por los titulares de contratos de seguros de renta variable. Los fondos se mantienen separados de la cuenta general de la aseguradora y se invierten en una cartera de valores que cumple con objetivos de los titulares de los contratos. *Véanse también* unidad de acumulación; seguro de renta; cuenta general.

cuenta social (*partnership account*) Cuenta que faculta a uno o más miembros de una sociedad de personas a actuar en representación de la sociedad.

cuenta y/o (*joint account*) *Véase* cuenta mancomunada.

curva de rendimiento (*yield curve*) Representación gráfica de los rendimientos reales o proyectados de los valores de renta fija en relación con sus plazos de vencimiento. *Sin.* curva de rentabilidad. *Véanse también* curva uniforme de rendimiento; curva invertida de rendimiento; curva de rendimiento normal.

curva de rendimiento normal (*normal yield curve; positive yield curve*). Gráfica en que los instrumentos de deuda a largo plazo muestran rendimientos más altos que los de corto plazo. *Sin.* curva positiva de rendimiento. *Véanse también* curva uniforme de rendimiento; curva invertida de rendimiento; cambio paralelo; curva de rendimiento.

curva de rentabilidad (*yield curve*) *Véase* curva de rendimiento.

curva invertida de rendimiento (*inverted yield curve; negative yield curve*) Gráfica en la que los instrumentos de deuda a largo plazo tienen rendimientos inferiores a los de los instrumentos de deuda a corto plazo. *Sin.* curva negativa de rendimiento. *Véanse también* curva uniforme de rendimiento; curva de rendimiento normal; cambio paralelo.

curva negativa de rendimiento (*inverted yield curve; negative yield curve*) *Véase* curva invertida de rendimiento.

curva positiva de rendimiento (*normal yield curve; positive yield curve*) *Véase* curva de rendimiento normal.

curva uniforme de ganancias de capital (*flat yield curve; even yield curve*) *Véase* curva uniforme de rendimiento.

curva uniforme de rendimiento (*flat yield curve; even yield curve*) Gráfica en la que se igualan los rendimientos de los bonos con vencimiento a corto plazo con los rendimientos de los bonos con vencimiento a largo plazo. *Sins.* curva uniforme de ganancias de capital; curva uniforme de rentabilidad. *Véanse también* curva invertida de rendimiento; curva de rendimiento normal; cambio paralelo; curva de rendimiento.

curva uniforme de rentabilidad (*flat yield curve; even yield curve*) *Véase* curva uniforme de rendimiento.

CUSIP Siglas en inglés del nombre Comité de Procedimientos Uniformes de Identificación de Valores.

custodio (*custodian*) Persona física o moral responsable de tomar todas las decisiones de inversión, administración y distribución relativas a una cuenta mantenida en representación de otra persona. Los fondos de inversión y las sociedades de planes de inversión en pagos periódicos encargan a custodios la guarda de certificados y la realización de tareas de oficina. *Sin.* depositario. *Véanse también* custodio de fondo de inversión; custodio de plan de inversión.

custodio de plan de inversión
(*plan custodian*) Institución
contratada por una compañía
de planes de inversión en
pagos periódicos para que
desempeñe funciones de
oficina. Las responsabilidades
del custodio incluyen
salvaguardar los activos del
plan, enviar las
confirmaciones de los clientes
y emitir acciones.*Véanse
también* custodio; custodio de
fondo de inversión.

**custodio de sociedad de
inversión** (*mutual fund
custodian*) Banco nacional,
sociedad miembro de una
bolsa, compañía fiduciaria u
otra institución elegible que
salvaguarda físicamente los
valores-propiedad de una
sociedad de inversión. No
administra las inversiones
del fondo; su función
consiste simplemente en
custodiarlos. *Véanse también*
custodio; custodio de plan de
inversión.

CHB Siglas en inglés del nombre
operador de piso.

CHX Siglas en inglés del nombre
Bolsa de Valores de Chicago.

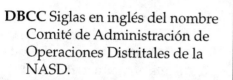

DBCC Siglas en inglés del nombre Comité de Administración de Operaciones Distritales de la NASD.

DDA Siglas en inglés del agente de pagos de dividendos.

DE Siglas en inglés del nombre discrecionalidad ejercida.

declaración de intención (*letter of intent; statement of intention; LOI*) *Véase* carta de intención.

declaración de oferta pública de emisor (*issuer tender offer statement*) *Véase* Formulario 13E-4.

deducción (*deduction*) Concepto o gasto que se resta de un ingreso bruto ajustado para reducir la cantidad de ingresos gravables. *Véase también* crédito fiscal.

deflación (*deflation*) Descenso persistente y mensurable del nivel general de precios. *Véanse también* inflación; estanflación.

delta (*delta*) Medida de la responsividad de los premios de los bonos a los cambios de precios de los activos de referencia. Las opciones muy dentro del precio tienen deltas aproximadas de 1, y son las más responsivas a los cambios de precios de los futuros. Las opciones muy fuera del precio tienen deltas aproximadas de cero.

demanda (*demand*) Deseo de un consumidor de pagar por un bien o un servicio y su disposición a hacerlo. *Véase también* oferta.

dentro del precio (*in-the-money*) Término usado para describir una opción que tiene un valor intrínseco, por ejemplo, una opción de compra cuando la acción de referencia se está cotizando a un precio superior al del ejercicio o una opción de venta cuando la acción subyacente se está cotizando a un precio inferior dentro del ejercicio. *Véanse también* en el centro del precio; valor intrínseco; fuera del precio.

Departamento de Agricultura de Estados Unidos (*United States Department of Agiculture;*

USDA) Organismo federal para el fomento de la agricultura. Establece normas de calidad y verifica que los productos agrícolas cumplan con ellas.

departamento de cajas (*cashiering department; security cage*) Departamento de una casa de bolsa que entrega valores y dinero a sus clientes y a otras empresas y los recibe de ellos. *Sin.* caja de valores.

departamento de compras y ventas (*purchases and sales-P&S department*) Departamento de una casa de bolsa que calcula las comisiones y los impuestos y envía las confirmaciones a los clientes. *Véase también* confirmación.

departamento de contraloría (*controller's department*) Departamento de una casa de bolsa que ante los organismos reguladores es responsable de las cuentas por pagar, la nómina, los estados de cuenta de los clientes y los informes financieros de la compañía.

departamento de crédito (*margin department; credit department*) *Véase* departamento de margen.

departamento de dividendos (*dividend department*) Departamento de una casa de bolsa que tiene la responsabilidad de abonar a las cuentas de los clientes los dividendos y los pagos de intereses sobre los valores de esas cuentas que se encuentran a nombre de la empresa.

departamento de margen (*margin department; credit department*) Área de una casa de bolsa que calcula el monto del dinero que los clientes deben depositar en las cuentas de margen y de efectivo. *Sin.* departamento de crédito.

departamento de órdenes (*order department; order room; wire room*) Departamento de una casa de bolsa que transmite las órdenes al mercado indicado para su ejecución y que devuelve las confirmaciones al ejecutivo de cuentas indicado.

departamento de procuración (*proxy department*) *Véase* departamento de representación.

departamento de registro de acciones (*stock record department*) Departamento de una casa de bolsa responsable de mantener el libro mayor en el que se asientan los nombres de los propietarios de valores y la ubicación de éstos.

departamento de reorganización (*reorganization department*)

Departamento de una casa de bolsa que maneja las transacciones que representan un cambio en los valores en circulación, como los relacionados con las ofertas públicas de compra, las opciones sobre bonos, la amortización de acciones preferentes y las fusiones y adquisiciones.

departamento de representación (*proxy department*) Departamento de una casa de bolsa que es responsable de enviar los documentos de representación o procuración a los clientes cuyos valores se mantienen en una cuenta a nombre de la empresa, así como de transmitir los reportes que los emisores envían a sus accionistas. *Sin.* departamento de procuración.

departamento de supervisión del cumplimiento (*compliance department*) Departamento de una casa de bolsa que supervisa las actividades de comercio y creación de mercados de la empresa. Asegura que los empleados y los funcionarios acaten las reglas y reglamentos de la SEC, de las bolsas y de las organizaciones autorreguladoras. *Sin.* unidad de acatamiento.

departamento o división identificable por separado (*separately identifiable department or division*) Departamento de un banco que se dedica a la compraventa de valores municipales bajo la supervisión directa de un funcionario de la institución. Este departamento está clasificado como agente de valores municipales por el Consejo para la Regulación de Valores Municipales y tiene que sujetarse a los reglamentos de éste. *Véase también* Regla G-1.

depositario (*custodian*) *Véase* custodio.

depósito a la vista (*demand deposit*) Suma de dinero que un cliente deja en depósito en un banco (o que le solicita en préstamo y le deja en depósito) y que puede retirar de inmediato. *Véase también* depósito a plazo.

depósito a plazo (*time deposit*) Suma de dinero que un cliente confía a un banco (o que pide prestada a un banco y deja en depósito) con el acuerdo de no retirarla durante cierto periodo o sin avisar con cierta antelación. *Véase también* depósito a la vista.

depósito de buena fe (*good faith deposit*) Depósito aportado por cada uno de los sindicatos participantes en una licitación pública por colocación de una emisión municipal. Este depósito asegura el cumplimiento del licitante que presenta la oferta más baja. El monto del depósito se estipula en el aviso oficial de venta que se envía a los colocadores potenciales y generalmente es del 2 al 5% de la postura.

depreciación (*depreciation*) (1) Deducción de impuestos que compensa a una empresa el costo de ciertos activos tangibles. *Véase también* Sistema Modificado de Recuperación Acelerada de Costos. (2) Disminución del valor de determinada moneda respecto de otras.

depreciación de balance decreciente (*declining balance depreciation*) Procedimiento contable que permite al propietario de un activo deducir el costo de su valor decreciente para fines fiscales. Mediante la aplicación de este método se obtiene una deducción mayor durante los primeros años de la vida del activo, y normalmente se hace un cambio al método de depreciación en línea recta con objeto de aumentar al máximo el total de deducciones.

depreciación en línea recta (*straight-line depreciation*) Método contable que se usa para recuperar el costo de un activo depreciable computable, mediante el cual el propietario amortiza en libros el costo del activo en cantidades iguales cada año durante la vida útil del mismo. *Sins.* depreciación lineal; amortización lineal; amortización constante; amortización de cuotas fijas. *Véase también* Sistema Modificado de Recuperación Acelerada de Costos.

depreciación lineal (*straight-line depreciation*) *Véase* depreciación en línea recta.

depresión (*depression*) Periodo prolongado de descenso general en la economía.

derecho (*right; subscription right; subscription right certificate; value of a right*) Título que representa el derecho de un accionista de aprovechar la primera oportunidad de compra de nuevas acciones emitidas por la sociedad a un precio predeterminado (normalmente inferior al precio de mercado corriente) en proporción al número de acciones de su propiedad. Este derecho tiene un plazo de expiración corto. *Sins.* derecho de suscripción; cédula de suscripción. *Véanse también* derecho de precedencia; oferta de derechos.

derecho al tanto (*preemptive right*) *Véase* derecho de precedencia.

derecho de acumulación (*right of accumulation*) Beneficio ofrecido por una sociedad de inversión que hace elegible a un inversionista para una rebaja en los cargos por venta en compras adicionales conforme al valor monetario de la cuenta del fondo.

derecho de construcción (*construction fee*) Dinero que paga un contratista general para construir mejoras en una propiedad de un programa de participación directa.

derecho de participación (*equity interest*) Derecho legal o título de propiedad de una parte de un negocio o un bien.

derecho de precedencia (*preemptive right*) Derecho legal de los accionistas de mantener su propiedad proporcional de una empresa mediante la compra de acciones recién emitidas antes de que éstas se ofrezcan al público. *Sins.* derecho al tanto; derecho del tanto. *Véase también* derecho.

derecho de reclamación residual (*residual claim*) Derecho de un tenedor de acciones ordinarias de disponer de activos de la empresa en caso de que ésta desaparezca. Este derecho está subordinado a los de todos los acreedores y los demás accionistas de la empresa.

derecho de reembolso (*right to refund*) Beneficio de un plan de cargos por venta anticipados de una compañía de inversión que permite reembolsar al inversionista que cancela el plan dentro de un plazo de 18 meses el valor de su inversión y cargos por venta superiores al 15%.

derecho de retractarse (*right of withdrawal*) Disposición de la Ley de Compañías de Inversión de 1940 que permite a un inversionista en un plan de inversión en pagos periódicos de un fondo mutuo cancelar el plan dentro de los 45 días siguientes a la fecha de envío por correo de la notificación por escrito que detalla los cargos por venta aplicables durante la vigencia del plan. A partir de la terminación, el inversionista tiene derecho a que se le reembolsen todos los cargos por venta. *Véase también* carta de periodo de gracia.

derecho de suscripción (*right; subscription right; subscription* *right certificate*) *Véase* derecho.

derecho de voto (*voting right*) Derecho de un accionista de participar en la designación de consejeros y aprobar asuntos relacionados con las políticas de la empresa, en particular las referentes a la emisión de valores prioritarios, la división de acciones y los cambios sustanciales en los negocios de la empresa. Una variante de este derecho se extiende a los titulares de contratos de seguros de renta variable y a los tenedores de acciones de fondos de inversión, quienes pueden votar en aspectos esenciales de dichas políticas.

derecho del tanto (*preemptive right*) *Véase* derecho de precedencia.

derivado (*derivative*) Instrumento de inversión que se valúa con base en el valor de otro título. Los contratos de futuros, los contratos adelantados, las opciones y las obligaciones con garantía hipotecaria son los tipos más comunes de derivados. Los inversionistas institucionales generalmente utilizan los derivados para incrementar el rendimiento de su cartera o para protegerla contra riesgos.

descalificación reglamentaria (*statutory disqualification*) Acto de prohibir a una persona que se asocie con una organización autorreguladora por habérsele expulsado, suspendido o rechazado como miembro de una organización autorreguladora; porque ha causado que a otra persona se le suspenda, revoque o deniegue su asociación; por haber sido convicta de ciertos delitos; o por haber falsificado una solicitud o un informe que presentó ante una organización miembro o en su nombre.

descuento (*discount*) Diferencia entre el precio más bajo pagado por un título valor y el monto nominal del mismo al momento de su emisión. *Véase también* premio.

descuento de colocación (*underwriting spread, underwriting discount; underwriting split*) *Véase* margen de colocación.

descuento impositivo (*tax credit*) *Véase* crédito fiscal.

descuento por agotamiento de petróleo (*oil depletion allowance*) *Véase* bonificación por agotamiento de petróleo.

descuento por cantidad (*breakpoint*) Plan de

reducciones en las comisiones sobre ventas que ofrecen las sociedades de inversión por inversiones efectuadas en una sola suma o acumulativas.

descuento tributario (*tax credit*) *Véase* crédito fiscal.

desintegración catalítica (*cracking*) *Véase* craqueo.

desintermediación (*disintermediation*) En las instituciones de ahorro tradicionales, flujo de dinero de cuentas de bajo rendimiento a inversiones de alto rendimiento; por lo general esto ocurre cuando la Fed restringe la oferta monetaria y las tasas de interés aumentan.

desistimiento (*back away*) Situación en la que un creador de mercado extrabursátil no respeta una postura de compra ni una postura de venta en firme; esto es una violación a las Reglas de Prácticas Leales de la NASD.

deuda agregada (*aggregate indebtness; A1*) *Véase* deuda global.

deuda con garantía prioritaria (*senior lien debt*) Emisión de bonos que comparte la garantía de otra emisión y en caso de incumplimiento tiene el derecho de prioridad sobre esa garantía.

Sin. deuda con garantía privilegiada.

deuda con garantía privilegiada (*senior lien debt*) *Véase* deuda con garantía prioritaria.

deuda con garantía secundaria (*junior lien debt*) *Véase* deuda con garantía subordinada.

deuda con garantía subordinada (*junior lien debt*) Bono respaldado por la misma garantía de una emisión anterior y con un derecho secundario respecto de esa garantía en caso de incumplimiento. *Sin.* deuda con garantía secundaria. *Véanse también* deuda con garantía prioritaria; cláusula cerrada; cláusula abierta.

deuda consolidada (*funded debt*) Totalidad del financiamiento de la deuda a largo plazo de una sociedad mercantil o de un municipio, es decir, de sus obligaciones en circulación con vencimiento a cinco años o mayor.

deuda directa (*direct debt*) Total de obligaciones generales, pagarés a corto plazo y deuda de ingresos de un municipio.

deuda directa neta (*net direct debt*) Total de obligaciones de un municipio, entre ellas bonos y pagarés generales y pagarés a corto plazo. Este renglón excluye la deuda autosostenida de emisiones de bonos de ingresos.

deuda flotante (*floating debt*) Obligación pagadera a la demanda o con un plazo de vencimiento muy corto.

deuda global (*aggregate indebtness*; *AI*) (1) Cuenta del total de dinero que un intermediario-agente les debe a sus clientes, a otros intermediarios-agentes, a bancos y otros acreditantes, a proveedores de la empresa y a otros que realicen negocios con ella o trabajen para ella. Entre las obligaciones que se excluyen de esta cuenta se encuentran las garantizadas por activo fijo y otros montos pagaderos respaldados por los propios títulos valor de la empresa. (2) Saldo deudor de margen neto de los clientes. *Sin.* deuda agregada. *Véanse también* activo computable; capital neto; Regla 15c3-1.

deuda neta a avalúo (*net debt to assessed valuation*) *Véase* deuda neta a valor catastral.

deuda neta a avalúo estimado (*net debt to estimated valuation*) *Véase* deuda neta a valor estimado.

deuda neta a tasación (*net debt to assessed valuation*) *Véase* deuda neta a valor catastral.

deuda neta a tasación estimada (*net debt to estimated valuation*)

Véase deuda neta a valor estimado.

deuda neta a valor base del impuesto (*net debt to assessed valuation*) *Véase* deuda neta a valor catastral.

deuda neta a valor catastral (*net debt to assessed valuation*) Medida de la situación financiera de un municipio; compara las obligaciones del municipio con el valor catastral de sus propiedades. *Sins.* deuda neta a valor imponible; deuda neta a valuación fiscal; deuda neta a valor gravable; deuda neta a valor base del impuesto; deuda neta a valor de tasación; deuda neta a avalúo; deuda neta a tasación. *Véase también* deuda neta a valor estimado.

deuda neta a valor de tasación (*net debt to assessed valuation*) *Véase* deuda neta a valor catastral.

deuda neta a valor estimado (*net debt to estimated valuation*) Medida de la situación financiera de un municipio; compara las obligaciones del municipio con el valor estimado de sus propiedades. *Sins.* deuda neta a valuación estimada; deuda neta a avalúo estimado; deuda neta a tasación estimada. *Véase* *también* deuda neta a valor catastral.

deuda neta a valor gravable (*net debt to assessed valuation*) *Véase* deuda neta a valor catastral.

deuda neta a valor imponible (*net debt to assessed valuation*) *Véase* deuda neta a valor catastral.

deuda neta a valuación estimada (*net debt to estimated valuation*) *Véase* deuda neta a valor estimado.

deuda neta a valuación fiscal (*net debt to assessed valuation*) *Véase* deuda neta a valor catastral.

deuda neta per cápita (*net debt per capita*) Indicador de la capacidad de un municipio para cubrir sus obligaciones; compara los intrumentos de deuda emitidos por el municipio con el número de residentes en el mismo. *Sin.* deuda per cápita.

deuda per cápita (*net debt per capita*) *Véase* deuda neta per cápita.

deuda quirografaria (*debenture; unsecured bond*) *Véase* obligación.

deuda quirografaria subordinada (*subordinated debenture*) *Véase* obligación subordinada.

deuda sin garantía (*debenture; unsecured bond*) *Véase* obligación.

deuda sin garantía específica (*debenture; unsecured bond*) *Véase* obligación.

deuda sobrepuesta (*overlapping debt*) Condición que se crea cuando las propiedades de un municipio están sujetas a múltiples autoridades o distritos fiscales, cada uno de ellos con potestades impositivas y de interposición de recursos ante los residentes en el área. *Sin.* deuda traslapada. *Véase también* colindante.

deuda subordinada sin garantía específica (*subordinated debenture*) *Véase* obligación subordinada.

deuda total neta (*net total debt*) Suma de las obligaciones de deuda de un municipio; se calcula sumando la deuda directa neta a la deuda sobrepuesta del municipio. *Véanse también* deuda directa neta; deuda sobrepuesta.

deuda traslapada (*overlapping debt*) *Véase* deuda sobrepuesta.

devaluación (*devaluation*) Reducción sustancial del valor de una moneda respecto del valor del oro o de la moneda de otro país. *Véase también* revaluación.

DI Siglas en inglés del nombre ingreso disponible.

día de procesamiento de póliza (*policy processing day*) Día en que los cargos autorizados en una póliza de seguro de vida variable se deducen del valor en efectivo de la misma. Estos cargos incluyen comisiones por administración, impuestos y costo del seguro.

día hábil (*business day*) Cada día en que los mercados financieros operan. Los sábados, los domingos y los días festivos obligatorios no se consideran días hábiles. *Sin.* día laborable.

día laborable (*business day*) *Véase* día hábil.

dictamen jurídico (*legal opinion of counsel*) Declaración en la que un asesor legal en obligaciones afirma que una emisión es municipal y que los intereses están exentos de impuestos federales. Cada título de bono municipal debe acompañarse de un dictamen jurídico. *Sins.* dictamen legal; opinión legal. *Véanse también* emisión no dictaminada; dictamen jurídico con reservas; dictamen jurídico sin reservas.

dictamen jurídico con reservas (*qualified legal opinion*) Informe en el que un asesor legal en obligaciones afirma la validez de una nueva emisión de bonos municipales pero expresa reservas respecto a su calidad. *Sin.* dictamen legal con reservas. *Véanse también* dictamen jurídico; dictamen jurídico sin reservas.

dictamen jurídico sin reservas (*unqualified legal opinion*) Declaración de un asesor legal en bonos que afirma que una nueva emisión de bonos municipales cumple con las leyes y con los reglamentos fiscales del municipio y que no expresa ninguna reserva respecto a su validez. *Sin.* dictamen legal sin reservas. *Véanse también* dictamen jurídico; dictamen jurídico con reservas.

dictamen legal (*legal opinion of counsel*) *Véase* dictamen jurídico.

dictamen legal con reservas (*qualified legal opinion*) *Véase* dictamen jurídico con reservas.

dictamen legal sin reservas (*unqualified legal opinion*) *Véase* dictamen jurídico sin reservas.

diferencia de títulos a corto (*short securities difference*) *Véase* diferencia de valores a corto.

diferencia de títulos valor a corto (*short securities difference*) *Véase* diferencia de valores a corto.

diferencia de valores a corto (*short securities difference*)

Divergencia negativa entre el número de acciones reportadas en los registros contables de un intermediario-agente y el número de acciones determinado mediante el recuento físico de los títulos que las representan. *Sins.* diferencia de títulos a corto; diferencia de títulos valor a corto. *Véanse también* conteo trimestral de valores; discrepancia de registro de acciones.

diferencia neta (*net change*) Diferencia entre el precio de cierre de un título en una sesión bursátil específica y el precio de cierre de la sesión anterior. En las negociaciones extrabursátiles, este término se refiere a la diferencia entre las posturas de compra al cierre de cada sesión. *Sin.* variación neta.

diferencial de colocación (*underwriting spread, underwriting discount; underwriting split*) *Véase* margen de colocación.

diferencial de los lotes incompletos (*odd lot differential*) *Véase* diferencial de lote impar.

diferencial de lote impar (*odd lot differential*) Comisión extra que se suele cargar cundo se ejecuta una orden de pico en una bolsa. En Estados Unidos, el cargo normal es de $0.125 (1/8 punto) por acción, más la comisión del intermediario. *Sin.* diferencial de lote pico; diferencial de los lotes incompletos.

diferencial de lote pico (*odd lot differential*) *Véase* diferencial de lote impar.

diferencial de precio (*spread [1]*) En una cotización, diferencia entre la postura de compra y la postura de venta de un título.

DÍGITOS Y VOL BORRADOS (*DIGITS & VOL DELETED*) Modo de borrar información en la Cinta (o Tira) de Precios Consolidada, en el cual se omiten el volumen y el primer dígito del precio. Cuando hay una baja en la actividad bursátil, aparece el mensaje DÍGITOS Y VOL RESUMIDOS. *Véase también* modo "Borrar información".

dilución (*dilution*) Reducción en las utilidades por acción ordinaria. La dilución se realiza mediante la emisión de acciones ordinarias adicionales y la conversión de valores convertibles.

discrecionalidad (*discretion*) Autoridad que se le concede a una persona distinta del propietario real de una cuenta para que tome decisiones de inversión como la compra o la venta de acciones y el tipo y número de las mismas. La discrecionalidad no incluye las decisiones relacionadas con la oportunidad y el precio de las operaciones. *Véase también* poder limitado.

discrecionalidad ejercida *(discretion exercised; DE)*. En una orden colocada por virtud de una cuenta discrecional, anotación que indica que la decisión de realizar la operación fue tomada por el representante. *Véase también* cuenta discrecional.

discrecionalidad no ejercida *(discretion not exercised; DNE).* En una orden colocada por virtud de una cuenta discrecional, anotación que indica que la decisión de realizar la operación fue tomada por el propietario de la cuenta. *Véase también* cuenta discrecional.

discrepancia de registro de acciones *(stock record break)* Divergencia entre el número de acciones reportadas en los registros de contabilidad de un intermediario-agente y el número de acciones determinado mediante un conteo físico de los títulos. Tal divergencia puede deberse a un error contable o a que hay un faltante de títulos. *Véase también* conteo trimestral de valores.

disminución *(depletion)* Deducción de impuestos que compensa a una empresa por un descenso en la demanda del recurso natural del que obtiene sus ingresos (petróleo, gas, carbón, oro u otro recurso no renovable). Esta disminución se calcula ya sea con base en los costos o en el porcentaje. *Sin.* reducción. *Véanse también* disminución de costos; disminución porcentual.

disminución de costos *(cost depletion) Véase* reducción de costos.

disminución de precio *(markdown) Véase* rebaja.

disminución porcentual *(percentage depletion) Véase* agotamiento porcentual.

distribución *(distribution)* Dinero u otro bien derivado de la participación en una empresa y que se distribuye entre los accionistas o socios comanditados de la misma, trátese de una compañía de inversión o de una sociedad de personas.

distribución bursátil *(exchange distribution)* Procedimiento de negociación por bloques en el que se cruza un gran número de acciones con ofertas en el piso de remates sin anunciarlas previamente en la cinta ancha. *Sin.* distribución en bolsa.

distribución desproporcionada (*disproportionate allocation*) Uno de los criterios que la NASD aplica para determinar si se ha cometido una violación a las reglas de aprovechamiento gratuito y retención. La directriz general es que ninguna empresa debe asignar más del 10% de sus partidas especulativas para venderlas a cuentas restringidas. *Sin.* asignación desproporcionada.

distribución en bolsa (*exchange distribution*) *Véase* distribución bursátil.

distribución funcional (*functional allocation*) *Véase* asignación funcional.

distribución primaria (*primary offering; primary distribution*) *Véase* oferta primaria.

distribución secundaria (1) (*secondary distribution; registered secondary distribution*) Distribución, junto con un prospecto, de valores de los accionistas más importantes de una sociedad (por lo general socios fundadores o propietarios principales). El producto de la venta se queda en manos de los vendedores de las acciones, no se entrega a la entidad emisora. *Sins.* redistribución; distribución secundaria registrada. *Véase también* distribución secundaria al contado.

distribución secundaria (2) (*secondary distribution*) Procedimiento para negociar lotes muy grandes de acciones por virtud del cual las operaciones se llevan a cabo fuera del piso de remates de una bolsa después del cierre del mercado.

distribución secundaria al contado (*spot secondary distribution; unregistered secondary distribution*) Transacción en la que una distribución de acciones de tenedores importantes se anuncia repentinamente y no se registra. *Sins.* redistribución al contado; distribución secundaria de realización inmediata; redistribución de realización inmediata; distribución secundaria no registrada. *Véase también* distribución secundaria (1).

distribución secundaria de realización inmediata (*spot secondary distribution; unregistered secondary distribution*) *Véase* distribución secundaria al contado.

distribución secundaria no registrada (*spot secondary distribution; unregistered secondary distribution*) *Véase* distribución secundaria al contado.

distribución secundaria registrada (*secondary distribution; registered secondary distribution*) *Véase* distribución secundaria (1).

diversificación (*diversification*) Técnica de administración del riesgo que combina una amplia variedad de inversiones en una cartera, con lo cual reduce al mínimo el impacto de cualquiera de ellas sobre el comportamiento de la cartera en general.

dividendo (*dividend; stock dividend*) Distribución de las utilidades de una sociedad anónima. Los dividendos pueden ser en efectivo, en acciones o en bienes. El consejo de administración tiene que declarar todos los dividendos. *Sin.* dividendo en acciones. *Véanse también* dividendo en efectivo; rendimiento en dividendos; dividendo en bienes.

dividendo en acciones (*dividend*) *Véase* dividendo.

dividendo en bienes (*property dividend*) Distribución entre los accionistas de una sociedad de los valores que posee en otras sociedades o de sus productos. *Véase también* dividendo.

dividendo en efectivo (*cash dividend*) Dinero que se paga a los accionistas de una sociedad con las ganancias corrientes o las utilidades acumuladas. El consejo de administración tiene que declarar todos los dividendos.

dividendos por acción (*dividends per share*) Monto de los dividendos en efectivo que se pagan sobre cada acción ordinaria durante un año.

divisa (*foreign* currency) Moneda de curso legal de un país diferente del país de residencia de un inversionista. En las bolsas de valores estadounidenses se negocian opciones y contratos de futuros en un gran número de divisas. *Sin.* moneda extranjera.

división de acciones (*stock split*) Aumento en el número de las acciones en circulación de una sociedad mediante el cual se reduce el valor nominal de las mismas sin que disminuya su valor total de capitalización. Las reducciones proporcionales en las órdenes que se mantienen en los libros para una división de acciones se calculan dividiendo el precio de mercado de los títulos entre la fracción que representa la división. *Véase también* división inversa de acciones.

división inversa de acciones (*reverse split*) Reducción en el número de acciones en circulación que una sociedad realiza para aumentar el valor de las mismas o sus utilidades por acción. El valor de mercado del número total de acciones sigue siendo el mismo. *Véase también* división de acciones.

DJIA Siglas en inglés del nombre Promedio Industrial Dow Jones.

DK Siglas en inglés del nombre no se sabe.

DNE Siglas en inglés del nombre discrecionalidad no ejercida.

DNR Siglas en inglés del nombre orden de no reducir.

doble amortización del saldo decreciente (*double declining balance depreciation*) *Véase* doble depreciación del saldo decreciente.

doble depreciación del saldo decreciente (*double declining balance depreciation*) Procedimiento contable que permite al propietario de un activo deducir el costo del valor decreciente de ese activo para fines fiscales. Durante los primeros años de vida del activo, el propietario deduce el doble de la cantidad permitida conforme al método de depreciación en línea recta. *Sin.* doble amortización del saldo decreciente. *Véase también* depreciación en línea recta.

doctrina de la exclusión mutua (*doctrine of mutual reciprocity; mutual exclusion doctrine; reciprocal immunity*) *Véase* doctrina de la reciprocidad.

doctrina de la reciprocidad (*doctrine of mutual reciprocity; mutual exclusion doctrine; reciprocal immunity*) Acuerdo por virtud del cual se dispuso que los intereses sobre bonos municipales estén exentos del pago de impuestos federales. Los estados y los municipios de Estados Unidos no gravan ni los valores ni los demás bienes federales; a cambio, el gobierno federal exenta del pago de impuestos federales los valores y demás bienes de los gobiernos locales. *Sins.* doctrina de la exclusión mutua; inmunidad recíproca.

documento de divulgación de opciones (*options disclosure document; OCC Disclosure Document*) Publicación de la Options Clearing Corporation que resume los riesgos y las recompensas de las inversiones en opciones. Este documento tiene que dársele a cada cliente en el momento en que abre una cuenta de opciones, y tiene que anexarse a toda la propaganda sobre opciones que se envía a los clientes.

donante *(donor)* Persona que dona dinero o títulos a otra y con ello le transfiere los derechos correspondientes. Conforme a la Ley Uniforme de Donaciones a Menores, la donación de títulos a menores confiere ventajas fiscales al donante. *Véase también* Ley Uniforme de Donaciones a Menores.

DPP Siglas en inglés del nombre programa de participación directa.

DR Siglas en inglés del nombre saldo deudor.

duplicado de confirmación *(duplicate confirmation)* Copia de una confirmación de un cliente que una casa de bolsa envía a un agente o a un abogado si el cliente se lo solicita por escrito. Cuando el cliente es empleado de otro intermediario-agente, conforme a los reglamentos de las organizaciones autorreguladoras, se puede exigir que se envíe un duplicado de confirmación a dicho intermediario. *Véase también* confirmación.

DVP Siglas en inglés del nombre pago contra entrega.

E

economía clásica (*classical economics*) Teoría según la cual se obtiene el máximo beneficio económico cuando el gobierno no trata de influir en la economía; es decir, cuando a las empresas se les permite aprovechar las oportunidades de lucro que consideren convenientes.

economía keynesiana (*Keynesian economics*) Teoría según la cual la intervención activa del gobierno en el mercado es el mejor método para asegurar el crecimiento y la estabilidad de la economía.

ecuación de balance general (*balance sheet equation*) Fórmula según la cual el activo de una sociedad equivale a la suma de su pasivo y su capital accionario.

EE Siglas en inglés del nombre capital excedente.

efecto comercial (*commercial paper*) *Véase* papel comercial.

efecto multiplicador (*multiplier effect*) Expansión de la oferta monetaria que se da cuando un banco miembro del Sistema de la Reserva Federal tiene la capacidad de prestar más dinero del que capta. Un pequeño aumento en la captación bancaria genera un aumento mucho mayor en el crédito disponible.

efecto palanca (*leverage; trading on the equity*) *Véase* apalancamiento.

ejecutar (*exercise*) *Véase* ejercer.

ejecutivo de cuentas (*registered representative; account executive; stockbroker; RR*) *Véase* representante registrado.

ejercer (*exercise*) Llevar a cabo la transacción ofrecida en una opción, derecho o título opcional de compraventa. Por ejemplo, un accionista ejerce una opción comprando 100 acciones de referencia al precio y dentro del periodo previamente pactados. *Sin.* ejecutar.

elasticidad (*elasticity*) Sensibilidad de los consumidores y productores a los cambios de precios. Un cambio grande en la demanda o la producción ocasionado por un cambio pequeño en el precio de un bien se considera un indicador de elasticidad. *Véase* también inelasticidad.

emisión de agencia gubernamental (*agency issue*) Título valor emitido por una agencia autorizada del gobierno federal. Estas emisiones son respaldadas por las agencias mismas, no por la solvencia moral y económica del gobierno de Estados Unidos (excepto las emisiones de la GNMA y del Banco Federal de Importación y Exportación. *Véase también* título valor gubernamental.

emisión especulativa (*hot issue*) Emisión nueva que se vende o se estima que se venderá con un premio respecto al precio de oferta pública. *Véase también* aprovechamiento gratuito y retención.

emisión no dictaminada (*ex-legal*) Emisión municipal que se negocia sin la opinión legal por escrito de un asesor legal en bonos. En el momento de su negociación debe puntualizarse que la emisión no ha sido dictaminada. *Véase también* dictamen jurídico.

emisor (*issuer*) (1) Entidad, por ejemplo una sociedad o un municipio, que ofrece o propone ofrecer en venta títulos de su propiedad. (2)

Creador de una opción: el vendedor de opciones, que emite opciones extrabursátiles, y la Corporación de Compensación de Opciones, que emite opciones inscritas.

Las definiciones anteriores tiene las dos salvedades siguientes. En el caso de los certificados fiduciarios con derecho de voto o los certificados fiduciarios garantizados, el emisor es la persona que asume las responsabilidades de depositante o administrador. Por otra parte, se considera que no tienen emisor los certificados de participación en títulos relacionados con el petróleo, el gas o la minería o las concesiones en que los pagos se cubren con la producción. *Sins.* entidad emisora; emisora.

emisora (*issuer*) *Véase* emisor.

emparejamiento de órdenes (*matching orders*) Introducción simultánea de órdenes de compra y venta idénticas (o casi idénticas) respecto de un título con objeto de dar la apariencia de que tal título se está negociando activamente. Esta práctica representa una violación a las disposiciones antifraude de la Ley de Bolsas de Valores de 1934. *Sin.* correlación de órdenes.

empresa conjunta (*joint venture*) *Véase* coinversión.

empresa controladora (*holding company*) *Véase* empresa tenedora.

empresa de banca de inversión (*investment banking business; investment securities business*) Intermediario, agente de valores o corredor de valores municipales o gubernamentales que coloca o distribuye nuevas emisiones de títulos como agente, o que los compra y los vende por cuenta de otros como intermediario. *Sin.* empresa de valores de inversión.

empresa de valores de inversión (*investment banking business; investment securities business*) *Véase* empresa de banca de inversión.

empresa tenedora (*holding company*) Sociedad constituida para invertir en otras y administrarlas. *Sin.* empresa controladora.

en el centro del precio (*at-the-money*) Término usado para describir una opción cuando el precio de la acción de referencia y el precio de ejecución son iguales en el mercado. *Véanse también* dentro del precio; fuera del precio.

en sobrecompra (*overbought*) Término que en el análisis técnico se aplica a un mercado en el que ha habido compras más numerosas e intensas que las que justifican los factores fundamentales. *Véase también* en sobreventa.

en sobreventa (*oversold*) Término que en el análisis técnico se aplica a un mercado en el que ha habido ventas más numerosas e intensas que las que justifican los factores fundamentales. *Véase también* en sobrecompra.

endoso (*endorsement*) Firma en el reverso de un título accionario o de bonos que corresponde a la persona señalada como propietaria del mismo. Los propietarios tienen que endosar los certificados al transferírselos a otra persona. *Véase también* cesión.

entidad compensadora (*clearing agency*) Intermediario entre el vendedor y el comprador en una negociación con valores que recibe y entrega los pagos y los títulos. Se considera entidad compensadora a cualquier organización que cumple con esta función, incluyendo las instituciones de depósito de valores y excluyendo los bancos de la Reserva Federal.

entidad emisora (*issuer*) *Véase* emisor.

entradas brutas (*gross revenues*) *Véase* ingreso bruto.

entrega (*delivery*) Intercambio de la propiedad o el control de un título valor por efectivo. La entrega tiene lugar en la fecha de liquidación.

entrega buena (*good delivery*) *Véase* entrega de conformidad.

entrega conforme (*good delivery*) *Véase* entrega de conformidad.

entrega de conformidad (*good delivery*) Término que describe un título negociable en cumplimiento del contrato de compraventa y listo para ser transferido del vendedor al comprador. *Sins.* entrega conforme; entrega buena. *Véase también* boleta de entrega uniforme.

EPS Siglas en inglés del nombre utilidades por acción.

EQ Siglas en inglés del nombre capital social.

equivalente de efectivo (*cash equivalent*) Título valor susceptible de convertirse en efectivo inmediatamente; algunos ejemplos son los pagarés de la Tesorería a corto plazo, los certificados de depósito y los instrumentos y fondos del mercado de dinero.

ERISA Siglas en inglés del nombre Ley de Seguridad de los Ingresos de Retiro de los Empleados de 1974.

escala (*scale*) Lista de cada uno de los vencimientos programados de una nueva emisión de bonos con vencimientos en serie; incluye el número de bonos, las fechas de vencimiento, las tasas de cupones y los rendimientos. *Véase también* suscripción de una escala.

escala de precios al cierre (*closing range*) Gama relativamente reducida de precios de las transacciones realizadas en el último minuto de cada sesión bursátil. *Véase también* precio al cierre.

escrito de pretensiones (*statement of claim*) Documento que presenta la parte que solicita la solución de una controversia conforme al Código de Procedimiento de Arbitraje de la NASD, y en el cual señala los hechos pertinentes a la controversia y los remedios que solicita.

escritura de fideicomiso (*trust indenture; deed of trust; trust agreement*) *Véase* contrato de fideicomiso.

escritura fiduciaria (*trust indenture; deed of trust; trust* *agreement*) *Véase* contrato de fideicomiso.

especialista (*specialist*) Miembro de una bolsa de valores que se dedica a cotizar y negociar ciertos títulos ya sea por su cuenta o por las de los clientes. Su función consiste en mantener un mercado justo y ordenado para los títulos de los que es responsable. *Véase también* libro de especialista.

especulación (*speculation*) Negociación de un producto básico o un título con un riesgo superior a la media a cambio de la posibilidad de obtener un rendimiento superior a la misma. La operación se efectúa con la sola finalidad de sacar un provecho económico y no como medida para proteger o cubrir otras posiciones.

especulador (*speculator*) Persona que negocia un producto básico o un título con un riesgo superior a la media a cambio de la posibilidad de obtener un rendimiento superior a la misma. *Véase también* especulación.

especulador bursátil (*spreader*) Operador de productos básicos que intenta aprovechar los cambios en las diferencias de precios entre productos básicos, contratos de futuros o contratos de opciones; árbitro de productos básicos. *Véanse también* intermediario del día; intermediario de posiciones; revendedor.

especulador con posiciones (*position trader [2]*) especulador que compra o vende posiciones en los mercados de futuros con el fin de especular con los movimientos de los precios a largo plazo de los productos básicos. *Véanse también* intermediario del día, revendedor; especulador bursátil.

esquema pirámide (*pyramiding*) Estrategia especulativa conforme a la cual un inversionista emplea utilidades no realizadas de una posición mantenida para aumentar continuamente el tamaño de la posición en cantidades cada vez más pequeñas.

estabilización de precio (*stabilizing*) En una licitación relativa a una nueva emisión de valores, acto de ofrecer una postura de compra igual o inferior a la de oferta pública. Los administradores de emisiones pueden hacer esto durante el periodo de oferta para impedir una caída fuerte de los precios. *Véase también* fijación.

estado de cuenta de cliente
(*customer statement*)
Documento que muestra los
movimientos, las posiciones y
el saldo de la cuenta de un
cliente. La SEC exige que a
los clientes se les envíen sus
estados de cuenta cada
trimestre, pero generalmente
se les entregan cada mes.

estado de flujo de fondos (*funds
statement*) Sección del informe
anual de una sociedad en la
que se analizan las razones
por las que ha aumentado o
disminuido el capital de
trabajo de la misma. *Sin.*
estado de fuentes y utilización
de fondos.

**estado de fuentes y utilización
de fondos** (*funds statement*)
Véase estado de flujo de
fondos.

estado de ingresos (*income
statement*) Resumen de
ingresos y egresos de una
sociedad durante un ejercicio
fiscal específico. *Sin.* estado
de resultados.

estado de registro (*registration
statement*) Documento legal en
el que se revela toda la
información pertinente sobre
una oferta de un título y su
emisor. Se presenta a la SEC
conforme a los requisitos de la
Ley de Valores de 1933 y
constituye la base del
prospecto final que se
distribuye a los inversionistas.

estado de resultados (*income
statement*) *Véase* estado de
ingresos.

estado financiero auditado
(*audited financial statement*)
Véase estado financiero
dictaminado.

estado financiero dictaminado
(*audited financial statement*)
Estado financiero de un
programa, una entidad
emisora u otra sociedad
(incluyendo el estado de
pérdidas y ganancias, el
estado de flujo de caja y de
origen y aplicación de
ingresos, y el balance general)
que ha sido examinado y
verificado por un contador
público titulado
independiente. *Sins.* estado
financiero auditado;
estado financiero verificado.

estado financiero verificado
(*audited financial statement*)
Véase estado financiero
dictaminado.

estado oficial (*official statement;
OS*) Documento relativo a una
emisión municipal que se le
debe entregar a cada
comprador. El colocador lo
redacta con información que
le proporciona la entidad
emisora y normalmente
indica las condiciones de la
oferta, la descripción de los
bonos y del emisor, el margen
de colocación, las comisiones de

los intermediarios bursátiles, el precio de oferta inicial y el régimen fiscal aplicable.

estanflación (*stagflation*) Periodo económico en el que una tasa alta de desempleo concurre con un aumento general de precios. *Véanse también* deflación; inflación.

Estatutos de la NASD (*NASD Bylaws*) Reglamento interior que describe cómo funciona la NASD, define sus facultades y establece los requisitos de calificación y registro de los intermediarios bursátiles.

estrategia de inversión agresiva (*aggressive investment strategy*) Método para organizar y manejar una cartera con la finalidad de obtener el máximo rendimiento. Los inversionistas agresivos colocan un alto porcentaje de sus activos invertibles en títulos de participación y un porcentaje mucho menor en obligaciones más seguras y en equivalentes de efectivo y aplican políticas como las de comercio de margen, arbitraje y compraventa de opciones. *Véanse también* estrategia de inversión diversificada; estrategia de inversión defensiva.

estrategia de inversión defensiva (*defensive investment strategy*) Método de distribución y administración de carteras utilizado para reducir al mínimo el riesgo de pérdidas de capital. Los inversionistas defensivos colocan un alto porcentaje de sus activos invertibles en los bonos, equivalentes de efectivo y acciones menos volátiles que la media.

estrategia de inversión diversificada (*balanced investment strategy*) Método de distribución y manejo de los valores en cartera cuya finalidad es equilibrar el riesgo y el rendimiento; una cartera diversificada puede combinar acciones, bonos, productos envasados o empacados y equivalentes de efectivo.

estructura de capital (*capital structure*) Composición de los fondos (capital social y deuda) a largo plazo de los que una sociedad dispone como fuente de financiamiento. *Véase también* capitalización.

estudio de factibilidad (*feasibility study*) Investigación exhaustiva mediante la cual se determina si un proyecto municipal propuesto generará fondos suficientes para cubrir la operación del mismo y el servicio de la deuda. Por lo general, antes de hacer una emisión de bonos municipales de ingresos se requiere un estudio de factibilidad.

etapa de acumulación (*accumulation stage*) Periodo durante el cual se hacen aportaciones a una cuenta de seguro de renta. *Véanse también* unidad de acumulación; etapa de distribución.

etapa de distribución (*distribution stage; payout stage*) Periodo durante el cual se reciben las distribuciones de una cuenta de seguro de renta. *Sins.* etapa de reparto; periodo de distribución; periodo de reparto. *Véanse también* etapa de acumulación; unidad de acumulación.

etapa de reparto (*distribution stage*) *Véase* etapa de distribución.

ETR Siglas en inglés del nombre recibo de la Tesorería de fácil crecimiento.

eurobono (*eurobond*) Instrumento representativo de deuda a largo plazo de un gobierno o una sociedad mercantil que se denomina en la moneda del país emisor pero se emite y se vende en otro país.

eurodólar (*Eurodollar*) Moneda estadounidense manejada por bancos fuera de los Estados Unidos. *Véase*

también futuro en eurodólares.

Examen Combinado Uniforme sobre Leyes Estatales (*Uniform Combined State Law Exam*) *Véase* Serie 66.

Examen sobre la Ley Uniforme Estatal de Agentes de Valores (*Uniform Securities Agent State Law Exam; USASLE*) *Véase* Serie 63.

Examen Uniforme Legal para Asesores en Inversiones (*Uniform Investment Adviser Law Exam*) *Véase* Serie 65.

excedente conforme al Reglamento T (*excess equity*) *Véase* capital excedente.

excedente de capital (*capital surplus; paid-in capital; paid-in surplus*) Dinero que una sociedad recibe por encima del valor de sus acciones declarado en el momento de su primera venta. *Sins.* superávit de capital; capital pagado; superávit pagado; excedente pagado. *Véase también* valor nominal.

excedente de margen (*excess equity*) *Véase* capital excedente.

excedente de valores de margen (*excess margin securities*) *Véase* valores de margen excedentes.

excedente pagado (*capital surplus; paid-in capital; paid-in surplus*) *Véase* excedente de capital.

exceso de capital (*excess equity*) *Véase* capital excedente.

exceso de valores de margen (*excess margin securities*) *Véase* valores de margen excedentes.

expansión (*expansion; recovery*) Periodo de aumento de la actividad económica; una de las cuatro etapas del ciclo económico. *Sin.* recuperación. *Véase también* ciclo económico.

expiración a plazo único (*term maturity; term bond*) *Véase* vencimiento a plazo único.

extrabursátil (*over the counter; OTC*) Término que se usa para describir un título valor que se negocia por teléfono conectado al mercado no oficial, en vez de a una bolsa. *Sins.* fuera de bolsa; cotizado fuera de bolsa; negociable fuera de bolsa; no inscrito; no registrado. *Véase también* mercado fuera de bolsa.

F

FAC Siglas en inglés del nombre sociedad de certificado con valor nominal.

factor de conversión (*conversion ratio; conversion rate*) Cantidad de acciones ordinarias por monto de valor nominal que el tenedor recibiría al intercambiar un bono o una acción convertibles.

familiar adscrito (*immediate family*) Persona que recibe apoyo económico de otra asociada con el sector de valores, por ejemplo, padre o madre, suegra o suegro, esposo o esposa, hijo o hija, u otro pariente.

Fannie Mae *Véase* Asociación Nacional Federal Hipotecaria.

FCA Siglas en inglés del nombre Administración de Crédito Agrícola.

FCM Siglas en inglés del nombre intermediario de operaciones de futuros.

FCO Siglas en inglés del nombre opción de divisas.

FCS Siglas en inglés del nombre Sistema de Crédito Agrícola.

FDIC Siglas en inglés del nombre Corporación Federal de Seguros de Depósitos.

fecha de amortización (*call date*) Fecha especificada en el prospecto de cada título valor después de la cual la entidad emisora tiene la opción de amortizar la emisión a la par, o a la par más un premio. *Sin.* fecha de redención.

fecha de cierre de ventas (*closing date*) Día que los socios comanditados de un programa de participación directa designan como fecha de cese de ventas de las unidades del programa; normalmente el periodo de oferta abarca un año. *Sin.* fecha límite de venta.

fecha de emisión (*dated date*) Fecha en que empiezan a acumularse los intereses sobre una nueva emisión de bonos.

fecha de entrada en vigor (*effective date*) Fecha en que el registro de una emisión de valores empieza a surtir sus efectos, y a partir de la cual los colocadores pueden vender esos valores al público y confirmar las ventas a los inversionistas que han mostrado interés.

fecha de expiración (*expiration date*) Véase fecha de vencimiento (1).

fecha de la declaración (*declaration date*) Fecha en la que una sociedad anónima anuncia el monto, la fecha de pago y la fecha de registro de un dividendo próximo.

fecha de liquidación (*settlement date*) Fecha en que se transmite un derecho de propiedad de un vendedor a un comprador. El Código de Prácticas Uniformes de la NASD establece disposiciones estándar en materia de liquidación. *Véanse también* operación al contado; plazo normal de liquidación.

fecha de negociación (*trade date*) *Véase* fecha de operación.

fecha de operación (*trade date*) Fecha en la que se ejecuta una negociación de valores. *Sins.* fecha de negociación; fecha de transacción.

fecha de pago (*payment date*) Fecha en que un dividendo declarado se paga a todas las personas que poseen acciones a la fecha de registro.

fecha de redención (*call date*) *Véase* fecha de amortización.

fecha de registro (1) (*filing date*) Día en que una entidad emisora presenta a la SEC la declaración de registro de una nueva emisión de valores.

fecha de registro (2) (*record date*) Fecha establecida por el consejo de administración de una sociedad, que determina cuáles de los accionistas tienen derecho a recibir dividendos o distribuciones de derechos.

fecha de separación de certificados de opción (*ex-warrants date*) *Véase* fecha de separación de títulos opcionales de compraventa.

fecha de separación de certificados para compra de acciones (*ex-warrants date*) *Véase* fecha de separación de títulos opcionales de compraventa.

fecha de separación de derechos (*ex-rights date*) Fecha en la cual o después de la cual las acciones se negocian sin los derechos de colocación previamente declarados.

fecha de separación de títulos opcionales de compraventa (*ex-warrants date*) Fecha en la cual o después de la cual las acciones se negocian sin los títulos opcionales previamente declarados. *Sins.*

fecha de separación de vales de suscripción; fecha de separación de certificados de opción; fecha de separación de certificados para compra de acciones.

fecha de separación de vales de suscripción (*ex-warrants date*) *Véase* fecha de separación de títulos opcionales de compraventa.

fecha de transacción (*trade date*) *Véase* fecha de operación.

fecha de vencimiento (1) (*expiration date*) Fecha específica en la que el comprador de una opción deja de tener los derechos que se le confieren en el contrato de opción. Sin. fecha de expiración.

fecha de vencimiento (2) (*maturity date*) Fecha en que el capital de un bono se le reembolsa al inversionista y cesan los pagos de intereses. *Sin.* plazo de vencimiento. *Véanse* vencimiento gradual; principal (3); bono con vencimientos en serie; vencimiento a plazo único.

fecha exdividendo (*ex-date; ex-dividend rate*) Primera fecha en la que un título valor se negocia sin dar derecho al comprador de recibir distribuciones declaradas con anterioridad.

fecha límite de venta (*closing date*) *Véase* fecha de cierre de ventas.

Fed Acrónimo en inglés del nombre Sistema de la Reserva Federal.

FGIC Siglas en inglés del nombre Sociedad Financiera de Seguros de Garantía.

FHLB Siglas en inglés del nombre Banco Federal para el Financiamiento de la Vivienda.

FHLMC Siglas en inglés del nombre Corporación Federal de Préstamos Hipotecarios para la Vivienda.

fianza de fidelidad (*fidelity bond; surety bond*) Cobertura de seguro que las organizaciones autorreguladoras requieren para todos los empleados, funcionarios y socios de las empresas miembros con el fin de proteger a los clientes contra la pérdida de valores, las operaciones fraudulentas y la falsificación de cheques.

FICB Siglas en inglés del nombre Banco Federal Intermediario del Crédito.

fideicomiso con derecho de voto (*voting trust*) Sociedad que asume el derecho de voto de las acciones ordinarias de otra sociedad durante un periodo limitado, por ejemplo, durante una reestructuración de esa segunda empresa.

fideicomiso de inversión en bienes raíces (*real estate investment trust; REIT*) Sociedad anónima o fideicomiso que invierte el capital combinado de varios inversionistas en la propiedad directa de bienes generadores de ingresos o en créditos hipotecarios. Estas inversiones ofrecen ventajas fiscales además de distribuciones de ganancias de capital e intereses. *Sin.* fideicomiso de inversión inmobiliaria.

fideicomiso de inversión en unidades (*unit investment trust; UIT*) Compañía de inversión que vende acciones amortizables en una cartera de valores seleccionados profesionalmente. Este tipo de sociedad se constituye mediante una escritura de fideicomiso, en vez de un acta constitutiva. *Véanse también* fideicomiso de inversión en unidades fijas; fideicomiso de inversión en unidades variables; unidad de interés patrimonial.

fideicomiso de inversión en unidades fijas (*fixed unit investment trust*) Compañía de inversión que invierte en una cartera de valores en la que no se permite realizar ningún cambio. *Sins.* fondo común de inversión en unidades fijas;

sociedad de cartera en unidades fijas; compañía de inversión en unidades fijas. *Véanse también* fideicomiso de inversión en unidades variables; fideicomiso de inversión en unidades.

fideicomiso de inversión en unidades variables (*nonfixed unit investment trust*) Compañía de inversión que invierte en una cartera de valores y permite cambios en la composición de la misma. *Véanse también* fideicomiso de inversión en unidades fijas; fideicomiso de inversión en unidades.

fideicomiso de inversión inmobiliaria (*real estate investment trust; REIT*) *Véase* fideicomiso de inversión en bienes raíces.

fiduciario (1) (*fiduciary*) Persona nombrada y autorizada legalmente para custodiar los activos de otra persona afectados en fideicomiso y administrarlos en beneficio de la misma. *Sin.* institución fiduciaria. *Véase también* guardián.

fiduciario (2) (*trustee*) Persona legalmente designada para actuar en representación de un fideicomisario. *Véase también* fiduciario de fideicomiso activo; fiduciario por testamento.

fiduciario de fideicomiso activo (*trustee of a living trust*) Persona legalmente designada para administrar los asuntos, incluyendo las cuentas con intermediarios bursátiles de un fideicomisario en vida. Esta designación se efectúa mediante un contrato de fideicomiso, no en un testamento. *Véase también* fiduciario por testamento.

fiduciario por testamento (*testamentary trustee*) Persona autorizada para administrar una cuenta fiduciaria, incluida una cuenta de corretaje, establecida por un finado. El fiduciario recibe su nombramiento en el testamento del causante. *Sin.* fiduciario testamentario. *Véase también* fiduciario de fideicomiso activo.

fiduciario testamentario (*testamentary trustee*) *Véase* fiduciario por testamento.

FIFO Siglas en inglés del nombre primeras entradas, primeras salidas.

fijación (1) (*fixing; pegging*) Negociación de un nuevo valor con la finalidad de estabilizar su precio por encima del precio de oferta pública establecido. Esta práctica está prohibida. *Sin.* fijación de precio.

fijación (2) (*pegging*) Estabilización de la moneda de un país mediante su compra o venta por parte del banco central. *Sin.* vinculación.

fijación de precio (*fixing; pegging*) *Véase* fijación (1).

filial (*affiliate*) *Véase* persona afiliada.

finalización de la operación (*completion of the transaction*) *Véase* terminación de la operación.

finalización de la transacción (*completion of the transaction*) *Véase* terminación de la operación.

financiación mediante endeudamiento (*debt financing*) *Véase* financiamiento crediticio.

financiamiento con posibilidad de recurso limitado (*recourse financing*) Deuda que se contrae al comprar un activo de la cual debe responder personalmente el acreditado. *Sin.* financiamiento de reembolso limitado (2). *Véase también* financiamiento sin posibilidad de recurso.

financiamiento crediticio (*debit financing*) Obtención de dinero mediante la venta de bonos, pagarés o letras a inversionistas particulares o institucionales con el fin de reunir capital de trabajo o cubrir gastos de capital. A cambio del dinero que prestan, los inversionistas se convierten en acreedores y reciben una promesa de reembolso del capital y de pago de intereses sobre el mismo. *Sin.* financiación mediante endeudamiento. *Véase también* financiamiento mediante acciones y participaciones de capital.

financiamiento de reembolso limitado (1) (*nonrecourse financing*) *Véase* financiamiento sin posibilidad de recurso.

financiamiento de reembolso limitado (2) (*recourse financing*) *Véase* financiamiento con posibilidad de recurso limitado.

financiamiento mediante acciones y participaciones de capital (*equity financing*) Obtención de dinero para capital de trabajo o para gastos de capital mediante la venta de acciones ordinarias o preferentes a inversionistas individuales o institucionales. A cambio de su dinero, estos inversionistas reciben derechos de propiedad sobre la empresa. *Véase también* financiamiento crediticio.

financiamiento mediante deuda subordinada (*subordinated debt financing*) Forma de capitalización a largo plazo utilizada por los intermediarios-agentes, en la que los derechos de los acreditantes son secundarios respecto de los de otros acreedores. Este tipo de financiamiento se considera parte de la estructura del capital del intermediario y se suma al capital contable cuando se calcula su capital neto.

financiamiento sin posibilidad de recurso (*nonrecourse financing*) Deuda contraída para comprar un activo que se da en prenda como garantía de la deuda, pero no obliga personalmente al acreditado. *Sin.* financiamiento de reembolso limitado (1). *Véase también* financiamiento con posibilidad de recurso.

Fitch Investors Service, Inc. Servicio de calificación de bonos empresariales y municipales, papel comercial y otras obligaciones. *Véanse también* calificación de bonos; Moody's Investors Service; Standard & Poor's Corporation.

flujo de caja (*cash flow*) *Véase* flujo de efectivo.

flujo de efectivo (*cash flow*) El dinero que una sociedad recibe menos el dinero que paga. También equivale al ingreso neto menos la depreciación o el agotamiento. *Sins.* flujo de caja; flujo de fondos (1); activo líquido.

flujo de fondos (1) (*cash flow*) *Véase* flujo de efectivo.

flujo de fondos (2) (*flow of funds*) Programa de pagos que se cubren con el producto financiero de una instalación financiada mediante un bono de ingreso. El flujo de fondos determina el orden en que se han de pagar los gastos de operación, el servicio de la deuda y otros gastos. Generalmente se establecen las siguientes prioridades: (1) operaciones y mantenimiento, (2) servicio de la deuda, (3) reserva para el servicio de la deuda, (4) mantenimiento de reservas, (5) renovaciones y sustituciones, (6) excedentes. *Sins.* corriente de fondos; corriente financiera. *Véanse también* cuenta del servicio de la deuda; fondo de reserva del servicio de la deuda.

FNMA Siglas en inglés del nombre Asociación Nacional Federal Hipotecaria.

FOMC Siglas en inglés del nombre Comité para las Operaciones de Mercado Abierto de la Reserva Federal.

fondo común de inversión en unidades fijas (*fixed unit investment trust*) *Véase* fondo de inversión en unidades fijas.

fondo con doble finalidad (*dual-purpose fund*) Compañía de inversión cerrada que ofrece dos clases de acciones: acciones de ingresos y acciones de capital. Las acciones de ingresos dan derecho al tenedor de participar en los dividendos netos y los intereses pagados al fondo. Las acciones de capital dan derecho al tenedor de gozar de los beneficios de la apreciación del capital de todos los valores del fondo. *Véase también* compañía de inversión cerrada.

fondo de acciones ordinarias diversificadas (*diversified common stock fund*) Fondo mutualista que invierte sus activos en una amplia gama de acciones ordinarias. El objetivo del fondo puede ser el crecimiento, el ingreso o una combinación de ambos. *Véanse también* fondo de crecimiento; sociedad de inversión.

fondo de acciones preferenciales (*preferred stock fund*) *Véase* fondo de acciones preferentes.

fondo de acciones preferentes
(*preferred stock fund*)
Compañía de inversión cuyo
objetivo de inversión es
generar ingresos estables con
un riesgo de capital mínimo.
Invierte en instrumentos
rentables, por ejemplo, en
acciones preferentes. *Sin.*
fondo de acciones
preferenciales. *Véase también*
fondo de bonos.

fondo de amortización (*sinking fund*) Cuenta abierta por una
entidad emisora, ya sea una
sociedad o un municipio, para
que se deposite regularmente
dinero en ella con el fin de
que la entidad cuente con
fondos suficientes para
amortizar sus bonos,
obligaciones no garantizadas
o acciones preferentes.

fondo de bonos (*bond fund*)
Fondo mutualista cuyo
objetivo de inversión es
reportar ingresos estables con
un riesgo mínimo de capital.
Invierte en instrumentos
productivos, entre ellos bonos
empresariales, bonos
municipales y otros bonos
gubernamentales. *Véase
también* sociedad de inversión.

**fondo de bonos del gobierno
federal de Estados Unidos y
de sus organismos** (*U.S.
government and agency bond
fund*) Compañía de inversión
cuyo objetivo de inversión es
generar ingresos corrientes y
a la vez mantener seguro el
capital invirtiéndolo en
valores respaldados por la
Tesorería de Estados Unidos o
emitidos por algún organismo
gubernamental.

**fondo de bonos exentos de
impuestos** (*tax-exempt bond
fund; tax-free bond fund*)
Compañía de inversión cuyo
objetivo de inversión es
reportar el máximo de
ingresos exentos de
impuestos. Invierte
principalmente en bonos
municipales y deuda a corto
plazo. *Sin.* fondo de bonos
libres de impuestos.

**fondo de bonos libres de
impuestos** (*tax-exempt bond
fund; tax-free bond fund*) *Véase*
fondo de bonos exentos de
impuestos.

fondo de bonos municipales
(*municipal bond fund*) Sociedad
de inversión que invierte en
obligaciones municipales y
opera ya sea como
fideicomiso de inversión en
unidades o como fondo
abierto. Su objetivo es
optimizar los ingresos exentos
de impuestos federales. *Sin.*
fondo de obligaciones
municipales.

fondo de combinación
(*combination fund*) Fondo de

113

inversión en acciones que trata de combinar los objetivos de crecimiento y rendimiento actual dividiendo su cartera entre compañías con posibilidades de crecimiento a largo plazo y compañías que pagan dividendos altos. *Véase también* sociedad de inversión.

fondo de crecimiento (*growth fund*) Fondo equilibrado de acciones comunes que tiene como finalidad principal la apreciación del capital. Invierte en compañías que reinvierten la mayor parte de sus ganancias en expansión, investigación o desarrollo. *Véanse también* fondo de acciones ordinarias diversificadas; sociedad de inversión.

fondo de estabilización cambiaria (*exchange stabilization* fund) Fondo del que el Departamento de la Tesorería de Estados Unidos dispone para la compraventa de dólares con la intención de influir en la tasa cambiaria del dólar en el mercado intercambiario. *Sin.* fondo de estabilización de cambios.

fondo de estabilización de cambios (*exchange stabilization fund*) *Véase* fondo de estabilización cambiaria.

fondo de excedentes (*surplus fund*) Cuenta que se usa para cubrir diversos gastos de bonos de ingresos municipales, incluyendo la amortización de bonos, el financiamiento de mejoras y el pago de impuestos. *Véase también* flujo de fondos (2).

fondo de ganancias (*income fund*) *Véase* fondo de ingresos.

fondo de ingresos (*income fund*) Compañía de inversión que busca generar ingresos corrientes estables invirtiendo en valores que pagan intereses o dividendos. *Sin.* fondo de ganancias. *Véase también* compañía de inversión.

fondo de inversión a ciegas (*blind pool; nonspecified property program*) Programa de participación directa que no especifica con antelación todos los bienes en que los socios comanditados invertirán el dinero de la sociedad. Por lo menos el 25% del producto de la oferta se reserva para la compra de bienes no especificados. *Sin.* programa de inversión en bienes indeterminados.

fondo de mantenimiento de reservas (*reserve maintenance fund*) Cuenta en la que se mantienen fondos complementarios del fondo de mantenimiento general de una emisión de bonos de ingresos municipales. *Véase también* flujo de fondos.

fondo de obligaciones municipales (*municipal bond fund*) *Véase* fondo de bonos municipales.

fondo de renovaciones y sustituciones (*renewal and replacement fund*) Cuenta que se usa para financiar grandes proyectos de renovación y de sustitución de equipos mediante la emisión de bonos de ingresos municipales. *Véase también* flujo de fondos (2).

fondo de reserva del servicio de la deuda (*debt service reserve fund*) Cuenta con suficiente dinero para cubrir un año del servicio de la deuda sobre un bono de ingreso municipal. *Véase también* flujo de fondos (2).

fondo del mercado monetario (*money-market fund*) Sociedad de inversión que invierte en instrumentos de deuda a corto plazo. Su objetivo es generar intereses y a la vez mantener constante un valor de activo neto de $1.00 por acción. Este tipo de fondo generalmente se vende sin ningún cargo y también puede ofrecer privilegios de giro y montos de inversión inicial bajos. *Sin.* fondo del mercado de dinero. *Véase*

también sociedad de inversión.

fondo del mercado de dinero (*money-market fund*) *Véase* fondo del mercado monetario.

fondo equilibrado (*balanced fund*) Sociedad de inversión cuya política manifiesta de inversión consiste en tener en todo momento una parte de sus activos de inversión en bonos y otra en acciones preferentes y ordinarias con la intención de reportar a los inversionistas tanto crecimiento como ingresos. *Véase también* sociedad de inversión.

fondo especializado (*sector fund; industry fund; specialized fund*) *Véase* fondo sectorial.

fondo libre de cargos (*no-load fund*) Sociedad de inversión cuyas acciones se venden sin ninguna comisión o cargo por venta. Las acciones las distribuye directamente la sociedad. *Véanse también* sociedad de inversión, valor de activo neto; cargo por venta.

fondo mutualista (*mutual fund*) *Véase* sociedad de inversión.

fondo mutuo (*mutual fund*) *Véase* sociedad de inversión.

fondo para asignar activos (*asset allocation fund*) Fondo mutualista que divide sus activos de inversión entre acciones, bonos y otros instrumentos con el propósito de proporcionarle al inversionista un rendimiento constante. *Véase también* sociedad de inversión.

fondo para operaciones y mantenimiento (*operations and maintenance fund*) Cuenta de la que se pagan los gastos corrientes de operación y mantenimiento de una instalación financiada por un bono de ingresos municipales. *Véase también* flujo de fondos (2).

fondo para situaciones especiales (*special situation fund*) Sociedad de inversión cuyo objetivo es capitalizar las posibilidades de ganancias de las empresas en circunstancias no recurrentes, por ejemplo cuando se están reorganizando o son candidatas a una adquisición.

fondo sectorial (*sector fund; industry fund; specialized fund; foreign fund; regional fund*) Sociedad de inversión cuyo objetivo de inversión es aprovechar la rentabilidad potencial de invertir principalmente en un sector específico de la economía. *Sin.* fondo especializado.

fondos federales (*federal funds*) Reservas de los bancos y de otras instituciones que superan las reservas requeridas o las reservas excedentes. Estos fondos son de disposición inmediata.

forjador de mercado (*market maker*) *Véase* formador de mercado.

forjador de mercado extrabursátil calificado (*qualified OTC market maker*) *Véase* formador de mercado extrabursátil calificado.

forjador de mercado terciario calificado (*qualified third-market maker*) *Véase* formador de mercado terciario calificado.

forjar mercado (*make a market*) *Véase* formar mercado.

Forma 10C (*Form 10C*) Documento legal que una entidad emisora de valores registrada en el Nasdaq utiliza para informar que cambió de nombre o modificó en más de 5% la cantidad de sus valores en circulación.

Forma 10K (*Form 10K*) Informe anual dictaminado que cubre esencialmente toda la información contenida en la declaración de registro original de una sociedad emisora. El plazo de presentación de este informe vence dentro de los últimos 90 días del año.

Forma 10Q (*Form 10Q*) Informe trimestral que contiene la información financiera no dictaminada de una sociedad mercantil. Si durante ese trimestre se presentaron ciertos sucesos no recurrentes, por ejemplo, un litigio importante, deben consignarse en este informe. El plazo de presentación de este informe vence dentro de los 45 días siguientes al término de cada uno de los primeros tres trimestres fiscales.

Forma 3 (*Form 3*) Documento legal que los funcionarios, consejeros y accionistas principales de una sociedad requisitan para presentar una declaración inicial de la propiedad real de los títulos de capital a la bolsa en la que cotizan esos títulos. Si los títulos cotizan en varias bolsas, la entidad emisora puede elegir a una de ellas para presentar tal estado.

Forma 4 (*Form 4*) Documento legal que se utiliza para actualizar la información presentada en la Forma 3 cuando cambian los propietarios reales de la sociedad en cuestión.

Forma 8K (*Form 8K; current report*) Documento legal que se utiliza para reportar cambios importantes en una sociedad, por ejemplo, los relacionados con el control, el nombre, el domicilio, la situación financiera, la composición del consejo de administración o los auditores de la misma.

forma de apertura de cuenta (*new account form*) Forma que debe llenarse para abrir una cuenta nueva en una casa de bolsa. En ella se debe indicar, como mínimo, el nombre del titular, las autorizaciones de operación, el método de pago y los tipos de títulos adecuados para el cliente.

forma de propuesta (*bid form*) Forma que los colocadores presentan en una subasta pública de una emisión nueva de valores municipales. Los colocadores indican a la emisora la tasa de interés, la postura de compra y el costo del interés neto para la misma.

formador de mercado (*market maker*) Agente de valores dispuesto a correr el riesgo de mantener por cuenta propia un título determinado para facilitar la negociación del mismo. *Sins.* operador por cuenta propia; forjador de mercado. *Véase también* formar mercado.

formador de mercado extrabursátil calificado (*qualified OTC market maker*) Agente de valores que forma un mercado para un título con margen negociable fuera de bolsa. Este tipo de formador de mercado tiene que cumplir ciertas normas, como las de ser miembro de la NASD y tener cierto capital neto mínimo. *Sin.* forjador de mercado extrabursátil calificado. *Véanse también* capital neto; extrabursátil.

formador de mercado terciario calificado (*qualified third-market maker*) Agente de valores negociados en el mercado no oficial que crea un mercado para acciones cotizadas en bolsa y que cumple con los requisitos relativos a su capital neto mínimo. *Sin.* forjador de mercado terciario calificado. *Véase también* capital neto.

formar mercado (*make a market*) Mantenerse listo para comprar o vender determinado título como agente de valores por cuenta propia. Un formador de mercado acepta el riesgo de mantener su posición en ese valor. *Sin.* forjar mercado.

Formulario 13D (*Schedule 13D*) Forma que debe llenar una persona (o varias personas que actúan conjuntamente) después de adquirir la titularidad real del 5% o más de un título de participación no exento. Debe enviarse dentro de un plazo de 10 días hábiles a la sociedad emisora, a la bolsa donde se negocia la acción y a la SEC.

Formulario 13E-3 (*Schedule 13E-3*) Forma que debe llenar una compañía pública cuando lanza una estrategia para privatizarse, la cual puede incluir una fusión, una oferta pública, una división inversa de acciones o una operación dirigida a reducir el número de accionistas a menos de 300. Los resultados de tal operación deben informarse a más tardar dentro de los 10 días siguientes a la fecha de la misma.

Formulario 13E-4 (*Schedule 13E-4; issuer tender offer statement*) Forma que debe llenar una compañía pública cada vez que hace una oferta pública de compra de valores propios, la cual debe presentar a más tardar dentro de los 10 días siguientes a la fecha de terminación de la oferta. *Sin.* declaración de oferta pública de emisor.

Formulario 13G (*Schedule 13G*) Formulario 13D abreviado que deben llenar principalmente los intermediarios-agentes, los bancos y las compañías de seguros si adquieren una posición del 5% en otra sociedad en el curso normal de sus operaciones y no con la finalidad de realizar un cambio en el control de la organización o de influir en él. Esta forma debe presentarse dentro de los 45 días siguientes al término del primer año calendario en que la organización se sujete al requisito.

Formulario E (*Schedule E*) Cláusula del reglamento interior de la NASD en que se establecen los procedimientos que deben aplicarse cuando un intermediario-agente actúa como su propio colocador o como colocador de una persona afiliada. Estos procedimientos representan una protección contra el conflicto de intereses.

fracción de acción (*fractional share*) *Véase* acción fraccionaria.

fraude (*fraud*) Ocultamiento, declaración en falso u omisión de información esencial o de la verdad con la intención de manipular a otra parte para obtener una ganancia ilícita o injusta.

FRB Siglas en inglés del nombre Consejo de la Reserva Federal.

Freddie Mac *Véase* Corporación Federal de Préstamos Hipotecarios para la Vivienda.

fuera de bolsa (*over the counter; OTC*) *Véase* extrabursátil.

fuera del precio (*out-of-the-money*) Término que se usa para describir una opción que no tiene valor intrínseco, por ejemplo, una opción de compra cuando la acción de referencia se está vendiendo a un precio inferior al de ejercicio, o una opción de compra cuando el valor subyacente se está vendiendo a un precio superior al de ejercicio. *Véanse también* en el centro del precio; dentro del precio; valor intrínseco.

fungible (*fungible*) Intercambiable debido a que tiene las mismas características o el mismo valor. Un título es fungible cuando puede sustituirse con otro o intercambiarse por otro. *Sin.* intercambiable.

fusión (*merger*) Combinación de dos o más compañías que se realiza ofreciendo a los accionistas de una de ellas valores en otra a cambio de sus acciones. Esto cae dentro del ámbito de la Regla 145 de la SEC. *Sins.* incorporación; unión; consolidación (2); absorción. *Véase también* Regla 145.

futuro basado en el índice de bonos municipales (*municipal bond index future*) Contrato de futuros que se basa en la información publicada en *The Bond Buyer Municipal Bond Index* sobre 40 instrumentos a largo plazo exentos de impuestos emitidos por gobiernos estatales y municipales de Estados Unidos. *Sin.* futuro basado en el índice de obligaciones municipales.

futuro basado en el índice de obligaciones municipales (*municipal bond index future*). *Véase* futuro basado en el índice de bonos municipales.

futuro basado en un índice de acciones (*stock index future*) Contrato de futuros que se fundamenta en un índice establecido del mercado de acciones, por ejemplo, el S&P 500, el Índice de Mercado Principal o el Índice Compuesto *Value Line.*

futuro en divisas (*foreign currency future*) Contrato de futuros que ampara una cantidad determinada de una moneda extranjera. *Sin.* futuro en moneda extranjera.

futuro en moneda extranjera (*foreign currency future*) *Véase* futuro en divisas.

futuro en eurodólares (*Eurodollar future*) Contrato basado en depósitos en eurodólares a corto plazo que se liquida en efectivo restándole a 100 la LIBOR media. *Véanse también* eurodólar; tasa interbancaria de oferta de Londres.

futuro sintético (*synthetic future*) Combinación de una posición en acciones con una posición en opciones que simula el riesgo y el rendimiento potenciales de una compra o venta simple de futuros.

G

ganancia de capital (*capital gain*) Utilidad que se obtiene cuando un activo de capital se vende a un precio mayor que su postura de compra. *Véanse también* pérdida de capital; ganancia de capital a largo plazo.

ganancia de capital a corto plazo (*short-term capital gain*) Ganancia realizada sobre la venta de un activo cuya propiedad se ha tenido durante 12 meses o menos. *Véanse también* ganancia de capital; pérdida de capital; ganancia de capital a largo plazo; pérdida de capital a corto plazo.

ganancia de capital a largo plazo (*long-term capital gain*) Utilidad obtenida de la venta de un activo de capital que se ha tenido durante más de doce meses. *Sin.* utilidad a largo plazo. *Véanse también* ganancia de capital; pérdida de capital; pérdida de capital a largo plazo; ganancia de capital a corto plazo.

ganancia gravable (*taxable gain*) Parte de la venta o la distribución de las acciones de una sociedad de inversión que está sujeta a impuestos. *Sin.* ganancia imponible.

ganancia imponible (*taxable gain*) *Véase* ganancia gravable.

ganancia neta de la inversión (*net investment return*) *Véase* rendimiento neto de la inversión.

ganancia no realizada (*unrealized gain*) Monto de la apreciación del valor de un título antes de su venta. El inversionista en realidad no recibe ningún beneficio sino hasta que el título se vende. *Véase también* ganancia realizada.

ganancia realizada (*realized gain*) Cantidad que un contribuyente gana cuando vende un activo. *Véase también* ganancia no realizada.

ganancias por acción (*earnings per share; primary earnings per share; EPS*) *Véase* utilidades por acción.

ganancias por acción totalmente diluidas (*earnings per share fully diluted*) *Véase* utilidades por acción totalmente diluidas.

garantía (*collateral*) Activos dados en prenda a un acreditante durante la vigencia de un préstamo. Si el acreditado incumple con su obligación de pagar el capital o los intereses, el acreditante tiene derecho a disponer de esos activos. *Sins.* garantía prendaria; colateral.

garantía de opción (*warrant*) *Véase* título opcional de compraventa.

garantía prendaria (*collateral*) *Véase* garantía.

gasto capitalizado (*capitalized expense; capital cost*) Costo de la compra de un activo que representa un beneficio a largo plazo para una sociedad, por ejemplo: edificios, terrenos, maquinaria y minerales. *Sin.* costo de capital.

gasto de depreciación (*depreciation expense*) Asiento contable de un gasto no efectuado en efectivo que se carga contra las utilidades para recuperar el costo de un activo durante su vida útil.

gasto neto de intereses (*net interest cost; NIC*) *Véase* costo neto de intereses.

gastos de explotación (*operating expenses*) *Véase* gastos de operación.

gastos de operación (*operating expenses*) (1) Costos normales en que se incurre en el manejo de una empresa. (2) En un programa de petróleo y gas, los gastos causados por la operación de una concesión de producción, incluyendo gastos distritales, gastos directos de menudeo por concepto de mano de obra, materiales y suministros, e impuestos y cargos por transporte que no se cubren con la participación de regalías predominante. *Sin.* gastos de explotación.

gastos de organización y oferta (*organization and offering expense*) Costos que implica preparar un programa de participación directa para registrarlo y posteriormente ofrecerlo y distribuirlo entre el público, entre ellos las comisiones sobre ventas que se les pagan a los intermediarios-agentes.

Ginnie Mae *Véase* Asociación Hipotecaria Nacional Gubernamental.

GND *Véase* producto interno bruto.

GNMA Siglas en inglés del nombre Asociación Hipotecaria Nacional Gubernamental.

GO *Véase* bono general.

GP Siglas en inglés de los nombres socio comanditado

y sociedad en nombre colectivo.

GPM Siglas en inglés del nombre margen de procesamiento bruto.

gráfica de barras (*bar chart*) Herramienta que los analistas técnicos utilizan para mantenerse al tanto de los movimientos de los precios de un producto durante varios periodos consecutivos. *Véanse también* gráfica de promedio móvil; gráfica de punto y figura.

gráfica de medias móviles (*moving average chart*) *Véase* gráfica de promedio móvil.

gráfica de promedio móvil (*moving average chart*) Instrumento que usan los analistas técnicos para seguir los movimientos de precio de un producto. Muestra el promedio de los precios de liquidación diarios durante un periodo definido (por ejemplo, tres días en el caso de un promedio móvil de tres días). *Sin.* gráfica de medias móviles. *Véanse también* gráfica de barras; gráfica de punto y figura.

gráfica de punto y figura (*point-and-figure chart*) Herramienta de análisis técnico que se usa para seguir los efectos de revertimiento de precio o de cambios en la dirección de precios de un producto básico en el tiempo. *Véase* gráfica de barras; gráfica de promedio móvil.

grupo activo (*active crowd; free crowd*) Miembros de la Bolsa de Valores de Nueva York que manejan los bonos que se compran y venden constantemente. *Véase también* grupo inactivo.

grupo inactivo (*inactive crowd; cabinet crowd; can crowd*) Grupo de socios de la NYSE que operan bonos inactivos, que no son objeto de operaciones frecuentes. *Véase también* grupo activo.

grupo vendedor (*selling group*) Conjunto de casas de bolsa que ayudan a distribuir los títulos objeto de una oferta pero no son miembros del sindicato de colocadores.

GTC Siglas en inglés del nombre orden válida hasta su revocación.

guardián (*guardian*) Fiduciario que administra los activos de un menor o un incapacitado en beneficio de esa persona. *Sin.* tutor. *Véase también* fiduciario (1).

H

Hombro-cabeza-hombro (*head and shoulders*) En la gráfica de operaciones de un analista técnico, tendencia de tres crestas que semejan una cabeza con hombros. El precio de la acción sube a su primera cresta (hombro izquierdo), baja, alcanza una cresta más elevada (el extremo superior de la cabeza), vuelve a bajar, se recupera y alcanza otra cresta más baja (el hombro derecho). Después de una subida considerable, generalmente se forma una cresta de cabeza con hombros que indica un retroceso en el mercado. Un fondo de cabeza con hombros (invertidos) indica un avance en el mercado.

I

IADB Siglas en inglés del nombre Banco Interamericano de Desarrollo.

IB Siglas en inglés del término intermediario introductor.

IBRD Siglas en inglés del nombre Banco Internacional de Reconstrucción y Fomento.

IDB Siglas en inglés del término bono de desarrollo industrial.

IDC Siglas en inglés del término costo intangible de perforación.

identificación de acciones (*share identification*) Método contable mediante el cual se seleccionan las acciones susceptibles de liquidación en caso de que los inversionistas deseen liquidarlas. La obligación fiscal de los inversionistas se determina con base en la diferencia entre la postura de compra y la postura de venta. *Véanse también* base promedio; primeras entradas, primeras salidas; últimas entradas, primeras salidas.

idoneidad (*suitability*) Correspondencia de las características de un valor con los objetivos y la capacidad financiera de un cliente, a criterio de un representante registrado. Para decidir esto, el agente tiene que contar con información suficiente sobre cada cliente. *Véase también* Regla 405.

IDR Siglas en inglés del término bono de desarrollo industrial.

imponibilidad (*taxability*) Riesgo de que las ganancias de una inversión se deterioren por el pago de impuestos.

importe de suscripción (*subscription amount*) *Véase* monto de suscripción.

impuesto ad valorem (*ad valorem tax*) Impuesto sobre el valor de los bienes muebles o inmuebles. Estos impuestos sobre la propiedad son la fuente principal de ingresos de los gobiernos municipales. *Véanse también* valor catastral; tasa en milésimas de dólar.

impuesto escalonado (1) (*progressive tax*) *Véase* impuesto progresivo.

impuesto escalonado (2)
(*regressive tax*) *Véase* impuesto
regresivo.

impuesto mínimo alternativo
(*alternative minimum tax;*
AMT) Procedimiento para
calcular un gravamen fiscal
opcional sumando ciertas
partidas con ventajas fiscales
al ingreso bruto ajustado. Si
este gravamen resulta mayor
que el total de obligaciones
fiscales del año, se paga el
impuesto normal más la
diferencia entre éste y el
impuesto mínimo alternativo.
Sin. impuesto mínimo
opcional. *Véase también*
partida con ventajas fiscales.

impuesto mínimo opcional
(*alternative minimum tax;*
AMT) *Véase* impuesto mínimo
alternativo.

impuesto per cápita (*taxes per*
person; taxes per capita) *Véase*
impuesto por persona.

impuesto por persona (*taxes per*
person; taxes per capita)
Indicador de la carga
impositiva aplicable a la
población de un municipio,
que se calcula dividiendo los
recibos fiscales del municipio
entre su población. *Sin.*
impuesto per cápita.

impuesto progresivo (*progressive*
tax) Impuesto que absorbe un
porcentaje mayor de los
ingresos de la población de

altos ingresos que de los de la
población de bajos ingresos;
un ejemplo es el impuesto
sobre la renta por grados. *Sin.*
impuesto escalonado (1).
Véase también impuesto
regresivo.

impuesto regresivo (*regressive*
tax) Impuesto que absorbe un
porcentaje mayor de los
ingresos de la población de
bajos ingresos que de los de la
población de altos ingresos;
dos ejemplos son el impuesto
al tabaco y el impuesto a la
gasolina. *Sin.* impuesto
escalonado (2). *Véase también*
impuesto progresivo.

inconsistencia (*insubstantiality*)
Véase insustancialidad.

incorporación (*merger*) *Véase*
fusión.

incumplimiento (*default*) (1)
Omisión de un pago de
intereses o de capital en
cuanto se vence. (2)
Inobservancia de un contrato
de futuros celebrado con una
bolsa de valores.

indemnización incidental
(*incidental insurance benefit*)
Pago que se recibe conforme a
una póliza de seguro de vida
variable por muerte
accidental, pérdida de
miembros, incapacidad, o
pérdida de ingresos familiares.
Este tipo de pagos de seguros
incluye también la opción de

asegurabilidad garantizada y la cláusula provisional de indemnización fija; excluye la indemnización variable por muerte y la indemnización mínima por muerte.

indemnización mínima por muerte (*minimum death benefit*) Cantidad pagadera a la muerte del titular de una póliza de seguro de vida variable, independientemente del rendimiento de la inversión de la cuenta separada. Esta cantidad mínima está garantizada por la compañía de seguros.

indemnización variable por muerte (*variable death benefit*) Pago al beneficiario de un finado cuyo monto depende del comportamiento de las inversiones de una cuenta separada de una compañía de seguros; ese monto se suma, en su caso, a la indemnización mínima garantizada por muerte.

indicación factible (*workable indication*) Precio al que un representante registrado municipal está dispuesto a comprarle valores a otro. Este precio puede modificarse si las condiciones del mercado cambian.

indicador adelantado (*leading indicator*) *Véase* indicador oportuno.

indicador atrasado (*lagging indicator*) *Véase* indicador retrospectivo.

indicador coincidente (*coincident indicator*) Factor económico mensurable que varía en relación directa y simultánea con el ciclo económico e indica el estado actual de la economía. Son ejemplos de este tipo de indicadores el empleo no agrícola, el ingreso personal y la producción industrial. *Véanse también* indicador retrospectivo; indicador oportuno.

indicador desfasado anticipado (*leading indicator*) *Véase* indicador oportuno.

indicador desfasado retrospectivo (*lagging indicator*) *Véase* indicador retrospectivo.

indicador oportuno (*leading indicator*) Factor económico mensurable que cambia antes de que la economía empiece a seguir cierta tendencia. Se cree que los indicadores oportunos pronostican cambios en la economía. Son indicadores de este tipo los pedidos nuevos de bienes duraderos, los retrasos en las entregas de los proveedores y el volumen de licencias de construcción emitidas. *Sins.* indicador adelantado;

indicador desfasado anticipado. *Véanse también* indicador coincidente; indicador retrospectivo.

indicador retrospectivo (*lagging indicator*) Factor económico mensurable que cambia después de que la economía empieza a seguir cierta tendencia. Se cree que los indicadores retrospectivos confirman las tendencias de largo plazo. Son indicadores de este tipo la duración media del desempleo, las utilidades de las empresas y el costo de la mano de obra por unidad de producción. *Sins.* indicador atrasado; indicador desfasado retrospectivo. *Véanse también* indicador coincidente; indicador oportuno.

Índice Compuesto de 500 acciones de Standard & Poor's (*Standard & Poor's Composite Index of 500 Stocks; S&P 500*) Índice ponderado a valor de capitalización que ofrece una cobertura amplia del mercado de valores. Está compuesto por 400 acciones industriales, 40 financieras, 40 de servicios públicos y 20 del sector del transporte. Lo compila Standard & Poor's, compañía a la cual pertenece. *Véanse también* índice de precios bursátiles; Standard &

Poor's Corporation; Índice de 100 acciones de Standard & Poor's.

Índice Compuesto de la Bolsa de Valores de Nueva York (*New York Stock Exchange Composite Index*) Índice de acciones ordinarias cotizadas en la NYSE; se basa en el precio de cada acción ponderado conforme al valor total de las acciones en circulación. *Sin.* Índice Compuesto de la NYSE.

Índice Compuesto de la NYSE (*NYSE Composite Index*) *Véase* Índice Compuesto de la Bolsa de Valores de Nueva York.

Índice Compuesto *Value Line* (*Value Line Composite Index*) Índice de mercado compuesto por 1,700 acciones cotizadas en bolsa y fuera de bolsa. *Véanse también* índice de precios bursátiles; *Value Line*.

Índice de 100 acciones de Standard & Poor's (*Standard & Poor's 100 Stock Index; S&P 100*) Índice a valor ponderado de 100 acciones de alta calidad compilado por Standard & Poor's, compañía a la cual pertenece. *Véanse también* índice de precios bursátiles; Standard & Poor's Corporation; Índice Compuesto de 500 acciones de Standard & Poor's.

índice de capitalización (*capitalization ratio*) Medida de la situación financiera de una entidad emisora con la que se calcula el valor de sus bonos y acciones preferentes u ordinarias como porcentaje de su capitalización total. *Sins.* coeficiente de capitalización; razón de capitalización.

índice de cobertura (*coverage ratio*) *Véase* razón de cobertura.

índice de colocación (*placement ratio*) *Véase* relación de colocación.

índice de eficiencia (*inventory turnover ratio; efficiency ratio*) *Véase* índice de rotación de inventario.

índice de endeudamiento (*bond ratio; debt ratio*) *Véase* relación de endeudamiento.

índice de liquidez (*liquidity ratio*) *Véase* coeficiente de liquidez.

Índice de Mercado Principal (*Major Market Index; MMI*) Indicador de mercado desarrollado para reflejar las tendencias de los índices industriales Dow Jones. Está compuesto por 15 de los 30 índices industriales Dow Jones y otras cinco acciones principales que cotizan en la NYSE. *Véase también* índice de precios bursátiles.

Índice de Precios al Consumidor (*Consumer Price Index; CPI*) Medida de los cambios de precios de los bienes de consumo y los servicios; se usa para identificar periodos de inflación y deflación.

índice de precios bursátiles (*index*) Comparación de los precios corrientes contra alguna base, por ejemplo los precios de una fecha en particular. Este tipo de índice se utiliza a menudo en análisis técnico. *Véase también* promedio de precios bursátiles.

índice de rotación de existencias (*inventory turnover ratio; efficiency ratio*) *Véase* índice de rotación de inventario.

índice de rotación de inventario (*inventory turnover ratio; efficiency ratio*) Herramienta que los analistas fundamentales utilizan para medir la eficiencia de una compañía determinando la rapidez con que convierten en efectivo sus inventarios y cuentas por cobrar. *Sins.* índice de rotación de existencias; índice de eficiencia.

índice de solvencia inmediata (*acid-test ratio; quick ratio*) *Véase* coeficiente de solvencia inmediata.

índice de utilidad de operación (*margin of profit ratio; operating profit ratio; profit margin*) *Véase* margen de operación.

índice del servicio de la deuda (*debt service ratio*) *Véase* relación del servicio de la deuda.

índice general (*broad-based index*) Índice que señala el movimiento del mercado en su conjunto. Algunos ejemplos de este tipo de índice son: S&P 100, S&P 500, AMEX Major Market Index y *Value Line* Composite Index. *Véanse también* índice de precios bursátiles; índice sectorial.

índice sectorial (*narrow-based index*) Índice que se usa para representar el movimiento de un segmento del mercado, digamos el de un grupo de acciones en un sector o de cierta clase de inversiones. Son ejemplos de este tipo de índice el Technology Index y el Gold/Silver Index. *Véanse también* índice de precios bursátiles; índice general.

Índice Wilshire de 5,000 Acciones (*Wilshire 5,000 Equity Index*) Índice de mercado ponderado por valor, compuesto por 5,000 acciones ordinarias que cotizan en bolsa y fuera de bolsa. Es la medida más amplia del mercado. *Véase también* índice de precios bursátiles.

índices Bond Buyer (*Bond Buyer indexes*) Indicadores de los niveles de rendimiento de los bonos municipales, publicados diariamente por *The Bond Buyer*. Muestran los rendimientos ofrecidos por las obligaciones generales A y AA con vencimiento a 20 años y por los bonos de ingresos con vencimiento a 30 años.

índices Nasdaq de precios extrabursátiles (*Nasdaq-OTC price indexes*) Índices de acciones negociadas fuera de bolsa que la NASD publica en el Nasdaq.

indicio de interés (*indication of interest; IOI*) Expresión por parte de un inversionista de su interés condicional en comprar una nueva emisión de títulos después de haber examinado un prospecto preliminar. Un indicio de interés no es un compromiso de compra.

industria cíclica (*cyclical industry*) Término fundamental de análisis que designa a una industria sensible a los ciclos económicos y a los cambios de precios. La mayoría de las industrias cíclicas producen bienes duraderos, por ejemplo, materias primas y equipo pesado. *Sin.* sector cíclico.

industria de crecimiento (*growth industry*) Industria que crece más rápido que la economía en su conjunto como resultado de cambios tecnológicos, nuevos productos o cambios en los gustos de los consumidores. *Sin.* sector de crecimiento.

industria defensiva (*defensive industry*) Término fundamental de análisis que se aplica a una industria relativamente insensible a los ciclos económicos. La mayoría de las industrias defensivas producen bienes no duraderos cuya demanda permanece estable durante todo un ciclo económico; entre ellas se cuentan la industria alimentaria y los servicios públicos. *Sin.* sector defensivo.

inelasticidad (*inelasticity*) Ausencia de respuesta de los consumidores y los productores a un cambio en los precios. *Véase también* elasticidad.

inflación (*inflation*) Aumento persistente y mensurable del nivel general de precios. *Véanse también* deflación; estanflación.

inflación ocasionada por los costos (*cost-push*) *Véase* inflación por costos.

inflación por costos (*cost-push*) Aumento de los costos de producción, incluidos los de materias primas y salarios,

que supuestamente provoca inflación. *Sins.* inflación ocasionada por los costos. *Véase también* inflación por demanda.

inflación por demanda (*demand-pull*) Oferta monetaria excesiva que provoca que aumente la demanda de una oferta limitada de bienes y que supuestamente provoca inflación. *Véase también* inflación por costos.

información privilegiada (*inside information*) Información sustancial que no se ha difundido entre el público general o que aún no está a disposición de éste.

información sustancial (*material information*) Cualquier dato que podría afectar la decisión de un inversionista de negociar un valor.

Informe FOCUS (*Financial and Operational Combined Uniform Single Report; FOCUS Report*) *Véase* Reporte Único Uniforme y Combinado de Finanzas y Operaciones.

Informe Único Uniforme y Combinado de Finanzas y Operaciones (*Financial and Operational Combined Uniform Single Report; FOCUS Report*) *Véase* Reporte Único Uniforme y Combinado de Finanzas y Operaciones.

informe USDA (*USDA report*) *Véase* reporte USDA.

ingreso atribuido (*constructive receipt*) Fecha en que el Servicio de Impuestos Internos considera que un contribuyente recibe dividendos u otros ingresos. *Sins.* ingreso supuesto; ingreso virtual; ingreso imputado.

ingreso bruto (1) (*gross income*) Total de ingresos que un contribuyente obtiene de cualquier fuente.

ingreso bruto (2) (*gross revenues*) Total de recursos que una empresa obtiene de sus operaciones. Este término generalmente no incluye los ingresos por concepto de intereses ni los derivados de la venta o el refinanciamiento de bienes o de otras formas de disposición de los mismos. *Sin.* entradas brutas.

ingreso bruto ajustado (*adjusted gross income; AGI*) Ingreso ganado más ingreso neto pasivo, ingreso de los valores en cartera y ganancias de capital. *Véase también* pasivo fiscal.

ingreso de cartera (*portfolio income*) Total de ganancias por intereses, dividendos y otras inversiones no empresariales. *Véanse también* ingreso ganado; ingreso pasivo; ingreso no ganado.

ingreso del trabajo (*earned income*) *Véase* ingreso ganado.

ingreso devengado (*earned income*) *Véase* ingreso ganado.

ingreso disponible (*disposable income; DI*) Suma que la gente divide entre sus gastos y sus ahorros personales. *Véase también* ingreso personal.

ingreso fantasma (*phantom income*) En una sociedad en comandita simple, ingreso gravable no respaldado por un flujo de caja positivo. *Véase también* punto de cruce.

ingreso ganado (*earned income*) Ingreso derivado de la participación activa en una operación o un negocio; incluye salarios, sueldos, propinas, comisiones y bonificaciones. *Sins.* ingreso devengado; ingreso del trabajo. *Véanse también* ingreso de cartera; ingreso no ganado.

ingreso imputado (*constructive receipt*) *Véase* ingreso atribuido.

ingreso neto por inversiones (*net investment income*) Fuente de los pagos de dividendos de una compañía de inversión. Se calcula restando los gastos de operación de la compañía del total de dividendos e intereses recibidos por sus valores en cartera. *Sin.* renta neta de la inversión.

ingreso no devengado (*unearned income*) *Véase* ingreso no ganado.

ingreso no ganado (*unearned income*) Ingreso derivado de inversiones y otras fuentes que no guarda ninguna relación con el trabajo. Son ejemplos de este tipo de ingreso los intereses producidos por las cuentas de ahorros, los intereses sobre bonos y los dividendos de acciones. *Sins.* ingreso no devengado; ingreso no salarial. *Véanse también* ingreso ganado; utilidad pasiva; ingreso de cartera.

ingreso no salarial (*unearned income*) *Véase* ingreso no ganado.

ingreso ordinario (*ordinary income*) Entrada de dinero no proveniente de las ganancias de capital.

ingreso personal (*personal income; PI*) Total de ingresos que una persona física deriva de sus sueldos, empresas pasivas e inversiones. *Véase también* ingreso disponible.

ingreso supuesto (*constructive receipt*) *Véase* ingreso atribuido.

ingreso virtual (*constructive receipt*) *Véase* ingreso atribuido.

ingresos de explotación (*operating income*) *Véase* ingresos de operación.

ingresos de operación (*operating income*) Ganancia realizada durante un año de operación de una empresa. *Sin.* ingresos de explotación.

iniciado (*insider*) *Véase* poseedor de información privilegiada.

inmunidad recíproca (*doctrine of mutual reciprocity; mutual exclusion doctrine; reciprocal immunity*) *Véase* doctrina de la reciprocidad.

inscripción por calificación (*registration by qualification*) *Véase* registro por calificación.

inscripción por coordinación (*registration by coordination*) *Véase* registro por coordinación.

inscripción por solicitud (*registration by filing; registration by notification; notification*) *Véase* registro por solicitud.

inscrito (*registered*) *Véase* registrado.

inscrito sólo en cuanto al principal (*registered as to principal only*) *Véase* registrado sólo en cuanto al principal.

INSTINET Sistema electrónico de ejecución de órdenes de operaciones bursátiles, propiedad de Reuters

Holdings PLC, que ofrece a los inversionistas institucionales un medio para negociar más de 15,000 títulos estadounidenses y de 5,000 títulos de todas partes del mundo sin utilizar intermediarios-agentes ni bolsas. INSTINET recopila las cotizaciones de los creadores de mercado que operan en las bolsas y el Nasdaq y despliega los mejores precios de compra y de venta de cada título. *Véase también* cuarto mercado.

institución fiduciaria (*fiduciary*) *Véase* fiduciario (1).

insustancialidad (*insubstantiality*) Uno de los criterios aplicados por la NASD para determinar si se ha cometido una violación a las reglas de aprovechamiento gratuito y retención. Ninguna venta a cuentas restringidas debe representar una parte significativa de la asignación total ya sea en cuanto a cantidad de acciones o a monto en dólares. *Sin.* inconsistencia.

intercambiable (*fungible*) *Véase* fungible.

intercambio de bonos (*bond swap; tax swap*) *Véase* crédito recíproco.

intercambio de impuestos (*bond swap; tax swap*) *Véase* crédito recíproco.

interés (*interest*) Cargo por el privilegio de obtener dinero en préstamo, generalmente expresado como una tasa porcentual anual.

interés acumulado (*accrued interest*) Interés devengado desde el último pago de intereses hasta un día antes de la fecha de liquidación, que se suma al precio pactado para una operación con bonos. Existen dos métodos para calcular el interés acumulado: el método de meses de 30 días (año de 360 días) que se emplea en el caso de los bonos municipales y empresariales, y el método de días calendario efectivamente transcurridos (año de 365 días), en el caso de los bonos gubernamentales. Los bonos de ingreso, los bonos en mora y los bonos cupón cero se negocian sin intereses acumulados (es decir, netos). *Sin.* interés devengado. *Véase también* neto.

interés del propietario (*net worth; owners' equity; shareholders' equity; stockholders' equity*) *Véase* capital contable.

interés devengado (accrued interest) *Véase* interés acumulado.

interés económico directo (*working interest*) *Véase* participación en la explotación.

intermediario (*broker*) (1) Persona física o moral que cobra comisiones por ejecutar opciones de compra y de venta ofrecidas por otra persona física o moral. (2) Persona moral que actúa como agente de un cliente y le carga una comisión por sus servicios. *Sins.* corredor; comisionista. *Véanse también* agente; intermediario-agente; representante registrado.

intermediario contraparte (*contra broker*) Intermediario del lado de la compra de una orden de venta o del lado de la venta de una orden de compra.

intermediario "de dos dólares" (*two-dollar broker*) Miembro de una bolsa que ejecuta órdenes por cuenta de otras casas de bolsa cuando los operadores de piso de éstas se encuentran especialmente ocupados. Los intermediarios "de dos dólares" negocian la cantidad del cobro de una comisión por sus servicios.

intermediario de intermediario (*broker's broker*) (1) Especialista que ejecuta órdenes de un operador de piso u otro agente de intermediación exclusiva. (2) Operador del piso de remates de una bolsa o intermediario-agente que opera en el mercado extrabursátil ejecutando órdenes como agente de otro intermediario-agente. *Véase también* intermediario-agente corresponsal.

intermediario de inversiones hipotecarias (*real estate mortgage investment conduit; REMIC*) Sociedad anónima, fideicomiso o sociedad de personas que invierte el capital combinado de varios inversionistas en carteras hipotecarias de composición fija. Estas inversiones ofrecen ventajas fiscales además de distribuciones de ganancias de capital e intereses. *Sin.* corredor de inversiones hipotecarias.

intermediario de la sesión (*day trader*) *Véase* intermediario del día.

intermediario de operaciones de apalancamiento (*leverage transaction merchant; LTM*) Persona física o moral autorizada para negociar fuera de bolsa ciertos futuros y registrada en la Comisión de Comercio de Futuros de Productos Básicos.

intermediario de operaciones de futuros (*futures commission merchant; commission house; wire house; FCM*) Persona física o moral que se dedica a solicitar o aceptar órdenes y créditos para la compraventa de contratos de futuros de productos. *Sin.* comisionista de operaciones de futuros.

intermediario de posiciones (*position trader [1]*) Agente que adquiere o vende un inventario de un título valor. *Sins.* negociante de posiciones; corredor de posiciones. *Véanse también* agente de valores; principal (1).

intermediario del día (*day trader*) Negociante de títulos o productos que abre todas las posiciones después de la apertura del mercado y las compensa o cierra antes del cierre del mercado ese mismo día. *Sins.* negociante del día; corredor del día; intermediario de la sesión; negociante de la sesión; corredor de la sesión. *Véanse también* intermediario de posiciones; revendedor; especulador bursátil.

intermediario en emisiones municipales (*municipal broker's broker*) Agente de valores que actúa en representación de otro en negociaciones de valores municipales. Este intermediario no adopta posiciones respecto de ningún título ni opera órdenes del público. *Véase también* intermediario de intermediario.

intermediario introductor (*introducing broker; IB; fully*

disclosed broker) Intermediario-agente que no mantiene en su poder ni dinero ni valores de sus clientes, sino que refiere las cuentas a un intermediario-agente compensador para que maneje el dinero y los valores de las mismas. *Véase también* intermediario-agente compensador.

intermediario-agente (*broker-dealer; BD*) Persona física o moral que se dedica a la compraventa de valores. Una empresa puede actuar ya sea como intermediario (agente) o como agente de valores (principal), pero no en la misma operación. El intermediario-agente debe registrarse ante la SEC, las organizaciones autorreguladoras competentes y el estado en el que va a operar. *Véanse también* agente; intermediario; agente de valores; principal (2).

intermediario-agente corresponsal (*correspondent broker-dealer*) Agente bursátil y agente de valores que ejecuta operaciones por cuenta de otro agente en un mercado o una plaza donde el primero no tiene oficina. *Véase también* intermediario de intermediario.

intermediario-agente compensador (*clearing broker-*

dealer; carrying broker) Intermediario y agente registrado que compensa tanto sus propias operaciones como las de los corredores que las introducen. Este intermediario puede mantener en su poder valores y efectivo de los clientes. *Véase también* intermediario introductor.

interpolación (*interpolation*) Método para determinar el precio o el rendimiento de un bono cuando su precio o su rendimiento real cae entre dos cifras enlistadas en el libro base de bonos. *Véase también* libro base de bonos.

interposición (*interpositioning*) Colocar a un tercero en medio de una negociación entre un intermediario-agente y un cliente. Esta práctica representa una violación de las Reglas de Prácticas Leales de la NASD a menos que sirva para reducir el costo para el cliente.

inversión en bienes (*investment in property*) *Véase* inversión en propiedades.

inversión en propiedades (*investment in property*) Cantidad de aportaciones de capital destinadas a comprar, desarrollar, construir o mejorar propiedades adquiridas por un programa de participación directa. La cantidad disponible para inversiones es igual a las ganancias brutas menos las comisiones anticipadas sobre ventas. *Sin.* inversión en bienes.

inversión escalonada en ganado (*steer averaging*) Inversión regular de cantidades fijas de dinero durante cierto periodo en la que el producto de la venta de ganado de pie se reinvierte automáticamente. Esta técnica se usa para administrar los riesgos que implica un programa de participación directa de engorda de ganado.

inversionista (*investor*) Persona que compra un activo o un valor con la intención de sacar provecho económico de la operación.

inversionista acreditado (*accredited investor*) Según se define en la Regla 502 del Reglamento D, toda persona física o moral que cubra el requisito de contar con un capital contable mínimo para comprar títulos valor que reúnan las condiciones estipuladas en el Reglamento D en lo relativo a la exención de inscripción.

En términos generales, se considera inversionista acreditado a toda persona:

- que posea un capital contable de $1 millón de dólares o más; o
- que durante los dos últimos años haya percibido un ingreso anual de $200,000 dólares o más (o $300,000 junto con su cónyuge) y tenga expectativas razonables de obtener un ingreso similar durante el año en curso.

inversionista institucional
(*institutional investor*) Persona física o moral que comercia con valores que representan volúmenes tan altos de participaciones de capital o de cantidades de dinero que ameritan un trato preferencial y reducciones de comisiones. Una orden institucional puede ser de cualquier tamaño. Los inversionistas institucionales están menos protegidos por los reglamentos debido a que se supone que están mejor informados y son más capaces de protegerse a sí mismos.

inversionista no acreditado
(*nonaccredited investor*) Inversionista que no cuenta con el capital neto contable requerido por el Reglamento D. Los inversionistas no acreditados se toman en cuenta para los fines de la limitación de 35 inversionistas del Reglamento D relativa a las colocaciones privadas. *Véanse también* inversionista acreditado; colocación privada; Reglamento D.

IOC Siglas en inglés del término orden de ejecución inmediata o cancelación.

IOI Siglas en inglés del término indicio de interés.

IPC (*CPI*) *Véase* Índice de Precios al Consumidor.

IPO Siglas en inglés del término oferta pública inmediata.

IRA Siglas en inglés del término cuenta individual para el retiro.

IRC Siglas en inglés del nombre Código Fiscal de Estados Unidos.

IRR Siglas en inglés del término tasa de rendimiento interno.

IRS Siglas en inglés del nombre Servicio de Impuestos Internos.

ITS Siglas en inglés del nombre Sistema de Comercio entre Mercados/Sistema de Ejecución Asistida por Computadora.

JTIC Siglas en inglés del término cotitularidad.

JTWROS Siglas en inglés del término cotitularidad con derecho de sobrevivencia.

junta consultiva (*advisory board*) Conforme a la Ley de Compañías de Inversión de 1940, consejo que asesora a una compañía de inversión en asuntos relacionados con sus inversiones en títulos valor, pero que no está facultado para tomar decisiones o actuar al respecto. Los miembros de la junta consultiva no deber tener ningún otro tipo de relación con la compañía de inversión ni desempeñar ninguna otra función en ella. *Sins.* junta de asesores; consejo consultivo.

junta de asesores (*advisory board*) *Véase* junta consultiva.

Junta de la Reserva Federal (*Federal Reserve Board; FRB*) Grupo constituido por siete miembros que dirige las operaciones del Sistema de la Reserva Federal. Sus consejeros son nombrados por el Presidente de Estados Unidos, sujeto a la aprobación del Congreso.

junta directiva entrelazada (*interlocking directorate*) *Véase* consejos de administración entrelazados.

L

L (*L*) Categoría de oferta monetaria que incluye todos los componentes de M1, M2 y M3, además de todas las tenencias de los residentes en Estados Unidos de pagarés de la Tesorería a corto plazo, bonos de ahorro, papel comercial, aceptaciones bancarias y eurodólares. *Véanse también* M1; M2; M3; medio circulante.

Las 100 del Nasdaq (*Nasdaq 100*) Índice de las 100 acciones no financieras más importantes listadas en el Nasdaq, que se ponderan según su valor de capitalización.

LEAPS® *Véase* opción participativa de capital a largo plazo.

legislación bancaria (*Glass-Steagal Act of 1933; banking act*) *Véase* Ley Glass-Steagall de 1933.

legislación de control de emisión y venta de valores (*blue sky laws*) *Véase* leyes estatales sobre la industria bursátil.

Ley de 1871 del Estado de Illinois para Regular los Almacenes (*Illinois Warehouse Act of 1871*) Legislación que establece los requisitos para autorizar a los almacenes a realizar negocios con el público en el Estado de Illinois.

Ley de 1933 (*act of 1933*) *Véase* Ley de Valores de 1933.

Ley de 1934 (*act of 1934*) *Véase* Ley de Bolsas de Valores de 1934.

Ley de 1988 de Fraudes en Operaciones Bursátiles por Poseedores de Información Privilegiada (*Insider Trading and Securities Fraud Enforcement Act of 1988; Insider Trading Act*) Legislación que define en qué consiste el uso ilícito de información privada en las operaciones bursátiles, así como las responsabilidades y sanciones que implica. *Sin.* Ley de Operaciones Bursátiles. *Véanse también* muralla china; operador contemporáneo; poseedor de información privilegiada.

Ley de Asesores en Inversiones de 1940 (*Investment Advisers Act of 1940*) Legislación que dispone quiénes deben registrarse ante la SEC como asesores en inversiones. *Véase también* asesor en inversiones.

Ley de Bolsas (*Exchange Act*) *Véase* Ley de Bolsas de Valores de 1934.

Ley de Bolsas de Productos Básicos de 1936 (*Commodity Exchange Act of 1936*) Legislación federal estadounidense en virtud de la cual se estableció la Autoridad de las Bolsas de Productos Básicos y formalizó los procedimientos de inscripción e intercambio de los mismos.

Ley de Bolsas de Valores de 1934 (*Securities Exchange Act of 1934*) Legislación federal que dispuso el establecimiento de la Comisión de Valores y Bolsas. Su propósito es proteger a los inversionistas regulando las bolsas, el mercado extrabursátil, el otorgamiento de crédito del Consejo de la Reserva Federal, los intermediarios-agentes, las operaciones de iniciados, el comercio bursátil, las cuentas de clientes y el capital neto. *Sins.* Ley de 1934; Ley de Bolsas.

Ley de Compañías de Inversión de 1940 (*Investment Company Act of 1940*) Legislación del Congreso de Estados Unidos que regula a las compañías que invierten y reinvierten en valores. Esta ley exige que cualquier compañía de inversión que practica el comercio interestatal se registre ante la SEC.

Ley de Contratos de Fideicomiso de 1939 (*Trust Indenture Act of 1939*) Legislación que estipula que todos los títulos de deuda no exentos que se ofrecen al público deben registrarse de conformidad con la Ley de Valores de 1933 y emitirse mediante un contrato de fideicomiso para proteger a los obligacionistas.

Ley de Divulgación Completa (*Full Disclosure Act*) *Véase* Ley de Valores de 1933.

Ley de Fideicomisos de Valores (*Trust in Securities Act*) *Véase* Ley de Valores de 1933.

Ley de Futuros de Granos de 1922 (*Grain Futures Act of 1922*) Primera ley federal que se promulgó en Estados Unidos para regular el comercio de futuros. Era administrada por el Departamento de Agricultura, regulaba el comercio de futuros de granos y de otros productos básicos y establecía normas de calidad.

Ley de operaciones bancarias (*banking act*) *Véase* Ley Glass-Steagall de 1933.

Ley de Operaciones Bursátiles (*Insider Trading and Securities Fraud Enforcement Act of 1988*) *Véase* Ley de 1988 de Fraudes en Operaciones Bursátiles por Poseedores de Información Privilegiada.

Ley de Prospectos (*Prospectus Act*) *Véase* Ley de Valores de 1933.

Ley de Protección al Usuario de Servicios Telefónicos de 1991 (*Telephone Customer Protection Act of 1991; TPCA*) Legislación federal estadounidense que restinge el uso de las líneas telefónicas para fines de venta. Toda compañía que desea realizar ventas por teléfono, facsímil o correo electrónico, está obligada a revelar su nombre y dirección a la persona que recibe la comunicación y a no llamar a nadie que haya pedido que no se le llame.

Ley de Reformas a las Pensiones (*Pension Reform Act; Employee Retirement Income Security Act of 1974; ERISA;*) *Véase* Ley de Seguridad de los Ingresos de Retiro de los Empleados de 1974.

Ley de Reformas Fiscales de 1986 (*Tax Reform Act of 1986; TRA 1986*) Legislación promulgada por el Congreso de Estados Unidos con la finalidad de reducir el déficit federal. Esta legislación estableció categorías de contribuyentes e impuso diversos recargos e impuestos especiales.

Ley de Seguridad de los Ingresos de Retiro de los Empleados de 1974 (*Employee Retirement Income Security Act of 1974; ERISA; Pension Reform Act*) Ley que regula la operación de la mayoría de los planes de pensiones y prestaciones de las empresas. Esta ley redujo el rigor de las reglas de elegibilidad de los empleados para recibir pensión, estableció la Pension Benefit Guaranty Corporation y estableció directrices para la administración de fondos de pensiones. Los planes de retiro empresariales implementados de conformidad con la ERISA califican para que los empleadores y los participantes reciban un tratamiento fiscal favorable. *Sin.* Ley de Reformas a las Pensiones. *Véanse también* Título 1; Título 2; Título 3; Título 4.

Ley de Valores de 1933 (*Securities Act of 1933; Trust in Securities Act; Truth in Securities Act*) Legislación federal que estipula que debe divulgarse completa y fielmente toda la información esencial de cada nueva emisión de valores. *Sins.* Ley de 1933; Ley de Divulgación Completa; Ley del Mercado Primario; Ley de Prospectos; Ley de Fideicomisos de Valores; Ley de Veracidad de los Valores.

Ley de Veracidad de los Valores (*Truth in Securities Act*) *Véase* Ley de Valores de 1933.

Ley del Mercado Primario (*New Issues Act*) *Véase* Ley de Valores de 1933.

Ley Glass-Steagall de 1933 (*Glass-Steagal Act of 1933; banking act*) Legislación federal que prohíbe a los bancos comerciales colocar valores, y a los bancos de inversiones abrir cuentas de depósito u otorgar préstamos comerciales. *Sins.* legislación bancaria; ley de operaciones bancarias.

Ley Maloney (*Maloney Act*) Reforma que se promulgó en 1938 para ampliar la Sección 15 de la Ley de Bolsas de Valores de 1934. Se le dio su nombre en honor del finado Francis Maloney, Senador por el Estado de Connecticut. En esta reforma se dispuso el establecimiento de una organización autorreguladora con la finalidad específica de supervisar el mercado de valores extrabursátil. *Véase también* National Association of Securities Dealers, Inc.

Ley Uniforme de Donaciones a Menores (*Uniform Gifts to Minors Act; UGMA*) Legislación que permite donar dinero o valores a un menor, los cuales se depositan en una cuenta de custodia administrada por un adulto en beneficio del menor. Los ingresos y las ganancias de capital que se transfieren a nombre de un menor causan impuestos bajos. *Véase también* Ley Uniforme de Transferencias a Menores.

Ley Uniforme de Transferencias a Menores (*Uniform Transfers to Minors Act; UTMA*) Legislación adoptada por algunos estados de la Unión Americana que permite donar dinero o valores a un menor, los cuales se depositan en una cuenta de custodia y son administrados por un adulto en beneficio del menor hasta que éste alcanza cierta edad (no necesariamente la mayoría de edad). *Véase también* Ley Uniforme de Donaciones a Menores.

Ley Uniforme de Valores (*Uniform Securities Act; USA*) Legislación modelo que regula el sector bursátil estadounidense a nivel estatal. Cada estado puede aplicarla a la letra o adaptarla (con ciertas limitaciones) a sus necesidades. *Véanse también* leyes estatales sobre la industria bursátil; Serie 63, Serie 65; Serie 66.

leyes estatales sobre la industria bursátil (*blue-sky laws*) Denominación que se le da al conjunto de reglamentos estatales que regulan el sector de valores. El término en inglés se acuñó en la década de 1900 por un magistrado de la Suprema Corte del Estado de Kansas que quería instaurar leyes que protegieran contra los "esquemas especulativos que no tienen más base que unos cuantos metros de cielo azul (*blue sky*)". *Sins.* leyes reguladoras de la emisión y venta de valores; legislación de control de emisión y venta de valores. *Véanse también* Serie 63; Serie 65; Serie 66; Ley Uniforme de Valores.

leyes reguladoras de la emisión y venta de valores (*blue sky laws*) *Véase* leyes estatales sobre la industria bursátil.

LIBOR Siglas en inglés del nombre Tasa de Oferta Interbancaria de Londres.

libro base de bonos (*bond basis book*) Libro de referencia que contiene tablas de los rendimientos de los bonos a su vencimiento, organizadas conforme a las tasas de los cupones, los plazos de vencimiento y los precios.

libro de corretaje (*blotter; daily journal*) Libro de asientos originales en el que un intermediario y representante registrado registra diariamente sus operaciones y movimientos de valores, así como las cantidades que recibe y paga en efectivo. *Sin.* libro diario de corretaje.

libro diario de corretaje (*blotter; daily journal*) *Véase* libro de corretaje.

libro de especialista (*specialist's book; limit order book*) Diario en el que un especialista registra las órdenes de ejecución a un precio límite que tiene a su cargo. Su contenido es confidencial. *Véase también* especialista.

libro mayor de clientes (*customer ledger*) Registro contable que enumera por separado todas las cuentas de margen y de efectivo de los clientes de una empresa. *Sins.* mayor de clientes; mayor auxiliar de clientes; auxiliar de clientes. *Véanse también* libro mayor general; registro de acciones.

libro mayor general (*general ledger*) Conjunto de registros en los que se asientan todos los activos, los pasivos, las cuentas de capital y las cuentas de ingresos y egresos de una casa de bolsa. Esta información tiene que asentarse por lo menos cada mes. *Sin.* mayor general. *Véanse también* libro mayor de clientes; registro de acciones.

licencias (*licenses*) *Véanse* Serie 3; Serie 4; Serie 6; Serie 7; Serie 8; Serie 11; Serie 17; Serie 22; Serie 24; Serie 26; Serie 27; Serie 28; Serie 37; Serie 38; Serie 39; Serie 42; Serie 47; Serie 52; Serie 53; Serie 62; Serie 63; Serie 65; Serie 66.

licitación sin cotización (*noncompetitive bid*) *Véase* postura no competitiva.

licitación sin cotizar (*noncompetitive bid*) *Véase* postura no competitiva.

limitación de precio (*capping*) Acto de ejercer presión sobre una acción con el propósito de mantener su precio bajo o hacerlo bajar. Esta práctica contraviene las Reglas de Prácticas Leales de la NASD.

límite de posición (*position limit*) Regla establecida por las bolsas de opciones que prohíbe a un inversionista mantener una posición neta larga o corta de más de cierto número de contratos en el mismo lado del mercado.

límite máximo de préstamo (*maximum loan value*) Porcentaje del valor de mercado de un título valor que se le permite a un intermediario-agente prestarle a un cliente de margen para que compre dicho título. El límite de préstamo es igual al complemento del requisito del Reglamento T: si el requisito del Reg. T fuera del 65%, el límite máximo de préstamo sería del 35%. *Sin.* crédito máximo.

línea de alzas y bajas (*advance/decline line*) Instrumento técnico de análisis que representa el total de diferencias entre las alzas y bajas en los precios de los títulos valor. Se considera el mejor indicador del movimiento del mercado en su conjunto. *Véase también* teoría de la amplitud del mercado.

línea de tendencia (*trendline*) Instrumento que los analistas técnicos emplean para seguir el movimiento de un título relacionando las bajas reactivas en una tendencia a la alza o los repuntes en una tendencia a la baja.

LION Siglas en inglés del nombre Pagaré de

Oportunidad de Inversión Lehman.

liquidación (*settlement*) Conclusión de una transacción mediante la entrega de un título o un producto básico y el pago en efectivo o de otra contraprestación correspondiente.

liquidación forzosa (*forced sell-out*) Medida que se toma cuando un cliente no paga en el plazo establecido los valores que ha comprado y no obtiene una prórroga; el intermediario-agente tiene que liquidar una cantidad suficiente de títulos para pagar por la operación.

liquidez (*liquidity*) Facilidad con la que un activo puede convertirse en efectivo en el mercado. Un gran número de compradores y vendedores y un volumen alto de operaciones incrementan considerablemente la liquidez.

lista legal (*legal list*) Selección de valores que un organismo estatal (generalmente una comisión bancaria o de seguros) considera inversiones apropiadas para cuentas fiduciarias, como las de bancos mutualistas de ahorro, fondos de pensión y compañías de seguros.

LMV *Véase* valor actual de mercado.

LOI Siglas en inglés del término carta de intención.

lote completo (*round lot*) *Véase* lote normal.

lote incompleto (*odd lot*) *Véase* pico.

lote normal (*round lot*) Unidad normal de negociación de un título valor, que generalmente equivale a 100 acciones o cinco bonos. *Sin.* lote completo. *Véase también* pico.

lote pico (*odd lot*) *Véase* pico.

LP Siglas en inglés de los términos socio comanditario y sociedad en comandita simple.

LTM Siglas en inglés del término intermediario de operaciones de apalancamiento.

llamada de mantenimiento (*margin maintenance call; house maintenance call; maintenance call; NASD/ NYSE maintenance call*) *Véase* aviso de mantenimiento de margen.

llamada de mantenimiento de margen (*margin maintenance call; house maintenance call; maintenance call; NASD/ NYSE maintenance call*) *Véase* aviso de mantenimiento de margen.

llamada de mantenimiento NASD/NYSE (*margin*

maintenance call; house maintenance call; maintenance call; NASD/NYSE maintenance call) Véase aviso de mantenimiento de margen.

llamada de margen (*margin call; Fed call; federal call; federal margin; Reg. T call; T call*) *Véase* aviso de margen.

llamada de margen mínimo (*margin maintenance call; house maintenance call; maintenance call; NASD/ NYSE maintenance call*) *Véase* aviso de mantenimiento de margen.

M

M (*M*) Marca que se utiliza en la Cinta (o Tira) de Precios Consolidada para identificar a la Bolsa de Valores de Chicago (antes llamada Bolsa de Valores del Medio Oeste).

M1 (*M1*) Categoría de la oferta monetaria que incluye las monedas y billetes en circulación más depósitos a vista (es decir, cuentas corrientes con o sin interés) *Véanse también* L; M2; M3; medio circulante.

M2 (*M2*) Categoría de la oferta monetaria que incluye la M1 más la totalidad de los depósitos a plazo, depósitos de ahorros y fondos no institucionales del mercado de dinero. *Véanse también* L; M1; M3; medio circulante.

M3 (*M3*) Categoría de la oferta monetaria que incluye la M2 más la totalidad de los depósitos a la vista mayores, fondos institucionales del mercado de dinero, reportos a corto plazo y algunos otros activos líquidos de importancia. *Véanse también* L; M1; M2; oferta monetaria.

MACRS Siglas en inglés del nombre Sistema Modificado de Recuperación Acelerada de Costos.

manejo automatizado de cartera (*program trading*) *Véase* administración automatizada de cartera.

máquina de cotización (*quote machine*) Computadora que proporciona a los agentes y a los formadores de mercado la información que aparece en la Cinta (o Tira) de Precios Consolidada. La información de la pantalla se condensa en símbolos y números. *Véase también* Quotron®

marca de identificación de mercado (*market identifier*) En la línea de alta velocidad de la Cinta (o Tira) de Precios Consolidada, letra que identifica la bolsa o el mercado en el que se efectuó una transacción.

margen (*margin*) Monto del capital aportado por un cliente como porcentaje del valor actual de mercado de los valores manejados en una cuenta de margen. *Sin.* garantía. *Véanse también* capital; requisito de margen inicial; aviso de margen; Reglamento T.

margen comercial (*markup*) *Véase* sobreprecio.

margen de colocación (*underwriting spread, underwriting discount; underwriting split*) Diferencia entre el precio de oferta pública y el precio que un colocador paga a la entidad emisora. Esta diferencia representa la ganancia del sindicato o grupo vendedor. *Sins.* diferencial de colocación; descuento de colocación.

margen de comercialización (*markup*) *Véase* sobreprecio.

margen de operación (*margin of profit ratio; operating profit ratio; profit margin*) Indicador de la rentabilidad relativa de una empresa. Se calcula dividiendo la utilidad de operación entre las ventas netas. *Sin.* índice de utilidad de operación. *Véase también* coeficiente de rentabilidad.

margen de procesamiento bruto (*gross processing margin; GPM*) Diferencia entre el costo del frijol de soya y los ingresos derivados del alimento y el aceite resultantes del procesamiento.

margen de utilidad neta (*net profit ratio; net income to net sales; net profit margin; net profits to sales; profit after taxes; profit ratio*) Indicador de la rentabilidad relativa de una empresa. Se calcula dividiendo la utilidad después de impuestos entre las ventas netas.

masa monetaria (*money supply*) *Véase* medio circulante.

máximo (*high*) El precio más alto que un título o un producto alcanza durante cierto periodo. *Sin.* precio máximo. *Véase también* precio mínimo.

mayor auxiliar de clientes (*customer ledger*) *Véase* libro mayor de clientes.

mayor de clientes (*customer ledger*) *Véase* libro mayor de clientes.

mayor general (*general ledger*) *Véase* libro mayor general.

MBIA Siglas en inglés del nombre Municipal Bond Investors Assurance Corp.

medio circulante (*money supply*) Total de billetes, monedas, préstamos, crédito y demás instrumentos líquidos en circulación en la economía. Se divide en cuatro categorías —L, M1, M2 y M3— según el tipo de cuenta en que se mantenga el instrumento. *Sins.* oferta monetaria; masa monetaria. *Véanse también* L; M1; M2; M3.

membresía (*membership*) Conjunto de socios de la Bolsa de Valores de Nueva York, de otra bolsa, de una organización autorreguladora o de una cámara de compensación.

memorándum de orden (*order memorandum; order ticket*) Forma que contiene las instrucciones de un cliente para la colocación de una orden y que el ejecutivo de cuentas debe llenar. En ella se indican el nombre del cliente, el número de cuenta, una descripción del título de referencia, el tipo de operación (compra, venta, venta en corto, etc.) e instrucciones especiales (por ejemplo, límites de tiempo o precio). *Sin.* boleta de orden.

mercado a la baja (*bear market*) *Véase* mercado bajista.

mercado al contado (*cash market; cash-and-carry market; spot market*) Conjunto de operaciones entre compradores y vendedores de productos que implican la entrega y el pago inmediatos de éstos. *Sin.* mercado de realización inmediata. *Véanse también* mercado de contratos a plazo; mercado de futuros.

mercado alcista (*bull market*) Mercado en el que están subiendo o se espera que suban los precios de determinado grupo de títulos valor. *Véase también* mercado bajista.

mercado bajista (*bear market*) Mercado en el que los precios de determinado grupo de títulos valor están bajando o se espera que bajen. *Sin.* mercado a la baja. *Véase también* mercado alcista.

mercado bloqueado (*locked market*) Situación que se crea cuando no hay ninguna diferencia entre la postura de compra y la postura de venta de un mismo título, es decir, cuando un formador de mercado ofrece por una acción el mismo precio que otro pide por ella. Esta práctica representa una violación de las Reglas de Prácticas Leales de la NASD. *Véase también* mercado cruzado.

mercado bursátil (*exchange market*) *Véase* mercado intercambiario.

mercado contractual (*contract market*) *Véase* mercado de contratos.

mercado cruzado (*crossed market*) Situación que se presenta cuando un formador de mercado ofrece por una acción un precio más alto que el que otro pide por la misma acción, o cuando un formador de mercado ofrece una acción a un precio más bajo que el que otro ofrece por esa misma acción. Cualquiera de estos dos casos representa una violación a las Reglas de Prácticas Leales de la NASD. *Véase* también mercado bloqueado.

mercado de capital (*capital market*) Segmento del mercado de valores en el que se negocian instrumentos con vencimiento superior a un año, es decir, deuda a largo plazo y títulos de participación. *Sin.* mercado de capitales.

mercado de capitales (*capital market*) *Véase* mercado de capital.

mercado de cargos de mantenimiento de existencias (*carrying charge market*) Mercado de futuros en el que la diferencia de precios entre los meses que tarda la entrega de un producto cubre la totalidad de los costos de intereses, seguros y almacenamiento. *Sin.* mercado de cargos de mantenimiento de inventarios. *Véanse también* mercado invertido; mercado normal.

mercado de cargos de mantenimiento de inventarios (*carrying charge market*) *Véase* mercado de cargos de mantenimiento de existencias.

mercado de contratos (*contract market*) Bolsa designada por la Comisión de Comercio de Futuros de Productos Básicos en la que se pueden negociar futuros sobre determinados productos. *Sin.* mercado contractual.

mercado de contratos a plazo (*forward market; forward trade*) La operación extrabursátil de productos y divisas en el que se establece una fecha de entrega futura. *Sins.* mercado de contratos a término; mercado de contratos adelantados. *Véase también* mercado al contado; mercado de futuros.

mercado de contratos a término (*forward market; forward trade*) *Véase* mercado de contratos a plazo.

mercado de contratos adelantados (*forward market; forward trade*) *Véase* mercado de contratos a plazo.

mercado de dinero (*money market*) Mercado de valores en el que se negocian los intrumentos de deuda a corto plazo. Los instrumentos del mercado de dinero son formas de deuda con vencimientos menores de un año y de alta liquidez. La mayor parte de los instrumentos operados en el mercado de dinero de Estados Unidos son pagarés de la Tesorería a corto plazo.

mercado de nuevas emisiones (*new issue market; primary market*) *Véase* mercado primario.

mercado de futuros (*futures market*) Mercado de subasta continuo en el que los participantes compran y venden contratos de productos para entregarse en una fecha futura específica. Las negociaciones se realizan a viva voz y haciendo señales con las manos en el piso de remates. *Véase también* mercado al contado.

mercado de realización inmediata (*cash market; cash-and-carry market; spot market*) *Véase* mercado al contado.

mercado de subasta (*auction market; double auction market*) Mercado en el que los compradores y los vendedores hacen simultáneamente ofertas competitivas. La NYSE es un mercado de subasta. *Sin.* mercado de subasta doble.

mercado de subasta doble (*auction market; double auction market*) *Véase* mercado de subasta.

mercado extrabursátil (*OTC market*) Sistema de intercambio de valores en el que los intermediarios-agentes negocian directamente entre sí y no en un piso de remates o de subasta. Las transacciones se realizan a través de redes de cómputo y telefónicas que enlazan a intermediarios bursátiles y agentes de valores de todo el mundo. En el mercado extrabursátil se negocian por igual valores registrados y los no registrados en bolsa así como títulos municipales y del gobierno de Estados Unidos. *Sins.* mercado fuera de bolsa; mercado no oficial.

mercado fuera de bolsa (*OTC market*) *Véase* mercado extrabursátil.

mercado interbancario (*interbank market*) Mercado internacional descentralizado y no regulado en el que se operan varias de las principales divisas del mundo.

mercado intercambiario (*exchange market*) Conjunto de bolsas en las que se negocian valores registrados. *Sin.* mercado bursátil.

mercado invertido (*inverted market; backwardation*) Situación del mercado de futuros en la que los contratos con fecha de expiración cercana se venden a precios más altos que los de fecha de expiración distante. *Véanse también* mercado de cargos de mantenimiento de existencias; mercado normal.

Mercado Nacional del Nasdaq (*Nasdaq National Market; NNM*) Conjunto de las acciones registradas en el Nasdaq que se negocian más activamente en el mercado extrabursátil. Las operaciones con estas acciones se reportan conforme se realizan.

mercado no oficial (*OTC market*) *Véase* mercado extrabursátil.

mercado normal (*normal market; contango*) Situación del mercado de futuros en la que los contratos con fecha de vencimiento próxima se venden a precios más bajos que los de fecha de vencimiento lejana. *Sin.* contango. *Véanse también* mercado de cargos de mantenimiento de existencias; mercado invertido.

mercado primario (*new issue market; primary market*) Mercado en el que las empresas privadas reúnen capital mediante ventas iniciales de acciones ordinarias al público. *Sin.* mercado de nuevas emisiones. *Véase también* oferta pública inicial; mercado secundario.

mercado secundario (*secondary market*) Mercado en el que se compran y venden títulos después de haberlos vendido al público por primera vez. *Véase* mercado primario.

mercado terciario (*third market*) Mercado extrabursátil en el que se negocian valores registrados. Los usuarios principales de este mercado son los inversionistas institucionales. *Sin.* tercer mercado.

mes de entrega (*delivery month; contract month*) Mes señalado para liquidar un contrato de futuros.

metálico (*bullion*) Lingote o barra de oro que se valúa como .995 puro o más refinado.

mezcla (*commingling*) (1) Combinación que una casa de bolsa hace de los valores propiedad de un cliente con los de otro cliente para ofrecerlos en prenda como garantía conjunta de un crédito bancario. A menos que el cliente lo autorice, este acto representa una violación de la Regla 15c2.1 de la SEC.

(2) Combinación que una casa de bolsa hace de valores propiedad de un cliente con valores suyos para ofrecerlos en prenda como garantía conjunta de un crédito bancario. Esta práctica está prohibida. *Véanse también* prenda cruzada; segregación.

miembro (member) *Véase* socio.

miembro afiliado (*allied member*) Socio comanditado de una sociedad miembro de la NYSE, y que no forma parte de la misma, propietario del 5% o más de las acciones en circulación con derecho a voto de una sociedad miembro, o director ejecutivo o funcionario de alto nivel de una sociedad miembro. Los miembros afiliados no tienen derecho a plazas en la NYSE. *Sin.* miembro asociado.

miembro asociado (*allied member*) *Véase* miembro afiliado.

MIT Siglas en inglés del término orden de posible ejecución al mejor precio de mercado.

MMI Siglas en inglés del término Índice de Mercado Principal.

modelo de pagos anticipados de la PSA (*PSA prepayment model*) Referencia estándar establecida por la Asociación de Valores Públicos para medir la velocidad de los pagos anticipados sobre

préstamos hipotecarios. Los precios y las tasas de interés de los títulos de obligaciones con garantía hipotecaria normalmente se basan en esta referencia. *Véase también* Asociación de Valores Públicos.

modo "Borrar información" (*delete information mode*) Reporte de la Cinta (o Tira) de Precios Consolidada en el cual se omite cierta información para evitar que la Cinta siga corriendo hasta altas horas durante periodos de mucha actividad en el mercado.

moneda extranjera (*foreign currency*) *Véase* divisa.

monto de suscripción (*subscription amount*) Monto total de la inversión de un participante en un programa de participación directa. *Sin.* importe de suscripción.

monto mínimo de suscripción (*minimum subscription amount*) *Véase* cantidad mínima de suscripción.

Moody's Investors Service Una de las agencias de calificación de inversiones más conocidas en Estados Unidos, subsidiaria de Dun & Bradstreet. Moody's califica bonos, papel comercial, acciones preferentes y ordinarias y emisiones municipales a corto plazo. *Véase también* calificación de bonos; Fitch Investors Service, Inc., Standard & Poor's Corporation.

MPT Siglas en inglés del término teoría moderna de la cartera.

MSE Siglas en inglés del nombre Bolsa de Valores del Medio Oeste. *Véase también* Bolsa de Valores de Chicago.

MSRB Siglas en inglés del nombre Consejo para la Regulación de Valores Municipales.

multiplicación de operaciones (*churning; overtrading*) Cantidad excesiva de movimientos que un representante registrado realiza en la cuenta de un cliente pasando por alto los intereses de éste y con la intención exclusiva de ganar más comisiones, lo cual contraviene las Reglas de Prácticas Leales de la NASD.

múltiplo de precio-utilidad (*price-earnings ratio; PE*) Instrumento para comparar los precios de diferentes acciones ordinarias evaluando cuánto está dispuesto a pagar el mercado por una parte de las ganancias de una sociedad anónima. Se calcula dividiendo el precio de

mercado actual de una acción entre la utilidad por acción. *Sins.* P-U; relación PE.

Municipal Bond Investors Assurance Corp. (Municipal Bond Investors Assurance Corp.; MBIA) Empresa pública que asegura el pago oportuno del capital e intereses de emisiones municipales elegibles. Generalmente, Standard & Poor's asigna la calificación AAA a las emisiones aseguradas por esta empresa. *Sin.* MBIA.

Munifacts Servicio de noticias por cable que atiende el sector de valores municipales; es un producto de *The Bond Buyer*.

muralla china (*Chinese wall*) Nombre que se le da a la división de una casa de bolsa que impide que los asesores de ésta revelen información privilegiada a los negociantes de inversiones, los cuales podrían utilizarla para lucrar de manera ilícita. *Véase también* Ley de 1988 de Fraudes en Operaciones Bursátiles por Poseedores de Información Privilegiada.

N (*N*) Marca que se utiliza en la Cinta (o Tira) de Precios Consolidada para identificar a la Bolsa de Valores de Nueva York.

NASD Siglas del nombre National Association of Securities Dealers, Inc.

NASD Manual (*NASD Manual*) Publicación en la que se resumen las políticas de la NASD para regular el mercado extrabursátil; incluye las Reglas de Prácticas Leales, el Código de Prácticas Uniformes, el Código de Procedimiento y el Código de Procedimiento de Arbitraje.

NASD Regulation, Inc. Subsidiaria o departamento de la NASD constituida en 1996 para supervisar a los intermediarios-agentes miembros, hacer cumplir normas jurídicas y éticas e imponer medidas disciplinarias.

Nasdaq Siglas en inglés del nombre Sistema Automatizado de Cotizaciones de la National Association of Securities Dealers.

NASDR *Véase* NASD Regulation, Inc.

National Association of Securities Dealers, Inc. (*NASD*) Organización autorreguladora del mercado extrabursátil. Se estableció de conformidad con las disposiciones de la Ley Maloney de 1938. *Véanse también* Ley Maloney; Sistema de Ejecución de Órdenes Pequeñas.

National Securities Clearing Corporation (*NSCC*) Organización que actúa como medio entre las casas de bolsa y las bolsas miembros para que concilien sus cuentas.

NAV Siglas en inglés del término valor de activo neto.

NC Siglas en inglés del término capital neto.

NDP Siglas en inglés del término producto interno neto.

negociabilidad (*negotiability*) Característica de un título valor que permite a su propietario cederlo, donarlo, transferirlo o venderlo a otra persona sin tener que pedir autorización a un tercero.

negociable fuera de bolsa (*over the counter; OTC*) *Véase* extrabursátil.

negociación de especialista en bloque (*specialist block trade*) *Véase* operación de especialista en bloque.

negociación de valores con separación del interés y el capital registrados (*Separate Trading of Registered Interest and Principal of Securities; STRIPS*) Bono cupón cero emitido y respaldado por el Departamento de la Tesorería de Estados Unidos. *Véase también* bono cupón zero.

negociante de la sesión (*day trader*) *Véase* intermediario del día.

negociante de posiciones (*position trader*) *Véase* intermediario de posiciones.

negociante del día (*day trader*) *Véase* intermediario del día.

negocio individual (*sole propietorship; propietorship*) *Véase* propiedad individual.

neto (*flat*) Término que se usa para describir un bono que se negocia exclusivamente al precio de mercado establecido, sin intereses acumulados. *Sin.* sin interés.

Véase también interés acumulado.

NFA Siglas en inglés del nombre Asociación Nacional de Futuros.

NH Acrónimo en inglés del término orden de ejecución discrecional.

NHA Acrónimo en inglés del término bono de la Nueva Autoridad de la Vivienda.

NIC Siglas en inglés del término costo neto de intereses.

nivel de resistencia (*resistance level*) Término del análisis técnico que describe el tope de rango histórico de negociación del precio de una acción. *Sin.* resistencia. *Véanse también* rompimiento; nivel de soporte.

nivel de soporte (*support level*) Término del análisis técnico que describe el extremo inferior de un rango histórico de precios de una acción. *Véanse también* rompimiento; nivel de resistencia.

Nivel Dos (*Level Two*) Segundo nivel del servicio del Nasdaq; a través de una terminal en las oficinas del socio, informa a los agentes bursátiles las últimas cotizaciones internas de precios y los precios de compra y venta de cada formador de mercado respecto de un título. *Véase* *también* Sistema Automatizado de Cotizaciones de la National Association of Securities Dealers.

Nivel Tres (*Level Three*) El nivel más alto del servicio del Nasdaq; a través de una terminal en las oficinas del socio, informa a los agentes bursátiles las últimas cotizaciones internas de precios de compra y venta y los precios de compra y venta de cada creador de mercado respecto de un título, y permite a éstos introducir cambios en esas cotizaciones. *Véase también* Sistema Automatizado de Cotizaciones de la National Association of Securities Dealers.

Nivel Uno (*Level One*) Nivel básico del servicio del Nasdaq; a través de una terminal en las oficinas del socio, informa a los agentes bursátiles las últimas cotizaciones internas de precios de compra y de venta de cientos de acciones negociadas fuera de bolsa. *Véase también* Sistema Automatizado de Cotizaciones de la National Association of Securities Dealers.

NNM Siglas en inglés del nombre Mercado Nacional del Nasdaq.

no discriminación (*nondiscrimination*) En un plan para el retiro elegible o calificado, fórmula para calcular las aportaciones y los beneficios que deben aplicarse de manera uniforme para asegurar que todos los empleados reciban un trato justo y equitativo. *Véase también* plan para el retiro elegible.

no diversificación (*nondiversification*) Estrategia de administración de carteras conforme a la cual las inversiones se concentran en un sector o un área geográfica con la intención de incrementar los rendimientos. *Véase también* diversificación.

no inscrito (*over the counter; OTC*) *Véase* extrabursátil.

no registrado (*over the counter; OTC*) *Véase* extrabursátil.

no se sabe (*don't know; DK*) Respuesta a una confirmación de un intermediario-agente que indica que se carece de información respecto de la operación o que ésta no ha sido registrada.

norma de prudente discreción (*prudent man rule*) Máxima legal que limita la discreción

relativa a una cuenta
fiduciaria sólo a aquellas
inversiones que podría hacer
una persona razonable y
prudente.

notificación de amortización
(*redemption notice*) *Véase* aviso
de amortización.

notificación de redención
(*redemption notice*) *Véase* aviso
de amortización.

notificación oficial de venta
(*official notice of sale*) *Véase*
aviso oficial de venta.

NSCC Siglas en inglés del
nombre National Securities
Clearing Corporation.

NSTS Siglas en inglés del
nombre Sistema Nacional de
Operación de Valores.

NYSE Siglas en inglés del
nombre Bolsa de Valores de
Nueva York.

O

O (*O*) Marca que se utiliza en la Cinta (o Tira) de Precios Consolidada para identificar al INSTINET.

OB Acrónimo en inglés del término orden de ejecución a un precio determinado.

objetivo de inversión (*investment objective*) Cualquier meta que un cliente espera alcanzar con una inversión, por ejemplo, la obtención de ingresos corrientes o el crecimiento y preservación de su capital.

obligación (*debenture; unsecured bond*) Deuda respaldada por el crédito general de la sociedad emisora. *Sins.* deuda sin garantía; deuda sin garantía específica; deuda quirografaria. *Véase también* bono con garantía (2).

obligación con garantía hipotecaria (*collateralized mortgage obligation; CMO*) Título valor de una sociedad respaldado por una hipoteca; a diferencia de las obligaciones de transferencia emitidas por la FNMA y la GNMA, su rendimiento no está garantizado ni tiene el respaldo del gobierno federal. Este tipo de título se emite con la intención de que produzca capital e intereses en una fecha predeterminada. *Véase también* tramo.

obligación subordinada (*subordinated debenture*) Obligación de deuda respaldada por el crédito general de la sociedad emisora cuyos derechos sobre los intereses y el capital son secundarios respecto de los derechos correspondientes de las obligaciones sin garantía ordinarias y todos los demás pasivos. *Sins.* obligación subordinada sin garantía; deuda subordinada sin garantía específica; deuda quirografaria subordinada. *Véase también* deuda sin garantía.

obligación subordinada sin garantía (*subordinated debenture*) *Véase* obligación subordinada.

OBO Siglas en inglés del término oficial del libro de órdenes.

obstrucción (*strangle*) Posición de un inversionista que resulta de la compra de una opción de compra y una de venta cuando ambas se encuentran fuera del precio en cualquiera de los lados del precio corriente del título de referencia. Una obstrucción puede ser rentable sólo si el mercado es muy volátil y da un giro importante en cualquiera de las dos direcciones.

OCC Siglas en inglés de los nombres Oficina del Contralor de Moneda; Options Clearing Corporation.

OCC Disclosure Document *Véase* documento de divulgación de opciones.

OCO Siglas en inglés del término orden alternativa.

oferta (1) (*ask; offer*) *Véase* postura de venta.

oferta (2) (*offer*) De conformidad con la Ley Uniforme de Valores, cualquier intento de solicitar la compra o la venta de un título por cierto valor. *Véanse también* postura de compra; cotización; precio de oferta pública.

oferta (*supply*) Cantidad total de bienes o servicios que pueden comprar los consumidores. *Véase también* demanda.

oferta de compra (*bid*) *Véase* postura de compra.

oferta de derechos (*rights offering*) Emisión de nuevas acciones que implica el derecho de cada accionista de conservar su parte proporcional de la propiedad de la empresa mediante la compra de acciones adicionales de ésta antes de que se ofrezcan al público. *Véanse también* derecho; suscriptor contingente.

oferta de intercambio (*exchange offer*) Oferta de cambiar los valores de una entidad emisora por los de otra, a menudo con objeto de que una absorba a la otra.

oferta de venta (*bid*) *Véase* postura de venta.

oferta en reserva (*shelf offering*) Disposición de la SEC que autoriza a cualquier emisor a registrar un título recién emitido sin tener que vender de una sola vez toda la emisión. El emisor puede vender partes limitadas de la emisión durante un periodo de dos años sin registrar el título o incurrir en castigos. *Véase también* Regla 415.

oferta especial (*special offering; special bid*) Procedimiento de negociación por bloques en el que un gran número de acciones se pone a la venta después de anunciarlas en la Cinta (o Tira) de Precios Consolidada. *Sin.* postura de venta especial.

oferta interestatal (*interstate offering*) Emisión de valores que se registra ante la SEC y se vende a cualquier persona que no resida en el estado en que opera la entidad emisora.

oferta intraestatal (*intrastate offering*) Emisión de valores exenta de registrarse ante la SEC, disponible para compañías que realizan negocios en un estado y que vende sus valores únicamente a residentes del mismo. *Véase también* Regla 147.

oferta mixta (*split offering; combined distribution*) Oferta pública de títulos valor que combina los aspectos de una oferta primaria y una secundaria. Parte de la emisión es una oferta primaria, y su producto beneficia a la sociedad emisora; el resto es una oferta secundaria y su producto beneficia a los accionistas vendedores. *Véanse también* oferta primaria; oferta secundaria.

oferta monetaria (*money supply*) *Véase* medio circulante.

oferta no administrada (*nonmanaged offering*) *Véase* oferta no sindicada.

oferta no sindicada (*nonmanaged offering*) Método de distribución de las participaciones de un programa de participación directa conforme al cual el patrocinador del programa contrata a ciertos intermediarios-agentes particulares para ofrecer las participaciones al público. El patrocinador puede también contratar a un mayorista para coordinar acuerdos de venta con cada intermediario *Sin.* oferta no administrada.

oferta primaria (*primary offering; primary distribution*) Oferta en la que el producto de la colocación se entrega a la sociedad, el organismo o el municipio que emite el valor de referencia. El emisor busca aumentar su capitalización mediante la venta de acciones, que representan una participación en la propiedad, o de bonos, que representan préstamos al emisor. *Sins.* distribución primaria; colocación primaria.

oferta pública (*public offering*) Venta de una emisión de acciones ordinarias por parte de una sociedad anónima, ya sea en una primera colocación al público o en ofertas posteriores de sus acciones. *Véase también* oferta pública inicial.

oferta pública de compra (*tender offer*) Oferta de compra de valores a cambio de efectivo, o de efectivo más títulos.

oferta pública inicial (*initial public offering; IPO*) Primera venta de acciones comunes de una sociedad anónima al público. *Véanse también* mercado de nuevas emisiones; oferta pública.

oferta secundaria (*secondary offering*) Venta de títulos valor en que uno o más accionistas de una compañía ofrecen al público todas sus tenencias o una parte grande de las mismas; el producto de la venta se entrega a los accionistas y no a la compañía. Por lo general este tipo de oferta tiene lugar cuando el socio fundador de una empresa (quizá junto con algunas de las personas que respaldaron financieramente a ésta en sus inicios) determina que es más ventajoso venderla al público en su totalidad o en parte que mantenerla como propiedad privada. La oferta no aumenta el número de acciones en circulación. *Sins.* colocación en lotes; reclasificación de títulos. *Véase también* distribución secundaria (1).

oferta visible (*visible supply; 30 day visible supply*) (1) Divulgación, a través de *The Bond Buyer*, del monto total en dólares de los títulos municipales que se van a introducir al mercado en los próximos 30 días. (2) Oferta total de bienes y productos básicos disponibles para entrega inmediata. *Sin.* suministros visibles.

oficial del libro de órdenes (*order book official; OBO*) Título que se le da a un especialista o formador de mercado que trabaja para las bolsas de opciones del Pacífico, de Filadelfia o de Chicago.

oficina con jurisdicción para supervisar (*office of supervisory jurisdiction; OSJ*) Oficina de un intermediario-agente responsable de vigilar las actividades de los ejecutivos de cuentas y personas asociadas que trabajan en esa oficina y en otras dentro de la misma región. La NASD exige que todo intermediario-agente asigne esta responsabilidad de supervisión a una oficina que desempeña ciertas funciones relacionadas con la formación de mercados y atención a clientes. *Véanse también* sucursal; oficina satélite.

Oficina de Supervisión del Ahorro (*Office of Thrift Supervision; OTS*) Oficina del Departamento de la Tesorería de Estados Unidos que es responsable de emitir y hacer cumplir reglamentos para regular el sector de ahorro y crédito del país.

Oficina del Contralor de Moneda (*Office of the Comptroller of the Currency; OCC*) Oficina del Departamento de la Tesorería de Estados Unidos que se encarga de emitir y hacer cumplir reglamentos para regular las prácticas de crédito e inversión de los bancos del país.

Oficina Nacional de Cotizaciones (*National Quotation Bureau*) Editora de cotizaciones de acciones y bonos negociables fuera de bolsa compiladas entre formadores de mercado. Tiene dos publicaciones diarias, *Pink Sheets (hojas rosas)*, que informa sobre cotizaciones de acciones, y *Yellow Sheets (hojas amarillas)*, que informa sobre cotizaciones de bonos corporativos. *Véanse también Pink Sheets; Yellow Sheets.*

oficina satélite (*satellite office*) Instalación de un miembro que no se identifica como una oficina con jurisdicción para supervisar, ni como sucursal o lugar de atención al público. *Véanse también* sucursal; oficina con jurisdicción para supervisar.

OID Acrónimo en inglés del término bono con descuento sobre su valor nominal.

omisión de la entrega (*fail to deliver; broker fail; fails; fails to deliver; failure to deliver*) Situación en la que el intermediario-agente en el lado de la venta de una operación o un contrato no entrega los títulos de referencia a su contraparte en el lado de la compra.

omisión de la recepción (*fail to receive; fails; fails to receive; failure to receive*) Situación en la que el intermediario-agente en el lado de la compra de una operación o contrato no recibe los títulos de referencia de su contraparte en el lado de la venta.

opción (*option*) Título que representa el derecho de comprar o vender determinada cantidad de un instumento de inversión subyacente —acción, bono, contrato de futuros, etc.— a un precio específico dentro de cierto periodo. El comprador adquiere un derecho y el vendedor asume una obligación. *Véase también* producto básico disponible.

opción basada en el rendimiento (*yield-based option*) Título que representa el derecho de recibir en efectivo la diferencia entre el rendimiento actual de un valor del gobierno de Estados Unidos y el precio de ejercicio de la opción. Este tipo de opción se usa para especular con el riesgo inherente a las fluctuaciones de las tasas de interés o para protegerse contra ellas. Su precio de ejecución representa el rendimiento estimado del título de deuda subyacente. *Sin.* opción basada en la rentabilidad.

opción basada en la rentabilidad (*yield-based option*) *Véase* opción basada en el rendimiento.

opción bursátil (*listed option; standardized option*) *Véase* opción registrada.

opción cotizable en bolsa (*listed option; standardized option*) *Véase* opción registrada.

opción cotizada en bolsa (*listed option; standardized option*) *Véase* opción registrada.

opción de compra (*call*) Contrato de opción que confiere al titular el derecho de comprar una cantidad determinada de una emisión de títulos de referencia a cierto precio en un momento determinado. *Véase también* opción de venta.

opción de divisas (*foreign currency option; FCO*) Título que representa el derecho de comprar o vender una cantidad determinada de moneda extranjera. *Sin.* opción de moneda extranjera. *Véase también* opción.

opción de índice (*index option*) Título que representa el derecho de recibir en efectivo el diferencial entre el valor subyacente de un índice de mercado y el precio de ejercicio de la opción. El inversionista especula respecto de la dirección, el grado y la oportunidad del cambio en el valor numérico del índice. *Véase también* opción de índice a precio tope.

opción de índice a precio tope (*capped index option*) Tipo de opción de índice que se emite a un precio tope y a un intervalo establecido por encima del precio de ejecución (en el caso de una opción de compra) o por debajo del mismo (en el caso de una opción de venta). La opción se ejerce automáticamente una vez que el índice de referencia llega al precio tope. *Véase también* opción de índice.

opción de moneda extranjera (*foreign currency option; FCO*) *Véase* opción de divisas.

opción de tasa de interés (*interest rate option*) Título que representa el derecho de comprar o vender valores gubernamentales representativos de deuda. El déficit federal de Estados Unidos ha creado un gran mercado de valores sensibles a los cambios en las tasas de interés, y el inversionista puede aprovechar las fluctuaciones en las tasas y crear una cobertura contra los riesgos que éstas crean. *Sin.* opción de tipo de interés.

opción de tipo de interés (*interest rate option*) *Véase* opción de tasa de interés.

opción de venta (*put*) Contrato de opción que confiere al titular el derecho de vender una cantidad específica de un título subyacente a cierto precio en un periodo determinado. *Véase también* opción de compra.

opción de venta vinculada (*married put*) Opción de venta de una acción que se establece simultáneamente a la compra de esa misma acción y se identifica de manera

específica como una cobertura.

opción del comprador (*buyer's option*) Contrato de liquidación que estipula la entrega y el pago conforme a un número de días especificado por el comprador. *Véanse también* plazo normal de liquidación; opción del vendedor.

opción del vendedor (*seller's option*) Contrato de liquidación en que los plazos de entrega y pago los determina el vendedor. *Véase también* opción del comprador.

opción estandarizada (*listed option; standarized option*) *Véase* opción registrada.

opción extrabursátil (*OTC option; nonstandard option*) *Véase* opción no registrada.

opción "green shoe" (*green shoe option*) Cláusula de una declaración de registro que autoriza a un colocador a comprar al emisor acciones adicionales (con lo cual aumenta el tamaño de la oferta) si se observa que la demanda pública es excepcionalmente fuerte. El término se derivó del nombre Green Shoe Manufacturing Company, la primera empresa que usó esta técnica.

opción inscrita (*listed option; standarized option*) *Véase* opción registrada.

opción negociable en bolsa (*listed option; standarized option*) *Véase* opción registrada.

opción negociada en bolsa (*listed option; standarized option*) *Véase* opción registrada.

opción no cotizable en bolsa (*OTC option; nonstandard option*) *Véase* opción no registrada.

opción no cotizada en bolsa (*OTC option; nonstandard option*) *Véase* opción no registrada.

opción no estandarizada (*OTC option; nonstandard option*) *Véase* opción no registrada.

opción no inscrita (*OTC option; nonstandard option*) *Véase* opción no registrada.

opción no negociable en bolsa (*OTC option; nonstandard option*) *Véase* opción no registrada.

opción no negociada en bolsa (*OTC option; nonstandard option*) *Véase* opción no registrada.

opción no participativa de capital (*nonequity option*) Título valor que representa el derecho de comprar o vender a un precio específico y en un plazo determinado cualquier instrumento de inversión, salvo una acción ordinaria, por ejemplo, divisas, índices y tasas de interés. *Véanse también* opción participativa de capital; opción de divisas; opción de índice; opción de tasa de interés; opción.

opción no registrada (*OTC option; nonstandard option*) Contrato de opción que no se registra en ninguna bolsa. Todas las condiciones del contrato son negociadas entre el comprador y el vendedor. *Sins.* opción extrabursátil; opción no cotizada en bolsa; opción no negociable en bolsa; opción no negociada en bolsa; opción no inscrita; opción no cotizable en bolsa; opción no estandarizada. *Véase también* opción registrada.

opción participativa de capital (*equity option*) Título valor que representa el derecho de comprar o vender acciones ordinarias a determinado precio dentro de un periodo específico. *Véanse también* opción no participativa de capital; opción.

opción participativa de capital a largo plazo (*long-term equity option*) Opción con un plazo de vencimiento más largo que el de los tradicionales. La opción más común de este tipo es la Long-term Equity AnticiPation Security (LEAPS®) de la CBOE.

opción registrada (*listed option; standardized option*) Contrato de opción que puede comprarse y venderse en una bolsa de valores nacional dentro de un mercado secundario continuo. Este tipo de opciones se negocian a precios de ejecución y plazos de vencimiento estandarizados. *Sins.* opción bursátil; opción cotizada en bolsa; opción negociable en bolsa; opción negociada en bolsa; opción inscrita; opción cotizable en bolsa; opción estandarizada. *Véase también* opción extrabursátil.

opción sintética (*synthetic option*) Combinación de una posición en acciones con una posición en opciones que simula el riesgo y el rendimiento potenciales de una compra o venta simple de opciones.

opción triple (*strap*) Compra de dos opciones de compra y una de venta de un título con el mismo precio de ejercicio y el mismo mes de expiración. *Véase también* opción triple inversa.

opción triple inversa (*strip*) Compra de dos opciones de venta y una de compra de un título con el mismo precio de ejercicio y el mismo mes de vencimiento. *Véase también* opción triple.

OPD Mensaje de la Cinta (o Tira) de Precios Consolidada que anuncia la negociación inicial de un título cuya apertura se ha retrasado.

operación a corto exenta (*short-exempt transaction*) Excepción de la regla de la SEC de la puja a la alza que permite realizar una venta en corto en una cuenta de arbitraje aunque el precio en cuestión esté bajando. *Véase también* regla de puja a la alza.

operación al contado (*cash transaction; cash trade*) Contrato de liquidación conforme al cual la entrega y el pago deben realizarse el mismo día en que se lleva a cabo la operación; el pago se vence a las 2:30 p.m., hora oficial del Este (o dentro de los 30 minutos siguientes a la operación si ésta se realiza después de las 2:00 p.m., hora oficial del Este). *Sin.* transacción al contado. *Véanse también* plazo normal de liquidación; fecha de liquidación.

operación al mayoreo (*wholesale transaction*) Negociación en la que un intermediario-agente compra o vende un título a otro. *Sin.* transacción al mayoreo. *Véase también* operación al menudeo.

operación al menudeo (*retail transaction*) Negociación en la que un inversionista compra o vende un valor a un intermediario-agente, o a través de éste. *Sin.* transacción al menudeo. *Véase también* operación al mayoreo.

operación conjunta (*joint venture*) *Véase* coinversión.

operación de agencia (*agency transaction; agency basis*) Operación en la que un intermediario-agente compra o vende títulos valor por cuenta ajena. *Sins.* base de agencia; base de representación; operación por cuenta de terceros; transacción por cuenta de terceros; transacción de agencia. *Véanse también* agente; intermediario; operación de principal.

operación de especialista en bloque (*specialist block trade*) Operación privada en la que un especialista compra o vende un paquete relativamente pequeño de acciones por cuenta de un cliente. *Sins.* transacción de especialista en bloque; negociación de especialista en bloque.

operación de mercado de 48 horas (*spot market trade*) Negociación de divisas entre bancos internacionales con un plazo de liquidación y entrega de dos días hábiles. *Sin.* operación de mercado de realización inmediata.

operación de mercado de realización inmediata (*spot market trade*) *Véase* operación de mercado de 48 horas.

operación de principal (*principal transaction*) Transacción en la que un intermediario-agente compra títulos a clientes y los incluye en su inventario, o vende a clientes valores de su propio inventario. *Véanse también* operación de agencia; agente; intermediario; agente de valores; principal (2).

operación en bloque (*block trade*) *Véase* compraventa en bloque.

operación exenta (*exempt transaction*) *Véase* transacción exenta.

operación fuera del piso de remates (*ex-pit transaction*) *Véase* transacción fuera del piso de remates.

operación por cuenta de terceros (*agency transaction; agency basis*) *Véase* operación de agencia.

operación simultánea segura (*riskless and simultaneous transaction; riskless transaction*)

Negociación en la que un intermediario-agente compra o vende por cuenta propia un título valor para cubrir una orden de un cliente. Si bien desde el punto de vista técnico la empresa actúa como principal en la operación, ésta es relativamente segura porque la compra y la venta se realizan casi simultáneamente. *Sin.* transacción simultánea segura.

operación sin beneficio para el emisor (*nonissuer transaction*) Operación de valores que no beneficia ni directa ni indirectamente a la entidad emisora. De conformidad con la Ley Uniforme de Valores, el producto de este tipo de operación le corresponde al accionista vendedor. Suele llamársele también "operación secundaria". *Sins.* operación sin beneficio para la entidad emisora; operación sin beneficio para la emisora.

operación sin beneficio para la emisora (*nonissuer transaction*) *Véase* operación sin beneficio para el emisor.

operación sin beneficio para la entidad emisora (*nonissuer transaction*) *Véase* operación sin beneficio para el emisor.

operaciones de mercado abierto (*open-market operations*) Compras y ventas de valores (principalmente instrumentos de deuda del gobierno o de organismos públicos) por parte del Comité de Operaciones de Mercado Abierto de la Reserva Federal para controlar la oferta monetaria. Estas operaciones aumentan o disminuyen el nivel de reservas bancarias disponibles para el crédito. *Sin.* operaciones de mercado libre.

operaciones de mercado libre (*open-market operations*) *Véase* operaciones de mercado abierto.

operador (1) (*operator*) Persona que supervisa y dirige las operaciones de exploración, perforación, minería, producción y concesión de un programa de participación directa de petróleo y gas o minería. *Sin.* administrador (2).

operador (2) (*registered representative; account executive; stockbroker; RR*) *Véase* representante registrado.

operador contemporáneo (*contemporaneous trader*) Persona que entra a una negociación con el mismo título valor al mismo tiempo o casi al mismo tiempo que otra que posee información privilegiada. La primera puede entablar un juicio en contra de la segunda. *Véase* también Ley de 1988 de Fraudes en Operaciones Bursátiles por Poseedores de Información Privilegiada.

operador de combinaciones de productos básicos (*commodity pool operator; CPO*) Individuo u organización que solicita o recibe fondos con el propósito de combinarlos para invertir en contratos de futuros de productos básicos. *Sin.* operador de combinaciones de productos primarios.

operador de combinaciones de productos primarios (*commodity pool operator; CPO*) *Véase* operador de combinaciones de productos básicos.

operador de piso (*commission house broker; floor broker; CHB*) Miembro de una bolsa que puede ejecutar órdenes para clientes de una sociedad miembro en el piso de remates. *Sin.* agente de intermediación exclusiva.

operador por cuenta propia (*market maker*) *Véase* formador de mercado.

operador registrado (*registered trader*) Miembro de una bolsa que opera principalmente por cuenta y riesgo propios. *Sin.* corredor registrado.

opinión legal (*legal opinion of counsel*) *Véase* dictamen jurídico.

Options Clearing Corporation (OCC) Organización que emite opciones, estandariza contratos de opción y garantiza el cumplimiento de los mismos. La OCC hizo posible las operaciones secundarias al crear los contratos de opción fungibles.

orden a la apertura (*at-the-opening order*) Orden que especifica que se tiene que ejecutar a la apertura del mercado o, de lo contrario, se cancelarán las negociaciones con el valor de referencia. La orden no tiene que ejecutarse al precio de apertura. *Véase también* orden de ejecución al cierre del mercado.

orden a precio exacto (*board order; market-if-touched order*) Orden que se convierte en orden al mejor precio de mercado sólo si éste alcanza el precio de la orden o lo rebasa. Las órdenes de compra a precio exacto se colocan por debajo del mejor precio de mercado corriente. Las órdenes de venta a precio exacto se colocan por encima del mejor precio de mercado corriente.

orden abierta (*good till canceled order; GTC; open order*)

Véase orden válida hasta su revocación.

orden al cierre (*at-the-close order*) *Véase* orden de ejecución al cierre del mercado.

orden alternativa (*alternative order; either/or order; one cancels other order*) Orden de ejecutar una de dos operaciones, por ejemplo, colocar una venta límite (por encima del precio del mercado) y una venta tope (por debajo del precio del mercado) del mismo título valor. *Sin.* orden y/o.

orden buena hasta cancelarse (*good till canceled order; GTC; open order*) *Véase* orden válida hasta su revocación.

orden condicional (*contingent order*) *Véase* orden contingente.

orden contingente (*contingent order*) Orden cuya ejecución está condicionada a que se ejecute primero una orden previa. *Sin.* orden condicional.

orden de compra a precio tope (*buy stop order*) Orden de compra de un título valor que se da a un precio superior al precio de oferta corriente y se ejecuta cuando el precio de mercado llega al precio tope de compra o lo sobrepasa.

orden de compraventa "todo o nada" (*all or none order; AON*) Orden que un operador de piso tiene que ejecutar completa en una sola operación; de lo contrario, la entidad puede cancelarla.

orden de ejecución a precio de mercado (*market order; unrestricted order*) *Véase* orden de ejecución al mejor precio de mercado.

orden de ejecución a un precio determinado (*limit order; or better order; OB*) Orden en la que se da a un operador de piso la instrucción de comprar un título específico por debajo de determinado precio o venderlo por encima de determinado precio. *Véanse también* orden de ejecución condicionada a un precio límite; orden de ejecución a precio de mercado.

orden de ejecución al cierre (*market-on-the close order*) *Véase* orden de ejecución al cierre del mercado.

orden de ejecución al cierre del mercado (*market-on-close-order; at-the-close order*) Orden que especifica que si no se ejecuta al cierre del mercado o de la negociación del título de referencia, o lo más cerca posible de ese momento, deberá cancelarse. Esta orden no tiene que ejecutarse al precio de cierre. *Sins.* orden de ejecución al cierre; orden al cierre. *Véase también* orden a la apertura.

orden de ejecución al mejor precio de mercado (*market order; unrestricted order*) Orden que debe ejecutarse inmediatamente al mejor precio disponible; es el único tipo de orden que garantiza su ejecución. *Sin.* orden de ejecución a precio de mercado. *Véase también* orden a la apertura.

orden de ejecución condicionada a un precio límite (*stop limit order; stop order*) Orden de un cliente que se convierte en una orden de ejecución condicionada a un precio límite cuando el precio de mercado del título subyacente llega a cierto nivel o lo sobrepasa. *Véanse también* orden de ejecución a un precio determinado; orden de ejecución al mejor precio de mercado.

orden de ejecución discrecional (*not held order; market NH; market not held order; NH*) Orden en la que se da al operador de piso discrecionalidad respecto al precio y el momento de ejecución de la misma. Este tipo de orden generalmente se utiliza cuando la operación involucra cantidades considerables de un título.

orden de ejecución inmediata o cancelación (*immediate or cancel order; IOC*) Orden en la que se indica al operador de piso que la ejecute de inmediato, ya sea en su totalidad o en parte. Cualquier parte de la orden que no se ejecute se cancela.

orden de miembro (*member-at-the-takedown order; member order*) *Véase* orden de miembro participante en la asignación.

orden de miembro participante en la asignación (*member-at-the-takedown order; member order*) En una colocación de bonos municipales, orden de un cliente introducida por un miembro del sindicato que recibirá la asignación completa. Las órdenes de este tipo son las menos prioritarias cuando se asigna la emisión. *Sin.* orden de miembro. *Véanse* orden designada; orden neta de grupo; orden de preventa.

orden de no reducir (*do not reduce order; DNR*) Orden en la que se estipula que el precio límite o tope no se debe reducir a consecuencia de la declaración de un dividendo en efectivo.

orden de posición mixta (*spread order*) Orden en la que un cliente especifica dos contratos de opción sobre el mismo título o producto básico con una diferencia de precio entre ambos. Una orden de posición mixta tiene prioridad sobre las opciones de compra y las ofertas iguales pero separadas.

orden de preventa (*presale order*) Orden que se comunica al administrador de un sindicato antes de que se inicie el concurso de colocación de una nueva emisión de bonos municipales. Si el sindicato gana el concurso, esa orden tiene prioridad de ejecución sobre las demás. *Véanse* también orden designada; orden neta de grupo; orden de miembro participante en la asignación.

orden de suspensión de venta (*stop order*) (1) Directiva de la SEC que suspende la venta de nuevas emisiones de valores al público cuando se sospecha que implican un fraude o si la documentación que se presenta es deficiente. (2) Orden de un cliente que se convierte en una orden al mejor precio del mercado cuando el precio de mercado del título llega a cierto nivel o lo sobrepasa. *Véanse también* orden de ejecución a un precio determinado; orden de ejecución al mejor precio de mercado; orden de ejecución

condicionada a un precio límite.

orden de venta condicionada a un precio límite (*sell stop order*) Orden de venta de un título que se introduce a un precio inferior al precio corriente de mercado y se ejecuta cuando el segundo precio iguala al primero o lo sobrepasa.

orden designada (*designated order*) En una colocación de bonos municipales, orden de un cliente presentada por un miembro del sindicato pero que especifica que más de un miembro recibirá un porcentaje de la asignación. El monto de la orden determina su prioridad de suscripción a una emisión. *Véanse también* orden neta de grupo; orden de miembro participante en la asignación; orden de preventa.

orden ejecutar o cancelar (*fill or kill order; FOK*) Instrucción de que un operador de piso ejecute de inmediato una orden; si la orden no puede ejecutarse inmediatamente, se cancela.

orden neta de grupo (*group net order*) En una colocación de bonos municipales, orden que recibe un miembro del sindicato y que se acredita a éste en su conjunto. Las asignaciones sobre estas órdenes se les pagan a los miembros de acuerdo con su participación en el sindicato. *Véanse también* orden designada; orden de miembro participante en la asignación; orden de preventa.

orden para un día (*day order*) Orden que sólo es válida hasta el cierre de operaciones del día en que se registra; si no se ha ejecutado al cierre, se cancela.

orden reduciente (*reducing order*) Orden que se reduce automáticamente conforme al nuevo precio de una acción cuando ésta se negocia después de la fecha ex-dividendo. Son ejemplos de este tipo de orden, las órdenes de compra condicionada a un precio límite, las órdenes de venta al mejor precio de mercado condicionado y las órdenes de venta condicionada a un precio límite.

orden sujeta a revocación (*good till canceled order; GTC; open order*) *Véase* orden válida hasta su revocación.

orden válida hasta su revocación (*good till canceled order; open order; GTC*) Orden que se mantiene en el libro del especialista hasta que se ejecuta o se cancela. *Sins.* orden sujeta a revocación; orden abierta; orden vigente hasta su revocación; orden buena hasta cancelarse.

orden vigente hasta su revocación (*good till canceled order; GTC; open order*) *Véase* orden válida hasta su revocación.

orden y/o (*alternative order; either/ or order; one cancels other order*) *Véase* orden alternativa.

organización autorreguladora (*self-regulatory organization; SRO*) Una de las ocho organizaciones responsables ante la SEC de la observancia de la legislación federal en materia de valores y de la supervisión de las prácticas bursátiles dentro de una jurisdicción. Por ejemplo, la National Association of Securities Dealers regula el mercado extrabursátil, el Consejo para la Regulación de Valores Municipales supervisa los títulos estatales y municipales, y ciertas bolsas, como la Bolsa de Valores de Nueva York y la Bolsa de Opciones de Chicago, actúan como organismos autorreguladores para promover la conducta ética y prácticas comerciales normales.

ORS Siglas del nombre Sistema de Encaminamiento de Órdenes.

OS Siglas del término estado oficial.

OSJ Siglas en inglés del término oficina con jurisdicción para supervisar.

OTC Siglas en inglés del término extrabursátil.

OTS Siglas en inglés del nombre Oficina de Supervisión del Ahorro.

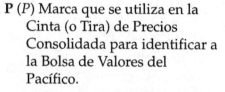

P (*P*) Marca que se utiliza en la Cinta (o Tira) de Precios Consolidada para identificar a la Bolsa de Valores del Pacífico.

P&S Acrónimo en inglés del término departamento de ventas y compras.

PACE Acrónimo en inglés del nombre Sistema Automatizado de Comunicación y Ejecución de Filadelfia.

pacto de recompra (*repurchase agreement; repo*) *Véase* reporto.

pacto de recompra inverso (*reverse repurchase agreement*) *Véase* reporto inverso.

pacto de retroventa (*repurchase agreement; repo*) *Véase* reporto.

pacto de retroventa inverso (*reverse repurchase agreement*) *Véase* reporto inverso.

pagaré (*note*) Título de deuda a corto plazo, por lo general con vencimiento a cinco años o menos. *Véanse también* pagaré municipal; pagaré de la Tesorería.

pagaré a la vista a tasa variable (*variable-rate municipal security; variable-rate demand note*) *Véase* valor municipal a tasa variable.

pagaré de anticipo de bono (*bond anticipation note; BAN*) Título de deuda municipal a corto plazo que se paga con el producto de una deuda a largo plazo cuando ésta se emite.

pagaré de anticipo de distribución (*grant anticipation note; GAN*) Título de deuda municipal a corto plazo que se emite antes de recibir una distribución, generalmente de un organismo del gobierno.

pagaré de anticipo de impuestos (*tax anticipation note; TAN*) Título representativo de deuda gubernamental o municipal a corto plazo que se paga con recibos fiscales futuros.

pagaré de anticipo de ingresos públicos (*revenue anticipation note; RAN*) Título de deuda municipal a corto plazo que se emite como anticipo de los ingresos por recibir.

pagaré de anticipo de ingresos públicos e impuestos (*tax and revenue anticipation note; TRAN*) Título representativo de deuda gubernamental o municipal a corto plazo que se paga con recibos fiscales e ingresos futuros.

pagaré de garantía de préstamo de construcción (*construction loan note; CLN*) Título de deuda municipal a corto plazo mediante el cual se obtiene financiamiento provisional para proyectos nuevos.

pagaré de la Tesorería (*Treasury note; T note*) Título de deuda con intereses fijos comercializable del gobierno de Estados Unidos con un plazo de vencimiento de uno a 10 años. *Sins.* pagaré del Tesoro; pagaré T.

pagaré de la Tesorería a corto plazo (*Treasury bill; T bill*) Título de deuda comercializable del gobierno de Estados Unidos con vencimiento a un año o menos. Este tipo de título se emite mediante un proceso de licitación pública con un descuento sobre su valor par y no tiene una tasa de interés fija. *Sins.* pagaré del Tesoro a corto plazo; pagaré T a corto.

pagaré de manejo de caja (*cash management bill; CMB*) *Véase* pagaré de manejo de efectivo.

pagaré de manejo de efectivo (*cash management bill; CMB*) Título de deuda emitido por la Tesorería de Estados Unidos para cubrir necesidades crediticias de corto plazo; en una subasta, para comprar un pagaré de este tipo se necesita un mínimo de $10 millones. *Sin.* pagaré de manejo de caja.

Pagaré de Oportunidad de Inversión Lehman (*Lehman Investment Opportunity Note; LION*)) Uno de los diversos tipos de bonos cupón cero emitidos por las casas de bolsa y garantizados con valores de la Tesorería. *Véase también* recibo de la Tesorería.

pagaré de proyecto (*project note; PN*) Instrumento de deuda municipal a corto plazo que se emite anticipadamente a una emisión de bonos de la Nueva Autoridad de la Vivienda. *Véase también* bono de la Nueva Autoridad de la Vivienda.

pagaré del Tesoro (*Treasury note; T note*) *Véase* pagaré de la Tesorería.

pagaré del Tesoro a corto plazo (*Treasury bill; T bill*) *Véase* pagaré de la Tesorería a corto plazo.

pagaré municipal (*municipal note*) Título de deuda municipal a corto plazo que se emite como anticipo de fondos de otra fuente. *Véase también* bono municipal.

pagaré respaldado por equipo (*equipment trust certificate; equipment bond; equipment note*) *Véase* certificado fiduciario respaldado por equipo.

pagaré T (*Treasury note; T note*) *Véase* pagaré de la Tesorería.

pagaré T a corto (*Treasury bill; T bill*) *Véase* pagaré de la Tesorería a corto plazo.

pago contra entrega (*delivery vs. payment; DVP; collect on delivery; COD*) Procedimiento de liquidación de operaciones según el cual los valores se entregan al banco de la institución compradora a cambio del pago de la cantidad vencida.

papel comercial (*commercial paper*) Pagaré a corto plazo sin garantía que una sociedad emite para financiar sus cuentas por cobrar y sus inventarios. Por lo general se emite con un descuento que refleja las tasas de interés prevalecientes en el mercado. Su plazo de vencimiento máximo es de 270 días. *Sins.* efecto comercial; papel de comercio.

papel comercial de agente de valores (*dealer paper*) Pagarés a corto plazo sin garantía que la emisora vende a través de un agente de valores en vez de directamente al público.

papel de comercio (*commercial paper*) *Véase* papel comercial.

papel de venta directa (*direct paper*) Papel comercial que se vende directamente al público, sin utilizar intermediarios.

parcialmente registrado (*registered as to principal only*) *Véase* registrado sólo en cuanto al principal.

paridad (*parity*) En un mercado bursátil, situación en la que las ofertas de compra de todos los intermediarios son de igual importancia y se elige al ganador mediante un sorteo. *Véanse también* precedencia; prioridad.

paridad de conversión (*conversion parity*) Valor equivalente en dinero de dos valores mutuamente convertibles. El cálculo de la paridad de un valor convertible puede ayudar al tenedor a determinar si su conversión le reportará pérdida o utilidad.

participación (*participation*) Disposición de la Ley de Seguridad de los Ingresos de Retiro de los Empleados de 1974 que exige que en un plan para el retiro elegible se ampare a todos los empleados durante un periodo razonable a partir de la fecha de su contratación.

participación de regalías (*royalty interest*) Derecho de un titular de derechos de minerales de recibir una participación en los ingresos generados por el recurso siempre y cuando se inicie la producción. La participación de regalías retenidas está exenta de los costos de producción.

participación de regalías predominante (*overriding royalty interest*) Arreglo de participación en virtud del cual una persona con derechos de regalías sobre un programa de participación directa de gas y petróleo no corre ningún riesgo y recibe parte de los ingresos; esta parte se saca del interés económico directo sin ninguna responsabilidad por los costos de extracción. *Véase también* arreglo de participación.

participación del concesionario (*working interest*) *Véase* participación en la explotación.

participación desproporcionada (*disproportionate sharing*) Arreglo de participación en que el patrocinador de un programa de participación

directa de gas y petróleo cubre una parte de los costos del programa pero recibe un porcentaje desproporcionadamente más alto que los ingresos del mismo. *Véase también* arreglo de participación.

participación directa subordinada (*reversionary working interest; subordinated interest; subordinated reversionary working interest*) Acuerdo de participación en el que el socio comanditado de un programa de participación directa no cubre ningún costo ni recibe ningún ingreso hasta que los socios comanditarios reciben las cantidades que les adeudan más una tasa de rendimiento predeterminada. *Sins.* participación subordinada; participación directa subordinada reversible. *Véase también* arreglo de participación.

participación directa subordinada reversible (*reversionary working interest; subordinated interest; subordinated reversionary working interes*) *Véase* participación directa subordinada.

participación en cuenta (*carried interest*) Arreglo según el cual el socio comanditado de un programa de participación directa comparte con los socios comanditarios los costos de perforación tangibles pero no los intangibles. *Véase también* arreglo de participación.

participación en la explotación (*working interest*) Participación en la operación de una propiedad con reservas de minerales que confiere al tenedor el derecho de recibir una parte de los ingresos de producción y que le impone la obligación de cubrir una parte proporcional de los costos de producción. *Sins.* participación del concesionario; interés económico directo.

participación en las utilidades netas de explotación (*net operating profits interest*) *Véase* participación en las utilidades netas de operación.

participación en las utilidades netas de operación (*net operating profits interest*) Arreglo de participación en un programa de participación directa relacionado con gas o petróleo en el que el socio comanditado no cubre ninguno de los costos del programa pero tiene derecho a recibir un porcentaje de las utilidades después del pago de regalías y de los gastos de operación. *Sin.* participación en las utilidades netas de

explotación. *Véase también* arreglo de participación.

participación subordinada (*reversionary working interest; subordinated interest; subordinated reversionary working interes*) *Véase* participación directa subordinada.

participante (*participant*) (1) Persona que asesora a los inversionistas en un concurso de procuración. (2) Titular de un derecho en un programa de participación directa. *Véase también* socio comanditario.

partida con ventajas fiscales (*tax preference item*) Elemento de los ingresos que recibe un tratamiento fiscal favorable. En el cálculo del impuesto mínimo alternativo, este elemento debe sumarse al ingreso gravable. Las partidas con ventajas fiscales incluyen las de depreciación acelerada de bienes, los costos de investigación y desarrollo, los costos de perforación intangibles, los intereses exentos de impuestos sobre bonos municipales de utilidad privada, y ciertos derechos incentivos sobre acciones. *Véase también* impuesto mínimo alternativo.

pasivo circulante (*current liabilities*) Obligaciones de una sociedad pagaderas dentro de los doce meses siguientes, por ejemplo, cuentas por pagar, salarios por pagar y deudas corrientes a largo plazo. *Sin.* pasivo corriente.

pasivo corriente (*current liabilities*) *Véase* pasivo circulante.

pasivo fiscal (*tax liability*) Cantidad de impuestos pagaderos sobre las utilidades; generalmente se calcula restando las deducciones estándar y desglosadas y las exenciones personales del ingreso bruto ajustado y multiplicando el resultado por la tarifa fiscal. *Véase también* ingreso bruto ajustado.

patrimonio (*net worth; owners' equity; shareholders' equity; stockholders' equity*) *Véase* capital contable.

patrimonio neto (*net worth; owners' equity; shareholders' equity; stockholders' equity*) *Véase* capital contable.

patrocinador (*sponsor*) Persona que interviene de manera esencial en la organización, la venta o la administración de una sociedad en comandita simple.

patrón (*pattern*) Serie repetitiva de movimientos de precios en una gráfica, que los analistas técnicos usan para pronosticar los movimientos futuros del mercado.

PE Acrónimo en inglés del término relación de precio-utilidad.

PEPS (*first in, first out; FIFO*) *Véase* primeras entradas, primeras salidas.

pérdida de capital (*capital loss*) Pérdida en que se incurre cuando un activo de capital se vende a un precio inferior a su postura de compra. *Véanse también* ganancia de capital; pérdida de capital a largo plazo.

pérdida de capital a corto plazo (*short-term capital loss*) Pérdida causada por la venta de un activo de capital cuya propiedad se ha tenido durante 12 meses o menos. *Véanse también* ganancia de capital; pérdida de capital; pérdida de capital a largo plazo; ganancia de capital a corto plazo.

pérdida de capital a largo plazo (*long-term capital loss*) Pérdida ocasionada por la venta de un activo de capital que se ha tenido durante más de doce meses. *Véanse también* ganancia de capital; pérdida de capital; ganancia de capital a largo plazo; pérdida de capital a corto plazo.

pérdida de ejercicios anteriores (*loss carryover*) Pérdida de capital en que se incurre durante un periodo fiscal y que se traspasa a otro u otros años subsecuentes para aplicarse como deducción por pérdida de capital. *Véase también* pérdida de capital.

pérdida pasiva (*passive loss*) Pérdida en que una persona incurre por el arrendamiento de un bien, una sociedad en comandita simple u otra empresa en la que no participa activamente. Las pérdidas pasivas pueden aplicarse únicamente para compensar los ingresos pasivos, y no los ingresos derivados de sueldos o de carteras. *Véase también* utilidad pasiva.

periodo de calma (*cooling-off period*) Periodo (mínimo de 20 días) transcurrido entre la presentación de un registro preliminar y la fecha definitiva de registro; en la práctica, su duración varía. *Sin.* periodo de espera.

periodo de distribución (*distribution stage*) *Véase* etapa de distribución.

periodo de espera (*cooling-off period*) *Véase* periodo de calma.

periodo de pagos (*payment period*) Según se define en el Reglamento T del Consejo de la Reserva Federal, plazo correspondiente al periodo de liquidación normal más dos días hábiles.

periodo de reparto (*distribution stage*) *Véase* etapa de distribución.

periodo de tenencia (*holding period*) Periodo durante el cual el propietario de un título valor lo tiene en su posesión. Empieza el día siguiente a la fecha en que lo compra y termina el día en que lo vende.

persona (*person*) Según se define en la legislación estadounidense en materia de valores, persona física, persona moral, sociedad de personas, asociación, fondo, sociedad por acciones, organización no constituida legalmente, fideicomiso, gobierno o subdivisión política de un gobierno.

persona afiliada (*affiliate*) Persona que tiene la propiedad, la posesión o el control, directos o indirectos, del 10% o más de las acciones en circulación con derecho a voto de una compañía. (2) Respecto de un programa de participación directa, cualquier persona que controla, es controlada por, o está bajo el mismo control que el patrocinador del programa, y esto incluye al titular real del 50% o más del capital del patrocinador. (3) Conforme a la Ley de Compañías de Inversión de 1940, persona que ejerce cualquier tipo de control sobre las operaciones de una compañía de inversión, lo que incluye a los tenedores de un 5% o más de las acciones circulantes con derecho a voto de una compañía de inversión o de una sociedad anónima en la que la primera sea tenedora del 5% o más de las acciones en circulación. *Sins.* filial; afiliado. *Véanse también* persona en control; poseedor de información privilegiada.

persona asociada de un miembro (*associated person of a member; AP*) Empleado, gerente, consejero, funcionario o socio de un intermediario y representante registrado u otra entidad (emisora, institución bancaria, etc.), o cualquier otra persona que controle, sea controlada por, o se encuentre bajo el mismo control que ese miembro. *Véase también* representante registrado.

persona con información privilegiada (*insider*) *Véase* poseedor de información privilegiada.

persona en control (*control person*) (1) Consejero, funcionario u otra persona afiliada de una entidad emisora. (2) Accionista propietario de por lo menos el 10% de cualquier clase de los títulos en circulación de una compañía. *Véanse también* persona afiliada; poseedor de información privilegiada.

persona no afiliada (*nonaffiliate*) Comprador de un título en una oferta pública no registrada que no tiene ningún interés administrativo ni patrimonial en la compañía que se está adquiriendo. Las personas no afiliadas pueden vender sus acciones sólo después de un periodo de tenencia determinado.

PHLX Acrónimo en inglés del nombre Bolsa de Valores de Filadelfia.

PIB (*GDP; gross domestic product*) *Véase* producto interno bruto.

pico (*odd lot*) Cantidad de un título inferior a la unidad normal de negociación del mismo. Por lo general, un pico está compuesto por menos de 100 acciones o cinco bonos. *Sins.* lote pico; lote incompleto. *Véase también* lote normal.

pignoración (*hypothecation*) Acto de dar en prenda un

intermediario-agente títulos comprados con margen como garantía de un préstamo de margen. *Véase también* segunda pignoración.

Pink Sheets (*hojas rosas*) Publicación diaria preparada por la Oficina Nacional de Cotizaciones en la que aparecen las cotizaciones al mayoreo de las acciones cotizadas fuera de bolsa entre los agentes de valores. *Véase también Yellow Sheets (hojas amarillas).*

pirámide de inversión (*investment pyramid*) Estrategia de cartera conforme a la cual los activos invertibles se distribuyen de acuerdo con la seguridad relativa de la inversión. La base de la pirámide está compuesta por las inversiones de bajo riesgo, la parte media por las inversiones de crecimiento y el vértice por las inversiones especulativas. *Sin.* pirámide de inversiones.

pirámide de inversiones (*investment pyramid*) *Véase* pirámide de inversión.

plan 401K (*401K plan*) Plan de retiro ofrecido por un empleador con contribuciones definidas e impuestos diferidos.

plan 403B (*403B plan*) Plan de retiro con anualidad e impuestos diferidos que se ofrece a los empleados de escuelas públicas y de ciertas organizaciones no lucrativas.

plan con deducciones de nómina (*payroll deduction plan*) Plan para el retiro en el que el empleado autoriza que se hagan deducciones regulares de su sueldo. Este tipo de plan puede ser elegible, como el 401K, o no elegible.

plan de acumulación voluntaria (*voluntary accumulation plan*) Cuenta de una sociedad de inversión en la que el inversionista se compromete a agregar depósitos regulares a su inversión inicial.

plan de aportaciones definidas (*defined contribution plan*) Plan de retiro elegible en el que se especifica la cantidad de dinero que el patrón aportará anualmente al plan.

plan de coeficiente constante (*constant ratio plan*) Estrategia de inversión en que el inversionista mantiene una relación constante de títulos de deuda a títulos de capital realizando compras y ventas a modo de mantener un equilibrio. *Sins.* plan de relación constante; plan de proporción constante.

plan de coeficiente variable (*variable ratio plan*) Estrategia de inversión defensiva en la cual la relación de acciones a bonos en una cartera de inversión baja cuando el mercado sube, y sube cuando el mercado baja. Este plan se basa en la teoría de que las acciones implican mayores riesgos cuando su precio aumenta, mientras que los bonos tienden a ser más estables. *Sins.* plan de relación variable; plan de razón variable.

plan de inversión en pagos adelantados (*contractual plan; penalty plan; prepaid charge plan*) *Véase* plan de inversión en pagos periódicos.

plan de inversión en pagos fijos (*contractual plan; penalty plan; prepaid charge plan*) *Véase* plan de inversión en pagos periódicos.

plan de inversión en pagos periódicos (*contractual plan; penalty plan; prepaid charge plan*) Tipo de plan de acumulación en que el inversionista acuerda invertir una cantidad específica de dinero en un fondo de inversión durante un periodo específico. *Sins.* plan de inversión en pagos fijos; plan de inversión en pagos adelantados. *Véanse también* cargo por venta anticipado; sociedad de inversión; cargo por venta decreciente; plan de acumulación voluntaria.

plan de jubilación (*pension plan*) *Véase* plan de pensión.

plan de pagos periódicos (*periodic payment plan*) Contrato de compraventa con una sociedad de inversión en que el cliente se compromete a comprar periódicamente acciones del fondo durante un plazo largo a cambio de una inversión mínima menor.

plan de participación de utilidades (*profit-sharing plan*) Plan de prestaciones establecido y mantenido por un empleador en el que sus empleados reciben una participación en las utilidades de la empresa. Los pagos se le hacen directamente a los empleados, se difieren hasta su retiro o se realizan de ambas maneras.

plan de pensión (*pension plan*) Contrato entre un individuo y un empleador, sindicato, entidad gubernamental u otra institución, que estipula que una vez que esa persona se retire recibirá ciertos beneficios. *Sin.* plan de jubilación.

plan de prestaciones definidas (*defined benefit plan*) Plan para el retiro elegible en el que se especifica la cantidad total de dinero que un empleado recibirá al retirarse.

plan de proporción constante
(*constant ratio plan*) *Véase* plan
de coeficiente constante.

plan de razón variable (*variable
ratio plan*) *Véase* plan de
coeficiente variable.

plan de relación constante
(*constant ratio plan*) *Véase* plan
de coeficiente constante.

plan de relación variable
(*variable ratio plan*) *Véase* plan
de coeficiente variable.

plan de remuneración diferida
(*deferred compensation plan*)
Plan de retiro no elegible
conforme al cual un empleado
difiere el recibo de su
remuneración actual con
objeto de retirarse con una
paga más alta (o en caso de
incapacidad o muerte).

plan de retiros (*withdrawal plan*)
Ventaja de una sociedad de
inversión que consiste en que
el cliente reciba el producto
de la liquidación sistemática
periódica de acciones en su
cuenta. El monto de dicho
producto puede basarse
en una cantidad fija en
dólares, una cantidad fija de
acciones, un porcentaje fijo o
un plazo fijo.

plan de valor constante (*constant
dollar plan*) Estrategia de
inversión defensiva en que la
suma total de dinero invertido
se mantiene constante

independientemente de
cualquier fluctuación de
precios en la cartera. En
consecuencia, el inversionista
vende cuando el mercado está
alto y compra cuando está
bajo.

plan Filadelfia (*Philadelphia plan*)
Tipo de financiamiento de
obligaciones de un
fideicomiso de equipo
ferroviario en el que un
proveedor entrega equipo a
un fiduciario. El proveedor
recibe certificados fiduciarios
de equipo que después se
venden a inversionistas; la
compañía de ferrocarriles
toma en arrendamiento el
equipo y paga una renta que
cubre los pagos de intereses
y capital a los inversionistas.
Cuando la compañía de
ferrocarriles termina de pagar
todas las rentas, se le
transfiere el título de
propiedad.

plan HR-10 (*HR-10 plan*) *Véase*
Plan Keogh.

plan Keogh (*Keogh plan; HR-10
plan*) Plan para el retiro
elegible con impuestos
diferidos para trabajadores
independientes o que
obtienen ingresos adicionales
prestando servicios fuera de
su empleo regular. *Sin.* plan
HR-10. *Véanse también* cuenta
individual para el retiro; plan

para el retiro no elegible;
plan para el retiro elegible;
regla del tope de sueldo.

plan neoyorquino (*New York plan*) Método financiero para comprar equipo, similar a una venta condicional. Una compañía compra equipo mediante una emisión de bonos y adquiere el título de propiedad de los mismos conforme se liquidan los bonos. *Véase también* certificado fiduciario respaldado por equipo.

plan para el retiro calificado (*qualified retirement plan; approved plan*) *Véase* plan para el retiro elegible.

plan para el retiro elegible (*qualified retirement plan; approved plan*) Plan de retiro de una empresa que cumple con las normas establecidas por la Ley de Seguridad de los Ingresos de Retiro de los Empleados de 1974. Las aportaciones a un plan elegible son deducibles de impuestos. *Sin.* plan para el retiro calificado. *Véanse también* cuenta individual para el retiro; plan Keogh; plan para el retiro no elegible.

plan para el retiro no elegible (*nonqualified retirement plan*) Plan de retiro de una empresa que no cumple con las normas establecidas por la

Ley de Seguridad de los Ingresos de Retiro de los Empleados de 1974. Las aportaciones a un plan no elegible no son deducibles de impuestos. *Véase también* plan para el retiro elegible.

plan simplificado de pensiones para los trabajadores (*simplified employee pension plan; SEP*) Plan para el retiro elegible que pueden usar los empleadores con 25 o menos empleados. Las aportaciones se cargan a la cuenta de utilidades antes de impuestos y se difieren los impuestos sobre las ganancias. Las aportaciones se depositan en la SEP-IRA, que es una cuenta individual para el retiro con un límite de aportaciones superior. Se debe abrir una cuenta SEP-IRA por cada empleado elegible para participar en este tipo de plan. *Véase también* cuenta individual para el retiro.

plazo de vencimiento (*maturity date*) *Véase* fecha de vencimiento (2).

plazo normal de liquidación (*regular way; standard securities settlement cycle*) Estipulación de un contrato de liquidación que establece que la entrega y el pago deben realizarse dentro de un plazo estándar de días después de la fecha de la operación, el cual establece la SEC. El tipo de valor operado determina el plazo normal de liquidación. *Sin.* ciclo normal de liquidación de valores. *Véanse también* operación al contado; fecha de liquidación.

PN Siglas en inglés del término pagaré de proyecto.

poder (*proxy*) Poder limitado mediante el cual un accionista autoriza a otra persona a votar conforme a sus instrucciones en una asamblea de accionistas. Para participar en las resoluciones relativas a los asuntos de la empresa, cada accionista debe asistir en persona a las asambleas o votar en ellas por poder.

poder adquisitivo (*buying power*) *Véase* poder de compra.

poder amplio (*full power of attorney*) Documento que autoriza a una persona aparte del titular real de una cuenta a efectuar depósitos y retiros y otras operaciones en la misma. *Véase también* poder limitado.

poder de compra (*buying power*) Cantidad de valores totalmente marginales que un cliente de margen puede comprar usando sólo el efectivo, los valores y el saldo de la cuenta de memorándum

especial sin depositar capital adicional. *Sin.* poder adquisitivo.

poder de sustitución (*stock power; irrevocable stock power; power of substitution*) *Véase* poder para transmitir acciones.

poder irrevocable para transmitir acciones (*stock power; irrevocable stock power; power of substitution*) *Véase* poder para transmitir acciones.

poder limitado (*limited power of attorney*) Documento que autoriza a una persona distinta del titular real de una cuenta a tomar decisiones relativas al manejo de la cuenta (en materia de inversiones). *Véanse también* discrecionalidad; poder amplio.

poder multiplicador (*leverage; trading on the equity*) *Véase* apalancamiento.

poder para transmitir acciones (*stock power; irrevocable stock power; power of substitution*) Forma estándar en la que se reproduce el reverso de un título accionario y se emplea para transmitir las acciones en cuestión a nombre del nuevo propietario. Si el propietario registrado de un título no tiene a la mano el certificado para que se le ponga la firma de endoso, se expide un poder por separado para transmitir las acciones. *Sins.* poder irrevocable para transmitir acciones; poder de sustitución. *Véase también* cesión (1).

política contraccionista (*contractionary policy*) Política monetaria que reduce la oferta monetaria, por lo general con la intención de aumentar las tasas de interés y combatir la inflación. *Sins.* política de austeridad; política de contracción.

política de austeridad (*contractionary policy*) *Véase* política contraccionista.

política de contracción (*contractionary policy*) *Véase* política contraccionista.

política de expansión (*expansionary policy*) *Véase* política expansionista.

política de sobreprecio de 5% (*5% markup policy*) Directriz general de la NASD relativa a los aumentos y reducciones de precios y las comisiones aplicables en las operaciones con valores en el mercado extrabursátil. Esta política tiene por objeto asegurar que se dé al público inversionista un trato justo y razonable. *Sins.* política del margen comercial de 5%; política del aumento de precio de 5%; política del margen de comercialización de 5%.

política de sobreprecio de 5% de la NASD (*NASD 5% markup policy; markup policy*) Directriz para el establecimiento de sobreprecios, rebajas y comisiones sobre operaciones extrabursátiles secundarias. Conforme a esta política, todas las comisiones sobre las operaciones de intermediarios bursátiles y todos los aumentos y reducciones de precios sobre las operaciones de agentes de valores deben ser de 5% o justas y razonables para esa operación en particular. *Sins.* política del margen comercial de 5% de la NASD; política del aumento de precio de 5% de la NASD; política del margen de comercialización de 5% de la NASD.

política del aumento de precio de 5% *Véase* política de sobreprecio de 5%.

política del aumento de precio de 5% de la NASD (*NASD 5% markup policy*) *Véase* política de sobreprecio de 5% de la NASD.

política del margen comercial de 5% (*5% markup policy*) *Véase* política de sobreprecio de 5%.

política del margen comercial de 5% de la NASD (*NASD 5% markup policy*) *Véase* política de sobreprecio de 5% de la NASD.

política del margen de comercialización de 5% (*5% markup policy*) *Véase* política de sobreprecio de 5%.

política del margen de comercialización de 5% de la NASD (*NASD 5% markup policy*) *Véase* política del margen de utilidad de 5% de la NASD.

política expansionista (*expansionary policy*) Política monetaria que aumenta la oferta de dinero, generalmente con la intención de hacer bajar las tasas de interés y combatir la deflación. *Sin.* política de expansión.

política fiscal (*fiscal policy*) Política federal en materia de impuestos y gastos establecida por el Congreso o por el presidente del país. Esta política afecta las tasas de impuestos, las tasas de interés y el gasto público con la intención de controlar la economía. *Véase también* política monetaria.

política monetaria (*monetary policy*) Conjunto de acciones del Consejo de la Reserva Federal que determinan el monto y la tasa de crecimiento de la oferta monetaria, que a su vez afectan las tasas de interés. *Véase también* política fiscal.

póliza de pagos de prima preestablecidos (*scheduled premium policy*) Póliza de seguro de vida variable en que la compañía de seguros establece el monto y la periodicidad de los pagos de la prima.

póliza de prima flexible (*flexible premium policy*) Contrato de seguro de vida variable o integral que permite al asegurado ajustar los pagos de la prima y la indemnización por muerte según sus necesidades.

póliza de seguro de vida variable (*variable life insurance policy*) Contrato de seguro en el que se estipula el pago de una indemnización a los beneficiarios de un asegurado en caso de que éste fallezca. La compañía de seguros garantiza el pago de una cantidad mínima más una suma adicional que depende del comportamiento de una cuenta separada, la cual generalmente se invierte en títulos de capital u otros valores de relativo alto rendimiento.

POP Siglas en inglés del término precio de oferta pública.

poseedor de información privilegiada (*insider*) Cualquier persona que posee, o tiene acceso a, información sustancial privada de una empresa. Esta persona puede ser un consejero, un funcionario o un tenedor de más del 10% de cualquiera de las clases de acciones de la empresa. *Sins.* persona con información privilegiada; iniciado.

posesión de títulos (*control of securities; possession of securities*) *Véase* control de títulos valor.

posesión de títulos valor (*control of securities; possession of securities*) *Véase* control de títulos valor.

posesión de valores (*control of securities; possession of securities*) *Véase* control de títulos valor.

posición (*position*) Cantidad de un título valor que un individuo o un agente de valores posee (posición larga) o debe (posición corta). Los agentes de valores adoptan posiciones largas en determinados títulos para mantener inventarios y así facilitar las operaciones.

posición a corto (*short*) *Véase* posición corta.

posición a corto contra el cajón (*short against the box*) Término que se emplea para describir la venta de un título, un contrato o un producto básico que el vendedor prefiere no entregar aunque es de su propiedad; esto se hace a menudo para diferir impuestos. *Véanse también* posición a largo; posición corta.

posición a corto escalonada (*short straddle*) *Véase* posición corta escalonada.

posición a largo (*long*) Término que se usa para indicar que el inversionista tiene propiedad del título, contrato o producto; por ejemplo, se dice que el propietario de una acción ordinaria tiene una posición larga en esa acción. *Sin.* posición larga. *Véanse también* posición corta; posición a corto contra el cajón.

posición corta (*short*) Término que se emplea para describir la venta de un título, un contrato o un producto básico que no es propiedad del vendedor. Por ejemplo, se dice que un inversionista que pide en préstamo acciones a un intermediario-agente y las vende en el mercado abierto tiene una posición a corto en esas acciones. *Sin.* posición a corto. *Véanse también* posición a largo; posición a corto contra el cajón.

posición corta escalonada (*short straddle*) Posición de un inversionista que resulta de la venta de una opción de compra y una opción de venta sobre la misma acción con el mismo precio de ejercicio y el mismo mes de expiración. *Sin.* posición a corto escalonada. *Véanse también* posición larga escalonada; posición mixta; posición escalonada.

posición escalonada (*straddle*) Posición de un inversionista que resulta de la compra o de la venta de una opción de compra y una de venta respecto de un título con el mismo precio de ejercicio y el mismo mes de expiración. *Véanse también* posición larga escalonada; posición corta escalonada; posición mixta.

posición escalonada de punto de equilibrio (*breakeven straddle*) Combinación de opción de compra y opción de venta con la que el inversionista ni gana ni pierde. El punto de equilibrio se calcula sumando el premio total al precio de ejercicio o restándosela, según sea el caso.

posición larga (*long*) *Véase* posición a largo.

posición larga de doble opción (*long straddle*) *Véase* posición larga escalonada.

posición larga escalonada (*long straddle*) Posición de un inversionista en opciones que resulta de la compra simultánea de una opción de venta y una de compra sobre una misma acción al mismo precio de ejercicio y con vencimiento en un mismo mes. *Sin.* posición larga de doble opción. *Véanse también* posición corta escalonada; posición mixta; posición escalonada.

posición mixta (*spread*) Posición que se establece mediante la compra de una opción y la venta simultánea de otra de la misma clase pero de una serie distinta.

posición mixta de compra de punto de equilibrio (*breakeven call spread*) Posición mixta de opciones de compra que no le reporta al inversionista ni una pérdida ni una ganancia. El punto de equilibrio se calcula sumando el premio neto al precio de ejercicio más bajo.

posición mixta de craqueo (*cracking spread*) Posición de cobertura de futuros a largo de petróleo crudo y futuros a corto de petróleo o gasolina para calefacción. *Véase también* posición mixta de procesamiento.

posición mixta de crédito (*credit spread*) Posición de cobertura de futuros que se establece cuando el premio que se recibe por la opción vendida es superior al premio que se paga por la opción comprada. *Véase también* posición mixta de débito.

posición mixta de débito (*debit spread*) Posición de cobertura de futuros que se establece cuando el premio que se paga por la opción comprada es superior al premio que se recibe por la opción vendida. *Véase también* posición mixta de crédito.

posición mixta de elaboración (*processing spread*) *Véase* posición mixta de procesamiento.

posición mixta de procesamiento (*processing spread*) Posición de cobertura en futuros de productos básicos adoptada por una compañía que se dedica al procesamiento de materias primas para transformarlas en productos terminados. La compañía compra futuros de materias primas y vende futuros de productos terminados para proteger sus utilidades. *Sins.* posición mixta de elaboración; posición mixta de transformación. *Véase también* posición mixta de craqueo.

posición mixta de transformación (*processing spread*) *Véase* posición mixta de procesamiento.

posición mixta de trituración (*crush spread*) Posición de cobertura que se establece respecto de futuros a largo de frijol de soya y futuros a corto de aceite y alimento de frijol de soya. *Véanse también* posición mixta de procesamiento; posición mixta inversa de trituración.

posición mixta de venta (*put spread*) Posición de un inversionista en opciones en la que éste compra una opción de venta de cierto título y vende una opción de venta del mismo título pero con una fecha de expiración distinta y/o a un precio diferente.

posición mixta de venta de punto de equilibrio (*breakeven put spread*) Posición mixta de opciones de venta que no le reporta al inversionista ni una pérdida ni una ganancia. El punto de equilibrio se calcula restando el premio neto al precio de ejercicio más alto.

posición mixta diagonal (*diagonal spread*) Posición de cobertura que se establece mediante la compra y venta simultáneas de opciones de la misma clase pero con precios de ejercicio y fechas de expiración diferentes. *Véase también* posición mixta.

posición mixta horizontal (*horizontal spread; calendar* *spread; time spread*) Compra y venta simultánea de dos opciones relativas al mismo valor subyacente al mismo precio pero con diferentes fechas de expiración. *Véase también* posición mixta.

posición mixta inversa de trituración (*reverse crush spread*) Posición especulativa que se establece con futuros de frijol de soya en corto y aceite y alimentos de frijol de soya en largo. *Véanse también* posición mixta de trituración; posición mixta de procesamiento.

posición mixta sobre opciones de compra (*call spread*) Posición del inversionista en una opción en el que éste adquiere una opción de compra de un título valor y la vende con una fecha de expiración diferente o un precio de ejercicio diferente, o ambos.

posición mixta vertical (*vertical spread; money spread; price spread*) Compra y venta simultánea de dos opciones relativas al mismo título valor con la misma fecha de expiración pero precios de ejercicio diferentes. *Véase también* posición mixta.

postergación (*stock ahead*) Término que describe la incapacidad de un especialista para ejecutar una orden de ejecución a un precio determinado porque se introdujeron previamente otras órdenes al mismo precio.

postura de compra (*bid*) Indicación de un inversionista o de un negociante o agente de valores de su disposición a comprar un título valor o un producto; precio al que un inversionista puede venderle a un intermediario-agente. *Sin.* oferta de compra. *Véanse también* precio de oferta pública; cotización.

postura de venta (*ask; bid offer*) Indicación por parte de un negociante o agente de valores de su disposición a vender un título valor o un producto; precio al que un inversionista puede comprar un título valor a un intermediario-agente. *Sin.* oferta de venta. *Véanse también* postura de compra; precio de oferta pública; cotización.

postura de venta especial (*special offering; special bid*) *Véase* oferta especial.

postura no competitiva (*noncompetitive bid*) Una orden relativa a pagarés de la Tesorería a corto plazo en la que el inversionista acepta pagar el promedio de las posturas competitivas y a cambio se le garantiza la colocación de la orden. *Sins.* licitación sin cotizar; licitación sin cotización.

pozo casi agotado (*stripper well*) *Véase* pozo de petróleo mermado.

pozo de exploración (*exploratory well*) Pozo que se perfora para buscar un yacimiento de petróleo o gas o con miras a ampliar sustancialmente los límites de un yacimiento de petróleo o gas ya descubierto.

pozo de petróleo mermado (*stripper well*) Pozo petrolero que produce menos de 10 barriles por día. *Sin.* pozo casi agotado.

pozo de salida (*step-out well*) Pozo de petróleo o gas o área de prospección adyacente a un campo de reservas probadas. *Véase también* programa de perforación de desarrollo.

pozo productivo (*productive well*) Pozo de petróleo o gas que produce recursos minerales susceptibles de comercializarse. *Véase también* pozo seco.

pozo seco (*dry hole*) Pozo que se abandona por cualquier motivo sin haberse explotado comercialmente durante 60 días. *Véase también* pozo productivo.

Pr Mensaje de la Cinta (o Tira) de Precios Consolidada que indica que la operación que se está reportando se relaciona con una acción preferencial.

precedencia (*precedence*) En un mercado bursátil, clasificación de los precios de compra y de venta conforme al número de acciones que se están negociando. *Véanse también* paridad; prioridad.

precio al cierre (*close*) (1) Precio de la última operación con un valor en un día en particular. (2) Precio medio de la escala de precios de las operaciones al cierre. *Véase también* escala de precios al cierre.

precio al contado (*spot price*) Precio real al que se puede comprar o vender un producto básico determinado en una fecha y un lugar específicos. *Sin.* precio de realización inmediata.

precio corriente (*public offering price; POP; current price*) *Véase* precio de oferta pública.

precio de amortización anticipada (*call price*) Precio (generalmente un premio sobre el valor nominal de la emisión) al que se pueden amortizar las acciones preferentes o los bonos antes del vencimiento de la emisión. *Sin.* precio de redención anticipada.

precio de conversión (*conversion price*) Cantidad de dinero que representa el valor nominal de un título convertible, intercambiable por una acción ordinaria.

precio de ejecución (*exercise price; strike price*) *Véase* precio de ejercicio.

precio de ejercicio (*exercise price; strike price; striking price*) Costo por acción al que el tenedor de una opción o de un título opcional puede comprar o vender el valor de referencia. *Sin.* precio de ejecución.

precio de oferta pública (*public offering price; POP; current price*) (1) Precio de las nuevas acciones que se establece en el prospecto de la entidad emisora. (2) Precio al que se vende a los inversionistas una participación en una sociedad de inversión, equivalente al valor de activo neto más el cargo por venta. *Sin.* precio corriente. *Véanse también* postura de venta; postura de compra; sociedad de inversión; valor de activo neto.

precio de paridad de acción ordinaria (*parity price of common*) Monto en dólares al cual el valor de una acción ordinaria es equivalente al del título convertible correspondiente. Se calcula dividiendo el valor de mercado de ese título convertible entre su coeficiente de conversión.

precio de paridad de valor convertible (*parity price of convertible*)) Monto en dólares al cual el valor de un título convertible es equivalente al de la acción ordinaria correspondiente. Se calcula multiplicando el precio de mercado de esa acción ordinaria entre su coeficiente de conversión.

precio de realización inmediata (*spot price*) *Véase* precio al contado.

precio de redención anticipada (*call price*) *Véase* precio de amortización anticipada.

precio de reventa (*reoffering price*) Precio o rendimiento al que los colocadores venden al público un título municipal.

precio máximo (*high*) *Véase* máximo.

precio mínimo (*low*) El precio más bajo al que un título o un producto llega durante un periodo determinado. *Véase también* máximo.

precio promedio (*average price*) Uno de los pasos del proceso de determinación del rendimiento de un bono a su vencimiento. El precio promedio de un bono se calcula sumando su valor nominal al precio que se pagó por él y dividiendo el resultado entre dos.

PRECIOS REPETIDOS OMITIDOS (*REPEAT PRICES OMITTED*) Variante del modo "Borrar información" de la Cinta (o Tira) de Precios Consolidada que indica que sólo se mostrarán aquellas operaciones cuyo precio difiere del reporte anterior. *Véase también* modo "Borrar información".

premio (*premium*) (1) Cantidad en efectivo que un comprador de una opción le paga al vendedor de la misma. (2) Diferencia entre el precio más alto pagado por un título y el valor nominal de ese título en el momento de su emisión. *Véase también* descuento.

prenda cruzada (*cross lien*) Pignoración de valores de un cliente para garantizar un préstamo bancario. Esta práctica está prohibida. *Véase también* prenda simple.

prenda simple (*one-way lien*) Título valor de una empresa que se pignora como garantía de un préstamo con el fin de proteger los valores de un cliente. *Véase también* prenda cruzada.

préstamo "acordeón" (*accordion loan*) Préstamo pagadero a la demanda que permite a una casa de bolsa dar en prenda valores adicionales como garantía de una cuenta de crédito existente cuando necesita un crédito adicional. *Véanse también* préstamo de agente de valores; préstamo pagadero a la demanda.

préstamo a la vista (*call loan*) *Véase* préstamo pagadero a la demanda.

préstamo a plazo (*time loan*) Préstamo garantizado de una casa de bolsa que vence en una fecha acordada entre el deudor y quien otorga el crédito, y que produce una tasa de interés fija durante la vigencia del contrato. *Véanse también* préstamo de agente de valores; préstamo pagadero a la demanda; crédito por una cantidad fija.

préstamo con interés (*lending at a rate*) Pagar interés sobre dinero recibido en relación con valores prestados a vendedores a corto. *Sin.* préstamo con intereses. *Véase también* venta a corto.

préstamo con intereses (*lending at a rate*) *Véase* préstamo con interés.

préstamo con premio (*lending at a premium*) Hacer un cargo a un vendedor a corto por prestarle valores. Este cargo se establece en dólares por cada 100 acciones por día hábil. *Véase también* venta a corto.

préstamo de agente de valores (*broker's loan*) Dinero que un banco comercial u otra institución de crédito le presta a una casa de bolsa para financiar los saldos deudores de las cuentas de margen. *Sin.* crédito de intermediario. *Véanse también* préstamo pagadero a la demanda; crédito por una cantidad fija; segunda pignoración; préstamo a plazo.

préstamo pagadero a la demanda (*call loan*) Préstamo de una casa de bolsa con garantía y sin fecha de vencimiento, que puede amortizarse (darse por terminado) en cualquier momento. Este préstamo se otorga a una tasa de interés fluctuante que se calcula día a día. Generalmente es pagadero a la vista a partir del día siguiente en que se contrata. Si no se amortiza, automáticamente se renueva por un día más. *Sin.* préstamo a la vista. *Véanse también* préstamo de agente de

valores; crédito por una cantidad fija; préstamo a plazo.

préstamo sin interés (*loaned flat*) Valores que se dan en préstamo a los vendedores a corto sin cobrarles ningún interés. *Sin.* préstamo sin intereses.

préstamo sin intereses (*loaned flat*) *Véase* préstamo sin interés.

préstamo subordinado (*subordinated loan*) Préstamo que se otorga a un intermediario-agente en el que el acreditante acuerda subordinar sus derechos a los de otros acreedores de la empresa.

primeras entradas, primeras salidas (*first in, first out; FIFO*) Método contable que se utiliza para evaluar el inventario de una compañía y que se basa en el supuesto de que los primeros bienes que se adquieren son los primeros que se venden. El IRS también emplea este método para determinar los costos base para fines fiscales. *Sin.* PEPS. *Véanse también* base promedio; últimas entradas, primeras salidas; identificación de acciones.

principal (1) (*principal*) Persona que opera por cuenta propia en el mercado primario o en el secundario. *Véase también* intermediario de posiciones.

principal (2) (*principal*) *Véase* agente de valores.

principal (3) (*par value; face value; principal; stated value*) *Véase* valor nominal.

principal de valores generales (*general securities principal*) *Véase* Serie 24.

principal de valores municipales (*municipal securities principal*) *Sin.* agente de valores municipales. *Véase* Serie 53.

principal especializado (*limited principal*) Persona que aprueba un examen que se le aplica con el fin de determinar si tiene los conocimientos y requisitos necesarios para supervisar el negocio de un intermediario-agente en determinada área de especialidad. El principal especializado no está calificado para operar en las áreas generales de especialidad reservadas al principal de valores generales, que incluyen la supervisión de colocaciones, la formación de mercados y la autorización de publicidad. *Véanse también* Serie 4; Serie 8; Serie 26; Serie 27; Serie 28; Series 39; Serie 53.

principal especializado de productos de compañías de inversión/contratos de seguros de renta variable (*investment company/variable contract products limited principal*) *Véase* Serie 26.

principal especializado de programas de participación directa (*direct participation programs limited principal*) *Véase* Serie 39.

principal registrado (*registered principal*) Persona asociada de una compañía miembro que se encarga de manejar o supervisar los negocios de banca de inversión o bursátiles de la empresa. También puede capacitar a otras personas asociadas o solicitar negocios. A menos que la compañía miembro sea de un solo propietario, tiene que emplear por lo menos a dos principales registrados, de los cuales uno debe estar registrado como principal de valores generales y otro como principal de finanzas y operaciones. Si la empresa realiza negociaciones de opciones al público, debe emplear al menos a un principal registrado de opciones. *Véase también* Serie 24.

principal registrado de opciones (*registered options principal; ROP*) Funcionario o socio de una casa de bolsa que otorga autorización escrita de las cuentas en las que se pueden negociar opciones. *Véase también* Serie 4.

principal registrado del acatamiento de las opciones (*compliance registered options principal*) *Véase* principal registrado del cumplimiento de las opciones.

principal registrado del cumplimiento de las opciones (*compliance registered options principal; CROP*) Principal encargado de que se cumpla con las reglas de las bolsas de valores en materia de opciones y con las leyes de valores; por lo general no desempeña funciones relacionadas con las ventas. *Sin.* principal registrado del acatamiento de las opciones. *Véase también* Serie 4.

principal registrado supervisor de opciones (*senior registered options principal; SROP*) Agente de valores responsable de formular e implantar un programa de supervisión de cuentas de opciones de clientes. Tiene que verificar si las cuentas cumplen con las reglas de idoneidad y aprobar toda la correspondencia de los clientes. *Véase también* Serie 4.

prioridad (*priority*) En un mercado bursátil, clasificación de las posturas de compra y venta según la primera persona que ofrece una postura de compra o de venta determinada. Por lo tanto, sólo una persona física o moral puede tener prioridad. *Véanse también* paridad; precedencia.

prioridad de liquidación (*liquidation priority*) En caso de liquidación de una sociedad, orden estricto en el que se deben pagar sus obligaciones con acreedores y accionistas:
1. sueldos y salarios pendientes
2. impuestos
3. títulos de crédito garantizados (hipotecas y prendas)
4. pasivo garantizado (bonos)
5. pasivo no garantizado (deudas quirografarias) y acreedores generales
6. deuda subordinada
7. tenedores de acciones preferentes
8. tenedores de acciones ordinarias

privilegio de combinación (*combination privilege*) Beneficio que ofrece una sociedad de inversión por virtud del cual el inversionista puede aspirar a un descuento por cantidad de cargo por venta combinando inversiones separadas en dos o más sociedades de inversión bajo la misma administración.

privilegio de conversión (*conversion privilege*) Característica que la entidad emisora de un título le agrega a éste para que el tenedor pueda convertirlo en una acción ordinaria, lo cual hace que el título sea más atractivo para los inversionistas y, por lo tanto, más comercializable. *Véanse también* bono convertible; acción preferente convertible.

privilegio de intercambio (*exchange privilege*) Facilidad ofrecida por una sociedad de inversión que permite a un inversionista transferir una inversión de un fondo a otro manejado por el mismo patrocinador sin tener que pagar un cargo adicional por venta.

privilegio de reintegración (*reinstatement privilege*) Ventaja ofrecida por algunas sociedades de inversión que permite a los inversionistas retirar dinero de una cuenta de la sociedad y volver a depositarlo sin pagar de nuevo un cargo por venta. *Sin.* privilegio de reposición.

privilegio de reposición (*reinstatement privilege*) *Véase* privilegio de reintegración.

procedimiento normal de demanda (*regular complaint procedure*) Proceso para presentar un cargo o una demanda conforme al Código de Procedimiento de la NASD. *Véanse también* Código de Procedimiento; procedimiento sumario de demanda.

procedimiento sumario de demanda (*summary complaint procedure*) Proceso para resolver un cargo o una demanda que es más rápido pero menos formal que el procedimiento normal de demanda de la NASD. La sanción máxima que se impone por virtud de un procedimiento sumario de demanda es de $2,500, más la censura pública. *Véanse también* Código de Procedimiento; procedimiento normal de demanda.

procesador de información sobre títulos (*securities information processor*) *Véase* procesador de información sobre valores.

procesador de información sobre títulos valor (*securities information processor*) *Véase* procesador de información sobre valores.

procesador de información sobre valores (*securities information processor*) Persona que se dedica al negocio de suministrar de manera continua información sobre operaciones o cotizaciones de valores. Puede diseminar su información por medio de impresos, de una red computarizada u otro sistema de comunicación. *Sins.* procesador de información sobre títulos; procesador de información sobre títulos valor.

producto básico (*commodity*) Cualquiera de los bienes que se compran y venden a granel en una bolsa o en el mercado de realización inmediata, por ejemplo, metales, granos y carnes. *Sin.* producto primario.

producto básico de entrega inmediata (*actual; spot commodity*) *Véase* producto básico disponible.

producto básico disponible (*actual; spot commodity*) Producto físico objeto de comercio, por oposición a un contrato de futuros o un contrato de opción relativo a ese producto. *Sins.* producto básico de entrega inmediata; producto primario disponible; producto primario de entrega inmediata. *Véanse también* contrato de futuros; opción.

producto básico entregado (*cash commodity*) *Véase* producto básico real.

producto básico real (*cash commodity*) Producto verdadero, físico, que se entrega en virtud de un contrato perfeccionado, en oposición a un contrato de futuros sobre ese mismo producto. *Sins.* producto básico entregado; producto primario real; producto primario entregado.

producto bruto (*gross proceeds*) Total del capital inicial invertido en un programa de participación directa por todos los socios comanditarios originales y adicionales.

producto interno bruto (*gross domestic product; GDP*) Valor total de los bienes y servicios producidos dentro de un país durante un año. Incluye el consumo, las compras gubernamentales, las inversiones y las exportaciones menos las importaciones. *Sin.* PIB.

producto interno neto (*net domestic product*) Indicador del producto económico anual de un país ajustado para reflejar la depreciación. Se calcula

restando el monto de la
depreciación del producto
interno bruto. *Véase también*
producto interno bruto.

producto líquido (*net proceeds*)
Véase producto neto.

producto neto (*net proceeds*)
Cantidad de dinero que se
recibe de la oferta de un
programa de participación
directa menos los gastos
realizados, por ejemplo,
comisiones sobre ventas,
comisiones de sindicatos
y costos de organización. *Sin.*
producto líquido.

producto primario (*commodity*)
Véase producto básico.

**producto primario de entrega
inmediata** (*actual; spot
commodity*) *Véase* producto
básico disponible.

producto primario disponible
(*actual; spot commodity*) *Véase*
producto básico disponible.

producto primario entregado
(*cash commodity*) *Véase*
producto básico real.

producto primario real (*cash
commodity*) *Véase* producto
básico real.

programa (*direct participation
program; program; DPP*) *Véase*
programa de participación
directa.

**Programa de Cotizaciones
Locales** (*Local Quotations*

Program) Servicio de
diseminación de cotizaciones
que el Comité de Información
de la NASD ofrece a los
medios noticiosos. Puede
proporcionar información a
una comunidad sobre un
título particular en lo que se
refiere a derechos de
accionistas locales,
condiciones del mercado local
y número de accionistas que
residen en esa comunidad.

programa de ganancias (*income
program*) *Véase* programa de
ingresos.

programa de ingresos (*income
program*) Sociedad en
comandita simple que compra
y vende reservas probadas
de petróleo y gas. Compra el
petróleo a su valor en el
subsuelo. *Sin.* programa de
ganancias. *Véanse también*
programa de perforación de
desarrollo; programa de
perforación de exploración.

**programa de inversión en bienes
indeterminados** (*blind pool*)
Véase fondo de inversión a
ciegas.

**programa de nuevas
construcciones** (*new
construction program*)
Programa de participación
directa en bienes raíces cuyo
objeto es lograr la apreciación
de capital mediante la
construcción de propiedades.

programa de participación directa (*direct participation program; program; DPP*) Empresa organizada de tal manera que todos sus ingresos, pérdidas, ganancias y ventajas fiscales se trasladan a sus propietarios, los inversionistas. Las empresas de este tipo generalmente se constituyen como sociedades en comandita simple, incluyen programas relacionados con el petróleo y el gas, los bienes raíces, la agricultura y la ganadería, títulos relativos a condominios y ofertas empresariales conforme al Subcapítulo S. *Sin.* programa.

programa de participación directa de petróleo y gas (*oil and gas direct participation program; oil and gas limited partnership*) Programa de participación directa que se establece para localizar nuevas reservas de petróleo y gas, desarrollar las ya existentes o explotar los pozos productivos. El objeto principal de un programa de este tipo es obtener rendimientos elevados. *Sin.* sociedad en comandita simple de petróleo y gas.

programa de participación en inmuebles existentes (*existing property program*) Programa de participación directa en bienes raíces que tiene por objeto la apreciación del capital y la obtención de ingresos mediante inversiones en construcciones realizadas. *Sin.* programa de participación en propiedades existentes.

programa de participación en propiedades existentes (*existing property program*) *Véase* programa de participación en inmuebles existentes.

programa de perforación de desarrollo (*developmental drilling program*) Sociedad en comandita simple que realiza perforaciones para extraer petróleo, gas o minerales en áreas con reservas comprobadas o cerca de yacimientos existentes. *Véanse también* programa de perforación de exploración; programa de ingresos; pozo de salida.

programa de perforación de exploración (*exploratory drilling program; wildcatting*) Sociedad en comandita simple que tiene por objeto localizar y recuperar reservas inexploradas de petróleo, gas o minerales. Estos programas se consideran inversiones de alto riesgo. *Sin.* programa de perforación exploratoria.

Véanse también programa de perforación de desarrollo; programa de ingresos.

programa de perforación exploratoria (*exploratory drilling program; wildcatting*) *Véase* programa de perforación de exploración.

programa de terrenos no acondicionados (*raw land program*) Programa de participación directa de los bienes raíces cuyo objeto es lograr la apreciación de capital invirtiendo en terrenos sin desarrollar.

promediar costos en valores (*dollar cost averaging*) Sistema de compra de acciones de sociedades de inversión en cantidades fijas en dólares y a intervalos fijos regulares, independientemente del precio de las acciones. El inversionista compra más acciones cuando los precios bajan y menos cuando los precios suben, lo que con el tiempo le permite abatir el costo medio por acción.

Promedio Compuesto Dow Jones (*Dow Jones Composite Average; Composite Average; DJCA*) Indicador de mercado compuesto por las 65 acciones que constituyen el Promedio Industrial Dow Jones, el Promedio Dow Jones de los Transportes y el Promedio

Dow Jones de los Servicios Públicos. *Véanse también* promedio de precios bursátiles; Promedio Industrial Dow Jones; Promedio Dow Jones de los Transportes; Promedio Dow Jones de los Servicios Públicos.

Promedio de los Transportes (*Dow Jones Transportation Average; Transportation Average; DJTA*) *Véase* Promedio Dow Jones de los Transportes

promedio de precios bursátiles (*average*) Precio medio de un conjunto de precios. Los analistas suelen usar los promedios de precios bursátiles como indicadores del mercado. *Véase también* índice de precios bursátiles.

Promedio Dow Jones de los Servicios Públicos (*Dow Jones Utilities Average; DJUA*) Indicador de mercado compuesto por 15 acciones del sector de Servicios Públicos. *Véanse también* promedio de precios bursátiles; Promedio Compuesto Dow Jones; Promedio Industrial Dow Jones; Promedio Dow Jones de los Transportes.

Promedio Dow Jones de los Transportes (*Dow Jones Transportation Average;*

Transportation Average; DJTA) Indicador de mercado compuesto por 20 acciones del sector de los transportes. *Sin.* Promedio de los Transportes. *Véanse también* promedio de precios bursátiles; Promedio Compuesto Dow Jones; Promedio Industrial Dow Jones; Promedio Dow Jones de los Servicios Públicos.

Promedio Industrial Dow Jones *(Dow Jones Industrial Average; DJIA)* Indicador de mercado de difusión más amplia compuesto por las 30 emisiones de acciones industriales más grandes que se negocian más activamente. *Véanse también* promedio de precios bursátiles; Promedio Compuesto Dow Jones; Promedio Dow Jones de los Transportes; Promedio Dow Jones de los Servicios Públicos.

promedios Dow Jones *(Dow Jones averages)* Las medidas más antiguas y más ampliamente citadas de los cambios en los precios de las acciones. Cada uno de estos cuatro promedios se basa en los precios de un número limitado de acciones de determinada clase. *Véanse también* promedio de precios

bursátiles; Promedio Compuesto Dow Jones; Promedio Industrial Dow Jones; Promedio Dow Jones de los Transportes; Promedio Dow Jones de los Servicios Públicos.

promesa de entradas brutas *(gross revenue pledge)* *Véase* promesa de ingresos brutos.

promesa de entradas netas *(net revenue pledge)* *Véase* promesa de ingresos netos.

promesa de ingresos brutos *(gross revenue pledge)* En una emisión de bonos de ingresos municipales, acuerdo relativo al flujo de fondos según el cual el primer pago que se hará con los ingresos recibidos será el servicio de la deuda. Esta promesa se estipula en el contrato de fideicomiso. *Sin.* promesa de entradas brutas. *Véase también* promesa de ingresos netos.

promesa de ingresos netos *(net revenue pledge)* En una emisión de bonos de ingresos municipales, acuerdo relativo al flujo de fondos según el cual los gastos de operación y mantenimiento se pagarán antes que el servicio de la deuda. Esta promesa se estipula en el contrato de fideicomiso. *Sin.* promesa de entradas netas. *Véase también* promesa de ingresos brutos.

propaganda (*sales literature*)
Cualquier material escrito que
una empresa distribuye de
manera controlada entre sus
clientes o el público, por
ejemplo, circulares, informes
de investigación, cartas
modelo, boletines de
negocios, informes de
resultados financieros y textos
de seminarios. *Véanse también*
publicidad; carta modelo;
boletín de negocios.

propiedad de una sola persona
(*sole propietorship;
propietorship*) *Véase* propiedad
individual.

propiedad individual (*sole
proprietorship; proprietorship*)
Forma de organización
empresarial en la que un
propietario único tiene el
control total, toma todas las
decisiones administrativas y
responde personalmente de
todos los adeudos del
negocio. *Sins.* propiedad de
una sola persona; negocio
individual.

propietario nominal (*nominal
owner*) Persona que tiene
registrados a su nombre
valores que pertenecen a otra
persona, que es el titular real.
Una casa de bolsa asume el
carácter de propietario
nominal cuando se registran a
su nombre valores de sus
clientes. *Sin.* titular nominal.

prospecto (*final prospectus;
prospectus*) Documento legal
en el que se establece la
información sustancial sobre
una nueva emisión de valores,
por ejemplo, su precio, su
fecha de entrega y su margen
de colocación. Debe ser
entregado a cada
inversionista que compre una
nueva emisión de valores
registrados. *Sins.* prospecto
final; prospecto definitivo.

prospecto definitivo (*final
prospectus; prospectus*) *Véase*
prospecto.

prospecto final (*final prospectus;
prospectus*) *Véase* prospecto.

prospecto preliminar (*preliminary
prospectus; red herring*)
Prospecto abreviado que se
distribuye mientras la SEC
examina la declaración de
registro de un emisor.
Contiene la información
esencial sobre la nueva oferta,
exceptuando el margen de
colocación, el precio de oferta
pública final y la fecha de
entrega de las acciones.

prosperidad (*peak; prosperity*)
Véase cima.

protección (*hedge*) *Véase*
cobertura.

protección a largo (*long hedge*)
Véase cobertura larga.

**protección contra la
amortización anticipada** (*call*

protection) Cláusula del contrato de un bono que establece que la emisión no se puede amortizar durante cierto periodo (cinco años, diez años, etc.) después de la fecha de emisión original. *Sin.* protección contra la redención anticipada. *Véase también* cláusula de amortización anticipada.

protección contra la redención anticipada (*call protection*) *Véase* protección contra la amortización anticipada.

protección cruzada (*cross hedge*) *Véase* cobertura cruzada.

prueba del 75-5-10 (*75-5-10 test*) Medida para determinar si una compañía de inversión puede considerarse como diversificada de conformidad con la Ley de Compañías de Inversión de 1940. Según esta ley, una compañía de inversión diversificada debe tener por lo menos el 75% de su activo total en efectivo, cuentas por cobrar o valores invertidos, no más del 5% invertido en títulos con derecho de voto de otra u otras sociedades, y ninguna inversión que represente la propiedad de más del 10% de los títulos con derecho de voto en circulación de otra u otras sociedades. *Véase también* compañía de inversión diversificada.

PSA Siglas en inglés del nombre Asociación de Valores Públicos.

PSE Siglas en inglés del nombre Bolsa de Valores del Pacífico.

P-U (*price-earnings ratio; PE*) *Véase* múltiplo de precio-utilidad.

publicidad (*advertisement*) Material promocional que se utiliza en periódicos, revistas, carteleras, radio, televisión, grabaciones telefónicas u otros medios públicos en los que una empresa tiene poco control sobre el tipo de personas expuestas a él. *Véase también* propaganda.

publicidad genérica (*generic advertising; institutional advertising*) Comunicaciones con el público que tienen por objeto promover los títulos valor como inversiones pero no hacen referencia a uno en particular. *Sin.* publicidad institucional.

publicidad institucional (*generic advertising; institutional advertising*) *Véase* publicidad genérica.

puja (*tick*) Movimiento mínimo ascendente o descendente en el precio de un título valor. *Véanse también* puja a la baja; puja a la alza; regla de puja a la alza.

puja a la alza (*plus tick; up tick*) Precio de ejecución de una operación de valores que es superior por una puja al precio de ejecución anterior. *Véanse también* puja a la baja; regla de puja a la alza; puja; puja horizontal a la alza.

puja a la baja (*minus tick; down tick*) Precio de ejecución de una transacción con valores inferior por una cantidad mínima al precio de ejecución anterior. Una venta en corto no puede ejecutarse cuando el precio acaba de mostrar una puja a la baja. *Véanse también* puja a la alza; regla de puja a la alza; venta en corto; puja; puja horizontal a la baja.

puja horizontal a la alza (*zero-plus tick*) Precio de una operación bursátil igual al precio de la última venta pero superior al último precio diferente. *Véanse también* puja a la baja; puja a la alza; regla de puja a la alza; puja horizontal a la baja.

puja horizontal a la baja (*zero-minus tick*) Precio de ejecución de una operación bursátil igual al precio de la venta anterior pero inferior al último precio diferente. *Véanse también* puja a la baja; puja a la alza; regla de puja a la alza; puja horizontal a la alza.

punto (*point*) Medida del precio de un bono; $10 ó 1% del valor nominal de $1,000. *Véase también* punto base.

punto base (*basis point*) Medida del rendimiento de un bono que equivale a un centésimo de punto porcentual. Por ejemplo, si el rendimiento de un bono aumenta de 5.0% a 5.5%, se dice que ha crecido 50 puntos base. *Véase también* punto.

punto de cruce (*crossover point*) Punto en el que una sociedad en comandita simple empieza a tener un flujo de caja negativo con ingresos gravables. *Véase también* ingreso fantasma.

punto de entrega (*delivery point*) Sitio o instalación (de almacenamiento, embarque, etc.) en el que debe entregarse un producto con el fin de perfeccionar un contrato de futuros.

punto de equilibrio (*breakeven point*) (1) Punto en el cual las ganancias igualan las pérdidas. (2) Precio de mercado que una acción tiene que alcanzar para que el comprador de una opción no incurra en una pérdida si la ejerce. En el caso de una opción de compra, es el precio de ejercicio más el premio pagado; en el de una opción de venta, el precio de ejercicio menos el premio pagado.

Quotron® Uno de los diversos sistemas computarizados de información financiera que utilizan las casas de bolsa y los formadores de mercado. *Véase también* máquina de cotización.

R

® Mensaje en la Cinta (o Tira) Consolidada que indica un derecho.

RAES Siglas en inglés del nombre Sistema de Ejecución Automática al Menudeo.

RAN Siglas en inglés del término pagaré de anticipo de ingresos públicos.

rango (*range; opening range*) Fluctuación de precios entre el más alto y el más bajo durante un periodo de negociaciones particular, por ejemplo, el cierre de una sesión bursátil, la apertura de una sesión bursátil, o un día, mes o año. *Sin.* rango de apertura.

rango de apertura (*range; opening range*) *Véase* rango.

razón de acciones preferenciales (*preferred stock ratio*) *Véase* razón de acciones preferentes.

razón de acciones preferentes (*preferred stock ratio*) Uno de varios instrumentos que los analistas de bonos usan para evaluar la seguridad de los bonos de una sociedad anónima. Mide el porcentaje de la capitalización total de la sociedad compuesto por acciones preferentes dividiendo el valor nominal de éstas entre la capitalización total. *Sins.* coeficiente de acciones preferentes; razón de acciones preferentes; coeficiente de acciones preferenciales.

razón de activo disponible (*cash assets ratio*) *Véase* coeficiente de activo disponible.

razón de activo disponible-pasivo corriente (*acid-test ratio; quick ratio*) *Véase* coeficiente de solvencia inmediata.

razón de activo realizable a corto plazo (*cash assets ratio*) *Véase* coeficiente de activo disponible.

razón de capital de trabajo (*current ratio; working capital ratio*) *Véase* coeficiente de circulante.

razón de capitalización (*capitalization ratio*) *Véase* índice de capitalización.

razón de circulante (*current ratio; working capital ratio*) *Véase* coeficiente de circulante.

razón de cobertura (*coverage ratio*) Medida de la seguridad de una emisión de bonos basada en el número de veces que las ganancias cubrirán el servicio de la deuda más los gastos de operación y mantenimiento durante cierto periodo. *Sins.* coeficiente de cobertura; índice de cobertura.

razón de cobertura de cargos fijos (*bond interest coverage ratio; fixed charge coverage ratio; times fixed charges earned ratio; times interest earned ratio*) *Véase* razón de cobertura de intereses sobre un bono.

razón de cobertura de dividendos preferenciales (*preferred dividend coverage ratio*) *Véase* razón de cobertura de dividendos preferentes.

razón de cobertura de dividendos preferentes (*preferred dividend coverage ratio*) Índice de la seguridad de los pagos de dividendos preferentes de una sociedad. Se calcula dividiendo los dividendos preferentes entre la utilidad neta. *Sins.* razón de cobertura de dividendos preferenciales; coeficiente de cobertura de dividendos preferentes; coeficiente de cobertura de dividendos preferenciales.

razón de cobertura de intereses sobre un bono (*bond interest coverage ratio; fixed charge coverage ratio; times fixed charges earned ratio; times interest earned ratio*) Índice de seguridad de un bono empresarial. Mide el número de veces que las utilidades antes de intereses e impuestos sobrepasan los intereses anuales sobre un bono en circulación. *Sins.* razón de cobertura de cargos fijos; relación de cobertura de intereses.

razón de gastos (*expense ratio*) *Véase* coeficiente de gastos.

razón de liquidez (*liquidity ratio*) *Véase* coeficiente de liquidez.

razón de pagos de dividendos (*dividend payout ratio*) *Véase* relación de pagos de dividendos.

razón de rentabilidad (*profitability ratio*) *Véase* coeficiente de rentabilidad.

razón de solvencia inmediata (*acid-test ratio; quick ratio*) *Véase* coeficiente de solvencia inmediata.

razón de utilidades retenidas (*retained earnings ratio*) *Véase* relación de utilidades retenidas.

reasignación (*concession; reallowance*) *Véase* concesión (1).

rebaja (1) (*allowance; quality allowance*) *Véase* bonificación.

rebaja (2) (*markdown*) Diferencia entre la postura de compra corriente más alta entre los agentes de valores y el precio más bajo que un agente de valores le paga a un cliente. *Sins.* disminución de precio; reducción de precio.

rebaja por disminución de petróleo (*oil depletion allowance*) *Véase* bonificación por agotamiento de petróleo.

recapitalización (*recapitalization*) Modificación de la estructura del capital de una sociedad mediante la emisión, la conversión o la amortización de valores.

recesión (*recession*) Descenso de la economía en general durante un periodo de seis a dieciocho meses. *Sin.* contracción económica.

rechazo (*rejection*) Derecho de un comprador de negarse a recibir un título si éste no cumple con los requisitos de una entrega de conformidad.

recibo americano de depósito (*American depositary receipt; American depositary share*) Título negociable que representa determinado número de acciones de una sociedad extranjera; se compra y se vende en los mercados de valores estadounidenses, al igual que las acciones correspondientes. *Sin.* acción americana de depósito.

Recibo de Bono de la Tesorería (*Treasury Bond Receipt; TBR*) Uno de varios tipos de bonos cupón cero emitidos por casas de bolsa y garantizados con títulos de la Tesorería. *Véase también* recibo de la Tesorería.

recibo de la Tesorería (*Treasury receipt*) Término genérico para denominar a los bonos cupón cero emitidos por casas de bolsa y respaldados con títulos de la Tesorería depositados en garantía para los inversionistas por un custodio. *Sin.* recibo del Tesoro.

Recibo de la Tesorería de Fácil Crecimiento (*Easy-growth Treasury Receipt; ETR*) Uno de varios tipos de bonos cupón cero emitidos por casas de bolsa y garantizados con títulos de la Tesorería. *Véase también* recibo de la Tesorería.

Recibo de la Tesorería para el Crecimiento de Inversionistas (*Treasury Investors Growth Receipt; TIGR*) Uno de varios tipos de bonos cupón cero emitidos por casas de bolsa y garantizados con títulos de la

Tesorería. *Véase también* recibo de la Tesorería.

recibo del Tesoro (*Treasury receipt*) *Véase* recibo de la Tesorería.

reclamación (*reclamation*) Derecho del vendedor de un título de recuperar cualquier pérdida que haya sufrido a causa de problemas en la entrega u otra irregularidad en el proceso de liquidación. *Sin.* reclamo.

reclamo (*reclamation*) *Véase* reclamación.

reclasificación (*reclassification*) En una sociedad anónima, intercambio de una clase de sus acciones por otra. Esto implica un cambio de control de la propiedad entre los accionistas y, por lo tanto, cae en el ámbito de la Regla 145 de la SEC. *Véase también* Regla 145.

reclasificación de títulos (*secondary offering*) *Véase* oferta secundaria.

recuperación (1) (*recapture*) Acto de gravar como ingreso ordinario deducciones o créditos fiscales ganados con anterioridad. Las circunstancias que pueden causar que el IRS requiera el pago de este impuesto incluyen la depreciación excedente, la venta prematura de un activo o la desautorización de un beneficio fiscal previo.

recuperación (2) (*recovery; expansion*) *Véase* expansión.

Red A (*Network A*) Sistema de reportes en la Cinta (o Tira) de Precios Consolidada que proporciona a sus suscriptores información sobre las operaciones de valores registrados en la NYSE. *Véase también* Cinta de Precios Consolidada.

Red B (*Network B*) Sistema de reportes de la Cinta (o Tira) de Precios Consolidada que proporciona a sus suscriptores información sobre las operaciones con ciertos valores regionales y los registrados en la AMEX. *Véase también* Cinta de Precios Consolidada.

redención (*redemption*) *Véase* amortización (3).

redención parcial (*in-part call*) *Véase* amortización parcial.

redención total (*in-whole call*) *Véase* amortización (2).

redistribución (*secondary distribution; registered secondary distribution*) *Véase* distribución secundaria (1).

redistribución al contado (*spot secondary distribution; unregistered secondary distribution*) *Véase* distribución secundaria al contado.

redistribución de realización inmediata (*spot secondary distribution; unregistered secondary distribution*) *Véase* distribución secundaria al contado.

redondeo de órdenes (*bunching orders*) Combinación de órdenes de lotes incompletos de diferentes clientes en lotes completos con el objeto de ahorrar a los clientes el diferencial de los lotes incompletos.

reducción (*depletion*) *Véase* disminución.

reducción de costos (*cost depletion*) Método para calcular las deducciones de impuestos sobre inversiones en minerales, petróleo o gas. El costo de la propiedad de la que se extraen estos productos se le devuelve al inversionista durante la vida de la misma mediante una deducción anual, en cuyo cálculo se tiene en cuenta el número de unidades recuperables conocidas de mineral, petróleo o gas hasta llegar a un costo unitario. La deducción anual se determina multiplicando el costo unitario por el número de unidades vendidas al año. *Sin.* disminución de costos.

reducción de precio (*markdown*) *Véase* rebaja.

reducción porcentual (*percentage depletion*) *Véase* agotamiento porcentual.

refinanciación (*refinancing; refunding*) *Véase* refinanciamiento.

refinanciación adelantada (*advance refunding; prerefunding*) *Véase* refinanciamiento anticipado.

refinanciación anticipada (*advance refunding; prerefunding*) *Véase* refinanciamiento anticipado.

refinanciamiento (*refinancing; refunding*) Uso del producto de una nueva emisión de títulos de capital para cancelar una deuda. *Sin.* refinanciación.

refinanciamiento adelantado (*advance refunding; prerefunding*) *Véase* refinanciamiento anticipado.

refinanciamiento anticipado (*advance refunding; prerefunding*) Acto de financiar nuevamente una emisión de bonos municipales antes de su fecha de vencimiento o de amortización, con dinero obtenido de la venta de una nueva emisión. El producto de la venta de la nueva emisión se aplica a la compra de valores gubernamentales, y el municipio coloca en una cuenta de depósito en garantía el capital y los intereses que recibe por esos títulos valor; después, usa los mismos fondos para liquidar la emisión original en la primera fecha de amortización. *Sins.* refinanciamiento adelantado; refinanciación anticipada; refinanciación adelantada. *Véanse también* cancelación; refinanciamiento.

refinanciamiento continuo (*rollover*) Transferencia de fondos de un plan para el retiro elegible a otro plan del mismo tipo; si no se efectúa en un plazo determinado, los fondos se gravan como si fueran ingresos ordinarios. *Sin.* renovación.

refinanciamiento mediante una cuenta individual para el retiro (*IRA rollover*) Reinversión de los activos que una persona recibe por concepto de distribución de un plan de retiro calificado con impuestos diferidos en una cuenta individual para el retiro dentro de los 60 días siguientes a la fecha en que recibe esa distribución. La persona puede reinvertir la suma total o parte de ésta, pero la parte que no reinvierta se grava igual que los ingresos ordinarios. *Véanse también* cuenta individual

para el retiro; transferencia a una cuenta individual para el retiro.

refondeo (*refunding*) uso del producto de la venta de una nueva oferta de títulos para amortizar a su vencimiento una emisión de bonos en circulación.

Reformas de 1970 a la Ley de Compañías de Inversión (*Investment Company Act Amendments of 1970*) Reformas legislativas que exigen que una compañía de inversión registrada que emite planes de inversión en pagos periódicos ofrezca derechos de retiro a los compradores en general, y derechos de rescate a los compradores de planes con cargos por anticipado. *Véase también* Ley de Compañías de Inversión de 1940.

Reformas de 1975 a la Ley de Compañías de Inversión (*Investment Company Act Amendments of 1975*) Reformas legislativas que exigen, en particular, que los cargos por venta se relacionen con los servicios que un fondo ofrece a sus accionistas. *Véase también* Ley de Compañías de Inversión de 1940.

Reformas de 1975 a las Leyes de Valores (*Securities Acts Amendments of 1975*) Legislación federal que dispuso el establecimiento del Consejo para la Regulación de Valores Municipales. *Véase también* Consejo para la Regulación de Valores Municipales.

Reg T Forma abreviada en inglés del nombre Reglamento T.

registrado (*registered*) Término que describe un valor cuyo certificado lleva impreso el nombre del titular. Este nombre se asienta en los registros del emisor o del agente de transferencias. *Sin.* inscrito.

registrado sólo en cuanto al principal (*registered as to principal only; partially registered*) Término que describe un bono cuyo certificado lleva impreso el nombre del titular pero que también tiene cupones no registrados pagaderos al portador. *Sin.* inscrito sólo en cuanto al principal; parcialmente registrado. *Véanse también* bono con cupones; bono totalmente registrado; registrado.

registrador (*registrar*) Organización independiente o parte de una compañía que es responsable de contabilizar todas las acciones en circulación de los emisores y certificar que sus obligaciones representan deudas legales.

registrar legalmente (*blue-sky*) Registrar una oferta de títulos valor en determinado estado de Estados Unidos. *Véanse también* leyes estatales sobre la industria bursátil; registro por coordinación; registro por solicitud; registro por calificación.

Registro Adicional (*Additional List*) Lista de títulos valor cuyas cotizaciones suministra el Nasdaq para que se difundan en los medios de comunicación masiva, pero que no cumplen con los requisitos para que los incluya en su Registro Nacional; ambas listas son compiladas por el Comité de Información de la NASD. *Véase también* Registro Nacional.

registro de acciones (*stock record; securities record*) Sistema contable de un intermediario-agente que muestra por separado todas las posiciones largas y cortas sobre cada título, la ubicación de cada título, las tenencias de todos los clientes y los totales de títulos que deben otros intermediarios o que se les deben a ellos. *Sins.* registro de valores; registro de títulos; registro de títulos valor. *Véanse también* libro mayor de clientes; libro mayor general.

registro de títulos (*stock record; securities record*) *Véase* registro de acciones.

registro de títulos valor (*stock record; securities record*) *Véase* registro de acciones.

registro de valores (*stock record; securities record*) *Véase* registro de acciones.

Registro Nacional (*National List*) Lista de valores sobre los cuales el Nasdaq disemina cotizaciones para que se divulguen en los medios de comunicación masiva; la prepara el Comité de Información de la NASD. Los valores incluidos en ella se seleccionan según su volumen, acciones en circulación y precio. *Véase también* Registro Adicional.

registro por calificación (*registration by qualification; qualification*) Proceso que permite la venta de un título en un estado. El emisor puede hacer uso de este proceso si solicita la inscripción del título al administrador del estado, cuenta con el capital contable mínimo requerido, cumple con los requisitos relativos a la divulgación y otros, y paga los derechos de inscripción correspondientes. El registro estatal entra en vigor en la fecha que señala el administrador. *Sin.* inscripción por calificación.

registro por coordinación (*registration by coordination; coordination*) Proceso que permite la venta de un título en un estado federativo. El emisor puede hacer uso de este proceso si solicita la inscripción del título conforme a la Ley de Valores de 1933 y presenta duplicados de los documentos de registro al administrador del estado. El registro estatal entra en vigor en la misma fecha en que empieza a surtir sus efectos la declaración de registro federal. *Sin.* inscripción por coordinación.

registro por notificación (*registration by filing; registration by notification*) *Véase* registro por solicitud.

registro por solicitud (*registration by filing; registration by notification*) Proceso que permite la venta de un título en un estado federativo. Antes se conocía como "registro por notificación", y el emisor puede hacer uso de él si solicita la inscripción del título conforme a la Ley de Valores de 1933, cuenta con el capital contable mínimo requerido, cumple con otros requisitos y notifica al estado que es elegible al presentar ciertos documentos al administrador del estado. El registro estatal entra en vigor en la misma fecha en que empieza a surtir sus efectos la declaración de registro federal. *Sins.* inscripción por solicitud; registro por notificación.

Regla 144 (*Rule 144*) Regla de la SEC que estipula que las personas que posean títulos de control o restringidos sólo pueden venderlos en cantidades limitadas, y que todas las ventas de acciones restringidas por personas en control deben reportársele a la SEC mediante la presentación de la Forma 144, "Notificación de Venta Propuesta de Valores". *Véanse también* valor de control; valor restringido.

Regla 145 (*Rule 145*) Regla de la SEC que estipula que, siempre que se solicite a los accionistas de una empresa pública emitir su voto o su consentimiento respecto de un plan de reorganización de la empresa, toda la información esencial correspondiente se divulgue en una declaración por poder o un prospecto que debe entregarse a los accionistas antes de la fecha de la votación anunciada. *Véanse*

también fusión; reclasificación; transferencia de activos.

Regla 147 (*Rule 147*) Regla de la SEC que estipula que los títulos ofrecidos y vendidos exclusivamente dentro de un estado de la Unión Americana están exentos de los requisitos de declaración de registro y presentación de prospecto de la Ley de 1933.

Regla 15c2-1 (*Rule 15c2-1*) Regla de la SEC que norma la custodia de los valores en las cuentas de margen de clientes. Prohíbe a los intermediarios-agentes (1) usar los valores de un cliente que excedan de la deuda global de éste como garantías de préstamos sin el consentimiento por escrito del cliente, y (2) mezclar los valores de un cliente sin el consentimiento por escrito del mismo. *Véase también* segunda pignoración.

Regla 15c2-11 (*Rule 15c2-11*) Regla de la SEC que norma las actividades de los formadores de mercado para asegurar que los inversionistas reciban suficiente información acerca del emisor de un título y puedan tomar una buena decisión de inversión. Esta regla exige que los formadores de mercado presenten un prospecto a menos que el público inversionista ya tenga acceso a los informes financieros necesarios del emisor.

Regla 15c3-1 (*Rule 15c3-1*) Regla de la SEC que rige los requisitos relativos al capital neto de los intermediarios-agentes. Los requisitos varían según los distintos tipos de intermediarios y los montos de las deudas globales. Esta regla define qué es capital neto, cómo calcularlo, cuál es el capital neto mínimo y los coeficientes máximos de deuda a capital. *Véase también* deuda global; capital neto.

Regla 15c3-2 (*Rule 15c3-2*) Regla de la SEC que exige que los intermediarios-agentes informen a los clientes acerca de sus saldos de crédito libres por lo menos trimestralmente.

Regla 15c3-3 (*Rule 15c3-3; customer protection rule*) Regla de la SEC que norma la localización, la segregación y el manejo de los fondos y valores de los clientes. Exige a los intermediarios-agentes que segreguen todos los títulos de margen totalmente pagados y excedentes de los clientes en una cuenta bancaria de reserva especial para su beneficio exclusivo. *Sin.* regla de protección del cliente.

Regla 17a-11 (*Rule 17a-11*) Regla de la SEC que regula las violaciones a la regla del capital neto y establece reglas de alerta anticipada. *Véase también* capital neto.

Regla 17a-3 (*Rule 17a-3*) Regla de la SEC que norma el mantenimiento de los registros de los intermediarios-agentes y el asiento de informes y operaciones en esos registros.

Regla 17a-4 (*Rule 17a-4*) Regla de la SEC que regula la retención y el almacenamiento de los registros e informes de los intermediarios-agentes.

Regla 17a-5 (*Rule 17a-5*) Regla de la SEC que rige la presentación de ciertos informes FOCUS por parte de los intermediarios-agentes. *Véase también* Reporte Único Uniforme y Combinado de Finanzas y Operaciones.

Regla 17f-2 (*Rule 17f-2*) Regla de la SEC que estipula que se mantengan registros de las huellas digitales de todas las personas asociadas y demás personas que manejan efectivo o valores.

Regla 405 (*Rule 405; know your customer rule*) Regla de la NYSE que exige que toda organización miembro tome medidas adecuadas para obtener la información esencial sobre cada cliente. *Sin.* regla de "conozca a su cliente".

Regla 406 (*Rule 406*) Regla de la NYSE que estipula que ninguna organización miembro puede mantener una cuenta designada con un número o símbolo a menos que el cliente haya firmado una declaración por escrito que haga constar que es el propietario de la cuenta, y esa declaración se conserve en los archivos de la organización.

Regla 407 (*Rule 407*) Regla de la NYSE que estipula que los empleados de esta bolsa, o cualquiera de sus miembros y ciertas organizaciones no miembros, deben contar con la autorización por escrito de sus empleadores antes de abrir cuentas de efectivo o de margen, pero que los empleados de bancos, compañías fiduciarias y aseguradoras necesitan esa autorización sólo para abrir cuentas de margen.

Regla 409 (*Rule 409*) Regla de la NYSE que estipula que para retener la correspondencia de un cliente se necesitan instrucciones por escrito de éste y la aprobación, también por escrito, de un miembro o un miembro afiliado.

Regla 415 (*Rule 415*) Regla de la SEC que norma las ofertas en reserva. Permite que un emisor venda porciones limitadas de una emisión durante un periodo de dos años. *Véase también* oferta en reserva.

Regla 427 (*Rule 427*) Regla de la SEC que exige que la información financiera presentada en un prospecto se actualice cada nueve meses. Un estado financiero incluido en un prospecto debe tener como máximo 16 meses de antigüedad.

Regla 504 (*Rule 504*) Regla de la SEC que estipula que una oferta de menos de $1'000,000 durante un periodo de 12 meses puede exentarse del requisito de registro completo. Esta regla no limita el número de compradores acreditados o no acreditados.

Regla 505 (*Rule 505*) Regla de la SEC que estipula que una oferta de $1'000,000 a $5'000,000 durante un periodo de 12 meses puede exentarse del requisito de registro completo. Esta regla limita el número de compradores no acreditados a 35, pero no limita el de compradores acreditados.

Regla 506 (*Rule 506*) Regla de la SEC que estipula que una oferta de más de $5'000,000 durante un periodo de 12 meses puede exentarse del requisito de registro completo. Esta regla limita el número de compradores no acreditados a 35, pero no limita el de compradores acreditados.

regla de "conozca a su cliente" (*know your customer rule*) *Véase* Regla 405.

regla de exclusión de dividendos (*dividend exclusion rule)* Disposición del IRS que permite que una sociedad anónima excluya de sus ingresos gravables el 70% de los dividendos que recibe sobre acciones preferentes y ordinarias nacionales. La Ley de Reformas Fiscales de 1986 revocó la exclusión de dividendos en el caso de los inversionistas individuales.

regla de los nueve bonos (*nine bond rule*) Regla de la NYSE que exige que cualquier orden relativa a nueve o menos de nueve bonos sea enviada al piso de remates de la NYSE antes de negociarse en el mercado extrabursátil.

regla de protección al cliente (*Rule 15c3-3*) *Véase* Regla 15c3-3.

regla de puja a la alza (*plus tick rule; up tick rule*) Reglamento de la SEC sobre el precio de mercado al que puede realizarse una venta a corto. Ninguna venta de este tipo puede ejecutarse a un precio inferior al de la última venta. *Véase también* puja a la baja, operación a corto exenta; venta en corto; puja; puja horizontal a la alza.

regla del tope de sueldo (*top-heavy rule*) Disposición del Plan Keogh que señala el sueldo máximo en el que se pueden basar las aportaciones de los empleados. Esta regla previene que haya grandes disparidades entre las aportaciones de los empleados con distintos niveles de sueldo. *Véase también* plan Keogh.

Regla G-1 (*Rule G-1*) Regla del MSRB que clasifica como agentes de valores municipales a todos los departamentos de bancos identificables por separado que realizan actividades relacionadas con el negocio de valores municipales. *Véase también* departamento o división identificable por separado.

Regla G-10 (*Rule G-10*) Regla del MSRB que estipula la obligación de entregar un folleto del inversionista en respuesta a una demanda de un cliente.

Regla G-11 (*Rule G-11*) Regla del MSRB que regula la prioridad asignada a las órdenes que se reciben en relación con nuevas emisiones de valores municipales.

Regla G-12 (*Rule G-12*) Regla del MSRB que regula las prácticas uniformes para las operaciones de liquidación entre las empresas de valores municipales.

Regla G-13 (*Rule G-13*) Regla del MSRB que exige que los intermediarios-agentes publiquen únicamente cotizaciones de buena fe para valores municipales, a menos que identifiquen las cotizaciones como informativas.

Regla G-14 (*Rule G-14*) Regla del MSRB que prohíbe la divulgación de informes ficticios, engañosos o manipulativos sobre compraventas de valores municipales.

Regla G-15 (*Rule G-15*) Regla del MSRB que regula la confirmación, compensación y liquidación de operaciones con valores municipales de clientes.

Regla G-16 (*Rule G-16*) Regla del MSRB que exige que cada 24 meses se realicen inspecciones para verificar el cumplimiento.

Regla G-17 (*Rule G-17*) Regla del MSRB que establece normas éticas para la participación en el negocio de los valores municipales.

Regla G-18 (*Rule G-18*) Regla del MSRB que exige que las empresas se esfuercen para obtener el mejor precio cuando operan con valores municipales por cuenta de sus clientes.

Regla G-19 (*Rule G-19*) Regla del MSRB que regula las cuentas discrecionales y la idoneidad de las recomendaciones y operaciones relativas a los valores municipales.

Regla G-2 (*Rule G-2*) Regla del MSRB que establece normas de certificación profesional.

Regla G-20 (*Rule G-20*) Regla del MSRB que establece un límite al valor de las donaciones y gratificaciones otorgadas por empresas de valores municipales.

Regla G-21 (*Rule G-21*) Regla del MSRB que norma la publicidad de los valores municipales.

Regla G-22 (*Rule G-22*) Regla del MSRB que exige que se dé a los clientes información sobre las relaciones de control entre las empresas y emisoras municipales.

Regla G-23 (*Rule G-23*) Regla del MSRB que tiene por objeto reducir al mínimo los conflictos de intereses derivados de las actividades de los asesores financieros que también actúan como suscriptores municipales para el mismo emisor.

Regla G-24 (*Rule G-24*) Regla del MSRB que prohíbe el uso indebido de información confidencial sobre los clientes por parte de las empresas de valores municipales que actúan como fiduciarios.

Regla G-25 (*Rule G-25*) Regla del MSRB que prohíbe el uso indebido de los activos por parte de las empresas de valores municipales y sus representantes.

Regla G-26 (*Rule G-26*) Regla del MSRB que regula las transferencias de cuentas de clientes municipales.

Regla G-27 (*Rule G-27*) Regla del MSRB que exige que cada empresa de valores municipales designe a un principal para que supervise a sus representantes de valores municipales.

Regla G-28 (*Rule G-28*) Regla del MSRB que regula las cuentas de los empleados de empresas de valores municipales que se mantienen en otras empresas del mismo tipo.

Regla G-29 (*Rule G-29*) Regla del MSRB que regula la disponibilidad de la reglamentación MSRB.

Regla G-3 (*Rule G-3*) Regla del MSRB que rige la clasificación de los principales y representantes de valores municipales.

Regla G-30 (*Rule G-30*) Regla del MSRB que exige que las empresas de valores municipales cobren precios y comisiones justas y razonables.

Regla G-31 (*Rule G-31*) Regla del MSRB que prohíbe que un profesional de la intermediación bursátil solicite negocios de la cartera de una compañía de inversión a cambio de realizar ventas de ese fondo entre sus propios clientes.

Regla G-32 (*Rule G-32*) Regla del MSRB que exige que los clientes reciban una copia de la declaración oficial preliminar o final al adquirir una nueva emisión municipal.

Regla G-33 (*Rule G-33*) Regla del MSRB que regula el cálculo de los intereses acumulados sobre bonos municipales con base en un año de 360 días.

Regla G-34 (*Rule G-34*) Regla del MSRB que exige que todo colocador administrador solicite al CUSIP un número para cada nueva emisión municipal.

Regla G-35 (*Rule G-35*) Regla del MSRB que rige las normas de arbitraje para la resolución de controversias entre partes en una negociación de valores municipales.

Regla G-36 (*Rule G-36*) Regla del MSRB que exige que todo suscriptor de una nueva emisión municipal le presente la declaración oficial final.

Regla G-37 (*Rule G-37*) Regla del MSRB que prohíbe a los agentes de valores municipales suscribir títulos emitidos con autorización de un funcionario público que ha recibido dinero de una persona asociada de ese agente.

Regla G-38 (*Rule G-38*) Regla del MSRB que exige a las empresas de valores municipales divulgar sus relaciones con los asesores que contratan para captar negocios con emisores municipales.

Regla G-4 (*Rule G-4*) Regla del MSRB que descalifica legalmente a los miembros que violan las leyes o reglamentos de valores.

Regla G-5 (*Rule G-5*) Regla del MSRB que se aplica a las medidas disciplinarias de los organismos reguladores como la SEC, y otros organismos autorreguladores.

Regla G-6 (*Rule G-6*) Regla del MSRB que regula los requisitos relativos a la fianza de fidelidad aplicables a los intermediarios-agentes.

Regla G-7 (*Rule G-7*) Regla del MSRB que regula la documentación que toda persona asociada debe mantener en sus archivos.

Regla G-8 (*Rule G-8*) Regla del MSRB que estipula en términos generales los requisitos relativos al mantenimiento de libros y registros.

Regla G-9 (*Rule G-9*) Regla del MSRB que regula la conservación de libros y registros.

Reglamento A (*Regulation A*) Disposición de la Ley de Valores de 1933 que exenta de la incripción las ofertas públicas pequeñas con un valor máximo de $5 millones en títulos emitidos durante un periodo de 12 meses.

Reglamento D (*Regulation D*) Disposición de la Ley de Valores de 1933 que exenta de la inscripción las ofertas que se venden a un máximo de 35 inversionistas no acreditados durante un periodo de 12 meses. *Véase también* colocación privada.

Reglamento G (*Regulation G*) Reglamento del Consejo de la Reserva Federal de Estados Unidos que regula el otorgamiento de crédito de instituciones de crédito comercial y no financieras para operaciones con valores. *Véanse también* Reglamento T; Reglamento U.

Reglamento Q (*Regulation Q*) Reglamento del Consejo de la Reserva Federal de Estados Unidos que establecía el tope de intereses que los bancos estadounidenses podían pagar sobre cuentas de ahorro. Este reglamento se abrogó en 1986.

Reglamento T (*Regulation T; Reg. T*) Reglamento del Consejo de la Reserva Federal de Estados Unidos que regula las cuentas de caja de los clientes y el monto de crédito que las casas de bolsa y los agentes de valores pueden extender a los clientes para que compren valores. Hoy día, el Reglamento T permite un límite máximo de margen de 50% con un periodo de pago de dos días después del plazo normal de liquidación. *Véanse*

también Reglamento G; Reglamento U.

Reglamento U (*Regulation U*) Reglamento del Consejo de la Reserva Federal de Estados Unidos que regula el crédito que otorgan los bancos para la compra de valores. Los préstamos pagaderos a la demanda están exentos del cumplimiento de este reglamento. *Véanse también* préstamo de agente de valores; préstamo pagadero a la demanda; Reglamento G; Reglamento T; préstamo a plazo.

Reglamento X (*Regulation X*) Reglamento del Consejo de la Reserva Federal de Estados Unidos que regula el uso del dinero prestado en operaciones con valores, en particular las que implican préstamos de acreditantes extranjeros a empresas estadounidenses.

Reglas de Prácticas Leales (*Rules of Fair Practice; ROFP*) Reglas de la NASD que establecen en términos generales las prácticas éticas que las empresas miembros deben seguir en su trato con el público.

Reglas de Prácticas Leales de la NASD (*NASD Rules of Fair Practice*) Reglas aplicadas para asegurar que los miembros de la NASD y sus representantes sigan prácticas leales y éticas en su trato con el público. Estas reglas complementan y amplían la Ley de Valores de 1933, la Ley de Bolsas de Valores de 1934 y la Ley de Compañías de Inversión de 1940.

reinversión (*reinvestment*) Acto de aplicar dividendos, intereses y ganancias de capital obtenidos de una inversión en una sociedad de inversión a la compra de acciones adicionales, en vez de recibir las distribuciones en efectivo.

REIT Siglas en inglés del término fideicomiso de inversión en bienes raíces.

relación de acciones ordinarias (*common stock ratio*) Uno de varios instrumentos que los analistas utilizan para evaluar el grado de seguridad que ofrecen las obligaciones de una sociedad. Mide el porcentaje de contribuciones de los tenedores de acciones ordinarias a la capitalización total de la empresa, y se calcula sumando el valor a la par, el excedente de capital respecto de este valor y las utilidades retenidas, y dividiendo el resultado entre la capitalización total. *Sin.* coeficiente de acciones ordinarias. *Véanse también*

relación de endeudamiento; razón de acciones preferentes.

relación de activo disponible (*cash assets ratio*) *Véase* coeficiente de activo disponible.

relación de activo disponible-pasivo corriente (*acid-test ratio; quick ratio*) *Véase* coeficiente de solvencia inmediata.

relación de cobertura de intereses (*bond interest coverage ratio; fixed charge coverage ratio; times fixed charges earned ratio; times interest earned ratio*) *Véase* razón de cobertura de intereses sobre un bono.

relación de cobros (*collection ratio*) *Véase* coeficiente de cobros.

relación de colocación (*placement ratio*) Índice compilado por *The Bond Buyer* que muestra el número de nuevas emisiones municipales que se han vendido durante la última semana. *Sin.* índice de colocación.

relación de deuda-capital (*debt-to-equity ratio*) Relación de deuda total de largo plazo a capital accionario; se usa para medir el apalancamiento.

relación de endeudamiento (*bond ratio; debt ratio*) Uno de diversos instrumentos que los analistas de bonos emplean para evaluar el grado de seguridad que ofrecen los títulos de esta clase emitidos por las empresas. Mide el porcentaje de capitalización que se obtiene mediante el financiamiento de deuda a largo plazo, el cual se calcula dividiendo el valor nominal total de los bonos en circulación entre el total de capitalización. *Sins.* coeficiente de endeudamiento; índice de endeudamiento.

relación de gastos (*expense ratio*) *Véase* coeficiente de gastos (1).

relación de pagos de dividendos (*dividend payout ratio*) Medida de la política de pagos de dividendos en efectivo de una sociedad anónima, que se calcula dividiendo los dividendos pagados sobre acciones ordinarias entre el ingreso neto a disposición de los tenedores de esas acciones. Esta relación es el complemento de la relación de utilidades retenidas. *Sins.* coeficiente de pagos de dividendos; razón de pagos de dividendos. *Véase también* relación de utilidades retenidas.

relación de rentabilidad (*profitability ratio*) *Véase* coeficiente de rentabilidad.

relación de utilidades retenidas (*retained earnings ratio*) Medida de la política de una empresa respecto de la acumulación de utilidades, que se calcula dividiendo el ingreso neto disponible para los accionistas entre los dividendos pagados en las acciones ordinarias. La relación o coeficiente es el complemento del coeficiente de pagos de dividendos. *Sin.* coeficiente de utilidades retenidas; razón de utilidades retenidas. *Véase también* relación de pagos de dividendos.

relación del servicio de la deuda (*debt service ratio*) Índice de la capacidad de una entidad emisora para cubrir los pagos de intereses y capital sobre sus obligaciones. *Sins.* coeficiente del servicio de la deuda; índice del servicio de la deuda.

relación PE (*PE ratio*) *Véase* múltiplo de precio-utilidad.

relación servicio de la deuda a ingresos anuales (*debt service to annual revenues ratio*) Relación que indica si un municipio o una comunidad están sobrecargados de gastos de servicio de la deuda.

REMIC Siglas en inglés del término intermediario de inversiones hipotecarias.

rendimiento (*yield*) Tasa de rentabilidad de una

inversión, generalmente expresada como porcentaje anual. *Sin.* rentabilidad (2). *Véanse también* rendimiento actual; rendimiento en dividendos; rendimiento nominal; rendimiento a la amortización; rendimiento al vencimiento.

rendimiento a la amortización (*yield to call; YTC*) Tasa de rendimiento de un bono que representa la diferencia entre su costo de adquisición y su producto, incluyendo los ingresos por intereses, calculada hasta la primera fecha en que la sociedad emisora puede amortizar el bono. *Véase también* rendimiento de un bono.

rendimiento actual (*current yield*) Tasa de rendimiento anual de un título; se calcula dividiendo los intereses o dividendos que paga entre su precio actual de mercado. *Sin.* rendimiento corriente. *Véase también* rendimiento de un bono.

rendimiento al vencimiento (*yield to maturity; YTM*) Tasa de rendimiento de un bono que representa la diferencia entre su costo de adquisición y su producto al vencimiento, incluyendo los ingresos por intereses. *Véase también* rendimiento de un bono.

rendimiento anual de la inversión (*annual ROI*) Rendimiento anual de la inversión de un bono, que equivale al interés anual más el descuento prorrateado o menos el premio prorrateado.

rendimiento corriente (*current yield*) *Véase* rendimiento actual.

rendimiento de capital común (*return on common equity*) *Véase* rendimiento de capital ordinario.

rendimiento de capital ordinario (*return on common equity*) Indicador de la rentabilidad de una sociedad anónima que se calcula dividiendo el ingreso después de impuestos entre el capital contable ordinario. *Sins.* rentabilidad de capital ordinario; rendimiento de capital común; rentabilidad de las acciones comunes.

rendimiento de cupón (*nominal yield; coupon rate; stated yield; coupon yield*) *Véase* rendimiento nominal.

rendimiento de la inversión (*return on investment; ROI*) Pérdida o utilidad derivada de una negociación de valores, que a menudo se expresa como una tasa porcentual anual. *Sins.* rentabilidad de la inversión; rendimiento del capital invertido.

rendimiento de un bono *(bond yield)* Tasa de rendimiento anual de una inversión en un bono. Los tipos de rendimiento incluyen: rendimiento nominal, rendimiento actual, rendimiento al vencimiento y rendimiento a la amortización. Sus relaciones varían según si el bono en cuestión se negocia con descuento, con un premio o conforme a su valor a la par. *Veánse también* rendimiento actual; rendimiento nominal; rendimiento a la amortización; rendimiento al vencimiento.

rendimiento declarado *(nominal yield; coupon rate; stated yield; coupon yield)* *Véase* rendimiento nominal.

rendimiento del capital *(return on equity)* Indicador de la rentabilidad de una sociedad anónima, especialmente de sus activos, que se calcula dividiendo el ingreso después de impuestos entre los activos tangibles. *Sin.* rentabilidad del capital.

rendimiento del capital invertido *(return on investment; ROI)* *Véase* rendimiento de la inversión.

rendimiento en dividendos *(dividend yield)* Tasa de rendimiento anual de una inversión en acciones ordinarias o preferentes. Este rendimiento se calcula dividiendo el dividendo anual entre la postura de compra de la acción. *Veánse también* rendimiento actual; dividendo.

rendimiento equivalente a impuestos *(tax-equivalent yield)* Tasa de rentabilidad que un bono gravable tiene que ganar antes de impuestos para igualar las utilidades exentas de impuestos sobre un bono municipal. Esta cantidad varía según la categoría de contribuyentes a la que pertenece el inversionista. *Sin.* rentabilidad equivalente a impuestos.

rendimiento neto de la inversión *(net investment return)* Tasa de rendimiento de una cuenta separada de un seguro de vida variable. El rendimiento acumulado de todos los años se aplica a la base de indemnización cuando se calcula la indemnización por muerte. *Sins.* rentabilidad neta de la inversión; ganancia neta de la inversión.

rendimiento nominal *(nominal yield; stated yield; coupon yield)* Tasa de interés especificada en el anverso de un bono que indica el porcentaje de interés que el emisor pagará sobre el valor nominal del bono. *Sins.*

231

rentabilidad nominal; rendimiento declarado; tasa de cupón; rendimiento de cupón). *Véase también* rendimiento de un bono.

renovación (*rollover*) *Véase* refinanciamiento continuo.

renta neta de la inversión (*net investment income*) *Véase* ingreso neto por inversiones.

renta vitalicia (*life annuity/ straight life*) Opción de pago de renta conforme a la cual se le entrega al rentista un cheque mensual durante toda su vida.

renta vitalicia contingente (*life contingency annuity*) Opción de pago de renta que prevé una indemnización por muerte durante la etapa de acumulación. Si el rentista muere durante este periodo, se hace una contribución total a la cuenta que se le paga a su beneficiario designado.

renta vitalicia por periodo fijo (*life annuity with period certain*) Opción de pago de renta que garantiza al rentista un cheque mensual durante cierto periodo y de ahí en adelante durante toda su vida. Si el rentista muere antes de que expire ese período, los pagos se le hacen a su beneficiario designado.

rentabilidad (1) (*profitability*) Capacidad de generar más ingresos y ganancias que gastos.

rentabilidad (2) (*yield*) *Véase* rendimiento.

rentabilidad de capital ordinario (*return on common equity*) *Véase* rendimiento de capital ordinario.

rentabilidad de la inversión (*return on investment; ROI*) *Véase* rendimiento de la inversión.

rentabilidad de las acciones comunes (*return on common equity*) *Véase* rendimiento de capital ordinario.

rentabilidad del capital (*return on equity*) *Véase* rendimiento del capital.

rentabilidad equivalente a impuestos (*tax-equivalent yield*) *Véase* rendimiento equivalente a impuestos.

rentabilidad neta de la inversión (*net investment return*) *Véase* rendimiento neto de la inversión.

rentabilidad nominal (*nominal yield; coupon rate; stated yield; coupon yield*) *Véase* rendimiento nominal.

rentista (*annuitant*) Persona que recibe la distribución de un seguro de renta.

repo Forma abreviada en inglés del término reporto.

reporte de error (*error report*) Mensaje que aparece en la Cinta (o Tira) de Precios Consolidada y que corrige un error en un reporte sobre una operación anterior. Cualquier corrección necesaria va precedida de las letras "CORR". *Véase también* CORR.

Reporte FOCUS (*FOCUS Report; Financial and Operational Combined Uniform Single Report*) *Véase* Reporte Único Uniforme y Combinado de Finanzas y Operaciones.

Reporte Único Uniforme y Combinado de Finanzas y Operaciones (*Financial and Operational Combined Uniform Single Report; FOCUS Report*) Estado financiero que incluye las cifras de ganancias, capital y flujo de caja. Los intermediarios-agentes generales tienen que presentar mensualmente la Parte I del Reporte FOCUS y trimestralmente la Parte II del mismo. Los intermediarios-agentes introductores tienen que presentar trimestralmente la Parte IIA y no se les exige que presenten el reporte mensual. *Sins.* Informe Único Uniforme y Combinado de Finanzas y Operaciones; Reporte FOCUS; Informe FOCUS.

reporte USDA (*USDA report*) Publicación mensual del Departamento de Agricultura de Estados Unidos que muestra estimaciones de la oferta de diversos productos agrícolas. *Sin.* informe USDA.

reporto (*repurchase agreement; repo*) Venta de valores con un acuerdo concurrente de recomprarlos a un precio más alto en una fecha determinada en el futuro; la diferencia entre la postura de venta y la de recompra representa la ganancia de intereses para el inversionista. Los reportos se consideran instrumentos del mercado monetario y se utilizan para reunir capital a corto plazo y como instrumentos de la política monetaria. *Sins.* acuerdo de recompra; pacto de recompra; pacto de retroventa. *Véase también* reporto inverso.

reporto inverso (*reverse repurchase agreement; reverse repo*) Venta de valores con un acuerdo concurrente de revenderlos a un precio más alto en una fecha determinada; la diferencia entre la postura de compra y la de reventa representa la ganancia de intereses para el inversionista. La negociación es iniciada por el comprador. *Sins.* acuerdo de recompra inverso; pacto de recompra inverso; pacto de retroventa inverso.

representante adjunto de procesamiento de órdenes (*assistant representative-order processing*) *Véase* Serie 11.

representante de asesor de inversión (*investment adviser representative*) *Véase* representante de asesor en inversiones.

representante de asesor en inversiones (*investment adviser representative*) Cualquier socio, funcionario, consejero u otra persona asociada con un asesor en inversiones que hace recomendaciones de inversión, maneja carteras de clientes, determina qué recomendaciones de inversión deben hacerse, vende servicios de asesoría en inversiones, o supervisa a los empleados que participan en cualquiera de estas actividades. *Sin.* representante de asesor de inversión.

representante de valores generales (*general securities representative*) *Véase* Serie 7.

representante de valores municipales (*municipal securities representative*) *Véase* Serie 52.

representante especializado (*limited representative*) Persona que aprueba un examen que se le aplica para determinar si tiene los conocimientos necesarios y cumple con los requisitos para vender ciertos productos de inversión. *Véanse también* Serie 6; Serie 17; Serie 22; Serie 37; Serie 38; Serie 42; Serie 47; Serie 52; Serie 62.

representante especializado corresponsal (*foreign limited representative*) Persona, de ciudadanía no estadounidense, registrada para vender valores en su país y que ha aprobado un examen de conocimientos sobre las leyes y reglamentos aplicables a las operaciones bursátiles en Estados Unidos. *Véanse también* Serie 17; Serie 37; Serie 38; Serie 47.

representante especializado de productos de compañías de inversión/contratos de seguros de renta variable (*investment company/variable contract products limited representative*) *Véase* Serie 6.

representante especializado de programas de participación directa (*direct participation programs limited representative*) *Véase* Serie 22.

representante registrado (*registered representative; account executive; stockbroker; RR*) Persona asociada que se dedica al negocio de banca de inversión o el gremio bursátil.

Conforme a la NASD, esta clase de agentes incluye a personas que supervisan, solicitan o manejan operaciones bursátiles y capacitan a otros para que supervisen, soliciten o manejen operaciones bursátiles.

Cualquier empleado de una casa de bolsa que no sea principal y que no realice tareas de oficina o de administración de corretaje tiene que aprobar el examen de certificación de representante registrado y registrarse como tal. *Sins.* ejecutivo de cuentas; intermediario; corredor de bolsa; comisionista de bolsa: operador. *Véase también* persona asociada de un miembro.

representante registrado de opciones (*registered options representative*) *Véase* Serie 42.

requisito de mantenimiento (*margin maintenance requirement; house maintenance requirement; maintenance requirement; NASD/ NYSE maintenance requirement*) *Véase* requisito de mantenimiento de margen.

requisito de mantenimiento de la NASD (*NASD maintenance requirement*) *Véase* requisito de mantenimiento de margen.

requisito de mantenimiento de margen (*margin maintenance requirement; house maintenance requirement; maintenance requirement; margin deficiency; minimum margin requirement*) Capital mínimo que debe mantenerse en una cuenta de margen, cuyo monto establecen el intermediario-agente y la NASD o la NYSE. El monto requerido depende del tipo de valor comprado con margen, y el requisito del intermediario-agente es normalmente superior al del NASD o el NYSE. *Sins.* requisito de margen mínimo; requisito de mantenimiento de la NASD; requisito de mantenimiento NYSE; requisito de mantenimiento NASD/NYSE.

requisito de mantenimiento NASD/NYSE (*margin maintenance requirement; house maintenance requirement; maintenance requirement; NASD/NYSE maintenance requirement*) *Véase* requisito de mantenimiento de margen.

requisito de mantenimiento NYSE (*NYSE maintenance requirement*) *Véase* requisito de mantenimiento de margen.

requisito de margen inicial (*initial margin requirement*) Monto del capital que un cliente debe depositar cuando realiza una compra nueva en una cuenta de margen. Hoy día, el requisito previsto en el Reglamento T de la SEC en relación con los títulos de capital es el 50% de la postura de compra. El requisito inicial mínimo de la NYSE y de la NASD es un depósito de $2,000, pero no más del 100% de la postura de compra. *Véanse también* margen; aviso de margen.

requisito de margen mínimo (*margin maintenance requirement; house maintenance requirement; maintenance requirement; NASD/NYSE maintenance requirement*) *Véase* requisito de mantenimiento de margen.

requisito de retención (*retention requirement*) Disposición del Reglamento T que se aplica al retiro de valores de una cuenta restringida. El cliente tiene que depositar una cantidad equivalente a la porción pendiente de pago de los valores objeto de retiro, con el fin de reducir el saldo deudor. El requisito de retención es la contraparte del requisito de margen inicial. *Véase también* cuenta restringida.

reserva legal (*reserve requirement; reserves*) Porcentaje del dinero de los depositantes que el Consejo de la Reserva Federal exige que un banco comercial guarde en depósito ya sea en caja o en bóveda. *Sin.* reserva obligatoria.

reserva obligatoria (*reserve requirement; reserves*) *Véase* reserva legal.

resguardo (*hedge*) *Véase* cobertura.

resguardo a largo (*long hedge*) *Véase* cobertura larga.

resguardo anticipado (*anticipatory hedge*) Acción de asegurar un precio específico para la compra próxima de un producto adquiriendo un contrato de futuros relativo a ese producto.

resguardo cruzado (*cross hedge*) *Véase* cobertura cruzada.

resguardo largo (*long hedge*) *Véase* cobertura larga.

resguardo puro (*pure hedge*) *Véase* cobertura pura.

resolución de autorización (*authorizing resolution*) Documento que faculta a un gobierno municipal o estatal a emitir títulos valor. Esta resolución dispone el establecimiento de un fondo de ingresos en el que se depositan los recibos o ingresos.

responsabilidad (*liability*) Obligación legal de pagar una deuda. El pasivo circulante es un conjunto de deudas pagaderas dentro de los 12 meses siguientes. El pasivo a largo plazo consta de deudas pagaderas en un periodo superior a 12 meses.

responsabilidad limitada (*limited liability*) Derecho de un inversionista de limitar sus pérdidas potenciales conforme al monto de su inversión. Los tenedores de acciones de capital, como son los accionistas de las sociedades anónimas y las sociedades en comandita simple, tienen responsabilidad limitada.

retención (*retention*) Porcentaje de una nueva emisión que un colocador conserva para venderlo directamente a sus propios clientes. Los títulos que coloca pero no retiene los devuelve al sindicato para que los venda el grupo vendedor.

retiro de bonos (*retiring bonds*) Amortización de bonos en circulación, ya sea comprándolos en el mercado abierto o reembolsando a su vencimiento el capital a los tenedores, con objeto de cancelar la deuda de un emisor.

retribución (*allowance; quality allowance*) *Véase* bonificación.

reunión de auditoría de información (*due dilligence*

meeting) Reunión en la que funcionarios y representantes del grupo colocador presentan información sobre una emisión próxima de valores y responden preguntas al respecto. Esta reunión se realiza con objeto de proteger a los intermediarios bursátiles, los analistas de valores y los inversionistas institucionales.

revaluación (1) (*appreciation*) *Véase* apreciación.

revaluación (2) (*revaluation*) Aumento del valor relativo de la moneda de un país determinado por el gobierno correspondiente. *Véase también* devaluación.

revendedor (*scalper*) Negociante que compra y vende numerosos contratos de productos durante un mismo día con la intención de aprovechar fluctuaciones pequeñas de precios. El revendedor rara vez mantiene una posición de un día a otro, y sus operaciones de compraventa contribuyen significativamente a la liquidez de los mercados de productos básicos. *Véanse también* intermediario del día; intermediario de posiciones; especulador bursátil.

revisión anual de cumplimiento (*annual compliance review*)

Reunión anual a la que todos los agentes de bolsa deben asistir y cuyo objeto es examinar todas las cuestiones relacionadas con el cumplimiento.

riesgo crediticio (*credit risk; default risk; financial risk*) *Véase* riesgo de crédito.

riesgo de amortización anticipada (*call risk*) Posibilidad de que un bono se amortice antes de su vencimiento y el inversionista deje de recibir el ingreso corriente que le reporta. Como es más probable que esto ocurra en periodos de tendencia a la baja de las tasas de interés, puede suceder que el inversionista se vea imposibilitado para reinvertir su capital a una tasa de rendimiento comparable. *Sin.* riesgo de redención anticipada.

riesgo de bursatilidad (*liquidity risk; marketability risk*) *Véase* riesgo de liquidez.

riesgo de capital (*capital risk*) Posibilidad de que un inversionista pierda dinero que ha invertido a causa de circunstancias ajenas a la solidez financiera de la entidad emisora. Por ejemplo, los instrumentos derivados como las opciones implican un riesgo independiente de los cambios en el valor de los títulos de referencia. *Véase también* derivado.

riesgo de crédito (*credit risk; default risk; financial risk*) Probabilidad de que la entidad emisora de un bono incumpla con el pago del capital o de los intereses. *Sins.* riesgo crediticio; riesgo financiero; riesgo de financiamiento.

riesgo de financiamiento (*credit risk; default risk; financial risk*) *Véase* riesgo de crédito.

riesgo de inflación (*purchasing power risk; inflation risk*) *Véase* riesgo de poder adquisitivo.

riesgo de liquidez (*liquidity risk; marketability risk*) Posibilidad de que un inversionista no pueda vender una inversión de la manera y en el momento que lo desee. *Sin.* riesgo de bursatilidad.

riesgo de margen (*margin risk*) Posibilidad de que a un cliente de margen se le exija que deposite una cantidad adicional de dinero si sus posiciones en valores están sujetas a movimientos de precios adversos.

riesgo de mercado (*market risk*) Posibilidad de que un inversionista sufra pérdidas a causa de las fluctuaciones diarias en los precios de compraventa de los valores.

riesgo de oportunidad (*timing risk*) Posibilidad de que un inversionista incurra en una pérdida al comprar o vender determinado valor en un momento inoportuno.

riesgo de pérdida por concepto de intereses (*interest rate risk*) Riesgo de inversión que se relaciona con la sensibilidad del precio o del valor a las fluctuaciones en el nivel actual de las tasas de interés; asimismo, riesgo creado por el costo competitivo del dinero. Este término generalmente se asocia con los precios de los bonos, pero se aplica a las inversiones de todo tipo. En el caso de los bonos, el precio implica un riesgo de pérdida por concepto de intereses porque si aumenta, los bonos en circulación pierden competitividad a menos que sus rendimientos y precios se ajusten conforme a las condiciones del mercado.

riesgo de poder adquisitivo (*purchasing power risk; inflation risk*) Posibilidad de que, debido a la inflación, determinada cantidad de dinero no alcance para comprar en el futuro lo mismo que se puede comprar en el presente. *Sins.* riesgo de poder de compra; riesgo de inflación.

riesgo de poder de compra (*purchasing power risk; inflation risk*) *Véase* riesgo de poder adquisitivo.

riesgo de precio (*price risk*) Posibilidad de que el valor de una moneda o un producto básico cambie entre la firma de un contrato de entrega y la fecha en que se efectúe la misma. Los mercados de futuros sirven para manejar el riesgo de precio.

riesgo de redención anticipada (*call risk*) *Véase* riesgo de amortización anticipada.

riesgo de reinversión (*reinvestment risk*) Posibilidad de que un inversionista en bonos no pueda reinvertir sus ingresos por intereses o su capital en nuevos bonos con la misma tasa de rendimiento.

riesgo de selección (*selection risk*) Posibilidad de incurrir en una pérdida por invertir en un título que tiene un rendimiento bajo pese a un buen desempeño general del mercado o de un sector.

riesgo económico (*economic risk*) Posibilidad de que ciertos sucesos internacionales y nacionales desencadenen pérdidas en las inversiones en valores.

riesgo financiero (*credit risk; default risk; financial risk*) *Véase* riesgo de crédito.

riesgo legislativo (*legislative risk*) Posibilidad de que un inversionista se vea afectado negativamente por cambios en la legislación fiscal o de inversión.

riesgo no sistemático (*nonsystematic risk*) Posibilidad de que un suceso imprevisible afecte el valor de una inversión específica. Son ejemplos de sucesos imprevisibles las huelgas, los desastres naturales, los lanzamientos de nuevas líneas de productos y los intentos de adquisiciones de empresas. *Véase también* riesgo sistemático.

riesgo sistemático (*systematic risk*) Posibilidad de que el valor de un título disminuya por su tendencia inherente a moverse junto con los demás títulos del mismo tipo. Ni la diversificación ni otra estrategia de inversión pueden eliminar este riesgo. *Véanse también* riesgo de mercado; riesgo no sistemático.

ROFP Siglas en inglés del nombre Reglas de Prácticas Leales.

ROI Siglas en inglés del término rendimiento de la inversión.

rompimiento (*breakout*) En el análisis técnico, momento en que el precio de un título valor rebasa un nivel de soporte o de resistencia establecido. *Véanse también* nivel de resistencia; nivel de soporte.

ROP Siglas en inglés del término principal registrado de opciones.

RR Siglas en inglés del término representante registrado.

S&P Acrónimo de Standard & Poor's Corporation.

S&P 100 *Véase* Índice de 100 Acciones de Standard & Poor's.

S&P 500 Acrónimo en inglés del nombre Índice Compuesto de 500 Acciones de Standard & Poor.

saldo a favor (*credit balance; CR; credit record; credit register*) *Véase* saldo acreedor.

saldo a favor disponible (*free credit balance*) Fondos líquidos en las cuentas de los clientes. Los intermediarios-agentes deben notificar a sus clientes, por lo menos cada trimestre, cuál es su saldo a favor disponible. *Véase también* Regla 15c3-2.

saldo acreedor (*credit balance; CR; credit record; credit register*) Cantidad de dinero que queda en una cuenta de un cliente después de pagar en su totalidad todos los compromisos. *Sins.* saldo a favor; saldo favorable. *Véase también* saldo deudor.

saldo desfavorable (*debit balance; DR; debit record; debit register*) *Véase* saldo deudor.

saldo deudor (*debit balance; DR; debit record; debit register*) Cantidad de dinero que un cliente adeuda a una casa de bolsa. *Sins.* saldo en contra; saldo desfavorable. *Véase también* saldo acreedor.

saldo en contra (*debit balance; DR; debit record; debit register*) *Véase* saldo deudor.

saldo favorable (*credit balance; CR; credit record; credit register*) *Véase* saldo acreedor.

Sallie Mae *Véase* Student Loan Marketing Association.

SCOREX Acrónimo en inglés del nombre Sistema de Comunicación Bursátil, Encaminamiento y Ejecución de Órdenes.

SEC Siglas en inglés del nombre Comisión de Valores y Bolsas.

sector cíclico (*cyclical industry*) *Véase* industria cíclica.

sector de crecimiento (*growth industry*) *Véase* industria de crecimiento.

sector defensivo (*defensive industry*) *Véase* industria defensiva.

Securities Investor Protection Corporation (SIPC)

Organización de miembros, sin fines lucrativos, que fue creada por el Congreso para proteger a los clientes de las casas de bolsa que se ven forzadas a declararse en quiebra. La constituyen todos los intermediarios y agentes registrados de conformidad con la Ley de Bolsas de Valores de 1934, todos los miembros de las bolsas de valores nacionales y la mayoría de los miembros de la NASD. La SIPC brinda a los clientes una protección de hasta $500,000 para el efectivo y los valores de su propiedad que dichas empresas manejan (aunque la protección del efectivo tiene un límite máximo de $100,000).

segregación (1) (*funding*) Directriz de ERISA conforme a la cual los activos de los planes para el retiro deben segregarse de otros activos de las empresas.

segregación (2) (*segregation*) El mantener por separado los títulos pertenecientes a un cliente, de los de otros clientes y de los pertenecientes a la casa de bolsa. *Véase también* mezcla.

segunda pignoración (*rehypotecation*) Afectación de títulos de un cliente como garantía de un crédito bancario. Las casas de bolsa pueden repignorar hasta el 140% del valor de los títulos de sus clientes para financiarles préstamos de margen. *Véase* también pignoración.

seguro de cartera (*portfolio insurance*) Método para proteger una cartera de acciones comunes contra riesgos de mercado mediante la venta en corto de futuros de índices de esas acciones. Esta técnica es de uso común entre los inversionistas institucionales.

seguro de conclusión de plan (*plan completion insurance*) Contrato de seguro adquirido mediante un plan de inversión en pagos periódicos, en el que se nombra como beneficiario al custodio del plan. En caso de muerte del inversionista, el producto del seguro se utiliza para completar los pagos periódicos restantes del plan de inversión.

seguro de renta (*annuity*) Contrato entre una compañía de seguros y una persona física; generalmente garantiza un ingreso permanente a la persona en cuya vida se basa, a cambio de una suma global o de pagos periódicos a la aseguradora. El objetivo del titular del contrato suele ser recibir una renta una vez que se retire. *Véanse también* seguro de renta diferida; seguro de renta fija; seguro de renta inmediata; seguro de renta variable.

seguro de renta bonificable por unidades (*unit refund annuity*) Contrato de seguro conforme al cual la compañía de seguros le hace pagos mensuales al rentista durante toda la vida de éste. Si el rentista muere antes de recibir una cantidad equivalente al valor de la cuenta, el dinero remanente se le entrega al beneficiario.

seguro de renta con impuestos diferidos (*tax-sheltered annuity; tax-deferred annuity; TSA; TDA*) Contrato de seguro que autoriza al titular a excluir todas sus aportaciones del ingreso bruto del año en que las realiza. Los impuestos pagaderos sobre las utilidades se difieren hasta que el titular retira los fondos cuando se jubila. Este tipo de seguro pueden contratarlo empleados de escuelas públicas, organizaciones religiosas y otras entidades exentas de impuestos. *Sin.* seguro de renta protegido contra impuestos.

seguro de renta diferida (*deferred annuity*) Contrato de seguro conforme al cual el pago de la renta, ya sea en una sola exhibición o en parcialidades, se retrasa hasta la o las fechas en que el inversionista decide recibirlo. *Véase también* seguro de renta.

seguro de renta fija (*fixed annuity; fixed dollar annuity; guaranteed dollar annuity*) Contrato de seguro en el que la compañía aseguradora hace pagos fijos al rentista durante la vigencia del contrato, normalmente hasta su fallecimiento. La compañía garantiza tanto las utilidades como el capital. *Véanse también* seguro de renta; seguro de renta variable.

seguro de renta inmediata (*immediate annuity*) Contrato de seguro que se compra con una prima única que empieza a pagar la renta inmediatamente después de su compra. *Véase también* seguro de renta.

seguro de renta protegido contra impuestos (*tax-sheltered annuity; tax-deferred annuity; TSA; TDA*). *Véase* seguro de renta con impuestos diferidos.

seguro de renta variable (*variable annuity*) Contrato de seguro conforme al cual, al terminar la etapa de acumulación, la compañía de seguros garantiza un pago mínimo total al rentista. El monto de este pago lo determina el comportamiento de una cuenta separada, que generalmente se invierte en títulos de capital. *Véanse también* etapa de acumulación; seguro de renta; seguro de renta fija; cuenta separada.

seguro de vida mancomunado con renta reversible (*joint life with last survivor annuity*) Opción de seguro de renta que ampara a dos o más personas; los pagos de renta continúan en tanto uno de los asegurados siga vivo.

SEP Acrónimo en inglés del término plan simplificado de pensiones para los trabajadores.

SEP-IRA Acrónimo en inglés del término plan simplificado de pensiones para los trabajadores.

serie (*series*) Opciones de la misma clase con el mismo precio de ejercicio y la misma fecha de expiración. *Véanse también* clase; tipo.

Serie 11 (*Series 11*) Licencia de Representante Adjunto de Procesamiento de Órdenes que autoriza al titular a aceptar órdenes no solicitadas, introducir memorándums de órdenes, actualizar información de clientes, llenar formas de nuevas cuentas de clientes y proporcionar a éstos cotizaciones y otra información *proforma* relativa a valores. Esta licencia no autoriza al titular a determinar la ideoneidad, recomendar transacciones o dar asesoría a los clientes. Un Representante Adjunto de Procesamiento de Órdenes puede ser remunerado con un sueldo o por hora.

Serie 17 (*Series 17*) Licencia de Representante Especializado–RU, que autoriza al titular, registrado en el Reino Unido, a vender valores en Estados Unidos, excepto los municipales. En el módulo de examen abreviado se pone a prueba sólo su conocimiento del material del examen de Representante Registrado de Valores Generales que no cubre el examen de certificación de su país. *Véase también* representante especializado corresponsal.

Serie 22 (*Series 22*) Licencia de Representante Especializado de Programas de

Participación Directa, que autoriza al titular a vender sociedades en comandita simple de petróleo y gas, bienes raíces, películas cinematográficas y otras sociedades de este tipo. La utilizan muchas empresas que venden productos de sociedades en comandita simple con ventajas fiscales. Esta licencia puede ser un requisito previo para obtener la certificación Serie 39.

Serie 24 (*Series 24*) Licencia de Principal de Valores Generales, que autoriza al titular a supervisar las operaciones de un intermediario-agente. Un requisito previo para la obtención de esta licencia es la certificación Serie 7 o la Serie 62.

Serie 26 (*Series 26*) Licencia de Principal Especializado de Productos de Compañías de Inversión/Contratos de Seguros de Renta Variable, que autoriza al titular a supervisar la venta de productos de compañías de inversión y productos de seguros de renta variable. Un requisito previo para la obtención de esta licencia es la certificación Serie 6 o la Serie 7.

Serie 27 (*Series 27; financial and operations limited principal*)

Licencia de Principal Especializado de Finanzas y Operaciones, que autoriza al titular a supervisar la administración de las finanzas de una casa de bolsa.

Serie 28 (*Series 28; introducing broker-dealer financial and operations limited principal*) Licencia de Principal Especializado de Finanzas y Operaciones de Intermediario-agente Introductor, que autoriza al titular a supervisar la administración de las finanzas de una casa de bolsa clasificada como intermediario-agente introductor.

Serie 3 (*Series 3*) Examen Nacional sobre Futuros de Productos Básicos. La aprobación de este examen es un requisito para que la Asociación Nacional de Futuros expida la licencia necesaria para negociar futuros con el público. *Véase también* Asociación Nacional de Futuros.

Serie 37 (*Series 37*) Una de dos licencias de Representante Registrado Especializado-Canadá, que autoriza a un representante registrado en Canadá a vender valores en Estados Unidos, excepto los municipales. Se otorga a los representantes que ya tienen licencia canadiense para vender opciones, y el módulo de examen abreviado pone a prueba únicamente su conocimiento del material del examen de Representante Registrado de Valores Generales que no cubre el examen de certificación de su país. *Véase también* representante especializado corresponsal.

Serie 38 (*Series 38*) Una de dos licencias de Representante Registrado Especializado-Canadá, que autoriza a un representante registrado en Canadá a vender valores en Estados Unidos, excepto los municipales. Se otorga a los representantes canadienses que desean vender opciones, y el módulo de examen abreviado pone a prueba únicamente su conocimiento del material del examen de Representante Registrado de Valores Generales que no cubre el examen de certificación de su país. *Véase también* representante especializado corresponsal.

Serie 39 (*Series 39*) Licencia de Principal Especializado de Programas de Participación Directa, que autoriza al titular a supervisar las operaciones de una casa de bolsa relacionadas con programas de participación directa y

sociedades en comandita simple. Un requisito previo para la obtención de esta licencia es la certificación Serie 7 o la Serie 22.

Serie 4 (*Series 4*) Licencia de Principal Registrado de Opciones, que autoriza al titular a supervisar la compraventa de opciones. Un requisito previo para la obtención de esta licencia es la certificación Serie 7 o la Serie 62. Cada empresa miembro de la NASD dedicada a la operación de opciones debe emplear por lo menos a un principal registrado de opciones. *Véanse también* principal registrado del cumplimiento de las opciones; principal registrado de opciones; principal registrado supervisor de opciones.

Serie 42 (*Series 42*) Licencia de Representante Registrado de Opciones, que autoriza al titular a vender exclusivamente contratos de opciones de compra y de venta. Un requisito previo para la obtención de esta licencia es la certificación Serie 62.

Serie 47 (*Series 47*) Licencia de Representante Registrado Especializado–Japón, que autoriza a un representante autorizado en Japón a vender valores en Estados Unidos, excepto los municipales. El módulo de examen abreviado pone a prueba sólo su conocimiento del material del examen de Representante Registrado de Valores Generales que no cubre el examen de certificación de su país. *Véase también* representante registrado corresponsal.

Serie 52 (*Series 52; municipal securities representative*) Licencia de Representante de Valores Municipales, que autoriza al titular a vender valores municipales y gubernamentales; la utilizan muchas empresas que venden principalmente títulos de deuda municipales. Esta licencia puede servir de requisito previo para la obtención de la licencia Serie 53.

Serie 53 (*Series 53; municipal securities principal*) Licencia de Principal de Valores Municipales, que autoriza al titular a supervisar las operaciones de una casa de bolsa con valores municipales y gubernamentales. Un requisito previo para la obtención de esta licencia es la certificación Serie 7 o la Serie 52.

Serie 6 (*Series 6*) Licencia de Representante Especializado de Productos de Compañías de Inversión/ Contratos de Seguros de Renta Variable, que autoriza al titular a vender sociedades de inversión y contratos de seguros de renta variable; la utilizan muchas empresas que venden principalmente productos relacionados con los seguros. La certificación Serie 6 puede ser un requisito para obtener la licencia Serie 26.

Serie 62 (*Series 62; corporate securities limited representative*) Licencia de Representante Especializado de Valores Corporativos, que autoriza al titular a vender todo tipo de valores corporativos, excepto títulos municipales, opciones, programas de participación directa y otros productos. Esta licencia puede servir como requisito previo para obtener las certificaciones Serie 4 y Serie 24.

Serie 63 (*Series 63*) Examen sobre la Ley Uniforme Estatal de Agentes de Valores, que autoriza a las personas que lo aprueban a vender valores y prestar asesoría en inversiones en aquellos estados de la Unión Americana que exigen el registro Serie 63. *Véanse* *también* leyes estatales sobre la industria bursátil; Ley Uniforme de Valores.

Serie 65 (*Series 65*) Examen Uniforme Legal para Asesores en Inversiones, que autoriza a las personas que lo aprueban a vender valores y prestar asesoría en inversiones en aquellos estados de la Unión Americana que exigen el registro Serie 65. *Véanse también* leyes estatales sobre la industria bursátil; Ley Uniforme de Valores.

Serie 66 (*Series 66*) Examen Combinado Uniforme sobre Leyes Estatales, que autoriza a las personas que lo aprueban a actuar como agentes y asesores en inversiones en aquellos estados de la Unión Americana que requieren registro. Muchos estados aceptan la Serie 66 en lugar de la Serie 63 y la Serie 65. *Véanse también* leyes estatales sobre la industria bursátil; Ley Uniforme de Valores.

Serie 7 (*Series 7*) Licencia de Representante Registrado de Valores Generales, que autoriza al titular a vender todo tipo de valores, excepto futuros de productos básicos (para la venta de los cuales se requiere una licencia Serie 3). La Serie 7 es la licencia de representación más amplia de

la NASD y un requisito previo para presentar la mayoría de los exámenes que esta institución aplica a los principales.

Serie 8 (*Series 8*) Licencia de Principal Especializado Supervisor de Ventas de Valores Generales, que autoriza al titular a supervisar la venta de todo tipo de valores, excepto productos básicos.

Servicio Automatizado de Confirmación de Operaciones (*Automated Confirmation Transaction Service; ACT*) Sistema de postejecución, reporte de operaciones en línea y comparación creado por la NASD. Su objetivo principal es facilitar a las sociedades miembros de una bolsa la conciliación y el cotejo de las negociaciones hechas por teléfono, aumentando así la eficiencia de las operaciones de estas sociedades.

servicio de calificación (*rating service*) Compañía, como Moody's o Standard & Poor's, que califica la seguridad de diversas emisiones de títulos de deuda y acciones preferentes según la capacidad de los emisores para pagar el capital, los intereses o los dividendos. La entidad emisora, ya sea una compañía o un municipio, paga una comisión por la calificación de sus valores. *Véanse también* calificación de bonos; calificación.

Servicio de Impuestos Internos (*Internal Revenue Service; IRS*) Organismo del gobierno de Estados Unidos responsable de recaudar la mayor parte de los impuestos federales y administrar las normas y reglamentos fiscales. *Sins.* Servicio de Ingresos Internos; Servicio de Rentas Internas.

Servicio de Ingresos Internos (*Internal Revenue Service; IRS*) *Véase* Servicio de Impuestos Internos.

servicio de la deuda (*debt service*) Programa de pagos de capital y de intereses (o aportaciones programadas de un fondo de amortización) respecto de una deuda pendiente. *Véase también* fondo de amortización.

Servicio de Rentas Internas (*Internal Revenue Service; IRS*) *Véase* Servicio de Impuestos Internos.

servicio decreciente de la deuda (*decreasing debt service*) Programa de amortización de una deuda conforme al cual la entidad emisora reembolsa el capital en pagos de cantidades iguales durante la vida de la emisión; por lo tanto, el monto de los intereses y de cada pago decrece con el tiempo. *Véase también* servicio fijo de la deuda.

servicio fijo de la deuda (*level debt service*) Programa en el que los pagos de capital e intereses de la deuda permanecen esencialmente constantes de un año a otro durante la vida de la emisión. *Véase* servicio decreciente de la deuda.

SIA Siglas en inglés del nombre Asociación del Sector de Valores.

SIC Siglas en inglés del nombre Centro de Información sobre Valores.

sin cobertura (*naked; uncovered*) *Véase* al descubierto.

sin derechos (*ex-rights*) Expresión que se aplica a las negociaciones de acciones sin derechos. *Véase también* con derechos.

sindicato (*syndicate; underwriting syndicate*) Grupo de bancos de inversión que se forma para administrar la venta y distribución de un título en representación del emisor. Cada miembro del sindicato es responsable de vender y distribuir una parte de la emisión. *Sins.* sindicato colocador; sindicato de colocadores. *Véanse también* cuenta del este; cuenta del oeste.

sindicato colocador (*syndicate; underwriting syndicate*) *Véase* sindicato.

sindicato de colocadores (*syndicate; underwriting syndicate*) *Véase* sindicato.

SIPC Siglas del nombre Securities Investor Protection Corporation.

Sistema Automatizado de Comunicación y Ejecución de Filadelfia (*Philadelphia Automated Communication and Execution System; PACE*) Sistema computarizado de encaminamiento de órdenes que la Bolsa de Valores de Filadelfia creó en 1875. Este sistema rutea automáticamente las órdenes y las ejecuta de la misma manera más o menos dentro de los 15 segundos siguientes a su recepción, y segundos después comunica las confirmaciones al intermediario-agente de origen. El PACE maneja las órdenes al mejor precio de mercado y a un precio determinado relacionadas con acciones que se negocian activamente. *Véase también* Bolsa de Valores de Filadelfia.

Sistema Automatizado de Cotizaciones de la National Association of Securities Dealers (*National Association of Securities Dealers Automated Quotation System; Nasdaq*) Sistema electrónico en el que se registran las cotizaciones oportunas de compra y venta de unas 5,500 acciones negociadas fuera de bolsa.

Sistema Consolidado de Cotizaciones (*Consolidated Quotation System; CQS*) Servicio de cotizaciones e informes de las últimas ventas, al cual tienen acceso los miembros de la NASD que son formadores activos de mercados para valores inscritos en el mercado terciario. Lo utilizan los formadores de mercados dispuestos a comprar y vender de manera continua títulos por cuenta propia, pero que no desean hacerlo a través de una bolsa. Mientras que todos los suscriptores del Nasdaq tienen acceso al servicio de despliegue de cotizaciones mediante el pago de una cuota, sólo los miembros registrados para negociar con acciones en el mercado terciario pueden hacer uso del servicio de introducción de cotizaciones.

Sistema de Cambio Automático de Opciones de la AMEX (*Automatic AMEX Options Switch; AUTOAMOS*) Sistema computarizado que la Bolsa Americana de Valores utiliza para encaminar las órdenes de opciones. El AUTOAMOS ejecuta electrónicamente las negociaciones sobre las cuatro a seis acciones más activas del Índice de 100 acciones de Standard & Poor's, y acepta a los intermediarios órdenes de opciones hasta por 20 contratos. *Véase también* Bolsa de Valores Americana.

Sistema de Comercio entre Mercados / Sistema de Ejecución Asistida por Computadora (*Intermarket Trading System / Computer Assisted Execution System [ITS/CAES]*) Servicio de la NASD que proporciona un enlace computarizado entre los formadores de mercado y los especialistas que forman un mercado para el mismo título en las diversas bolsas. Los formadores de mercado ITS/CAES deben mantener un mercado continuo de dos lados para dichos títulos.

Sistema de Comunicación Bursátil, Encaminamiento y Ejecución de Órdenes (*Securities Communication, Order Routing and Execution System; SCOREX*) Sistema computarizado que la Bolsa de Valores del Pacífico usa para rutear y ejecutar órdenes automáticamente. SCOREX sirve para enlazar la PSE con las bolsas de valores nacionales y regionales; las cotizaciones de este sistema se basan en las cotizaciones de las acciones u opciones en cuestión de cada bolsa en que éstas se negocian. *Véase también* Bolsa de Valores del Pacífico.

Sistema de Crédito Agrícola (*Farm Credit System; FCS*) Organización de 37 bancos privados que prestan servicios de crédito a los agricultores y les ofrecen hipotecas sobre sus propiedades. Forman parte de este sistema los Bancos Federales Agrarios, los Bancos Federales Intermediarios del Crédito y los Bancos para Cooperativas. *Véanse también* Administración de Crédito Agrícola; Banco Federal Intermediario del Crédito.

Sistema de Ejecución Asistida por Computadora (*Computer Assisted Execution System*) *Véase* Sistema de Comercio entre Mercados / Sistema de Ejecución Asistida por Computadora.

Sistema de Ejecución Automática al Menudeo (*Retail Automatic Execution*

System, RAES) Sistema que la Bolsa de Opciones de Chicago utiliza para ejercer órdenes del mercado de opciones o de ejecución a precio determinado de 10 o menos contratos recibidos de su propio Sistema de Encaminamiento de Órdenes. Las órdenes que se transmiten por el RAES se ejecutan inmediatamente a la cotización de mercado prevaleciente y se le confirman casi de inmediato al intermediario de origen. *Véanse también* Bolsa de Opciones de Chicago; Sistema de Encaminamiento de Órdenes.

Sistema de Ejecución de Órdenes Pequeñas (*Small Order Execution System; SOES*) Sistema automático de ejecución de órdenes que la NASD utiliza para facilitar el comercio de órdenes de ejecución al mejor precio de mercado y órdenes de ejecución a un precio determinado de 1,000 o menos acciones. Cualquier título del Nasdaq o del Mercado Nacional del Nasdaq que tenga por lo menos un formador de mercado activo en este sistema es elegible para negociarse en el mismo. El SOES coteja y ejecuta automáticamente las órdenes, cierra los precios y envía las confirmaciones directamente a los intermediarios-agentes a ambos lados de las negociaciones. *Véase también* National Association of Securities Dealers, Inc.

Sistema de Encaminamiento de Órdenes (*Order Routing System; ORS*) Sistema que la Bolsa de Opciones de Chicago usa para reunir, almacenar, rutear y ejecutar órdenes de clientes del público. Rutea automáticamente las órdenes del mercado de opciones y las de ejecución a un precio determinado de hasta 2,000 contratos a las casetas del piso de remates de los miembros de la CBOE, a los operadores de piso del grupo activo, al registro electrónico del oficial del registro de órdenes o al Sistema Automático de Ejecución de Operaciones al Menudeo. *Véanse también* Bolsa de Opciones de Chicago; Sistema de Ejecución Automática al Menudeo.

Sistema de la Reserva Federal (*Federal Reserve System; Fed*) Sistema del banco central de Estados Unidos. Su responsabilidad principal es regular el flujo monetario y el crédito. El sistema está formado por 12 bancos regionales, 24 sucursales bancarias y cientos de bancos nacionales y estatales.

Sistema de Postejecución y Reporte Automáticos (*Automatic Post Execution and Reporting; AUTOPER*) Sistema computarizado que la Bolsa Americana de Valores utiliza para encaminar órdenes relativas a títulos de participación. El AUTOPER encamina automáticamente las órdenes negociables por un día, válidas hasta su revocación y a un precio determinado de los intermediarios a los especialistas de la AMEX, y los reportes de ejecución de los especialistas a los intermediarios. Acepta a estos últimos lotes impares y lotes redondeados de órdenes relativas hasta un máximo de 2,000 acciones. *Véase también* Bolsa de Valores Americana.

Sistema de Recuperación Acelerada de Costos (*Accelerated Cost Recovery System; ACRS; Modified Accelerated Cost Recovery System; MACRS*) *Véase* Sistema Modificado de Recuperación Acelerada de Costos.

Sistema de Rotación de Órdenes Sobredesignadas (*Super Designated Order Turnaround System*) Sistema computarizado de negociación y ejecución de la Bolsa de Valores de Nueva York. Permite a los intermediarios-agentes seleccionar los destinos y las rutas de las órdenes. Los especialistas o comisionistas que ejecutan las órdenes usan el sistema para enviar confirmaciones a las empresas. Generalmente, las órdenes que se ejecutan a través del sistema se les confirman a los intermediarios en menos de 60 segundos. *Sin.* SuperDot. *Véase también* Bolsa de Valores de Nueva York.

Sistema Modificado de Recuperación Acelerada de Costos (*Modified Accelerated Cost Recovery System; MACRS*) Método contable que se usa para recuperar el costo de bienes depreciables elegibles realizando las deducciones más grandes en los primeros años. Este sistema elimina la aceleración de las deducciones relativas a bienes raíces. Las deducciones se basan en los porcentajes que establece el Código Fiscal de Estados Unidos. *Véase también* depreciación en línea recta.

Sistema Nacional de Comercio de Valores (*National Securities Trading System; NSTS*) Sistema electrónico de ejecución de órdenes de la Bolsa de Valores de Cincinnati; informa a los miembros sobre las operaciones de agencia de hasta 1,099 acciones a las mejores cotizaciones disponibles.

SLD Mensaje de la Cinta (o Tira) de Precios Consolidada que indica que una venta se está reportando extemporáneamente y, por lo tanto, se encuentra fuera de secuencia.

SLMA Siglas del nombre Student Loan Marketing Association.

SMA Siglas del término cuenta de memorándum especial.

sobreprecio (*markup*) Diferencia entre el precio de oferta corriente más bajo entre los agentes de valores y el precio más alto que un agente de valores le cobra a un cliente. *Sins.* margen comercial; aumento de precio; margen de comercialización.

sociedad accidental (*joint venture*) *Véase* coinversión.

sociedad anónima (*corporation*) La forma más común de sociedad mercantil, en la que el valor total de la organización se divide en acciones, cada una de las cuales representa una unidad de propiedad. Las características principales de la sociedad anónima son que

tiene una duración indefinida y la responsabilidad de sus socios es limitada.

sociedad de bienes raíces en comandita simple (*real estate limited partnership*) Programa de participación directa que se establece para construir estructuras nuevas, generar ingresos de propiedades existentes o utilidades de la apreciación de capital de terrenos no acondicionados. Los beneficios más importantes de este tipo de programa son las posibilidades de crecimiento, las distribuciones de ingresos y la protección contra el pago de impuestos. *Sin.* sociedad inmobiliaria en comandita simple.

sociedad de cartera en unidades fijas (*fixed unit investment trust*) *Véase* fideicomiso de inversión en unidades fijas.

sociedad de inversión (*mutual fund; open-end investment company*) Sociedad de inversión que ofrece de manera continua nuevas acciones de capital en una cartera de valores administrada activamente. Todos los accionistas del fondo participan de las ganancias o las pérdidas del mismo. Las acciones que maneja son amortizables en cualquier día hábil al valor de activo neto. La cartera de cada fondo se invierte de manera consistente con el objetivo establecido en el prospecto. *Sins.* fondo mutualista; fondo mutuo; compañía de inversión abierta; compañía de inversión con cartera de composición variable; compañía de inversión con número de acciones variable; compañía de inversión con capital variable. *Véanse también* fondo para asignar activos; fondo equilibrado; plan de inversión en pagos periódicos; valor de activo neto.

sociedad de personas (*partnership*) Forma de organización de una empresa en la que dos o más personas físicas administran los negocios y son igual y personalmente responsables por las deudas.

sociedad del subcapítulo S (*subchapter S corporation*) Pequeña empresa que cubre ciertos requisitos y paga impuestos como si fuera una sociedad de personas aunque es de responsabilidad limitada.

sociedad en comandita simple (*limited partnership; LP*) Asociación de dos o más personas que se unen para manejar conjuntamente un negocio, en la que una o varias de ellas responden por las obligaciones sólo proporcionalmente al monto de su inversión. Los socios comanditarios no reciben dividendos, pero gozan de los beneficios fiscales de la transferencia directa de ingresos y gastos. *Véanse también* transferencia; sociedad en nombre colectivo.

sociedad en comandita simple de arrendamiento de equipo (*equipment-leasing limited partnership*) Programa de participación directa que compra equipo para darlo en arrendamiento a largo plazo a otras empresas. Este tipo de sociedad tiene como objetivo principal la protección contra el pago de impuestos.

sociedad en comandita simple de petróleo y gas (*oil and gas direct participation program; oil and gas limited partnership*) *Véase* programa de participación directa de petróleo o gas.

sociedad en nombre colectivo (*general partnership; GP*) Sociedad de dos o más entidades que se forma para realizar negocios de manera mancomunada. La constitución de este tipo de sociedad no requiere documentarse y los socios responden individual, solidaria y mancomunadamente por las obligaciones de la misma. *Véase también* sociedad en comandita simple.

Sociedad Financiera de Seguros de Garantía (*Financial Guaranty Insurance Corporation; FGIC*) Compañía que ofrece seguros sobre los pagos puntuales de intereses y de capital en relación con emisiones municipales y fondos de inversión en unidades.

sociedad inmobiliaria en comandita simple (*real estate limited partnership*) *Véase* sociedad de bienes raíces en comandita simple.

sociedad miembro de una bolsa (*member firm*) *Véase* socio de una bolsa.

socio (*member*) (1) De la Bolsa de Valores de Nueva York: una de las 1,366 personas que poseen una acción en la Bolsa. (2) De la National Association of Securities Dealers: cualquier intermediario o agente admitido como socio. *Sin.* miembro.

socio administrador (*managing partner*) *Véase* socio gerente.

socio colectivo (*general partner; GP*) *Véase* socio comanditado.

socio comanditado (*general partner; GP*) Inversionista activo en un programa de participación directa que es personalmente responsable por todas las deudas del programa y que administra las operaciones del mismo. Sus funciones incluyen: tomar las decisiones que obliguen a la sociedad; comprar y vender bienes; administrar los bienes y el dinero; supervisar todos los aspectos de las operaciones de la empresa; y mantener una participación financiera de 1% en la sociedad. *Sin.* socio colectivo; socio con responsabilidad ilimitada. *Véase también* socio comanditario.

socio comanditario (*limited partner; passive investor; LP*) Inversionista en un programa de participación directa que no participa en la administración ni el control del mismo y que responde de las obligaciones sólo en proporción al monto de su inversión. *Sin.* socio con responsabilidad limitada. *Véanse también* socio comanditado; participante.

socio con responsabilidad ilimitada (*general partner; GP*) *Véase* socio comanditado.

socio con responsabilidad limitada (*limited partner; LP*) *Véase* socio comanditario.

socio de una bolsa (*member firm*) Intermediario-agente en el que por lo menos uno de los funcionarios principales es socio de la Bolsa de Valores de Nueva York, de otra bolsa, de una organización autorreguladora o de una cámara de compensación. *Sin.* sociedad miembro de una bolsa.

socio director (*managing partner*) *Véase* socio gerente.

socio gerente (*managing partner*) Socio comanditado de un programa de participación directa que selecciona las inversiones y administra la sociedad. *Sins.* socio administrador; socio director.

SOES Siglas en inglés del nombre Sistema de Ejecución de Órdenes Pequeñas.

solvencia (*solvency*) Capacidad de una empresa para cubrir sus gastos fijos a largo plazo y generar dinero suficiente para expandirse y crecer a largo plazo.

SOYD Siglas en inglés del término suma de dígitos de años.

SRO Siglas en inglés del término organización autorreguladora.

SROP Siglas en inglés del término principal de opciones registradas prioritarias.

S Símbolo en la Cinta (o Tira)
S Consolidada que indica que las acciones en cuestión se vendieron en unidades de 10.

Standard & Poor's Corporation (S&P) Compañía que califica acciones y bonos empresariales y municipales conforme a sus perfiles de riesgo y elabora y monitorea los índices S&P. También publica diversos reportes financieros y de inversiones. *Sin.* S&P. *Véanse también* calificación de bonos; Fitch Investors Service, Inc.; Moody's Investors Service; calificación; Índice de 100 acciones de Standard & Poor's; Índice Compuesto de 500 Acciones de Standard & Poor's.

STRIPS Siglas en inglés del término negociación de valores con separación del interés y el capital registrados.

Student Loan Marketing Association (SLMA) Compañía pública que compra a instituciones financieras créditos para estudiantes y los vende en paquete en el mercado secundario, con lo que incrementa la disponibilidad de dinero para préstamos educativos. *Sin.* Sallie Mae.

subcontratar (*farm out*) Acto contractual mediante el cual el propietario de un derecho

257

de arrendamiento o de un interés económico directo sobre cierta extensión de terreno cede parcialmente ese derecho o interés a un tercero con la condición de que termine la perforación de uno o más pozos u otra tarea predeterminada.

sucursal (*branch office*) Lugar que de alguna manera se identifica ante el público como un establecimiento que ofrece los servicios de un intermediario y representante registrado. *Véanse también* oficina con jurisdicción para supervisar; oficina satélite.

suma de dígitos de años (*sum-of-the-years digits; SOYD*) Método de depreciación mediante el cual una compañía amortiza una porción mayor del valor de un activo durante sus primeros años de uso que durante los últimos.

suministros visibles (*visible supply*) *Véase* oferta visible.

superávit de capital (*capital surplus; paid-in capital; paid-in surplus*) *Véase* excedente de capital.

superávit pagado (*capital surplus; paid-in capital; paid-in surplus*) *Véase* excedente de capital.

SuperDot Acrónimo en inglés del nombre Sistema de Rotación de Órdenes Sobredesignadas.

supervisión (*supervision*) Sistema implantado por un intermediario-agente para asegurar que sus empleados y personas asociadas acaten las reglas y reglamentos aplicables de la SEC, las bolsas y los organismos autorreguladores.

supervisor de ventas de valores generales (*general securities sales supervisor*) *Véase* Serie 8.

suscripción de una escala (*writing a scale*) Procedimiento mediante el cual un sindicato establece el rendimiento de una nueva emisión de bonos de vencimiento escalonado para calcular su postura de licitación. *Véase también* escala.

suscriptor contingente (*standby underwriter*) Banco de inversión que acuerda comprar cualquier parte de una emisión no comprada por accionistas corrientes en una oferta de derechos. La institución ejerce los derechos remanentes, mantiene un mercado activo para los derechos y ofrece al público las acciones que ha adquirido. *Véase también* oferta de derechos.

suspensión de la negociación
(*trading halt*) *Véase* suspensión de operaciones.

suspensión de la transacción
(*trading halt*) *Véase* suspensión de operaciones.

suspensión de operaciones
(*trading halt*) Pausa en la negociación de un valor en una o más bolsas, generalmente en espera de un anuncio noticioso o con el fin de corregir un desequilibrio en la orden. Durante una suspensión de operaciones, las órdenes abiertas se pueden cancelar y las opciones ejecutarse. *Sins.* suspensión de la negociación; suspensión de la transacción. *Véase también* ALTO.

sustitución (*substitution*) Compra de un producto básico distinto pero relacionado debido a que el precio del producto que se deseaba originalmente subió demasiado.

T

T *(T)* Marca que se utiliza en la Cinta (o Tira) de Precios Consolidada para identificar las operaciones con valores registrados en bolsa que se ejecutan en el mercado extrabursátil.

Tablero Electrónico Extrabursátil *(OTC Bulletin Board)* Sistema electrónico de cotizaciones de títulos de capital que no están registrados en ninguna bolsa nacional ni incluidos en el Nasdaq.

TAN Siglas en inglés del término pagaré de anticipo de impuestos.

tasa cambiaria *(foreign exchange rate; exchange rate)* *Véase* tasa de cambio.

tasa de cambio *(foreign exchange rate; exchange rate)* Precio de la moneda de un país en relación con el de otra moneda. *Sins.* tipo de cambio; tasa cambiaria; tipo cambiario.

tasa de cupón *(nominal yield; stated yield; coupon yield)* *Véase* rendimiento nominal.

tasa de descuento *(discount rate)* Tasa de interés aplicada por los 12 Bancos de la Reserva Federal a los préstamos de corto plazo otorgados a los bancos miembros.

tasa de fondos federales *(federal funds rate)* Tasa de interés que una institución cobra a otra por prestarle fondos federales.

tasa de interés estimada *(assumed interest rate; AIR)* Tasa neta de rendimiento de la inversión que es necesario acreditar a una póliza de seguro de vida variable para asegurar que en todo momento los beneficios variables por muerte equivalgan al monto del beneficio por muerte. Esta tasa sirve de base para proyectar los pagos, pero no está garantizada. *Sin.* tasa de interés supuesta.

tasa de interés sobre dinero a la vista *(call money rate)* *Véase* tasa de interés sobre dinero pagadero a la demanda.

tasa de interés sobre dinero pagadero a la demanda *(call money rate)* Tasa de interés que un banco u otro acreditante carga a una casa

260

de bolsa sobre una garantía bursátil. *Sin.* tasa de interés sobre dinero a la vista.

tasa de interés sobre préstamo a la vista (*call loan rate*) *Véase* tasa de interés sobre préstamo pagadero a la demanda.

tasa de interés sobre préstamo pagadero a la demanda (*call loan rate*) Tasa de interés que una casa de bolsa carga a los saldos deudores de sus clientes de cuentas de margen. *Sin.* tasa de interés sobre préstamo a la vista.

tasa de interés supuesta (*assumed interest rate; AIR*) *Véase* tasa de interés estimada.

tasa en milésimas de dólar (*mill rate*) Impuesto por dólar de valor catastral de la propiedad en determinado municipio, que por lo general se expresa en milésimas de dólar. Una milésima de dólar equivale a 1/10 de un centavo ($0.01). *Véanse también* impuesto ad valorem; valor catastral.

Tasa Interbancaria de Oferta de Londres (*London Interbank Offered Rate; LIBOR*) Promedio de las tasas de interés interbancarias que se ofrecen por los depósitos en dólares en el mercado de Londres, con base en las cotizaciones de cinco bancos principales.

Véase también futuro en eurodólares.

tasa interna de ganancias de capital (*internal rate of return; IRR*) *Véase* tasa interna de rendimiento.

tasa interna de rendimiento (*internal rate of return; IRR*) Rendimiento que se requiere de una inversión para lograr que los flujos de caja futuros sean exactamente iguales a la inversión de capital inicial. *Sins.* tasa interna de rentabilidad; tasa interna de ganancias de capital.

tasa interna de rentabilidad (*internal rate of return; IRR*) *Véase* tasa interna de rendimiento.

tasa preferencial (*prime rate*) Tasa de interés que los bancos comerciales cargan a sus clientes preferenciales o más solventes, que por lo general son grandes compañías. *Sin.* tasa preferente.

tasa preferente (*prime rate*) *Véase* tasa preferencial.

tasación (*appraisal*) *Véase* avalúo.

tasador independiente calificado (*qualified independent appraiser*) Véase valuador independiente calificado.

TBR Siglas en inglés del nombre Recibo de Bono de la Tesorería.

261

TCPA Siglas en inglés del nombre Ley de Protección al Usuario de Servicios Telefónicos de 1991.

TDA Siglas en inglés del término seguro de renta con impuestos diferidos.

técnico (*chartist*) *Véase* analista.

tendencia de la deuda (*debt trend*) Método para llevar el control del ascenso o descenso del coeficiente de endeudamiento de un municipio o comunidad, con el fin de pronosticar su posición financiera en los próximos años.

tenedor (*holder*) Propietario de un título valor. *Véase también* posición a largo.

teoría de la amplitud del mercado (*breadth of market theory*) Teoría del análisis técnico que predice la fuerza del mercado según el número de emisiones que suben o bajan en un día de operaciones. *Véase también* línea de alzas y bajas.

teoría de la confianza (*confidence theory*) Teoría del análisis técnico que mide la disposición de los inversionistas a correr riesgos comparando los rendimientos de los bonos de alta calificación con los de los bonos de baja calificación.

teoría de la eficiencia del mercado (*efficient market theory*) *Véase* teoría del mercado eficiente.

teoría de la política de estímulo a la oferta (*supply-side theory*) *Véase* teoría favorable a la economía de la oferta.

teoría de la política de oferta (*supply-side theory*) *Véase* teoría favorable a la economía de la oferta.

teoría de los lotes incompletos (*odd-lot theory*) *Véase* teoría de los picos.

teoría de los lotes pico (*odd-lot theory*) *Véase* teoría de los picos.

teoría de los picos (*odd-lot theory*) Teoría del análisis técnico que se basa en el supuesto de que el pequeño inversionista siempre está equivocado; por lo tanto, cuando suben las ventas de lotes impares —es decir, si los pequeños inversionistas están vendiendo acciones—, probablemente es un buen momento para comprar. *Sins.* teoría de los lotes incompletos; teoría de los lotes pico.

teoría del camino aleatorio (*random walk theory*) *Véase* teoría del trayecto aleatorio.

teoría del conducto (*conduit theory; pipeline theory*) Medio por el que una compañía de inversión evita pagar impuestos sobre los ingresos netos por inversión distribuidos a los accionistas. Si una sociedad de inversión actúa como conducto para la distribución de los ingresos netos por inversiones, puede calificar como compañía de inversión regulada y pagar impuestos únicamente sobre los ingresos que retenga.

teoría del interés a corto (*short-interest theory*) Teoría del análisis técnico que examina el coeficiente de ventas a corto-volumen de una acción. Puesto que la acción de referencia tiene que comprarse para que se cancelen las posiciones en corto, un coeficiente alto se considera una indicación de un alza inminente.

teoría del mercado eficiente (*efficient market theory*) Teoría basada en la premisa de que el mercado accionario procesa la información eficientemente. Esta teoría postula que la divulgación de nueva información repercute de inmediato en los precios de las acciones y, por lo tanto, esos precios son justos. *Sin.* teoría de la eficiencia del mercado.

teoría del trayecto aleatorio (*random walk theory*) Teoría del análisis del mercado según la cual el movimiento o la dirección anterior del precio de una acción o de un mercado no sirve para predecir su movimiento o dirección en el futuro. *Sin.* teoría del camino aleatorio.

teoría del volumen de operación (*volume of trading theory*) Teoría del análisis técnico según la cual la relación de número de acciones negociadas al total de acciones en circulación es un indicador de debilidad o de fuerza del mercado. *Sin.* teoría del volumen de transacciones.

teoría del volumen de transacciones (*volume of trading theory*) *Véase* teoría del volumen de operación.

teoría Dow (*Dow theory*) Teoría mercadotécnica según la cual las tendencias a largo plazo del mercado accionario se pueden confirmar analizando los movimientos del Promedio Industrial Dow Jones y del Promedio Dow Jones de los Transportes.

teoría favorable a la economía de la oferta (*supply-side theory*) Teoría económica que sostiene que la mejor manera de estimular el crecimiento económico es elevar la oferta de bienes. Los seguidores de esta teoría están a favor de que se reduzcan los impuestos a modo de aumentar la inversión privada en empresas, instalaciones y equipo. *Sins.* teoría de la política de oferta; teoría de la política de estímulo a la oferta.

teoría moderna de la cartera (*modern portfolio theory; MPT*) Método de selección de inversiones que se centra en la importancia de las relaciones entre todas las inversiones de una cartera y no en los méritos de cada una. Este método permite a los inversionistas cuantificar y controlar el riesgo en que incurren y el rendimiento que reciben.

teoría monetarista (*monetarist theory*) Teoría económica que sostiene que la oferta monetaria es el determinante principal de los niveles de precios y que, por lo tanto, un control adecuado de la misma tendrá el máximo beneficio para la economía.

tercer mercado (*third market*) *Véase* mercado terciario.

terminación de la operación (*completion of the transaction*) Según la definición de la NASD, momento en que un cliente paga al intermediario-agente una parte de la postura de compra de un valor que ha adquirido o entrega un valor que ha vendido. Si el cliente efectúa el pago antes de su fecha de vencimiento, la terminación ocurre cuando el intermediario entrega el valor. *Sins.* finalización de la operación; terminación de la transacción; finalización de la transacción.

terminación de la transacción (*completion of the transaction*) *Véase* terminación de la operación.

testimonial (*testimonial*) Anuncio publicitario en el que una celebridad o persona influyente en la opinión pública apoya una inversión, servicio o producto. El uso de testimoniales en las comunicaciones públicas está regulado por la NASD.

TIC Siglas en inglés del término costo real de intereses y acrónimo en inglés del término cotitularidad.

TIGR Siglas en inglés del nombre Recibo de la Tesorería para el Crecimiento de Inversionistas.

tipo (*type*) Término que clasifica a una opción como opción de compra u opción de venta. *Véanse también* clase; serie.

tipo cambiario (*foreign exchange rate; exchange rate*) *Véase* tasa de cambio.

tipo de cambio (*foreign exchange rate; exchange rate*) *Véase* tasa de cambio.

Tira de Precios Consolidada (*Consolidated Tape; CT; Consolidated Ticker Tape; Tape; Ticker Tape*) *Véase* Cinta de Precios Consolidada.

titular nominal (*nominal owner*) *Véase* propietario nominal.

título (*security*) *Véase* valor.

Título 1 (*Title 1*) Una de las cuatro partes de la Ley de Seguridad de los Ingresos de Retiro de los Empleados de 1974. El Título 1 protege los derechos de los empleados a prestaciones. *Véase también* Ley de Seguridad de los Ingresos de Retiro de los Empleados de 1974.

Título 2 (*Title 2*) Una de las cuatro partes de la Ley de Seguridad de los Ingresos de Retiro de los Empleados de 1974. El Título 2 contiene modificaciones a las secciones relativas a las pensiones y las prestaciones del Código Fiscal de Estados Unidos. *Véase también* Ley de Seguridad de los Ingresos de Retiro de los Empleados de 1974.

Título 3 (*Title 3*) Una de las cuatro partes de la Ley de Seguridad de los Ingresos de Retiro de los Empleados de 1974. El Título 3 divide las responsabilidades entre los organismos que administran la legislación en materia de pensiones. *Véase también* Ley de Seguridad de los Ingresos de Retiro de los Empleados de 1974.

Título 4 (*Title 4*) Una de las cuatro partes de la Ley de Seguridad de los Ingresos de Retiro de los Empleados de 1974. El Título 4, que trata sobre el seguro de terminación de los planes de pensiones, determinó el establecimiento de la Pension Benefit Guaranty Corporation. *Véase también* Ley de Seguridad de los Ingresos de Retiro de los Empleados de 1974.

título accionario (*stock certificate*) Documento comprobante de los derechos de propiedad en una sociedad anónima. *Sin.* título de acciones.

título amortizable (*redeemable security*) *Véase* valor amortizable.

título bursátil (*listed security*) *Véase* valor registrado.

título con grado de inversión (*investment grade security*) *Véase* valor con grado de inversión.

título con margen (*margin security; eligible security*) *Véase* valor con margen.

título cotizable en bolsa (*listed security*) *Véase* valor registrado.

título cotizado en bolsa (1) (*exchange-listed security*) *Véase* título inscrito en bolsa.

título cotizado en bolsa (2) (*listed security*) *Véase* valor registrado.

título de acciones (*stock certificate*) *Véase* título accionario.

título de asiento en libros (*book-entry security*) Valor que se vende sin acompañarse de un título. La constancia de su propiedad se conserva en registros que son mantenidos por un organismo central; por ejemplo, la Tesorería lleva registros de los compradores de los bonos que ella emite. La transmisión de la propiedad se hace constar asentando el cambio en los libros o en archivos electrónicos. *Véanse también* bono con cupones; registrado; registrado sólo en cuanto al principal.

título de capital (*equity security*) Valor que representa propiedad en una sociedad anónima u otro tipo de sociedad mercantil. Son ejemplos de títulos de capital:
- las acciones ordinarias y preferentes
- las participaciones en sociedades en comandita simple o coinversiones
- los valores que implican el derecho de que se los intercambie por títulos de capital, como son los bonos convertibles, los derechos y los títulos opcionales de compraventa
- las opciones de compra y de venta de títulos de capital

Sin. título de participación. *Véase también* título de deuda.

título de control (*control security*) *Véase* valor de control.

título de deuda (*debt security*) Título valor que representa un préstamo de un inversionista a una entidad emisora, por ejemplo, una sociedad anónima, un municipio, el gobierno federal o uno de sus organismos. A cambio del préstamo, la emisora promete reembolsar el capital en una fecha determinada y pagar intereses sobre el mismo. *Sin.* título representativo de deuda. *Véase también* título de capital.

título de margen cotizable fuera de bolsa (*OTC margin security*) *Véase* valor de margen extrabursátil.

título de margen cotizado fuera de bolsa (*OTC margin security*) *Véase* valor de margen extrabursátil.

título de margen extrabursátil
(*OTC margin security*) *Véase*
valor de margen extrabursátil.

título de margen fuera de bolsa
(*OTC margin security*) *Véase*
valor de margen extrabursátil.

título de margen negociable
fuera de bolsa (*OTC margin*
security) *Véase* valor de
margen extrabursátil.

título de margen no inscrito
(*OTC margin security*) *Véase*
valor de margen extrabursátil.

título de participación (*equity*
security) *Véase* título de
capital.

título exento (*exempt security*)
Véase valor exento.

título gubernamental
(*government security*) *Véase*
valor gubernamental.

título identificado (*identified*
security) *Véase* valor
identificado.

título inabrogable (*indefeasible*
title) *Véase* título irrevocable.

título inscrito (*listed security*)
Véase valor registrado.

título inscrito en bolsa (*exchange-*
listed security) Título valor que
cumple ciertos requisitos y se
admite en una bolsa con todos
los privilegios de negociación.
La NYSE, la AMEX y las
bolsas regionales establecen
requisitos de inscripción
relativos al volumen de

acciones en circulación, las
utilidades de las empresas y
otras características. Los títulos
inscritos en bolsa pueden
negociarse en el mercado
terciario, que es el de los
inversionistas institucionales.
Sins. título registrado en bolsa;
título cotizado en bolsa.

título irrevocable (*indefeasible*
title) Derecho de propiedad
que no puede declararse nulo
o sin efectos. *Sin.* título
inabrogable.

título municipal a tasa variable
(*variable-rate municipal*
security, variable-rate demand
note) *Véase* valor municipal a
tasa variable.

título negociable a su emisión
(*when issued security; when-, as-*
and if-issued security; WI) *Véase*
valor negociable a su emisión.

título negociable en bolsa (*listed*
security) *Véase* valor registrado.

título negociado en bolsa (*listed*
security) *Véase* valor registrado.

título opcional de compraventa
(*warrant*) Título que confiere a
su tenedor el derecho de
comprar valores al emisor de
ese título al precio de
suscripción pactada.
Generalmente es un
instrumento a largo plazo con
vencimiento a varios años.
Sins. vale de suscripción;
certificado de opción; garantía

de opción; certificado para compraventa de acciones.

título prioritario (*senior security*) *Véase* valor prioritario.

título privilegiado (*senior security*) *Véase* valor prioritario.

título público (*government security*) *Véase* valor gubernamental.

título redimible (*redeemable security*) *Véase* valor amortizable.

título registrado (*listed security*) *Véase* valor registrado.

título registrado en bolsa (*exchange-listed security*) *Véase* título inscrito en bolsa.

título representativo de deuda (*debt security*) *Véase* título de deuda.

título restringido (*restricted security*) *Véase* valor restringido.

título valor (*security*) *Véase* valor.

título valor amortizable (*redeemable security*) *Véase* valor amortizable.

título valor con margen (*margin security; eligible security*) *Véase* valor con margen.

título valor de control (*control security*) *Véase* valor de control.

título valor exento (*exempt security*) *Véase* valor exento.

título valor gubernamental (*government security*) *Véase* valor gubernamental.

título valor identificado (*identified security*) *Véase* valor identificado.

título valor municipal a tasa variable (*variable-rate municipal security; variable-rate demand note*) *Véase* valor municipal a tasa variable.

título valor negociable a su emisión (*when issued security*) *Véase* valor negociable a su emisión.

título valor prioritario (*senior security*) *Véase* valor prioritario.

título valor privilegiado (*senior security*) *Véase* valor prioritario.

título valor público (*government security*) *Véase* valor gubernamental.

título valor redimible (*redeemable security*) *Véase* valor amortizable.

título valor restringido (*restricted security*) *Véase* valor restringido.

títulos de referencia (*underlying securities*) *Véase* valores subyacentes.

títulos subyacentes (*underlying securities*) *Véase* valores subyacentes.

títulos valor de referencia (*underlying securities*) *Véase* valores subyacentes.

títulos valor subyacentes (*underlying securities*) *Véase* valores subyacentes.

TRA 1986 Nombre abreviado de la Ley de Reformas Fiscales de 1986.

tramo (*tranche*) Una de las clases de títulos valor que constituyen una emisión de obligaciones con garantía hipotecaria. Cada tramo se caracteriza por su tasa de interés, su plazo de vencimiento medio, su nivel de riesgo y su sensibilidad a los pagos por anticipado de la hipoteca. Ni la tasa de rendimiento ni la fecha de expiración del título están garantizadas. *Véase también* obligación con garantía hipotecaria.

TRAN Siglas en inglés del nombre pagaré de anticipo de ingresos públicos y de impuestos.

transacción al contado (*cash trade; cash transaction*) *Véase* operación al contado.

transacción al mayoreo (*wholesale transaction*) *Véase* operación al mayoreo.

transacción al menudeo (*retail transaction*) *Véase* operación al menudeo.

transacción de agencia (*agency basis; agency transaction*) *Véase* operación de agencia.

transacción de especialista en bloque (*specialist block trade*) *Véase* operación de especialista en bloque.

transacción exenta (*exempt transaction*) Operación que no tiene que cubrir los requisitos de inscripción de un estado ni los de publicidad previstos en la Ley Uniforme de Valores. Son ejemplos de transacciones exentas:
- las negociaciones con títulos en circulación ajenas a entidades emisoras (operaciones en el mercado normal)
- las operaciones con instituciones financieras
- las operaciones no solicitadas
- las operaciones de colocación privadas

Ninguna transacción está exenta de cumplir con las disposiciones antifraude de la Ley Uniforme de Valores. *Sin.* operación exenta.

transacción fuera del piso de remates (*ex-pit transaction*) Operación con productos que se ejecuta fuera del piso de remates de una bolsa. *Sin.* operación fuera del piso de remates.

transacción por cuenta de terceros (*agency basis; agency transaction*) *Véase* operación de agencia.

transacción simultánea segura (*riskless and simultaneous transaction*) *Véase* operación simultánea segura.

transferencia (*flow-through*) Término que describe la manera en que los ingresos, las deducciones y los créditos derivados de las actividades de una empresa se aplican al pago de impuestos y gastos de particulares como si cada una de ellos percibiera directamente dichos ingresos y las deducciones. *Sin.* traspaso. *Véase también* sociedad en comandita simple.

transferencia a una cuenta individual para el retiro (*IRA transfer*) Reinversión directa de activos de retiro del custodio de un plan de retiro elegible para con impuestos diferidos, a una cuenta individual para el retiro. El titular de la cuenta nunca toma posesión de los activos, sino que da la instrucción de que se transfieran directamente del custodio del plan actual al custodio del nuevo plan. *Véanse también* cuenta individual para el retiro; refinanciamiento mediante una cuenta individual para el retiro.

transferencia de activos (*transfer of assets*) Transmisión de todos los activos de una empresa a otra, con lo cual se disuelve la primera y se cambia la estructura de ambas, lo que cae en el ámbito de la Regla 145. *Sin.* transmisión de activos. *Véase también* Regla 145.

transferencia de propiedad nominal (*hold in street name*) Procedimiento de liquidación de una operación de entrega de títulos en el cual los valores de un cliente se transfieren al intermediario-agente y éste pasa a ser el propietario nominal, mientras que el cliente permanece como el propietario real. *Sins.* transmisión de propiedad nominal; transferencia de titularidad nominal; transmisión de titularidad nominal. *Véanse también* cuenta a nombre del propietario nominal; transferencia y tenencia en custodia; transferencia y envío.

transferencia de titularidad nominal (*hold in street name*) *Véase* transferencia de propiedad nominal.

transferencia y envío (*transfer and ship*) Procedimiento de liquidación y entrega de órdenes de compra de títulos mediante el cual los valores comprados se transfieren a nombre del cliente y se le envían. *Sin.* transmisión y envío. *Véanse también* transferencia de propiedad nominal; transferencia y tenencia en custodia.

270

transferencia y tenencia en custodia (*transfer and hold in safekeeping*) Procedimiento de liquidación y entrega de órdenes de compra mediante el cual los valores comprados se transfieren a nombre del cliente pero se conservan en las tenencias del intermediario-agente. *Sin.* transmisión y tenencia en custodia. *Véanse también* transferencia de propiedad nominal; transferencia y envío.

transmisión de activos (*transfer of assets*) *Véase* transferencia de activos.

transmisión de propiedad nominal (*hold in street name*) *Véase* transferencia de propiedad nominal.

transmisión de titularidad nominal (*hold in street name*) *Véase* transferencia de propiedad nominal.

transmisión y envío (*transfer and ship*) *Véase* transferencia y envío.

transmisión y tenencia en custodia (*transfer and hold in safekeeping*) *Véase* transferencia y tenencia en custodia.

traspaso (*flow-through*) *Véase* transferencia.

triángulo (*triangle; pennant*) En una gráfica de actividad operativa de un analista técnico,

tendencia que indica una reducción del rango de precios a la que se está negociando un valor. El lado izquierdo del triángulo generalmente muestra la parte más ancha de la escala, y el lado derecho se va estrechando hasta convertirse en un punto. *Sin.* banderín. *Véanse también* triángulo ascendente; triángulo descendente; triángulo simétrico.

triángulo ascendente (*ascending triangle*) En una gráfica de actividad comercial de un analista técnico, patrón que indica que el mercado ha empezado a moverse hacia arriba; se considera un indicador de tendencia al alza. *Véanse también* triángulo descendente; triángulo simétrico.

triángulo descendente (*descending triangle*) En una gráfica de actividad comercial de un analista técnico, patrón que indica que el mercado ha empezado a descender; se considera un indicador bajista. *Véanse también* triángulo ascendente; triángulo simétrico.

triángulo simétrico (*symmetrical triangle*) En una gráfica técnica de actividad operativa, patrón que indica que el mercado se está consolidando coyunturalmente. Se considera un indicador neutral. *Véanse también* triángulo ascendente; triángulo descendente.

trituración (*crushing*) Proceso mediante el cual el frijol de soya se transforma en aceite y alimento.

TSA Siglas en inglés del término seguro de renta con impuestos diferidos.

tubería de ademe (*casing*) *Véase* tubería de revestimiento.

tubería de revestimiento (*casing*) Tubería de acero pesada que se cimenta en la pared de un hoyo perforado para reforzar un pozo de petróleo o de gas de cierta profundidad. Este tipo de tubería se considera como un costo tangible en los programas de participación directa de petróleo o gas. *Sin.* tubería de ademe.

tutor (*guardian*) *Véase* guardián.

U

UEPS Siglas del término últimas entradas, primeras salidas.

UGMA Siglas en inglés del nombre Ley Uniforme de Donaciones a Menores.

últimas entradas, primeras salidas (*LIFO-last in, first out*) Método contable que se usa para evaluar el inventario de una compañía, que se basa en el supuesto de que los últimos bienes adquiridos son los primeros que se venden. Este método sirve para determinar los costos base para fines fiscales. El ISR lo define como el orden en que se realizan las ventas o los retiros de una inversión. *Sin.* UEPS. *Véanse también* base promedio; primeras entradas, primeras salidas; identificación de acciones.

unidad (*unit*) Participación patrimonial en un programa de participación directa que da derecho al inversionista a recibir una parte de los ingresos netos y las distribuciones y lo obliga a compartir las pérdidas netas del programa.

unidad de acatamiento (*compliance department*) *Véase* departamento de supervisión del cumplimiento.

unidad de acumulación (*accumulation unit*) Medida contable que se utiliza para determinar el interés proporcional de un rentista en una cuenta de seguro independiente durante la etapa de acumulación (depósito) de las aportaciones. *Véanse también* etapa de acumulación; unidad de seguro de renta; cuenta separada.

unidad de entrega (*contract unit*) Unidad que se debe entregar conforme a un contrato de futuros.

unidad de interés patrimonial (*unit of beneficial interest; share of beneficial interest*) Acción amortizable en un fideicomiso de inversión en unidades, la cual representa un derecho patrimonial sobre un interés indivisible en la cartera de referencia. *Véase también* fideicomiso de inversión en unidades.

273

unidad de seguro de renta (*annuity unit*) Medida contable que se usa para determinar el monto de cada pago durante la etapa de distribución de un seguro de renta. En el cálculo se tienen en cuenta el valor de cada unidad de acumulación y otros factores como la tasa de interés supuesta y el riesgo de muerte. *Véanse también* unidad de acumulación; seguro de renta; etapa de distribución.

unión (*merger*) *Véase* fusión.

UPC Siglas en inglés del nombre Código de Prácticas Uniformes.

USA Siglas en inglés del nombre Ley Uniforme de Valores.

USASLE *Véase* Serie 63.

utilidad a largo plazo (*long-term capital gain*) *Véase* ganancia de capital a largo plazo.

utilidad pasiva (*passive income*) Utilidad que una persona obtiene del arrendamiento de un bien, una sociedad en comandita simple u otra empresa en la que no participa activamente. Por lo tanto, la utilidad pasiva excluye las ganancias derivadas de sueldos o de la participación activa en negocios, así como las que se reciben por dividendos, intereses y capital. *Véanse también* pérdida pasiva; ingreso no ganado.

utilidades no distribuidas (*retained earnings; earning surplus; reinvested earnings*) *Véase* utilidades retenidas.

utilidades por acción (*earnings per share; primary earnings per share; EPS*) Ingresos netos de una sociedad anónima disponibles para acciones ordinarias dividido entre el número de este tipo de acciones en circulación. *Sin.* ganancias por acción.

utilidades por acción totalmente diluidas (*earnings per share fully diluted*) Ganancias por acción calculadas con base en el supuesto de que todos los valores convertibles han sido convertidos. *Sin.* ganancias por acción totalmente diluidas. *Véase también* utilidades por acción.

utilidades reinvertidas (*retained earnings; earning surplus; reinvested earnings*) *Véase* utilidades retenidas.

utilidades retenidas (*retained earnings; earned surplus; reinvested earnings*) Cantidad de ingreso neto que le queda a una empresa después de pagar todos los dividendos a los tenedores de acciones preferenciales y comunes. *Sin.* utilidades no distribuidas; utilidades reinvertidas.

UTMA Siglas en inglés del nombre Ley Uniforme de Transferencias a Menores.

V

vale (*due bill*) Documento en el que se estipula la obligación del vendedor de entregar al comprador los derechos o valores vendidos. Un vale se utiliza también como promesa de entrega de dividendos cuando la operación se lleva a cabo después de la fecha de registro.

vale de suscripción (*warrant*) *Véase* título opcional de compraventa.

valor (*security*) Documento bursatilizado que puede intercambiarse por valor, con excepción de las pólizas de seguro y los seguros de renta fija. Conforme a la ley de 1934, esto incluye cualquier pagaré, acción, bono, contrato de inversión, obligación, certificado de participación de utilidades o acuerdo de participación, certificado de depósito, certificado fiduciario con garantía, certificado de preorganización, opción sobre un título, u otro instrumento de inversión comúnmente conocido como valor.

También se clasifican como valores las participaciones en programas de perforación de pozos de petróleo y gas, condominios y cooperativas inmobiliarias, tierras de cultivo y animales, los contratos de opción de productos básicos, recibos de depósito en almacén de whisky, los contratos de distribución de niveles múltiples y los programas de comercialización de mercancías.

Según los tribunales federales de Estados Unidos, si una persona invierte dinero en una empresa común con la expectativa de derivar ganancias del trabajo administrativo del promotor o de un tercero, esa inversión es un valor.

Sins. título; título valor.

valor actual (*present value*) *Véase* valor presente.

valor actual de mercado (*current market value; long market value; CMV*) Valor de los títulos en una cuenta. El valor de mercado de los títulos inscritos

275

en bolsa se basa en sus precios al cierre de la sesión bursátil previa. *Sins.* valor corriente de mercado; valor comercial actual; valor comercial corriente. *Véase también* valor de mercado.

valor al contado (*cash value*) *Véase* valor en efectivo.

valor amortizable (*redeemable security*) Título que el emisor amortiza a solicitud del tenedor. Por ejemplo, las acciones de una compañía de inversión abierta o los pagarés de la Tesorería. *Sins.* valor redimible; título amortizable; título redimible; título valor amortizable; título valor redimible.

valor bursátil (*listed security*) *Véase* valor registrado.

valor catastral (*assessed value*) Valor asignado a un bien por una autoridad fiscal con el objeto de cargarle impuestos. El valor catastral puede ser igual al valor de mercado o a un porcentaje estipulado del mismo. *Véanse también* impuesto ad valorem; tasa en milésimas de dólar.

valor comercial (*market value*) *Véase* valor de mercado.

valor comercial actual (*current market value; long market value; CMV*) *Véase* valor actual de mercado.

valor comercial corriente (*current market value; long market value; CMV*) *Véase* valor actual de mercado.

valor comercial en la fecha de negociación (*market value on the trade date*) *Véase* valor de mercado en la fecha de operación.

valor comercial en la fecha de operación (*market value on the trade date*) *Véase* valor de mercado en la fecha de operación.

valor comercial máximo (*maximum market value; maximum short market value*) *Véase* valor máximo de mercado.

valor comercial máximo a corto (*maximum market value; maximum short market value*) *Véase* valor máximo de mercado.

valor con grado de inversión (*investment grade security*) Título al que las agencias de calificación (Standard & Poor's, Moody's, etc.) le han asignado una calificación de BBB/Baa o superior. *Sin.* título con grado de inversión.

valor con margen (*margin security; eligible security*) Título susceptible de ser comprado con margen, incluyendo cualquier valor registrado, acción o bono de margen cotizable en el mercado extrabursátil, o del Mercado Nacional del Nasdaq. Está permitido que una empresa preste dinero a sus clientes para ayudarles a comprar estos títulos, y que los acepte como garantías de compras de margen. *Sins.* título con margen; título valor con margen. *Véanse también* valor sin margen; valor de margen extrabursátil.

valor contable por acción *(book value per share) Véase* valor en libros por acción.

valor contable por bono *(book value per bond) Véase* valor en libros por bono.

valor corriente de mercado *(current market value; long market value; CMV) Véase* valor actual de mercado.

valor cotizable en bolsa *(listed security) Véase* valor registrado.

valor cotizado en bolsa *(listed security) Véase* valor registrado.

valor de activo neto *(net asset value; NAV)* Valor de una acción de una sociedad de inversión calculado una vez al día con base en el precio de cierre de mercado de cada título en la cartera. Se calcula restando el pasivo del fondo del total de los activos en cartera, y dividiendo el resultado entre el número de acciones en circulación. *Sin.* valor líquido. *Véase también* sociedad de inversión.

valor de activo neto de un fondo *(NAV of fund)* Total neto del pasivo y el activo de una sociedad de inversión; se usa para calcular el precio de las acciones nuevas de la sociedad.

valor de activo neto por acción *(NAV per share)* Valor de cada acción de una sociedad de inversión que se calcula dividiendo el valor total de activo neto del fondo entre el número de acciones en circulación.

valor de activo neto por bono *(NAV per bond)* Indicador de la capacidad de una empresa para cubrir sus obligaciones de largo plazo; se basa en el cálculo del monto de los activos disponibles para respaldar los bonos emitidos.

valor de control *(control security)* Cualquier título propiedad de un accionista, consejero, funcionario u otra persona afiliada de la entidad emisora que posea por lo menos el 10% de una clase de valores en circulación de una compañía. Quien tiene la propiedad, y no el título en sí, determina si se trata de un valor de control. *Sins.* título de control; título valor de control. *Véase también* Regla 144.

valor de conversión (*conversion value*) Valor total de mercado de una acción ordinaria al que puede convertirse un título prioritario. *Véase también* valor de inversión.

valor de inversión (*investment value*) Precio de mercado al que se vendería un valor convertible (por lo general una obligación sin garantía) si no se convierte en una acción ordinaria. *Véanse también* valor de conversión; bono convertible; obligación.

valor de margen cotizable fuera de bolsa (*OTC margin security*) *Véase* valor de margen extrabursátil.

valor de margen cotizado fuera de bolsa (*OTC margin security*) *Véase* valor de margen extrabursátil.

valor de margen extrabursátil (*OTC margin security*) Título que no se negocia en una bolsa nacional pero es designado por el Consejo de la Reserva Federal como elegible para negociarse con margen. *Sins.* valor de margen fuera de bolsa; valor de margen cotizable fuera de bolsa; valor de margen cotizado fuera de bolsa; valor de margen negociable fuera de bolsa; valor de margen no inscrito; título de margen extrabursátil; título de margen fuera de bolsa; título de margen no inscrito; título de margen cotizable fuera de bolsa; título de margen cotizado fuera de bolsa; título de margen negociable fuera de bolsa.

valor de margen fuera de bolsa (*OTC margin security*) *Véase* valor de margen extrabursátil.

valor de margen negociable fuera de bolsa (*OTC margin security*) *Véase* valor de margen extrabursátil.

valor de margen no inscrito (*OTC margin security*) *Véase* valor de margen extrabursátil.

valor de mercado (*market value*) Precio al que los inversionistas pueden comprar o vender una acción ordinaria o un bono en determinado momento. Este valor está determinado por la interacción de los compradores y los vendedores. *Sin.* valor comercial. *Véase también* valor actual de mercado.

valor de mercado en la fecha de negociación (*market value on the trade date*) *Véase* valor de mercado en la fecha de operación.

valor de mercado en la fecha de operación (*market value on the trade date*) Monto bruto de una compra larga (comisiones incluidas) o utilidad neta de una venta en corto. *Sins.* valor de mercado en la fecha de negociación; valor comercial en la fecha de negociación; valor comercial en la fecha de operación.

valor declarado (*par value; face value; principal; stated value*) *Véase* valor nominal.

valor del activo circulante neto por acción (*net current asset value per share*) Cálculo del valor en libros por acción que excluye todo el activo fijo. *Sin.* valor del activo corriente neto por acción. *Véase también* valor en libros por acción.

valor del activo corriente neto por acción (*net current asset value per share*) *Véase* valor del activo circulante neto por acción.

valor en efectivo (*cash value*) Precio de mercado de un producto que se entrega y se paga de inmediato. *Sin.* valor al contado.

valor en libros por acción (*book value per share; net tangible assets per share*) Medida del capital contable representado por cada acción ordinaria. Se calcula restando los activos intangibles y las acciones preferentes del total de capital contable y dividiendo el resultado entre el número de acciones ordinarias en circulación. *Sins.* valor

contable por acción; activo tangible neto por acción.

valor en libros por bono (*book value per bond; net tangible assets per bond*) Medida de la cantidad de activos productivos que respaldan cada bono empresarial; se calcula dividiendo el activo tangible neto entre la deuda financiada. *Sins.* valor contable por bono; activo tangible neto por bono.

valor exento (*exempt security*) Valor exento de cubrir los requisitos de inscripción (excepto los requisitos antifraude) de la Ley de Valores de 1933. Son ejemplos de este tipo de valores los del gobierno y los municipios de Estados Unidos. *Sins.* título exento; título valor exento.

valor gubernamental (*government security*) Obligación de deuda del gobierno de Estados Unidos respaldada por su buena fe y poder crediticio y tributario y que se considera totalmente exenta del riesgo de incumplimiento. Son valores gubernamentales los pagarés de la Tesorería a corto y a mediano plazos y los bonos de la Tesorería a largo plazo. *Sins.* título gubernamental; título valor gubernamental; valor público; título público; título valor público. *Véase también* emisión de agencia gubernamental.

valor identificado (*identified security*) Título designado específicamente para la venta por parte de un inversionista que posee valores idénticos con fechas de adquisición y costos de base diferentes. Esto le permite al inversionista controlar el monto de la pérdida o ganancia de capital derivada de la venta. *Sins.* título identificado; título valor identificado.

valor inscrito (*listed security*) *Véase* valor registrado.

valor intrínseco (*intrinsic value*) Ganancia que puede obtenerse del ejercicio de una opción. Se dice que una opción de compra tiene valor intrínseco cuando el título valor colocado se negocia a un precio superior al de ejercicio. *Véase también* valor temporal.

valor líquido (*net asset value; NAV*) *Véase* valor de activo neto.

valor máximo de mercado (*maximum market value; maximum short market value*) Valor de mercado al que una posición de venta en corto puede avanzar antes de que se emita un aviso de mantenimiento de margen. El valor máximo de mercado lo establece la NASD/NYSE y actualmente equivale al saldo acreedor dividido entre 130%. *Sins.* valor máximo de mercado a corto; valor comercial máximo; valor comercial máximo a corto.

valor máximo de mercado a corto (*maximum market value; maximum short market value; maximum short market value*) *Véase* valor máximo de mercado.

valor municipal a tasa variable (*variable-rate municipal security; variable-rate demand note*) Título de deuda municipal a corto plazo que se emite cuando se espera que las tasas de interés generales cambien o no se sabe con certeza cuánto tiempo transcurrirá antes de recibir financiamiento permanente. *Sins.* título municipal a tasa variable; título valor municipal a tasa variable; pagaré a la vista a tasa variable.

valor negociable a su emisión (*when issued security; when-, as- and if-issued security; WI*) Título autorizado para emitirse que se vende a los inversionistas antes de que los certificados correspondientes estén listos para su entrega. Las nuevas emisiones de bonos municipales, las divisiones de acciones y los valores de la Tesorería son ejemplos típicos de valores negociables a su emisión. *Sins.* título negociable a su emisión; título valor negociable a su emisión.

valor negociable en bolsa (*listed security*) *Véase* valor registrado.

valor negociado en bolsa (*listed security*) *Véase* valor registrado.

valor nominal (*par value; face value; principal; stated value*) Valor en efectivo que un emisor asigna a un título. En el caso de un título de participación, su valor nominal generalmente es una cantidad pequeña que no guarda ninguna relación con su precio de mercado; en el de un título de deuda, es la cantidad que se le reembolsa al inversionista al vencimiento, por lo general $1,000. *Sins.* valor par; principal (3); valor declarado. *Véanse también* excedente de capital; bono con descuento; bono con premio.

valor par (*par value; face value; principal; stated value*) *Véase* valor nominal.

valor presente (*present value*) Valor actual de un pago futuro o de una corriente de pagos futura. En su cálculo se incluye el valor temporal del dinero mediante el descuento del valor futuro de una inversión con una tasa de interés capitalizada supuesta. *Sin.* valor actual.

valor prioritario (*senior security*) Título que otorga a su tenedor el derecho de prioridad sobre los activos del emisor respecto de los derechos de otros tenedores de títulos. Por ejemplo, un bono es un valor privilegiado respecto de una acción ordinaria. *Sins.* valor privilegiado; título prioritario; título privilegiado; título valor prioritario; título valor privilegiado.

valor privilegiado (*senior security*) *Véase* valor prioritario.

valor público (*government security*) *Véase* valor gubernamental.

valor redimible (*redeemable security*) *Véase* valor amortizable.

valor registrado (*listed security*) Acción, bono u otro título que cubre ciertos requisitos mínimos y se negocia en una bolsa regional o nacional, por ejemplo, la Bolsa de Valores de Nueva York. *Sins.* valor bursátil; valor cotizado en bolsa; valor negociable en bolsa; valor negociado en bolsa; valor inscrito; valor cotizable en bolsa; título registrado; título bursátil; título cotizado en bolsa; título negociable en bolsa; título negociado en bolsa; título inscrito; título cotizable en bolsa. *Véase también* extrabursátil.

valor restringido (*restricted security*) Título no inscrito y no exento que se adquiere directa o indirectamente del emisor, o de un afiliado de éste, en una operación que no implica una oferta pública. *Sins.* título restringido; título valor restringido. *Véanse también* periodo de tenencia; Regla 144.

valor sin margen (*nonmargin security; nonelegible security*) Título que debe comprarse en una cuenta en efectivo y pagarse en su totalidad, y no puede usarse para garantizar un préstamo. Son ejemplos de este tipo de valor las opciones de compra y de venta, los derechos, los contratos de seguros y las emisiones nuevas. *Véase también* valor con margen.

valor temporal (*time value*) Cantidad que un inversionista paga por una opción en exceso del valor intrínseco de la misma, considerando el plazo de expiración. Esta cantidad se calcula restando el valor intrínseco al premio pagado. *Véase también* valor intrínseco.

valores de margen excedentes (*excess margin securities*) Valores de una cuenta de margen que sobrepasan el 140% del saldo deudor de la misma. Estos valores están a la disposición del intermediario-agente para financiar el saldo deudor, pero tienen que segregarse y marcarse como propiedad del cliente. *Sin.* excedente de valores de margen; exceso de valores de margen.

valores de referencia (*underlying securities*) *Véase* valores subyacentes.

valores subyacentes (*underlying securities*) Futuros o títulos que se compran o venden cuando se ejerce una opción, un derecho o título opcional de compraventa. *Sins.* valores de referencia; títulos de referencia; títulos subyacentes; títulos valor de referencia; títulos valor subyacentes.

valorización de capital (*capital appreciation*) Aumento en el precio de mercado de un activo.

valuador independiente calificado (*qualified independent appraiser*) Individuo que se presenta como tasador independiente de cierto tipo de bienes, tiene licencia para practicar tal profesión dentro de su estado, realiza sus avalúos conforme a su experiencia y su juicio, no tiene ningún interés personal presente ni futuro en las propiedades que valúa, no es afiliado de ningún patrocinador, y su remuneración depende exclusivamente de la entrega de un informe por una comisión prestablecida. *Sin.* tasador independiente calificado.

Value Line Servicio de asesoría en inversiones que califica la seguridad, la puntualidad y el comportamiento proyectado de los precios de cientos de acciones. *Véase también* Índice Compuesto *Value Line.*

valle (*trough*) Término de un periodo de baja general en la economía; una de las cuatro etapas del ciclo económico. *Véase también* ciclo económico.

variación neta (*net change*) *Véase* diferencia neta.

vencimiento a plazo único (*term maturity; term bond*) Programa de amortización de una emisión de bonos en el que toda la emisión se vence en una sola fecha. *Sin.* expiración a plazo único. *Véase también* fecha de vencimiento (2).

vencimiento gradual (*balloon maturity*) Plan de pagos relativos a una emisión de bonos en el que un gran

número de éstos se vencen en determinada fecha (normalmente la última fecha de vencimiento); un tipo de vencimiento en serie. *Véase también* fecha de vencimiento (2).

vendedor de opciones (*writer; seller*) Vendedor de contratos de opciones. Este tipo de vendedor asume la obligación de comprar o vender el valor subyacente siempre y cuando el comprador de la opción la ejerza.

vendedor de opciones de compra (*call writer*) Inversionista que recibe premio y con ello asume la obligación, durante determinado periodo, de vender los títulos valor de referencia a precios determinados a discreción del comprador. *Véanse también* comprador de opciones de compra; comprador de opciones de venta; vendedor de opciones de venta.

vendedor de opciones de compra al descubierto (*naked call writer; uncovered call writer*) Inversionista que vende opciones de compra sin tener la propiedad de las acciones subyacentes u otros activos relacionados que le permitan entregar las acciones en caso

283

de que se ejerzan las opciones. *Sins.* vendedor de opciones de compra sin cobertura; vendedor de opciones de compra descubiertas. *Véase también* vendedor de opciones de venta al descubierto.

vendedor de opciones de compra con cobertura (*covered call writer*) *Véase* vendedor de opciones de compra cubiertas.

vendedor de opciones de compra cubiertas (*covered call writer*) Inversionista que vende opciones de compra y a la vez es propietario de los títulos valor de referencia u otros activos que garantizan la capacidad de entregarlos si la opción se ejerce. *Sin.* vendedor de opciones de compra con cobertura.

vendedor de opciones de compra descubiertas (*naked call writer; uncovered call writer*) *Véase* vendedor de opciones de compra al descubierto.

vendedor de opciones de compra sin cobertura (*naked call writer; uncovered call writer*) *Véase* vendedor de opciones de compra al descubierto.

vendedor de opciones de venta (*put writer*) Inversionista que recibe un premio y con ello asume la obligación, durante determinado periodo, de comprar los títulos valor de referencia a precios determinados a discreción del comprador. *Véanse también* comprador de opciones de compra, vendedor de opciones de compra; comprador de opciones de venta.

vendedor de opciones de venta al descubierto (*naked put writer; uncovered put writer*) Inversionista que vende opciones de venta sin tener la propiedad de las acciones subyacentes u otros activos relacionados que le permitan comprar las acciones en caso de que se ejerzan las opciones. *Sins.* vendedor de opciones de venta sin cobertura; vendedor de opciones de venta descubiertas. *Véase también* vendedor de opciones de compra al descubierto.

vendedor de opciones de venta con cobertura (*covered put writer*) *Véase* vendedor de opciones de venta cubiertas.

vendedor de opciones de venta cubiertas (*covered put writer*) Inversionista que vende opciones de venta y a la vez es propietario de activos que garantizan la capacidad de pago si la opción se ejerce. *Sin.* vendedor de opciones de venta con cobertura.

vendedor de opciones de venta descubiertas (*naked put writer; uncovered put writer*) *Véase* vendedor de opciones de venta al descubierto.

vendedor de opciones de venta sin cobertura (*naked put writer; uncovered put writer*) *Véase* vendedor de opciones de venta al descubierto.

vender (*sell, sale*) Enajenar la propiedad de un título u otro activo a cambio de dinero o valor. Esto incluye la entrega o la donación de un título junto con una gratificación o como gratificación por la compra de valores, una donación de activos gravables, y la venta u oferta de un título opcional o derecho de compra o suscripción de otro título; y excluye las promesas o préstamos de buena fe y los dividendos en acciones si los accionistas no dan ningún valor a cambio.

venta (*put*) Acto de ejercer una opción de venta. *Véase también* compra.

venta corta (*short sale*) *Véase* venta en corto.

venta de apertura (*opening sale*) *Véase* venta inicial.

venta de cierre (*closing sale*) *Véase* venta de liquidación.

venta de cobertura (*selling a hedge*) Venta de opciones de futuros para protegerse contra una reducción futura en los precios de los productos básicos. *Sin.* venta de resguardo. *Véanse también* compra de cobertura; cobertura; cobertura larga; cobertura a corto.

venta de coeficientes (*ratio writing*) Posición de cobertura por opciones en la que un inversionista vende más de una opción de compra por cada 100 acciones subyacentes de su propiedad. En consecuencia, el inversionista tiene una posición en parte cubierta y en parte al descubierto.

venta de descuento por cantidad (*breakpoint sale*) Venta de acciones de una sociedad de inversión en una cantidad que linda con el nivel en el que el comprador calificaría para que se le redujera la comisión sobre la venta; esto representa una violación de las Reglas de Prácticas Leales de la NASD.

venta de dividendos (*selling dividends*) (1) Acto de inducir a clientes a comprar acciones de fondos de inversión insinuando que recibirán a cambio una distribución. Esta práctica es ilegal. (2) Acto de combinar los dividendos y los repartos de utilidades en el cálculo del rendimiento corriente.

venta de especialista en bloque (*specialist block sale*) Operación privada en la que un especialista vende un paquete pequeño de títulos.

venta de liquidación (*closing sale*) Operación en la que alguien compra una opción y a la vez vende otra de la misma serie; ambas transacciones se cancelan mutuamente y la posición se liquida. *Sin.* venta de cierre. *Véanse también* compra de liquidación; venta inicial.

venta en corto (*short sale*) Venta de un título que no es propiedad del vendedor, o cualquier venta cerrada mediante la entrega de un valor pedido en préstamo por el vendedor o en su nombre. *Sin.* venta corta. *Véase también* regla de puja a la alza.

venta ficticia (*wash sale*) Venta de un título con pérdida a modo de reducir el pago de impuestos y, dentro de los 30 días anteriores o siguientes, compra del mismo título o de otro sustancialmente idéntico. El IRS no aceptará la pérdida para fines fiscales. *Véase también* crédito recíproco.

venta inicial (*opening sale*) Ingreso al mercado de opciones mediante la venta de opciones de compra o de venta. *Sin.* venta de apertura.

Véanse también compra de liquidación; compra inicial.

venta subrepticia (*selling away*) Negociación privada de valores por parte de una persona asociada sin el consentimiento ni el conocimiento del intermediario-agente que la emplea. Esta práctica representa una violación de las Reglas de Prácticas Leales de la NASD.

venta y arrendamiento de una propiedad (*sale-leaseback*) Método para reunir efectivo que consiste en vender un bien a alguien y después tomárselo en arrendamiento.

vinculación (*pegging*) *Véase* fijación (2).

volatilidad (*volatility*) la magnitud y frecuencia de cambios en el precio de un valor o un producto básico dentro de un periodo específico.

votación acumulativa (*cumulative voting*) Procedimiento que permite a los accionistas de una sociedad emitir todos sus votos a favor de cualquier candidato o distribuirlos entre varios candidatos en la proporción que deseen, lo cual da mayor representación a los accionistas minoritarios.

Véase también votación reglamentaria.

votación reglamentaria (*statutory voting*) Procedimiento de votación que permite a los accionistas de una sociedad emitir un voto por acción de su propiedad en cada posición. Este procedimiento tiende a beneficiar a los accionistas mayoritarios. *Véase también* votación acumulativa.

W

White's Tax-Exempt Bond Rating Service Nombre de una compañía de análisis de bonos ya desaparecida que calificaba deuda municipal con base en la comerciabilidad de las emisiones y no en la solvencia del emisor.

W I Mensaje de la Cinta de Precios Consolidada que indica que la operación sobre la que se está informando se refiere a una acción negociable a su emisión.

WS Mensaje de la Cinta (o Tira) de Precios Consolidada que indica que la operación sobre la que se está informando se refiere a un título opcional de compraventa.

Yellow Sheets (*Hojas amarillas*)
Publicación diaria compilada
por la Oficina Nacional de
Cotizaciones que muestra las
cotizaciones al mayoreo entre
agentes de valores de los
bonos empresariales
cotizados fuera de bolsa.
Véase también Pink Sheets.
(*Hojas rosas*).

inglés-español

A

A (*A*) Consolidated Tape market identifier for the American Stock Exchange.

abandon (*abandonar*) The act of not exercising or selling an option before its expiration.

Accelerated Cost Recovery System (ACRS) (*Sistema de Recuperación Acelerada de Costos*) *See* Modified Accelerated Cost Recovery System (MACRS).

accordion loan (*préstamo "acordeón"*) A call loan that allows a brokerage firm to pledge additional securities as collateral in an existing loan account when additional credit is needed. *See also* broker's loan; call loan.

account executive (AE) (*ejecutivo de cuentas*) *See* registered representative.

accredited investor (*inversionista acreditado*) As defined in Rule 502 of Regulation D, any institution or individual meeting minimum net worth requirements for the purchase of securities qualifying under the Regulation D registration exemption.

An accredited investor is generally accepted to be one who:
- has a net worth of $1 million or more; or
- has had an annual income of $200,000 or more in each of the two most recent years (or $300,000 jointly with a spouse) and who has a reasonable expectation of reaching the same income level in the current year.

accretion of bond discount (*acrecentamiento del descuento sobre un bono*) An accounting process whereby the initial cost of a bond purchased at a discount is increased annually to reflect the basis of the bond as it approaches maturity.

When a bond is bought at a discount, the IRS requires that a portion of the difference between the discounted purchase price and the face value be taxed each year until maturity even though the gain will not be realized until maturity. *See also* amortization of bond premium; basis.

accrual accounting (*contabilidad en valores acumulados*) (*contabilidad en valores devengados*) A method of reporting income when earned and expenses when incurred, as opposed to reporting income when received and expenses when paid. *See also* cash basis accounting.

accrued interest (*interés acumulado*) (*interés devengado*) The interest that has accumulated since the last interest payment up to, but not including, the settlement date and that is added to the contract price of a bond transaction.

There are two methods for calculating accrued interest: the 30-day-month (360-day-year) method for corporate and municipal bonds, and the actual-calendar-days (365-day-year) method for government bonds. Income bonds, bonds in default and zero-coupon bonds trade without accrued interest (flat). *See also* flat.

accumulation account (*cuenta de acumulación*) An account established to hold securities pending their deposit into a municipal securities unit investment trust.

accumulation stage (*etapa de acumulación*) The period during which contributions are made to an annuity account. *See also* accumulation unit; distribution stage.

accumulation unit (*unidad de acumulación*) An accounting measure used to determine an annuitant's proportionate interest in the insurer's separate account during the accumulation (deposit) stage of an annuity. *See also* accumulation stage; annuity unit; separate account.

acid-test ratio (*coeficiente de solvencia inmediata*) (*coeficiente de activo disponible-pasivo corriente*) (*razón de solvencia inmediata*) (*índice de solvencia inmediata*) (*razón de activo disponible-pasivo corriente*) (*relación de activo disponible-pasivo corriente*) A measure of a corporation's liquidity, calculated by adding cash, cash equivalents, and accounts and notes receivable, and dividing the result by total current liabilities. It is a more stringent test of liquidity than current ratio. *Syn.* quick ratio. *See also* cash assets ratio; current ratio.

acquisition fee (*comisión por adquisición*) The total charges and commissions paid by any party in connection with the selection or purchase of property by a direct participation program. Included in the total is any real estate commission, acquisition expense, development fee, selection fee or construction fee of a similar nature. The fee is added to the basis in the asset for the purpose of depreciation and calculating gain or loss.

ACRS (*ACRS*) *See* Modified Accelerated Cost Recovery System.

ACT (*ACT*) Automated Confirmation Transaction Service.

act of 1933 (*Ley de 1933*) *See* Securities Act of 1933.

act of 1934 (*Ley de 1934*) *See* Securities Exchange Act of 1934.

active crowd (*grupo activo*) The members of the NYSE that trade actively traded bonds. *Syn.* free crowd. *See also* inactive crowd.

actual (*producto básico disponible*) (*producto básico de entrega inmediata*) (*producto primario disponible*) (*producto primario de entrega inmediata*) A physical commodity being traded, as opposed to a futures or option contract on that commodity. *Syn.* spot commodity. *See also* futures contract; option.

Additional List (*Registro Adicional*) A list of securities for which Nasdaq will supply quotations for dissemination to the media but that do not meet the criteria for inclusion on its National List; both lists are compiled by the NASD Information Committee. *See also* National List.

adjacent acreage (*acres adyacentes*) Producing or nonproducing oil or gas leases located within the area of an existing well site. Adjacent acreage may prove valuable for continued development of the original oil or gas prospect.

adjusted basis (*base ajustada*) The value attributed to an asset or security that reflects any deductions taken on, or capital improvements to, the asset or security. Adjusted basis is used to compute the gain or loss on the sale or other disposition of the asset or security.

adjusted gross income (AGI) (*ingreso bruto ajustado*) Earned income plus net

295

passive income, portfolio income and capital gains. *See also* tax liability.

adjustment bond (*bono de ajuste*) *See* income bond.

administrator (*administrador [1]*) (a) A person authorized by a court of law to liquidate the estate of an intestate decedent. (b) An official or agency that administers the securities laws of a state.

ADR (*ADR*) *See* American depositary receipt.

ADS (*ADS*) *See* American depositary receipt.

ad valorem tax (*impuesto* ad valorem) A tax based on the value of real or personal property. Property taxes are the major source of revenues for local governing units. *See also* assessed value; mill rate.

advance/decline line (*línea de alzas y bajas*) A technical analysis tool representing the total of differences between advances and declines of security prices. The advance/ decline line is considered the best indicator of market movement as a whole. *See also* breadth-of-market theory.

advance refunding (*refinanciamiento anticipado*) (*refinanciamiento adelantado*) (*refinanciación anticipada*) (*refinanciación adelantada*)

Refinancing an existing municipal bond issue prior to its maturity or call date by using money from the sale of a new bond issue. The proceeds of the new bond issue are used to purchase government securities, and the municipality puts the principal and interest received from these securities into an escrow account; it then uses these funds to pay off the original bond issue at the first call date. *Syn.* prerefunding. *See also* defeasance; refunding.

advertisement (*publicidad*) Any promotional material designed for use by newspapers, magazines, billboards, radio, television, telephone recording, or other public medium where the firm has little control over the type of individuals being exposed to the material. *See also* sales literature.

AE (*AE*) *See* registered representative.

advisory board (*junta consultiva*) (*junta de asesores*) (*consejo consultivo*) Under the Investment Company Act of 1940, a board that advises an investment company on matters concerning its investments in securities, but does not have the power to make investment decisions or take action itself. An advisory board must be composed of persons who have no other connection with, and serve no other function for, the investment company.

affiliate (*persona afiliada*) (*filial*) (*afiliado*) (1) A person who directly or indirectly owns, controls or holds with power to vote 10% or more of the outstanding voting securities of a company. (2) With respect to a direct participation program, any person who controls, is controlled by or is under common control with the program's sponsor and includes any person who beneficially owns 50% or more of the equity interest in the sponsor. (3) Under the Investment Company Act of 1940, a person who has any type of control over an investment company's operations, which includes anyone with 5% or more of the outstanding voting securities of the investment company or any corporation of which the investment company holds 5% or more of outstanding securities. *See also* control person; insider.

agency basis (*base de agencia*) (*base de representación*) *See* agency transaction.

agency issue (*emisión de agencia gubernamental*) A debt security issued by an authorized agency of the federal government. Such issues are backed by the issuing agencies themselves, not by the full faith and credit of the U.S. government (except GNMA and Federal Import Export Bank issues). *See also* government security.

agency transaction (*operación de agencia*) (*base de agencia*) (*base de representación*) (*operación por cuenta de terceros*) (*transacción de agencia*) (*transacción por cuenta de terceros*) (*transacción de agencia*) A transaction in which a broker-dealer acts for the accounts of others by buying or selling securities on behalf of customers. *Syn.* agency basis. *See also* agent; broker; principal transaction.

agent (*agent*) (1) An individual or firm that effects securities transactions for the accounts of others. (2) A person licensed by a state as a life insurance agent. (3) A securities salesperson who represents a broker-dealer or issuer when selling or trying to sell securities to the investing public; this individual is considered an agent whether he actually receives or simply solicits orders. *See also* broker; broker-dealer; dealer; principal.

aggregate indebtedness (AI) (*deuda global*) (*deuda agregada*) (1) An accounting of all money a broker-dealer owes to customers, other broker-dealers, banks and other lenders, business suppliers and vendors, and anyone who does business with or works for the firm. Liabilities that are excluded from aggregate indebtedness include those that are secured by fixed assets and other amounts payable that are secured by the firm's own securities. (2) Customer net margin debit balances. *See also* allowable asset; net capital; nonallowable asset; Rule 15c3-1.

aggressive investment strategy (*estrategia de inversión agresiva*) A method of portfolio allocation and management aimed at achieving maximum return. Aggressive investors place a high percentage of their investable assets in equity securities and a far lower percentage in safer debt securities and cash equivalents, and pursue aggressive policies including margin trading, arbitrage and options trading. *See also* balanced investment strategy; defensive investment strategy.

AGI (*AGI*) *See* adjusted gross income.

agreement among underwriters (*acuerdo entre firmas colocadoras*) (*acuerdo entre colocadores*) The agreement that sets forth the terms under which each member of an underwriting syndicate will participate in a new issue offering and states the duties and responsibilities of the underwriting manager. *See also* syndicate; underwriting manager.

agreement of limited partnership (*acuerdo de sociedad en comandita simple*) The contract that establishes guidelines for the operation of a direct participation program, including the roles of the general and limited partners.

AI (*AI*) *See* aggregate indebtedness.

AIR (*AIR*) *See* assumed interest rate.

allied member (*miembro afiliado*) (*miembro asociado*) A general partner of an NYSE member firm who is not an NYSE member, an owner of 5% or more of the outstanding voting stock of an NYSE member corporation or a principal executive director or officer of a member corporation. Allied members do not own seats on the NYSE.

all or none order (AON) (*orden de compraventa "todo o nada"*) An order that instructs the floor broker to execute the entire order in one transaction; if the order cannot be executed in its entirety, it is allowed to expire.

all or none underwriting (AON) (*colocación "todo o nada"*) A form of best efforts underwriting in which the underwriter agrees that if it is unable to sell all the shares (or a prescribed minimum), the issuer will cancel the offering. This type of agreement may be used when the issuer requires a minimum amount of capital to be raised; if the minimum is not reached, the securities sold and the money raised are returned. Commissions are not paid unless the offering is completed. *See also* underwriting.

allowable asset (*activo computable*) An asset that a broker-dealer may include when computing its net capital; in general, these assets can be liquidated easily. *See also* net capital; nonallowable asset.

allowance (*bonificación*) (*rebaja [1]*) (*retribución*) A deduction from the invoiced amount allowed by the seller of goods to compensate the buyer for losses or damage. *Syn.* quality allowance.

alpha coefficient (*coeficiente alfa*) A measure of the projected rate of change in a security's price independent of market-related factors but based instead on such indicators as the strength of the company's earnings and the expected level of sales. *See also* beta coefficient.

alternative minimum tax (AMT) (*impuesto mínimo alternativo*) (*impuesto mínimo opcional*) An alternative tax computation that adds certain tax preference items back into adjusted gross income. If the AMT is higher than the regular tax liability for the year, the regular tax and the amount by which the AMT exceeds the regular tax are paid. *See also* tax preference item.

alternative order (*orden alternativa*) (*orden y/o*) An order to execute either of two transactions—for example, placing a sell limit (above the market) and a sell stop (below the market) on the same stock. *Syn.* either/or order; one cancels other order.

AMBAC Indemnity Corporation (AMBAC) (*AMBAC Indemnity Corporation - AMBAC*) A corporation that offers insurance on the timely payment of interest and principal obligations of municipal securities. Bonds insured by AMBAC usually receive a AAA rating from rating services.

American depositary receipt (ADR) (*recibo americano de depósito*) (*acción americana de depósito*) A negotiable certificate representing a given number of shares of stock in a foreign corporation; it is bought and sold in the American securities markets, just as stock is traded. *Syn.* American depositary share.

American Stock Exchange (AMEX) (*Bolsa de Valores Americana*) A private, not-for-profit corporation, located in New York City, that handles approximately one-fifth of all securities trades within the United States. *See also* Automatic AMEX Options Switch; Automatic Post Execution and Reporting.

AMEX (*AMEX*) *See* American Stock Exchange.

amortization (*amortización [1]*) (a) The paying off of debt in regular installments over a period of time. (b) The ratable deduction of certain capitalized expenditures over a specified period of time.

amortization of bond premium (*amortización del premio sobre un bono*) An accounting process whereby the initial cost of a bond purchased at a premium is decreased to reflect the basis of the bond as it approaches maturity. *See also* accretion of bond discount.

AMT (*AMT*) *See* alternative minimum tax.

annual compliance review (*revisión anual de cumplimiento*) The annual meeting that all registered representatives must attend, the purpose of which is to review compliance issues.

annual ROI (*rendimiento anual de la inversión*) The annual return on investment of a bond, which equals the annual interest either plus the prorated discount or minus the prorated premium.

annuitant (*rentista*) A person who receives the distribution of an annuity contract.

annuitize (*cambiar a fase de distribución*) To change an annuity contract from the accumulation (pay-in) stage to the distribution (payout) stage.

annuity (*seguro de renta*) A contract between an insurance company and an individual; it generally guarantees lifetime income to the individual on whose life the contract is based in return for either a lump sum or a periodic payment to the insurance company. The contract holder's objective is usually retirement income. *See also* deferred annuity; fixed annuity; immediate annuity; variable annuity.

annuity unit (*unidad de seguro de renta*) An accounting measure used to determine the amount of each payment during the distribution stage of an annuity. The calculation takes into account the value of each accumulation unit and such other factors as assumed interest rate and mortality risk. *See also* accumulation unit; annuity; distribution stage.

anticipatory hedge (*resguardo anticipado*) Locking in a specific price for an upcoming commodity purchase by buying a futures contract on the commodity.

AON (*AON*) *See* all or none order; all or none underwriting.

AP (*AP*) *See* associated person.

appraisal (*avalúo*) (*tasación*) A written opinion of the value of a property prepared by an independent appraiser qualified to appraise that particular type of property.

appreciation (*apreciación*) (*revaluación*) The increase in value of an asset.

approved plan (*plan aprobado*) *See* qualified retirement plan.

arbitrage (*arbitraje [1]*) The simultaneous purchase and sale of the same or related securities to take advantage of a market inefficiency. *See also* index arbitrage; international arbitrage; market arbitrage; security arbitrage; special arbitrage account.

arbitrageur (*árbitro*) One who engages in arbitrage.

arbitration (*arbitraje [2]*) The arrangement whereby the Board of Arbitration of the NYSE, or a designated arbitration association, hears and settles disagreements between members, allied members, member organizations and their employees. Nonmembers who are in dispute with members or employees may submit voluntarily to arbitration. *See also* simplified arbitration.

ascending triangle (*triángulo ascendente*) On a technical analyst's trading activity chart, a pattern which indicates that the market has started to move back up; considered to be a bullish indicator. *See also* descending triangle; symmetrical triangle.

ask (*postura de venta*) (*oferta de venta*) An indication by a trader or a dealer of a willingness to sell a security or a commodity; the price at which an investor can buy from a broker-dealer. *Syn.* offer. *See also* bid; public offering price; quotation.

assessed value (*valor catastral*) The value of a property as appraised by a taxing authority for the purpose of levying taxes. Assessed value may equal market value or a stipulated percentage of market value. *See also* ad valorem tax; mill rate.

assessment (*aportación adicional*) An additional amount of capital that a participant in a direct participation program may be called upon to furnish beyond the subscription amount. Assessments may be mandatory or optional and must be called within twelve months.

asset (*activo*) (1) Anything that an individual or a corporation owns. (2) A balance sheet item expressing what a corporation owns.

asset allocation fund (*fondo para asignar activos*) A mutual fund that splits its investment assets among stocks, bonds and other vehicles in an attempt to provide a consistent return for the investor. *See also* mutual fund.

assignee (*cesionario*) A person who has acquired a beneficial interest in a limited partnership from a third party but who is neither a substitute limited partner nor an assignee of record.

assignee of record (*cesionario registrado*) A person who has acquired a beneficial interest in a limited partnership and whose interest has been recorded on the books of the partnership and is the subject of a written instrument of assignment.

assignment (*cesión*) (1) A document accompanying or part of a stock certificate that is signed by the person named on the certificate for the purpose of transferring the certificate's title to another person's name. (2) The act of identifying and notifying an account holder that an option held short in that account has been exercised by the option owner. *See also* stock power.

assistant representative–order processing (*representante* *adjunto de procesamiento de órdenes*) *See* Series 11.

associated person of a member (AP) (*persona asociada de un miembro*) Any employee, manager, director, officer or partner of a member broker-dealer or other entity (issuer, bank, etc.), or any person controlling, controlled by or in common control with that member. *See also* registered representative.

assumed interest rate (AIR) (*tasa de interés estimada*) (*tasa de interés supuesta*) The net rate of investment return required to be credited to a variable life insurance policy to ensure that at all times the variable death benefit equals the amount of the death benefit. The AIR forms the basis for projecting payments, but it is not guaranteed.

at-the-close order (*orden al cierre*) *See* market-on-close order.

at-the-money (*en el centro del precio*) The term used to describe an option when the underlying stock is trading precisely at the exercise price of the option. *See also* in-the-money; out-of-the-money.

at-the-opening order (*orden a la apertura*) An order that specificies it is to be executed at the opening of the market or of trading in that security or else it is to be canceled. The order does not have to be executed at the opening price. *See also* market-on-close order.

auction market (*mercado de subasta*) (*mercado de subasta doble*) A market in which buyers enter competitive bids and sellers enter competitive offers simultaneously. The NYSE is an auction market. *Syn.* double auction market.

audited financial statement (*estado financiero dictaminado*) (*estado financiero auditado*) (*estado financiero verificado*) A financial statement of a program, a corporation or an issuer (including the profit and loss statement, cash flow and source and application of revenues statement, and balance sheet) that has been examined and verified by an independent certified public accountant.

authorized stock (*acciones autorizadas*) The number of shares of stock that a corporation is permitted to issue. This number of shares is stipulated in the corporation's state-approved charter, and may be changed by a vote of the corporation's stock-holders.

authorizing resolution (*resolución de autorización*) The document enabling a municipal or state government to issue securities. The resolution provides for the establishment of a revenue fund in which receipts or income is deposited.

AUTOAMOS (*AUTOAMOS*) *See* Automatic AMEX Options Switch.

Automated Confirmation Transaction (ACT) Service (*Servicio Automatizado de Confirmación de Operaciones*) The post-execution, on-line transaction reporting and comparison system developed by the NASD. ACT's primary purpose is to make reconciliation and matching telephone-negotiated trades easier for member firms, thereby increasing the efficiency of the firms' operations.

Automatic AMEX Options Switch (AUTOAMOS) (*Sistema de Cambio Automático de Opciones de la AMEX*) The computerized order routing system that the American Stock Exchange uses for options orders. AUTOAMOS electronically executes trades for the four to six most active stocks of the Standard & Poor's 100 Index options, and it accepts options orders from brokers for up to 20 contracts.

See also American Stock Exchange.

Automatic Post Execution and Reporting (AUTOPER) (*Sistema de Postejecución y Reporte Automáticos*) The computerized order routing system that the American Stock Exchange uses for equity orders. AUTOPER electronically routes day, good-till-canceled and marketable limit orders from brokers to AMEX specialists, and routes execution reports from the specialists back to the brokers. It accepts both odd-lot and round-lot equity orders from brokers for up to 2,000 shares. *See also* American Stock Exchange.

AUTOPER (*AUTOPER*) *See* Automatic Post Execution and Reporting.

average (*promedio de precios bursátiles*) A price at a midpoint among a number of prices. Technical analysts frequently use averages as market indicators. *See also* index.

average basis (*base promedio*) An accounting method used when an investor has made multiple purchases at different prices of the same security; the method averages the purchase prices to calculate an investor's cost basis in shares being liquidated. The difference between the average cost basis and the selling price determines the investor's tax liability. *See also* first in, first out; last in, first out; share identification.

average price (*precio promedio*) A step in determining a bond's yield to maturity. A bond's average price is calculated by adding its face value to the price paid for it and dividing the result by two.

B

B (*B*) Consolidated Tape market identifier for the Boston Stock Exchange.

BA (*BA*) *See* banker's acceptance.

back away (*desistimiento*) The failure of an over-the-counter market maker to honor a firm bid and asked price; this violates the NASD Rules of Fair Practice.

back-end load (*cargo por venta diferido*) (*cargo por venta diferido contingente*) A commission or sales fee that is charged upon the redemption of mutual fund shares or variable annuity contracts. It declines annually, to zero over an extended holding period —up to eight years— as described in the prospectus. *Syn.* contingent-deferred sales load. *See also* Class B Share; Class D share; front-end load; level load.

backwardation (*mercado invertido*) *See* inverted market.

balanced fund (*fondo equilibrado*) A mutual fund whose stated investment policy is to have at all times some portion of its investment assets in bonds and preferred stock as well as in common stock in an attempt to provide both growth and income. *See also* mutual fund.

balanced investment strategy (*estrategia de inversión diversificada*) A method of portfolio allocation and management aimed at balancing risk and return; a balanced portfolio may combine stocks, bonds, packaged products and cash equivalents.

balance of payments (BOP) (*balanza de pagos*) An international accounting record of all transactions made by one particular country with others during a certain time period; it compares the amount of foreign currency the country has taken in to the amount of its own currency it has paid out. *See also* balance of trade.

balance of trade (*balanza comercial*) The largest component of a country's balance of payments; it concerns the export and import of merchandise (not services). Debit items include imports, foreign aid, domestic spending abroad and domestic investments abroad. Credit items include exports, foreign spending in the domestic economy and foreign investments in the domestic economy. *See also* balance of payments.

balance sheet (*balance general*) A report of a corporation's financial condition at a specific time.

balance sheet equation (*ecuación de balance general*) A formula stating that a corporation's assets equal the sum of its liabilities plus shareholders' equity.

balloon maturity (*vencimiento gradual*) A repayment schedule for an issue of bonds wherein a large number of the bonds come due at a prescribed time (normally at the final maturity date); a type of serial maturity. *See also* maturity date.

BAN (*BAN*) *See* bond anticipation note.

banker's acceptance (BA) (*aceptación bancaria*) A money-market instrument used to finance international and domestic trade. A banker's

acceptance is a check drawn on a bank by an importer or exporter of goods and represents the bank's conditional promise to pay the face amount of the note at maturity (normally less than three months).

banking act (*ley de operaciones bancarias*) *See* Glass-Steagall Act of 1933.

bank guarantee letter (*carta de garantía bancaria*) The document supplied by a commercial bank in which the bank certifies that a put writer has sufficient funds on deposit at the bank to equal the aggregate exercise price of the put; this releases the option writer from the option margin requirement.

bar chart (*gráfica de barras*) A tool used by technical analysts to track the price movements of a commodity over several consecutive time periods. *See also* moving average chart; point-and-figure chart.

base grade (*clasificación base*) (*clasificación contractual*) *See* contract grade.

basis (*base*) (1) The cost of an asset or security. (2) The difference between the cash price of a commodity and a futures contract price of the same commodity; basis is usually computed between the spot and the nearby futures contract.

basis point (*punto base*) A measure of a bond's yield, equal to 1/100th of 1% of yield. A bond whose yield increases from 5.0% to 5.5% is said to increase by 50 basis points. *See also* point.

basis quote (*cotización base*) The price of a security quoted in terms of the yield that the purchaser can expect to receive.

BD (*BD*) *See* broker-dealer.

bear (*bajista*) An investor who acts on the belief that a security or the market is falling or is expected to fall. *See also* bull.

bearer bond (*bono al portador*) *See* coupon bond.

bear market (*mercado bajista*) (*mercado a la baja*) A market in which prices of a certain group of securities are falling or are expected to fall. *See also* bull market.

bedbug letter (*carta de deficiencias*) *See* deficiency letter.

best efforts underwriting (*colocación en consignación*) A new issue securities underwriting in which the underwriter acts as an agent for the issuer and puts forth its best efforts to sell as many shares as possible. The underwriter has no liability for unsold shares, unlike in a firm commitment underwriting. *See also* underwriting.

beta coefficient (*coeficiente beta*) A means of measuring the volatility of a security or portfolio of securities in comparison with the market as a whole. A beta of 1 indicates that the security's price will move with the market. A beta greater than 1 indicates that the security's price will be more volatile than the market. A beta less than 1 means that it will be less volatile than the market. *See also* alpha coefficient.

bid (*postura de compra*) (*oferta de compra*) An indication by an investor, a trader or a dealer of a willingness to buy a security or commodity; the price at which an investor can sell to a broker-dealer. *See also* offer; public offering price; quotation.

bid (*postura de venta*) *See* ask.

bid form (*forma de propuesta*) The form submitted by underwriters in a competitive bid on a new issue of municipal securities. The underwriter states the interest rate, price bid and net interest cost to the issuer.

blind pool (*fondo de inversión a ciegas*) (*programa de inversión en bienes indeterminados*) A direct participation program that does not state in advance all of the specific properties in which the general partners will invest the partnership's money. At least 25% of the proceeds of the offering are kept in reserve for the purchase of nonspecified properties. *Syn.* nonspecified property program.

block trade (*compraventa en bloque*) (*operación en bloque*) A trade so large that the normal auction market cannot absorb it in a reasonable time at a reasonable price. In general, 10,000 shares of stock or $200,000 worth of bonds would be considered a block trade.

blotter (*libro de corretaje*) (*libro diario de corretaje*) A book of original entry in which a broker-dealer records on a daily basis every transaction, movement of securities and cash receipt and disbursement. *Syn.* daily journal.

blue chip stock (*acciones patrimoniales*) The equity issues of financially stable, well-established companies that have demonstrated their ability to pay dividends in both good and bad times.

Blue List, The (*Blue List*) A daily publication that lists current municipal bond offerings traded in the secondary market by banks and brokers nationwide.

blue-sky (*registrar legalmente*) To register a securities offering in a particular state. *See also* blue-sky laws; registration by coordination; registration by filing; registration by qualification.

blue-sky laws (*leyes estatales sobre la industria bursátil*) (*leyes reguladoras de la emisión y venta de valores*) (*legislación de control de emisión y venta de valores*) The nickname for state regulations governing the securities industry. The term was coined in the early 1900s by a Kansas Supreme Court justice who wanted regulation to protect against "speculative schemes that have no more basis than so many feet of blue sky." *See also* Series 63; Series 65; Series 66; Uniform Securities Act.

board of directors (*consejo de administración*) (1) Individuals elected by stockholders to establish corporate management policies. A board of directors decides, among other issues, if and when dividends will be paid to stockholders. (2) The body that governs the NYSE; it is composed of 20 members who are elected for a term of two years by the NYSE general membership.

Board of Governors (*Consejo de Gobernadores*) The body that governs the NASD; it is composed of 27 members elected by both the NASD general membership and by the Board itself.

board order (*orden a precio exacto*) An order that becomes a market order only if the market touches or breaks through the order price. Board orders to buy are placed below the current market. Board orders to sell are placed above the current market. *Syn.* market-if-touched order.

bona fide quote (*cotización de buena fe*) (*cotización bona fide*) An offer from a broker-dealer to buy or sell securities; it indicates a willingness to execute a trade under the terms and conditions accompanying the quote. *See also* firm quote; nominal quote; subject quote; workout quote.

bond (*bono*) A legal obligation of an issuing company or government to repay the principal of a loan to bond investors at a specified future date. Bonds are usually issued with a par value or face value of $1,000, representing the amount of money borrowed. The issuer promises to pay a percentage of the par value as interest on the borrowed funds. The interest payment is stated on the face of the bond at issue.

bond anticipation note (BAN) (*pagaré de anticipo de bono*) (*pagaré de anticipo de obligación*) A short-term municipal debt security to be paid from the proceeds of long-term debt when it is issued.

bond attorney (*asesor legal en bonos*) *See* bond counsel.

bond basis book (*libro base de bonos*) A reference book that gives yield-to-maturity tables for bonds, arranged according to coupon rates, times to maturity and prices.

Bond Buyer indexes (*índices Bond Buyer*) Indexes of yield levels of municipal bonds, published daily by *The Bond Buyer*. The indexes are indicators of yields that would be offered on AA and A rated general obligation bonds with 20-year maturities and revenue bonds with 30-year maturities.

bond counsel (*asesor legal en bonos*) An attorney retained by a municipal issuer to give an opinion concerning the legality and tax-exempt status of a municipal issue. *Syn.* bond attorney. *See also* legal opinion of counsel.

bond fund (*fondo de bonos*) A mutual fund whose investment objective is to provide stable income with a minimal capital risk. It invests in income-producing instruments, which may include corporate, government or municipal bonds. *See also* mutual fund.

bond interest coverage ratio (*razón de cobertura de intereses sobre un bono*) (*razón de cobertura de cargos fijos*) (*relación de cobertura de intereses*) An indication of the safety of a corporate bond. It measures the number of times by which earnings before interest and taxes exceeds annual interest on outstanding bonds. *Syn.* fixed charge coverage ratio; times fixed charges earned ratio; times interest earned ratio.

bond quote (*cotización de bonos*) One of a number of quotations listed in the financial press and most daily newspapers that provide representative bid prices from the previous day's bond market. Quotes for corporate and government bonds are percentages of the bond's face value (usually $1,000). Corporate bonds are quoted in increments of 1/8th, where a quote of 99 1/8 represents 99.125% of par ($1,000), or $991.25. Government bonds are quoted in 1/32nds. Municipal bonds may be quoted on a dollar basis or on a yield-to-maturity basis. *See also* quotation; stock quote.

bond rating (*calificación de bonos*) An evaluation of the possibility of default by a bond issuer, based on an analysis of the issuer's financial condition and profit potential. Bond rating services are provided by, among others, Standard & Poor's, Moody's Investors Service and Fitch Investors Service. *See also* Fitch Investors Service; Moody's Investors Service; Standard & Poor's Corporation.

bond ratio (*relación de endeudamiento*) (*coeficiente de endeudamiento*) (*índice de endeudamiento*) One of several tools used by bond analysts to assess the degree of safety offered by a corporation's bonds. It measures the percentage of the corporation's capitalization that is provided by long-term debt financing, calculated by dividing the total face value of the outstanding bonds by the total capitalization. *Syn.* debt ratio.

bond swap (*crédito recíproco*) (*canje de bonos*) (*intercambio de bonos*) (*canje de impuestos*) (*intercambio de impuestos*) The sale of a bond and the simultaneous purchase of a different bond in a like amount. The technique is used to control tax liability, extend maturity or update investment objectives. *Syn.* tax swap. *See also* wash sale.

bond yield (*rendimiento de un bono*) The annual rate of return on a bond investment. Types of yield include nominal yield, current yield, yield to maturity, and yield to call. Their relationships vary according to whether the bond in question is at a discount, at a premium, or at par. *See also* current yield; nominal yield; yield to call; yield to maturity.

book-entry security (*título de asiento en libros*) A security sold without delivery of a certificate. Evidence of ownership is maintained on records kept by a central agency; for example, the

Treasury keeps records of purchasers of Treasury bills. Transfer of ownership is recorded by entering the change on the books or electronic files. *See also* coupon bond; registered; registered as to principal only.

book value per bond (*valor en libros por bono*) (*valor contable por bono*) (*activo tangible neto por bono*) A measure of the amount of producing assets behind each corporate bond, calculated by dividing net tangible assets by funded debt. *Syn.* net tangible assets per bond.

book value per share (*valor en libros por acción*) (*valor contable por acción*) (*activo tangible neto por acción*) A measure of the net worth of each share of common stock. It is calculated by subtracting intangible assets and preferred stock from total net worth and then dividing the result by the number of shares of common outstanding. *Syn.* net tangible assets per share.

BOP (*BOP*) *See* balance of payments.

Boston Stock Exchange (BSE) (*Bolsa de Valores de Boston - BSE*) The third oldest stock exchange in the United States and the first exchange to provide membership to foreign broker-dealers. *See also* regional exchange.

branch office (*sucursal*) Any location identified by any means to the public as a place where a registered broker-dealer conducts business. *See also* office of supervisory jurisdiction; satellite office.

breadth-of-market theory (*teoría de la amplitud del mercado*) A technical analysis theory that predicts the strength of the market according to the number of issues that advance or decline in a particular trading day. *See also* advance/decline line.

breakeven call spread (*posición mixta de compra de punto de equilibrio*) A call option spread in which the investor neither gains nor loses. The breakeven point is calculated by adding the net premium to the lower strike price.

breakeven long hedge (*cobertura a largo de punto de equilibrio*) A long option hedge in which the investor neither gains nor loses. The breakeven point is reached when the market price of the stock equals its purchase price plus the premium paid for the put.

breakeven point (*punto de equilibrio*) (1) The point at which gains equal losses. (2)

The market price that a stock must reach for an option buyer to avoid a loss if he exercises. For a call, it is the strike price plus the premium paid. For a put, it is the strike price minus the premium paid.

breakeven put spread (*posición mixta de venta de punto de equilibrio*) A put option spread in which the investor neither gains nor loses. The breakeven point is calculated by subtracting the net premium from the higher strike price.

breakeven short hedge (*cobertura a corto de punto de equilibrio*) A short option hedge in which the investor neither gains nor loses. The breakeven point is reached when the market price of the stock equals the sale price of the short position minus the premium paid.

breakeven straddle (*posición escalonada de punto de equilibrio*) An option straddle in which the investor neither gains nor loses. The breakeven point is calculated by adding or subtracting the total premium to or from the exercise price on the straddle.

breakout (*rompimiento*) In technical analysis, the movement of a security's price through an established support or resistance level.

313

See also resistance level; support level.

breakpoint (*descuento por cantidad*) The schedule of sales charge discounts offered by a mutual fund for lump-sum or cumulative investments.

breakpoint sale (*venta de descuento por cantidad*) The sale of mutual fund shares in an amount just below the level at which the purchaser would qualify for reduced sales charges; this violates the NASD Rules of Fair Practice.

broad-based index (*índice general*) An index that is designed to reflect the movement of the market as a whole. Examples include the S&P 100, the S&P 500, the AMEX Major Market Index and the *Value Line* Composite Index. *See also* index; narrow-based index.

broad tape (*cinta ancha*) News wires that continuously provide price and background information on securities and commodities markets.

broker (*intermediario*) (*corredor*) (*comisionista*) (1) An individual or firm that charges a fee or commission for executing buy and sell orders submitted by another individual or firm. (2) The role of a firm when it acts as an agent for a customer and charges the customer a commission for its services. *See also* agent; broker-dealer; dealer.

broker-dealer (BD) (*intermediario-agente*) A person or firm in the business of buying and selling securities. A firm may act as both broker (agent) or dealer (principal) but not in the same transaction. Broker-dealers normally must register with the SEC, the appropriate SROs and any state in which they do business. *See also* agent; broker; dealer; principal (2).

broker-dealer credit account (*cuenta de crédito de intermediario-agente*) An account used primarily as a broker-dealer's own trading account; it would show, for example, transactions with creditors.

broker fail (*omisión de la entrega*) *See* fail to deliver.

broker's broker (*intermediario de intermediario*) (1) A specialist executing orders for a commission house broker or another brokerage firm. (2) A floor broker on an exchange or a broker-dealer in the over-the-counter market executing a trade as an agent for another broker. *See also* correspondent broker-dealer.

broker's loan (*préstamo de agente de valores*) (*crédito de intermediario*) Money loaned to a brokerage firm by a commercial bank or other lending institution for financing customers' margin account debit balances. *See also* call loan; loan for set amount; rehypothecation; time loan.

BSE (*BSE*) *See* Boston Stock Exchange.

bucketing (*corretaje clandestino*) Accepting customer orders without executing them immediately through an exchange. A "bucket shop" may use firm or other customer positions or orders to execute them, or may not execute them at all. Bucketing is an illegal activity.

bull (*alcista*) An investor who acts on the belief that a security or the market is rising or is expected to rise. *See also* bear.

bulletin board *See* OTC Bulletin Board.

bullion (*metálico*) Ingots or bars of gold assayed at .995 fine or higher.

bull market (*mercado alcista*) A market in which prices of a certain group of securities are rising or are expected to rise. *See also* bear market.

bunching orders (*redondeo de órdenes*) Combining odd-lot orders from different clients into round lots so as to save the clients the odd-lot differential.

business cycle (*ciclo económico*) (*ciclo coyuntural*) (*coyuntura*) A predictable long-term pattern of alternating periods of economic growth and decline. The cycle passes through four stages: expansion, peak, contraction, and trough.

business day (*día hábil*) (*día laborable*) A day on which financial markets are open for trading. Saturdays, Sundays and legal holidays are not considered business days.

buyer's option (*opción del comprador*) A settlement contract that calls for delivery and payment according to a number of days specified by the buyer. *See also* regular way; seller's option.

buy-in (*cierre forzoso de compra*) The procedure that the buyer of a security follows when the seller fails to complete the contract by delivering the security. The buyer closes the contract by buying the security in the open market and charging the account of the seller for transaction fees and any loss caused by changes in the markets. *See also* sell-out.

buying a hedge (*compra de cobertura*) (*compra de protección*) (*compra de resguardo*) Purchasing futures options as protection against a future increase in commodities prices. *See also* hedge; long hedge; selling a hedge; short hedge.

buying power (*poder de compra*) (*poder adquisitivo*) The amount of fully margined securities that a margin client can purchase using only the cash, securities and special memorandum account balance and without depositing additional equity.

buy stop order (*orden de compra a precio tope*) An order to buy a security that is entered at a price above the current offering price and that is triggered when the market price touches or goes through the buy stop price.

C

C (*C*) Consolidated Tape market identifier for the Cincinnati Stock Exchange.

cabinet crowd (*grupo inactivo*) *See* inactive crowd.

CAES (*CAES*) *See* Intermarket Trading System/Computer Assisted Execution System.

calendar spread (*posición mixta horizontal*) *See* horizontal spread.

call (1) (*compra*) The act of exercising a call option. *See also* put.

call (2) (*opción de compra*) An option contract giving the owner the right to buy a specified amount of an underlying security at a specified price within a specified time.

callable bond (*bono amortizable por anticipado*) (*bono redimible por anticipado*) A type of bond issued with a provision allowing the issuer to redeem the bond prior to maturity at a predetermined price. *See also* call price.

callable preferred stock (*acción preferente amortizable*) (*acción preferente redimible*) (*acción preferencial amortizable*) (*acción preferencial redimible*) A type of preferred stock issued with a provision allowing the corporation to call in the stock at a certain price and retire it. *See also* call price; preferred stock.

call buyer (*comprador de opciones de compra*) An investor who pays a premium for an option contract and receives, for a specified time, the right to buy the underlying security at a specified price. *See also* call writer; put buyer; put writer.

call date (*fecha de amortización*) (*fecha de redención*) The date, specified in the prospectus of every callable security, after which the issuer of the security has the option to redeem the issue at par or at par plus a premium.

call feature (*cláusula de amortización anticipada*) *See* call provision.

call loan (*préstamo pagadero a la demanda*) (*préstamo a la vista*) A collateralized loan of a brokerage firm having no maturity date that may be called (terminated) at any time. The loan has a fluctuating interest rate that is recomputed daily. Generally the loan is payable on demand the day after it is contracted. If not called, the loan is automatically renewed for another day. *See also* broker's loan; loan for set amount; time loan.

call loan rate (*tasa de interés sobre préstamo pagadero a la demanda*) (*tasa de interés sobre préstamo a la vista*) The rate of interest a brokerage firm charges its margin account clients on their debit balances.

call money rate (*tasa de interés sobre dinero pagadero a la demanda*) (*tasa de interés sobre dinero a la vista*) The rate of interest a bank or lender charges brokerage firms on stock exchange collateral.

call price (*precio de amortización anticipada*) (*precio de redención anticipada*) The price (usually a premium over the par value of the issue) at which preferred stocks or bonds can be redeemed prior to maturity of the issue.

call protection (*protección contra la amortización anticipada*) (*protección contra la redención anticipada*) A provision in a bond indenture stating that the issue is noncallable for a certain period of time (five years, ten years, etc.) after the original issue date. *See also* call provision.

call provision (*cláusula de amortización anticipada*) (*cláusula de redención anticipada*) The written agreement between an issuing corporation and its bondholders or preferred stockholders, giving the corporation the option to redeem its senior securities at a specified price before maturity and under specified conditions. *Syn.* call feature.

call risk (*riesgo de amortización anticipada*) (*riesgo de redención anticipada*) The potential for a bond to be called before maturity, leaving the investor without the bond's current income. As this is more likely to occur during times of falling interest rates, the investor may not be able to reinvest his principal at a comparable rate of return.

call spread (*posición mixta sobre opciones de compra*) An option investor's position in which the investor buys a call on a security and writes a call on the same security but with a different expiration date, exercise price, or both.

call writer (*vendedor de opciones de compra*) An investor who receives a premium and takes on, for a specified time, the obligation to sell the underlying security at a specified price at the call buyer's discretion. *See also* call buyer; put buyer; put writer.

cancel former order (CFO) (*anulación de orden*) An instruction by a customer to cancel a previously entered order.

can crowd (*grupo inactivo*) *See* inactive crowd.

capital (*capital*) Accumulated money or goods available for use in producing more money or goods.

capital appreciation (*valorización de capital*) A rise in the market price of an asset.

capital asset (*activo de capital*) All tangible property, including securities, real estate and other property, held for the long term.

capital contribution (*aportación de capital*) The amount of a participant's investment in a direct participation program, not including units purchased by the sponsors.

capital cost (*costo de capital*) *See* capitalized expense.

capital gain (*ganancia de capital*) The profit realized when a capital asset is sold for a higher price than the purchase price. *See also* capital loss; long-term gain.

capitalization (*capital invertido*) The sum of a corporation's long-term debt, stock and surpluses. *Syn.* invested capital. *See also* capital structure.

capitalization ratio (*índice de capitalización*) (*coeficiente de capitalización*) (*razón de capitalización*) A measure of an issuer's financial status that calculates the value of its bonds, preferred stock or common stock as a percentage of its total capitalization.

capitalize (*capitalizar*) An accounting procedure whereby a corporation records an expenditure as a capital asset on its books instead of charging it to expenses for the year.

capitalized expense (*gasto capitalizado*) (*costo de capital*) The cost of purchasing an asset that will benefit a business in the long term; examples include buildings, land, machinery and minerals. *Syn.* capital cost.

capital loss (*pérdida de capital*) The loss incurred when a capital asset is sold for a lower price than the purchase price. *See also* capital gain; long-term loss.

capital market (*mercado de capital*) (*mercado de capitales*) The segment of the securities market that deals in instruments with more than one year to maturity—that is, long-term debt and equity securities.

capital risk (*riesgo de capital*) The potential for an investor to lose all money invested owing to circumstances unrelated to the financial strength of the issuer. For example, derivative instruments such as options carry risk independent of the changing value of the underlying securities. *See also* derivative.

capital stock (*capital social [1]*) (*capital en acciones*) (*capital accionario*) (*acciones de capital*) All outstanding preferred stock and common stock of a corporation, listed at par value.

capital structure (*estructura de capital*) The composition of long-term funds (equity and debt) a corporation has as a source for financing. *See also* capitalization.

capital surplus (*excedente de capital*) (*superávit de capital*) (*capital pagado*) (*superávit pagado*) (*excedente pagado*) The

money a corporation receives in excess of the stated value of the stock at the time of first sale. *Syns.* paid-in capital; paid-in surplus. *See also* par value.

capped index option (*opción de índice a precio tope*) A type of index option issued with a capped price at a set interval above the strike price (for a call) or below the strike price (for a put). The option is automatically exercised once the underlying index reaches the capped price. *See also* index option.

capping (*limitación de precio*) Placing selling pressure on a stock in an attempt to keep its price low or to move its price lower; this violates the NASD Rules of Fair Practice.

carried interest (*participación en cuenta*) A sharing arrangement in an oil and gas direct participation program whereby the general partner shares the tangible drilling costs with the limited partners but pays no part of the intangible drilling costs. *See also* sharing arrangement.

carrying broker (*intermediario-agente compensador*) *See* clearing broker-dealer.

carrying charge (*cargo de mantenimiento de existencias*) (*cargo de mantenimiento de inventarios*) A cost associated with holding or storing a commodity, such as interest, insurance and rents.

carrying charge market (*mercado de cargos de mantenimiento de existencias*) (*mercado de cargos de mantenimiento de inventarios*) A futures market situation in which the difference in price between delivery months of a commodity in the futures markets covers all interest, insurance and storage costs. *See also* inverted market; normal market.

cash account (*cuenta de caja*) (*cuenta en efectivo*) An account in which the customer is required by the SEC's Regulation T to pay in full for securities purchased not later than two days after the standard payment period set by the NASD's Uniform Practice Code. *Syn.* special cash account. *See also* margin account; Regulation T.

cash-and-carry market (*mercado al contado*) *See* cash market.

cash assets ratio (*coeficiente de activo disponible*) (*razón de activo disponible*) (*razón de activo realizable a corto plazo*) (*relación de activo disponible*) The most stringent test of liquidity, calculated by dividing the sum of cash and cash equivalents by total current liabilities. *See also* acid-test ratio; current ratio.

cash basis accounting (*contabilidad en valores de caja*) (*contabilidad en valores en efectivo*) A method of reporting income when received and expenses when paid, as opposed to reporting income and expenses when incurred. *See also* accrual accounting.

cash commodity (*producto básico real*) (*producto básico entregado*) (*producto primario real*) (*producto primario entregado*) The actual, physical good delivered as a result of a completed contract, rather than a futures contract on that good.

cash dividend (*dividendo en efectivo*) Money paid to a corporation's stockholders out of the corporation's current earnings or accumulated profits. All dividends must be declared by the board of directors.

cash equivalent (*equivalente de efectivo*) A security that can be readily converted into cash; examples include Treasury bills, certificates of deposit and money-market instruments and funds.

cash flow (*flujo de efectivo*) (*flujo de caja*) (*flujo de fondos*) (*activo* *líquido*) The money received by a business minus the money paid out. Cash flow is also equal to net income plus depreciation or depletion.

cashiering department (*departamento de cajas*) (*caja de valores*) The department within a brokerage firm that delivers and receives securities and money to and from other firms and clients of the firm. *Syn.* security cage.

cash management bill (CMB) (*pagaré de manejo de efectivo*) (*pagaré de manejo*) A debt security issued by the U.S. Treasury to meet short-term borrowing needs; a minimum of $10 million is required in order to purchase CMBs at auction.

cash market (*mercado al contado*) (*mercado de realización inmediata*) Transactions between buyers and sellers of commodities that entail immediate delivery of and payment for a physical commodity. *Syns.* cash-and-carry market; spot market. *See also* forward market; futures market.

cash trade (*operación al contado*) (*transacción al contado*) *See* cash transaction.

cash transaction (*operación al contado*) (*transacción al contado*)

A settlement contract that calls for delivery and payment on the same day the trade is executed; payment is due by 2:30 pm EST (or within 30 minutes of the trade if made after 2:00 pm EST). *Syn.* cash trade. *See also* regular way; settlement date.

cash value (*valor en efectivo*) (*valor al contado*) The market price for a commodity to be delivered and paid for immediately.

casing (*tubería de revestimiento*) (*tubería de ademe*) The heavy steel pipe cemented to the wall of a hole drilled to reinforce an oil or gas well when it reaches a certain depth. Casing is classified as a tangible cost of an oil and gas direct participation program.

catastrophe call (*compra por catástrofe*) The redemption of a bond by an issuer owing to disaster (for example, a power plant that has been built with proceeds from an issue burns to the ground). *See also* mandatory call; partial call.

CATS (*CATS*) *See* Certificate of Accrual on Treasury Securities.

CBOE (*CBOE*) *See* Chicago Board Options Exchange.

CBOT (*CBOT*) *See* Chicago Board of Trade.

CCC (*CCC*) *See* Commodity Credit Corporation.

CD (*CD*) *See* negotiable certificate of deposit.

CEA (*CEA*) *See* Commodity Exchange Authority.

Certificate of Accrual on Treasury Securities (CATS) (*Certificado de Acumulación Garantizado por Títulos de la Tesorería*) One of several types of zero-coupon bonds issued by brokerage firms and collateralized by Treasury securities. *See also* Treasury receipt.

certificate of deposit (CD) (*certificado de depósito negociable*) *See* negotiable certificate of deposit.

certificate of limited partnership (*certificado de sociedad en comandita simple*) A legal document that provides creditors with such information as the term of the partnership, member contributions, sharing arrangements and provisions for changes in membership.

CFO (*CFO*) *See* cancel former order.

CFTC (*CFTC*) *See* Commodity Futures Trading Commission.

change (*cambio*) (1) For an option or futures contract, the difference between the current price and the previous day's settlement price. (2) For an index or average, the difference between the current value and the previous day's market close. (3) For a stock or bond quote, the difference between the current price and the last trade of the previous day.

chartist (*analista*) (*técnico*) A securities analyst who uses charts and graphs of the past price movements of a security to predict its future movements. *Syn.* technician. *See also* technical analysis.

CHB (*CHB*) *See* commission house broker.

Chicago Board of Trade (CBOT) (*Bolsa de Comercio de Chicago*) The oldest commodity exchange in the United States; established in 1886. The exchange lists agricultural commodity futures such as corn, oats and soybeans, in addition to more recent innovations as GNMA mortgages and the Nasdaq 100 Index.

Chicago Board Options Exchange (CBOE) (*Bolsa de Opciones de Chicago*) The self-regulatory organization with jurisdiction over all writing and trading of standardized options and related contracts listed on that exchange. Also, the first national securities exchange for the trading of listed options. *See also* Order Routing System; Retail Automatic Execution System.

Chicago Stock Exchange (CHX) (*Bolsa de Valores de Chicago*) Regional exchange that provides a listed market for smaller businesses and new enterprises. In 1949 the exchange merged with the St. Louis, Cleveland and Minneapolis/St. Paul exchanges to form the Midwest Stock Exchange, but in 1993 the original name was reinstated. *See also* regional exchange.

Chinese wall (*muralla china*) A descriptive name for the division within a brokerage firm that prevents insider information from passing from corporate advisers to investment traders, who could make use of the information to reap illicit profits. *See also* Insider Trading and Securities Fraud Enforcement Act of 1988.

Christmas tree (*árbol de Navidad*) The assembly of valves, gauges and pipes at the wellhead of an oil or gas well; it is classified as a tangible cost of an oil and gas direct participation program.

churning (*multiplicación de operaciones*) Excessive trading in a customer's account by a registered representative who ignores the customer's interests and seeks only to increase commissions; this violates the NASD Rules of Fair Practice. *Syn.* overtrading.

CHX (*CHX*) *See* Chicago Stock Exchange.

Cincinnati Stock Exchange (CSE) (*Bolsa de Valores de Cincinnati*) In existence since 1885, this exchange operates the National Securities Trading System, the nation's only automated auction system for unlisted securities. *See also* National Securities Trading System.

class (*clase*) Options of the same type (that is, all calls or all puts) on the same underlying security. *See also* series; type.

Class A share (*acción Clase A*) A class of mutual fund share issued with a front-end sales load. A mutual fund offers different classes of shares to allow investors to choose the type of sales charge they will pay. *See also* Class B share; Class C share; Class D share; front-end load.

Class B share (*acción clase B*) A class of mutual fund share issued with a back-end load. A mutual fund offers different classes of shares to allow investors to choose the type of sales charge they will pay. *See also* back-end load; Class A share; Class C share; Class D share.

Class C share (*acción clase C*) A class of mutual fund share issued with a level load. A mutual fund offers different classes of shares to allow investors to choose the type of sales charge they will pay. *See also* Class A share; Class B share; Class D share; level load.

Class D share (*acción clase D*) A class of mutual fund share issued with both a level load and a back-end load. A mutual fund offers different classes of shares to allow investors to choose the type of sales charge they will pay. *See also* back-end load; Class A share; Class B share; Class C share; level load.

classical economics (*economía clásica*) The theory that maximum economic benefit will be achieved if government does not attempt to influence the economy; that is, if businesses are allowed to seek profitable opportunities as they see fit.

clearing agency (*entidad compensadora*) An intermediary between the buy and sell sides in a securities transaction that receives and delivers payments and securities. Any organization that fills this function, including a securities depository but not including a Federal Reserve Bank, is considered a clearing agency.

clearing broker-dealer (*intermediario-agente compensador*) A broker-dealer that clears its own trades as well as those of introducing brokers. A clearing broker-dealer can hold customers' securities and cash. *Syn.* carrying broker. *See also* introducing broker.

clearing corporation *See* clearinghouse.

clearinghouse (*cámara de compensación*) An agency of a futures exchange, through which transactions in futures and option contracts are settled, guaranteed, offset and filled. A clearinghouse may be an independent corporation or exchange-owned. *See also* Options Clearing Corporation.

CLN (*CLN*) *See* construction loan note.

close (*precio al cierre*) (1) The price of the last transaction for a particular security on a particular day. (2) The midprice of a closing trading range. *See also* closing range.

closed-end covenant (*cláusula cerrada*) A provision of a bond issue's trust indenture stating that any additional bonds secured by the same assets must have a subordinated claim to those assets. *See also* junior lien debt; open-end covenant.

closed-end investment company (*compañía de inversión cerrada*) (*compañía de inversión con cartera de composición fija*) (*compañía de inversión con número de acciones fijo*) (*compañía de inversión con capital fijo*) An investment company that issues a fixed number of shares in an actively managed portfolio of securities. The shares may be of several classes; they are traded in the secondary marketplace, either on an exchange or over the counter. The market price of the shares is determined by supply and demand and not by net asset value. *Syns.* closed-end management company; publicly traded fund. *See also* dual-purpose fund; mutual fund.

closed-end management company (*compañía de inversión cerrada*) (*compañía de inversión con cartera de composición fija*) (*compañía de inversión con número de acciones fijo*) (*compañía de inversión con capital fijo*)

closed-end mortgage bond (*bono de emisión cerrada con garantía hipotecaria*) A secured bond issue in which a corporation issues the maximum number of bonds authorized in the trust indenture as first-mortgage bonds. *See also* open-end mortgage bond.

closing date (*fecha de cierre de ventas*) (*fecha límite de venta*) The date designated by the general partners in a direct participation program as the date when sales of units in the program cease; typically the offering period extends for one year.

closing purchase (*compra de liquidación*) (*compra de cierre*) An options transaction in which the seller buys back an option in the same series; the two transactions effectively cancel each other out and the position is liquidated. *See also* closing sale; opening purchase.

closing range (*escala de precios al cierre*) The relatively narrow range of prices at which transactions take place in the final minutes of the trading day. *See also* close.

closing sale (*venta de liquidación*) (*venta de cierre*) An options transaction in which the buyer sells an option in the same series; the two transactions effectively cancel each other out and the position is liquidated. *See also* closing purchase; opening sale.

CMB (*CMB*) *See* cash management bill.

CMO (*CMO*) *See* collateralized mortgage obligation.

CMV (*CMV*) *See* current market value.

COD (*COD*) *See* delivery vs. payment.

Code of Arbitration Procedure (*Código de Procedimiento de Arbitraje*) The NASD's formal method of handling securities-related disputes or. clearing controversies between members, public customers, clearing corporations or clearing banks. Such disputes involve violations of the Uniform Practice Code rather than the Rules of Fair Practice. Any claim, dispute or controversy between member firms or associated persons is required to be submitted to arbitration.

Code of Procedure (COP) (*Código de Procedimiento*) The NASD's formal procedure for handling trade practice complaints involving violations of the Rules of Fair Practice. The NASD District

Business Conduct Committee (DBCC) is the first body to hear and judge complaints. Appeals and review of DBCC decisions are handled by the NASD Board of Governors.

coincident indicator (*indicador coincidente*) A measurable economic factor that varies directly and simultaneously with the business cycle, thus indicating the current state of the economy. Examples include nonagricultural employment, personal income and industrial production. *See also* lagging indicator; leading indicator.

collateral (*garantía*) (*garantía prendaria*) (*colateral*) Certain assets set aside and pledged to a lender for the duration of a loan. If the borrower fails to meet obligations to pay principal or interest, the lender has claim to the assets.

collateralized mortgage obligation (CMO) (*obligación con garantía hipotecaria*) A mortgage-backed corporate security; unlike pass-through obligations issued by FNMA and GNMA, its yield is not guaranteed and it does not have the backing of the federal government. These issues attempt to return interest and principal at a predetermined rate. *See also* tranche.

collateral trust bond (*bono con garantía en fideicomiso*) A secured bond backed by stocks or bonds of another issuer. The collateral is held by a trustee for safekeeping. *Syn.* collateral trust certificate.

collateral trust certificate *See* collateral trust bond.

collection ratio (*coeficiente de cobros*) (*relación de cobros*) (1) For corporations, a rough measure of the length of time accounts receivable have been outstanding. It is calculated by multiplying the receivables by 360 and dividing the result by net sales. (2) For municipal bonds, a means of detecting deteriorating credit conditions; it is calculated by dividing taxes collected by taxes assessed.

collect on delivery (COD) (*pago contra entrega*) *See* delivery vs. payment.

combination (*combinación*) An option position that represents a put and a call on the same stock at different strike prices, expirations or both.

combination fund (*fondo de combinación*) An equity mutual fund that attempts to combine the objectives of growth and current yield by dividing its portfolio between companies that show long-term growth potential and companies that pay high dividends. *See also* mutual fund.

combination preferred stock (*acción preferente de combinación*) A type of preferred stock that combines two or more of the following preferred stock features: participating, cumulative, convertible, callable. *See also* preferred stock.

combination privilege (*privilegio de combinación*) A benefit offered by a mutual fund whereby the investor may qualify for a sales charge breakpoint by combining separate investments in two or more mutual funds under the same management.

combined account (*cuenta combinada*) (*cuenta mixta*) A customer account that has cash and long and short margin positions in different securities. *Syn.* mixed account.

combined distribution (*oferta mixta*) *See* split offering.

commercial bank (*banco comercial*) An institution that is in the business of accepting deposits and making business loans. Commercial banks may not underwrite corporate securities or most municipal bonds. *See also* investment banker.

commercial paper (*papel comercial*) (*efecto comercial*) (*papel de comercio*) An unsecured, short-term promissory note issued by a corporation for financing accounts receivable and inventories. It is usually issued at a discount reflecting prevailing market interest rates. Maturities range up to 270 days.

commingling (*mezcla*) (1) The combining by a brokerage firm of one customer's securities with another customer's securities and pledging them as joint collateral for a bank loan; unless authorized by the customers, this violates SEC Rule 15c2-1. (2) The combining by a brokerage firm of customer securities with firm securities and pledging them as joint collateral for a bank loan; this practice is prohibited. *See also* cross lien; segregation.

commission (*comisión*) (*cargo por venta*) A service charge assessed by an agent in return for arranging the purchase or sale of a security. A commission must be fair and reasonable, considering all the relevant factors of the transaction. *Syn.* sales charge. *See also* markup.

commissioner (*comisionado*) The state official with jurisdiction over insurance transactions.

commission house (*intermediario de operaciones de futuros*) (*comisionista de operaciones de futuros*) *See* futures commission merchant.

commission house broker (CHB) (*operador de piso*) (*agente de intermediación exclusiva*) A member of an exchange who is eligible to execute orders for customers of a member firm on the floor of the exchange. *Syn.* floor broker.

Committee on Uniform Securities Identification Procedures (CUSIP) (*Comité de Procedimientos Uniformes de Identificación de Valores*) A committee that assigns identification numbers and codes to all securities, to be used when recording all buy and sell orders.

commodity (*producto básico*) (*producto primario*) Any bulk good traded on an exchange or in the cash market; examples include metals, grains and meats.

Commodity Credit Corporation (CCC) (*CCC*) A government-owned and -sponsored corporation that aids U.S. agriculture through price support programs, controlling supplies and controlling foreign sales.

Commodity Exchange Act of 1936 (*Ley de Bolsas de Productos Básicos de 1936*) Federal legislation that established the Commodity Exchange Authority and formalized commodity listing and trading procedures.

Commodity Exchange Authority (CEA) (*Autoridad de las Bolsas de Productos Básicos*) The federal agency established by the U.S. Department of Agriculture to administer the Commodities Exchange Act of 1936; the predecessor of the Commodity Futures Trading Commission.

Commodity Futures Trading Commission (CFTC) (*Comisión de Comercio de Futuros de Productos Básicos*) The federal agency established by the Commodity Futures Trading Commission Act of 1974 to ensure the open and efficient operation of the futures markets. The five futures markets commissioners are appointed by the president (subject to Senate approval).

commodity pool operator (CPO) (*operador de combinaciones de productos básicos*) (*operador de combinaciones de productos primarios*) An individual or organization that solicits or receives funds for the purpose of combining them to invest in commodities futures contracts.

commodity trading adviser (CTA) (*asesor en comercio de productos básicos*) (*asesor en comercio de productos primarios*) An individual or organization that, for a fee, makes recommendations and issues reports on commodities futures or options.

common stock (*acción ordinaria*) (*acción común*) A security that represents ownership in a corporation. Holders of common stock exercise control by electing a board of directors and voting on corporate policy. *See also* equity; preferred stock.

common stock ratio (*relación de acciones ordinarias*) (*coeficiente de acciones ordinarias*) One of several tools used by bond analysts to assess the degree of safety offered by a corporation's bonds. It measures the percentage of the corporation's total capitalization that is contributed by the common stockholders, and is calculated by adding the par value, the capital in excess of par and the retained earnings, and dividing the result by the total capitalization. *See also* bond ratio; preferred stock ratio.

competitive bid underwriting (*colocación por licitación pública*) (*colocación por subasta pública*) (*colocación por concurso de ofertas*) A form of firm commitment underwriting in which rival syndicates submit sealed bids for underwriting the issue. Competitive bidding normally is used to determine the underwriters for issues of general obligation municipal bonds, and is required by law in most states for general obligation bonds of more than $100,000. *See also* negotiated underwriting.

completion of the transaction (*terminación de la operación*) (*finalización de la operación*) (*terminación de la transacción*) (*finalización de la transacción*) As defined by the NASD, the point at which a customer pays any part of the purchase price to the broker-dealer for a security he has purchased or delivers a security that he has sold. If the customer makes payment to the broker-dealer before the payment is due, the completion of the transaction occurs when the broker-dealer delivers the security.

compliance department (*departamento de supervisión del cumplimiento*) (*unidad de acatamiento*) The department within a brokerage firm that oversees the trading and market-making activities of the firm. It ensures that the employees and officers of the firm are abiding by the rules and regulations of the SEC, exchanges and SROs.

compliance registered options principal (CROP) (*principal registrado del cumplimiento de las opciones*) (*principal registrado del acatamiento de las opciones*) The principal responsible for compliance with options exchange rules and securities laws; with certain exceptions, a CROP may not have sales functions. *See also* Series 4.

Composite Average (*promedio compuesto Dow Jones*) *See* Dow Jones Composite Average.

Computer Assisted Execution System (*Sistema de Ejecución Asistida por Computadora*) *See* Intermarket Trading System/ Computer Assisted Execution System.

concession (*concesión [1]*) (*reasignación*) The profit per bond or share that an underwriter allows the seller of new issue securities. The selling group broker-dealer purchases the security from the syndicate member at the public offering price minus the concession. *Syn.* reallowance. *See also* takedown.

conduit theory (*teoría del conducto*) A means for an investment company to avoid being taxed on net investment income distributed to shareholders. If a mutual fund acts as a conduit for the distribution of net investment income, it may qualify as a regulated investment company and be taxed only on the income retained by the fund. *Syn.* pipeline theory.

confidence theory (*teoría de la confianza*) A technical analysis theory that measures the willingness of investors to take risks by comparing the yields on high-grade bonds to the yields on lower rated bonds.

confirmation (*confirmación*) A printed document that states the trade, settlement date and money due from or owed to a customer; it is sent or given to the customer on or before the settlement date. *See also* duplicate confirmation.

congestion (*congestión*) A technical analysis term used to indicate that the range within which a commodity's price trades for an extended period of time is narrow.

consent to lend agreement (*contrato de consentimiento de crédito*) *See* loan consent agreement.

Consolidated Quotation System (CQS) (*Sistema Consolidado de Cotizaciones*) A quotation and last-sale reporting service for NASD members that are active market makers of listed securities in the third market. It is used by market makers willing to stand ready to buy and sell securities for their own accounts on a continuous basis but that do not wish to do so through an exchange. Quotation display service is available for a fee to all Nasdaq subscribers, while quotation input service is available only to those members that are registered to do business in third market stocks.

Consolidated Tape (CT) (*Cinta de Precios Consolidada*) (*Tira de Precios Consolidada*) A service of the New York Stock Exchange that delivers real-time reports of securities transactions to subscribers as they occur on the various exchanges.

The Tape distributes reports to subscribers over two different networks that the subscribers can tap into through either the high-speed electronic or the low-speed ticker lines. Network A reports transactions in NYSE-listed securities. Network B reports AMEX-listed securities transactions, as well as reports of transactions in regional exchange issues that substantially meet AMEX listing requirements. *Syn.* Consolidated Ticker Tape; Tape; Ticker Tape.

Consolidated Ticker Tape (*Cinta de Precios Consolidada*) (*Tira de Precios Consolidada*) *See* Consolidated Tape.

consolidation (*consolidación [1]*) The technical analysis term for a narrowing of the trading range for a commodity or security, considered an indication that a strong price move is imminent.

constant dollar plan (*plan de valor constante*) A defensive investment strategy in which the total sum of money invested is kept constant, regardless of any price fluctuation in the portfolio. As a result, the investor sells when the market is high and buys when it is low.

constant ratio plan (*plan de coeficiente constante*) (*plan de relación constante*) (*plan de proporción constante*) An investment strategy in which the investor maintains an appropriate ratio of debt to equity securities by making purchases and sales to maintain the desired balance.

construction fee (*derecho de construcción*) Money paid for acting as general contractor to construct improvements on a direct participation program's property.

construction loan note (CLN) (*pagaré de garantía de préstamo de construcción*) A short-term municipal debt security that provides interim financing for new projects.

constructive receipt (*ingreso atribuido*) (*ingreso supuesto*) (*ingreso virtual*) (*ingreso imputado*) The date on which the Internal Revenue Service considers that a taxpayer receives dividends or other income.

Consumer Price Index (CPI) (*Índice de Precios al Consumidor*) A measure of price changes in consumer goods and services used to identify periods of inflation or deflation.

consumption (*consumo*) A term used by Keynesian economists to refer to the purchase by household units of newly produced goods and services.

contango (*mercado normal*) *See* normal market.

contemporaneous trader (*operador contemporáneo*) A person who enters a trade at or near the same time and in the same security as a person who has inside information. The contemporaneous trader may bring suit against the inside trader. *See also* Insider Trading and Securities Fraud Enforcement Act of 1988.

contingent-deferred sales load (*cargo por venta diferido*) (*cargo por venta diferido contingente*) *See* back-end load.

contingent order (*orden contingente*) (*orden condicional*) An order that is conditional upon the execution of a previous order and that will be executed only after the first order is filled.

contra broker (*intermediario contraparte*) The broker on the buy side of a sell order or on the sell side of a buy order.

contract grade (*clasificación contractual*) (*clasificación base*) The exchange-authorized quality grade of a commodity that can be delivered against a futures contract. *Syn.* base grade.

contraction (*contracción*) A period of general economic decline, one of the four stages of the business cycle. *See also* business cycle.

contractionary policy (*política contraccionista*) (*política de austeridad*) (*política de contracción*) A monetary policy that decreases the money supply, usually with the intention of raising interest rates and combating inflation.

contract market (*mercado de contratos*) (*mercado contractual*) A Commodity Futures Trading Commission-designated exchange where futures on a specified commodity can be traded.

contract month (*mes de entrega*) *See* delivery month.

contractual plan (*plan de inversión en pagos periódicos*) (*plan de inversión en pagos fijos*) (*plan de inversión en pagos adelantados*) A type of accumulation plan in which the investor agrees to invest a specific amount of money in the mutual fund during a specific time period. *Syns.* penalty plan; prepaid charge plan. *See also* front-end load; mutual fund; spread load; voluntary accumulation plan.

contract unit (*unidad de entrega*) The unit of delivery specified in a futures contract.

control (controlling, controlled by, under common control with) (*control, controlar, ser controlado por, estar bajo el mismo control que*) The power to direct, or affect the direction of, the management and policies of a company, whether through the ownership of voting securities, by contract, or otherwise. Control is presumed to exist if a person, directly or indirectly, owns, controls, holds with the power to vote, or holds proxies representing more than 10% of a company's voting securities.

controller's department (*departamento de contraloría*) The department within a brokerage house that is responsible for accounts payable, employee payroll, customer statements and financial reports to regulatory agencies.

control of securities (*control de títulos valor*) (*control de valores*) (*control de títulos*) (*posesión de títulos valor*) (*posesión de valores*) (*posesión de títulos*) A term used to indicate the responsibilities of a broker-dealer with regard to securities in its possession. Under the SEC's customer protection rule, broker-dealers must maintain control procedures over customer funds and securities. Securities are considered under the control of, or in the possession of, a broker-dealer if they are in the broker-dealer's physical possession, are in an alternative location acceptable to the SEC, or are in transit for a period of time that does not exceed standards set by the SEC. *Syn.* possession of securities.

control person (*persona en control*) (1) A director, officer or other affiliate of an issuer. (2) A stockholder who owns at least 10% of any class of a corporation's outstanding securities. *See also* affiliate; insider.

control security (*valor de control*) (*título de control*) (*título valor de control*) Any security owned by a director, officer or other affiliate of the issuer or by a stockholder who owns at least 10% of any class of a corporation's outstanding securities. Who owns a security, not the security itself, determines whether it is a control security. *See also* Rule 144.

conversion parity (*paridad de conversión*) Two securities, one of which can be converted into the other, of equal dollar value. The holder of a convertible security can calculate parity to help decide whether converting would lead to gain or loss.

conversion price (*precio de conversión*) The dollar amount of a convertible security's par value that is exchangeable for one share of common stock.

conversion privilege (*privilegio de conversión*) A feature added to a security by the issuer that allows the holder to change the security into shares of common stock; this makes the security attractive to investors and therefore more marketable. *See also* convertible bond; convertible preferred stock.

conversion rate (*factor de conversión*) *See* conversion ratio.

conversion ratio (*factor de conversión*) The number of shares of common stock per par value amount that the holder would receive for converting a convertible bond or preferred share. *Syn.* conversion rate.

conversion value (*valor de conversión*) The total market value of common stock into which a senior security is convertible. *See also* investment value.

convertible bond (*bono convertible*) A debt security, usually in the form of a debenture, that can be exchanged for equity securities of the issuing corporation at specified prices or rates. *See also* debenture.

convertible preferred stock (*acción preferente convertible*) (*acción preferencial convertible*) An equity security that can be exchanged for common stock at specified prices or rates. Dividends may be cumulative or noncumulative. *See also* cumulative preferred stock; noncumulative preferred stock; preferred stock.

cooling-off period (*periodo de calma*) (*periodo de espera*) The period (a minimum of 20 days) between the filing date of a registration statement and the effective date of the registration; in practice, the period varies in length.

COP (*COP*) *See* Code of Procedure.

coordination (*registro por coordinación*) *See* registration by coordination.

corporate account (*cuenta corporativa*) (*cuenta empresarial*) An account held in the name of a corporation. The corporate agreement, signed when the account is opened, specifies which officers are authorized to trade in the account. In addition to standard margin account documents, a corporation must provide a copy of its charter and bylaws authorizing a margin account.

corporate bond (*bono empresarial*) A debt security issued by a corporation. A corporate bond typically has a par value of $1,000, is taxable, has a term maturity, and is traded on a major exchange.

corporate securities limited representative (*Serie 62*) See Series 62.

corporation (*sociedad anónima*) The most common form of business organization, in which the total worth of the organization is divided into shares of stock, each share representing a unit of ownership. A corporation is characterized by a continuous life span and the limited liability of its owners.

CORR. (*CORR.*) A message on the Consolidated Tape indicating an error in a previous report of a transaction. *See also* error report.

correlation coefficient (*coeficiente R*) (*coeficiente de correlación*) See R coefficient.

correspondent broker-dealer (*intermediario-agente corresponsal*) A broker-dealer that executes transactions for another broker-dealer in a market or locale in which the first broker-dealer has no office. *See also* broker's broker.

cost basis (*base de costo*) The price paid for an asset, including any commissions or fees, used to calculate capital gains or losses when the asset is sold.

cost depletion (*reducción de costos*) (*disminución de costos*) A method of calculating tax deductions for investments in mineral, oil or gas resources. The cost of the mineral-, oil- or gas- producing property is returned to the investor over the property's life by an annual deduction, which takes into account the number of known recoverable units of mineral, oil or gas to arrive at a cost-per-unit figure. The tax deduction is determined by multiplying the cost-per-unit figure by the number of units sold each year.

cost of carry (*costo de mantenimiento*) All out-of-pocket costs incurred by an investor while holding an open position in a security, including margin costs, interest costs and opportunity costs.

cost-push (*inflación por costos*) (*inflación ocasionada por los costos*) Increasing costs of production, including raw materials and wages, that are believed to result in inflation. *See also* demand-pull.

coterminous (*colindante*) A term used to describe municipal entities that share the same boundaries. For example, a municipality's school district and fire district may issue debt separately although the debt is backed by revenues from the same taxpayers. *See also* overlapping debt.

country basis (*base local*) The local cash market price of a commodity in comparison to its nearby futures price at the Chicago Board of Trade. Local prices are likely to vary widely from region to region owing to the lopsidedness of supply and demand. *Syn.* local basis.

coupon bond (*bono con cupones*) (*bono al portador*) A debt obligation with coupons representing semiannual interest payments attached; the coupons are submitted to the trustee by the holder to receive the interest payments. No record of the purchaser is kept by the issuer, and the purchaser's name is not printed on the certificate. *Syn.* bearer bond. *See also* book-entry security; registered; registered as to principal only.

coupon yield (*rendimiento nominal*) (*rentabilidad nominal*) (*rendimiento declarado*) (*tasa de cupón*) (*rendimiento de cupón*) *See* nominal yield.

covenant (*cláusula*) A component of a debt issue's trust indenture that identifies bondholders' rights and other provisions. Examples include rate covenants that establish a minimum revenue coverage for a bond; insurance covenants that require insurance on a project; and maintenance covenants that require maintenance on a facility constructed by the proceeds of a bond issue.

coverage ratio (*razón de cobertura*) (*coeficiente de cobertura*) (*índice de cobertura*) A measure of the safety of a bond issue, based on how many times earnings will cover debt service plus operating and maintenance expenses for a specific time period.

covered call writer (*vendedor de opciones de compra cubiertas*) (*vendedor de opciones de compra con cobertura*) An investor who sells a call option while owning the underlying security or some other asset that guarantees the ability to deliver if the call is exercised.

covered put writer (*vendedor de opciones de venta cubiertas*) (*vendedor de opciones de venta con cobertura*) An investor who sells a put option while owning an asset that guarantees the ability to pay if the put is exercised.

CPI (*CPI*) *See* Consumer Price Index.

CPO (*CPO*) *See* commodity pool operator.

CQS (*CQS*) *See* Consolidated Quotation System.

CR (*CR*) *See* credit balance.

cracking (*craqueo*) (*desintegración catalítica*) The process by which crude oil is turned into distillates.

cracking spread (*posición mixta de craqueo*) A futures hedge position established with long crude oil futures and short heating oil or gasoline futures. *See also* processing spread.

credit agreement (*acuerdo de crédito*) A component of a customer's margin account agreement, outlining the conditions of the credit arrangement between broker and customer.

credit balance (CR) (*saldo acreedor*) (*saldo a favor*) (*saldo favorable*) The amount of money remaining in a customer's account after all commitments have been paid in full. *Syns.* credit record; credit register. *See also* debit balance.

credit department (*departamento de margen*) (*departamento de crédito*) *See* margin department.

creditor (*acreditante*) (*acreedor*) Any broker or dealer, member of a national securities exchange, or person associated with a broker-dealer involved in extending credit to customers.

credit record (*saldo acreedor*) (*saldo a favor*) (*saldo favorable*) *See* credit balance.

credit register (*saldo acreedor*) (*saldo a favor*) (*saldo favorable*) *See* credit balance.

credit risk (*riesgo de crédito*) (*riesgo crediticio*) (*riesgo financiero*) (*riesgo de financiamiento*) The degree of probability that a bond's issuer will default in the payment of either principal or interest. *Syns.* default risk; financial risk.

credit spread (*posición mixta de crédito*) (*margen crediticio*) (*diferencial de crédito*) (*diferencial crediticio*) A futures hedge position established when the premium received for the option sold exceeds the premium paid for the option bought. *See also* debit spread.

CROP (*CROP*) *See* compliance registered options principal.

crossed market (*mercado cruzado*) The situation created when one market maker bids for a stock at a higher price than another market maker is asking for the same stock, or when one market maker enters an ask price to sell a stock at a lower price than another market maker's bid price to buy the same stock. This violates the NASD Rules of Fair Practice. *See also* locked market.

cross hedge (*cobertura cruzada*) (*protección cruzada*) (*resguardo cruzado*) A futures position in a particular security or commodity that is held to protect a long position in a different but related commodity. *See also* pure hedge.

crossing orders (*cruce de órdenes*) Using one customer's order to fill a second customer's order for the same security on the opposite side of the market. This practice is permitted if the security is first offered to the exchange floor at a price one tick higher than the current bid; if there are no takers, the broker may cross the orders. Crossing orders is considered manipulative, however, if the transaction is not presented or recorded with the exchange.

cross lien (*prenda cruzada*) The pledging of customer securities as collateral for a bank loan; this practice is prohibited. *See also* one-way lien.

crossover point (*punto de cruce*) The point at which a limited partnership begins to show a negative cash flow with a taxable income. *See also* phantom income.

crushing (*trituración*) The process by which soybeans are turned into oil and meal.

crush spread (*posición mixta de trituración*) A futures hedge position established with long soybean futures and short soybean oil and meal futures. *See also* processing spread; reverse crush spread.

CSE (*CSE*) *See* Cincinnati Stock Exchange.

CT (*CT*) *See* Consolidated Tape.

CTA (*CTA*) *See* commodity trading adviser.

cum rights (*con derechos*) A term describing stock trading with rights. *See also* ex-rights.

cumulative preferred stock
(*acción preferente
acumulativa*) (*acción
preferencial acumulativa*) An
equity security that offers the
holder any unpaid dividends
in arrears. These dividends
accumulate and must be paid
to the holder of cumulative
preferred stock before any
dividends can be paid to the
common stockholders. *See
also* convertible preferred
stock; noncumulative
preferred stock; preferred
stock.

cumulative voting (*votación
acumulativa*) A voting
procedure that permits
stockholders either to cast all
of their votes for any one
candidate or to cast their total
number of votes in any
proportion they choose. This
results in greater
representation for minority
stockholders. *See also*
statutory voting.

current assets (*activo circulante*)
(*activo corriente*) Cash and
other assets that are
expected to be converted
into cash within the next
twelve months. Examples
include such liquid items as
cash and equivalents,
accounts receivable,
inventory and prepaid
expenses.

current liabilities (*pasivo
circulante*) (*pasivo corriente*) A
corporation's debt obligations
due for payment within the
next twelve months. Examples
include accounts payable,
accrued wages payable and
current long-term debt.

current market value (CMV)
(*valor actual de mercado*) (*valor
corriente de mercado*) (*valor
comercial actual*) (*valor comercial
corriente*) The worth of the
securities in an account. The
market value of listed
securities is based on the
closing prices on the previous
business day. *Syn.* long market
value. *See also* market value.

current price (*precio de oferta
pública*) *See* public offering
price.

current ratio (*coeficiente de
circulante*) (*coeficiente de capital
de trabajo*) (*razón de circulante*)
(*razón de capital de trabajo*) A
measure of a corporation's
liquidity; that is, its ability to
transfer assets into cash to
meet current short-term
obligations. It is calculated by
dividing total current assets
by total current liabilities.
Syn. working capital ratio.

current report (*Forma 8K*) *See*
Form 8K.

current yield (*rendimiento actual*)
(*rendimiento corriente*) The

annual rate of return on a security, calculated by dividing the interest or dividends paid by the security's current market price. *See also* bond yield.

CUSIP (*CUSIP*) *See* Committee on Uniform Securities Identification Procedures.

custodial account (*cuenta en custodia*) (*cuenta de custodia*) An account in which a custodian enters trades on behalf of the beneficial owner, often a minor. *See also* custodian.

custodian (*custodio*) (*depositario*) An institution or person responsible for making all investment, management and distribution decisions in an account maintained in the best interests of another. Mutual funds and contractual plan companies have custodians responsible for safeguarding certificates and performing clerical duties. *See also* mutual fund custodian; plan custodian.

customer (*cliente*) Any person who opens a trading account with a broker-dealer. A customer may be classified in terms of account ownership, trading authorization, payment method or types of securities traded.

customer agreement (*acuerdo del cliente*) (*acuerdo con el cliente*) A document that a customer must sign when opening a margin account with a broker-dealer; it allows the firm to liquidate all or a portion of the account if the customer fails to meet a margin call.

customer ledger (*libro mayor de clientes*) (*mayor de clientes*) (*mayor auxiliar de clientes*) (*auxiliar de clientes*) The accounting record that lists separately all customer cash and margin accounts carried by a firm. *See also* general ledger; stock record.

customer protection rule (*Regla 15c3-3*) *See* Rule 15c3-3.

customer statement (*estado de cuenta de cliente*) A document showing a customer's trading activity, positions and account balance. The SEC requires that customer statements be sent quarterly, but customers generally receive them monthly.

cyclical industry (*industria cíclica*) (*sector cíclico*) A fundamental analysis term for an industry that is sensitive to the business cycle and price changes. Most cyclical industries produce durable goods such as raw materials and heavy equipment.

D

daily journal (*libro de corretaje*) (*libro diario de corretaje*) *See* blotter.

dated date (*fecha de emisión*) The date on which interest on a new bond issue begins to accrue.

day order (*orden para un día*) An order that is valid only until the close of trading on the day it is entered; if it is not executed by the close of trading, it is canceled.

day trader (*intermediario del día*) (*negociante del día*) (*corredor del día*) (*intermediario de la sesión*) (*negociante de la sesión*) (*corredor de la sesión*) A trader in securities or commodities who opens all positions after the opening of the market and offsets or closes out all positions before the close of the market on the same day. *See also* position trader; scalper; spreader.

DBCC (*DBCC*) *See* NASD District Business Conduct Committee.

DDA (*DDA*) *See* dividend disbursing agent.

DE (*discrecionalidad ejercida*) *See* discretion exercised.

dealer (*agente de valores*) (1) An individual or firm that is engaged in the business of buying and selling securities for its own account, either directly or through a broker. (2) The role of a firm when it acts as a principal and charges the customer a markup or markdown. *Syn.* principal (2). *See also* broker; broker-dealer.

dealer paper (*papel comercial de agente de valores*) Short-term, unsecured promissory notes that the issuer sells through a dealer rather than directly to the public.

debenture (*obligación*) (*deuda sin garantía*) (*deuda quirografaria*) (*deuda sin garantía específica*) A debt obligation backed by the general credit of the issuing corporation. *Syn.* unsecured bond. *See also* secured bond.

debit balance (DR) (*saldo deudor*) (*saldo en contra*) (*saldo desfavorable*) The

343

amount of money a customer owes a brokerage firm. *Syn.* debit record; debit register. *See also* credit balance.

debit record *See* debit balance.

debit register *See* debit balance.

debit spread (*posición mixta de débito*) A futures hedge position established when the premium paid for the option bought exceeds the premium received for the option sold. *See also* credit spread.

debt financing (*financiamiento crediticio*) (*financiaciación mediante endeudamiento*) Raising money for working capital or for capital expenditures by selling bonds, bills or notes to individual or institutional investors. In return for the money lent, the individuals or institutions become creditors and receive a promise to repay principal and interest on the debt. *See also* equity financing.

debt per capita (*deuda neta per cápita*) (*deuda per cápita*) *See* net debt per capita.

debt ratio (*relación de endeudamiento*) (*coeficiente de endeudamiento*) (*índice de endeudamiento*) *See* bond ratio.

debt security (*título de deuda*) (*título representativo de deuda*) A security representing a loan by an investor to an issuer such as a corporation, municipality, the federal government or a federal agency. In return for the loan, the issuer promises to repay the debt on a specified date and to pay interest. *See also* equity security.

debt service (*servicio de la deuda*) The schedule for repayment of interest and principal (or the scheduled sinking fund contribution) on an outstanding debt. *See also* sinking fund.

debt service account (*cuenta del servicio de la deuda*) The account used to pay a municipal revenue bond's semiannual interest and principal maturing in the current year; it also serves as a sinking fund for term issues. *See also* flow of funds.

debt service to annual revenues ratio (*relación servicio de la deuda a ingresos anuales*) A ratio that indicates whether a municipality or community is overburdened with debt service expenses.

debt service ratio (*relación del servicio de la deuda*) (*coeficiente del servicio de la deuda*) (*índice del servicio de la deuda*) An indication of the ability of an issuer to meet principal and interest payments on bonds.

debt service reserve fund (*fondo de reserva del servicio de la deuda*) The account that holds enough money to pay one year's debt service on a municipal revenue bond. *See also* flow of funds.

debt-to-equity ratio (*relación de deuda-capital*) The ratio of total long-term debt to total stockholders' equity; it is used to measure leverage.

debt trend (*tendencia de la deuda*) A method of tracking whether certain municipal debt ratios are rising or falling in order to predict a municipality's or community's financial position in the coming years.

declaration date (*fecha de la declaración*) The date on which a corporation announces the amount, payment date and record date of an upcoming dividend.

declining balance depreciation (*depreciación de balance decreciente*) An accounting procedure that allows the owner of an asset to deduct the cost of its declining value for tax purposes. The method provides a greater deduction in the early years of the asset's life, and normally a switch to straight-line depreciation occurs in order to maximize the total deductions.

decreasing debt service (*servicio decreciente de la deuda*) A schedule for debt repayment whereby the issuer repays principal in installments of equal size over the life of the issue. The amount of interest due therefore decreases and the amount of each payment becomes smaller over time. *See also* level debt service.

deduction (*deducción*) An item or expenditure subtracted from adjusted gross income to reduce the amount of income subject to tax. *See also* tax credit.

deed of trust (*contrato de fideicomiso*) *See* trust indenture.

default (*incumplimiento*) (1) The failure to pay interest or principal promptly when due. (2) The failure to perform on a futures contract as required by an exchange.

default risk (*riesgo de crédito*) *See* credit risk.

defeasance (*cancelación*) The termination of a debt obligation. A corporation or municipality removes debt from its balance sheet by issuing a new debt issue or creating a trust that generates enough cash flow to provide for the payment of interest and principal. *See also* advance refunding.

defensive industry (*industria defensiva*) (*sector defensivo*) A fundamental analysis term for an industry that is relatively unaffected by business cycles. Most defensive industries produce nondurable goods for which demand remains steady throughout the business cycle; examples include the food industry and utilities.

defensive investment strategy (*estrategia de inversión defensiva*) A method of portfolio allocation and management aimed at minimizing the risk of losing principal. Defensive investors place a high percentage of their investable assets in bonds, cash equivalents and stocks that are less volatile than average.

deferred annuity (*seguro de renta diferida*) An annuity contract that delays payments of income, installments or a lump sum until the investor elects to receive them. *See also* annuity.

deferred compensation plan (*plan de remuneración diferida*) A nonqualified retirement plan whereby the employee defers receipt of current compensation in favor of a larger payout at retirement (or in the case of disability or death).

deficiency letter (*carta de deficiencias*) The SEC's notification of additions or corrections that a prospective issuer must make to a registration statement before the SEC will clear the offering for distribution. *Syn.* bedbug letter.

defined benefit plan (*plan de prestaciones definidas*) A qualified retirement plan that specifies the total amount of money that the employee will receive at retirement.

defined contribution plan (*plan de aportaciones definidas*) A qualified retirement plan that specifies the amount of money that the employer will contribute annually to the plan.

deflation (*deflación*) A persistent and measurable fall in the general level of prices. *See also* inflation; stagflation.

delete information mode (*modo "Borrar información"*) A Consolidated Tape report from which certain information has been omitted in order to prevent the Tape from running late during periods of high market activity.

delivery (*entrega*) The change in ownership or control of a security in exchange for cash. Delivery takes place on the settlement date.

delivery month (*mes de entrega*) The month specified for a futures contract to be settled.

delivery point (*punto de entrega*) The location or facility (storage, shipping, etc.) to which a commodity must be delivered in order to fulfill a futures contract.

delivery vs. payment (DVP) (*pago contra entrega*) A transaction settlement procedure in which securities are delivered to the buying institution's bank in exchange for payment of the amount due. *Syn.* collect on delivery (COD).

delta (*delta*) A measure of the responsiveness of option premiums to a change in the price of the underlying asset. Deep in-the-money options have deltas near 1; these show the biggest response to futures price changes. Deep out-of-the-money options have deltas near zero.

demand (*demanda*) A consumer's desire and willingness to pay for a good or service. *See also* supply.

demand deposit (*depósito a la vista*) A sum of money left with a bank (or borrowed from a bank and left on deposit) that the depositing customer has the right to withdraw immediately. *See also* time deposit.

demand-pull (*inflación por demanda*) An excessive money supply that increases the demand for a limited supply of goods that is believed to result in inflation. *See also* cost-push.

depletion (*disminución*) (*reducción*) A tax deduction that compensates a business for the decreasing supply of the natural resource that provides its income (oil, gas, coal, gold or other nonrenewable resource). There are two ways to calculate depletion: cost depletion and percentage depletion. *See also* cost depletion; percentage depletion.

depreciation (*depreciación*) (1) A tax deduction that compensates a business for the cost of certain tangible assets. *See also* Modified Accelerated Cost Recovery System. (2) A decrease in the value of a particular currency relative to other currencies.

depreciation expense (*gasto de depreciación*) A bookkeeping

347

entry of a noncash expense charged against earnings to recover the cost of an asset over its useful life.

depression (*depresión*) A prolonged period of general economic decline.

derivative (*derivado*) An investment vehicle, the value of which is based on the value of another security. Futures contracts, forward contracts, options and CMOs are among the most common types of derivatives. Derivatives are generally used by institutional investors to increase overall portfolio return or to hedge portfolio risk.

descending triangle (*triángulo descendente*) On a technical analyst's trading activity chart, a pattern which indicates that the market has started to fall; considered to be a bearish indicator. *See also* ascending triangle; symmetrical triangle.

designated order (*orden designada*) In a municipal bond underwriting, a customer order that is submitted by one syndicate member but that specifies more than one member to receive a percentage of the takedown. The size of the order establishes its priority for subscription to an issue. *See also* group net order; member-at-the-takedown order; presale order.

devaluation (*devaluación*) A substantial fall in the value of a currency as compared to the value of gold or to the value of another country's currency. *See also* revaluation.

developmental drilling program (*programa de perforación de desarrollo*) A limited partnership that drills for oil, gas or minerals in areas of proven reserves or near existing fields. *See also* exploratory drilling program; income program; step-out well.

development fee (*comisión por urbanización*) Money paid for the packaging of a direct participation program's property, including negotiating and approving plans, undertaking to assist in obtaining zoning and necessary variances, and financing for the specific property.

DI (*DI*) *See* disposable income.

diagonal spread (*posición mixta diagonal*) An option hedge position established by the simultaneous purchase and sale of options of the same class but with different exercise prices and expiration dates. *See also* spread.

DIGITS & VOL DELETED
(*DÍGITOS Y VOL BORRADOS*) A Consolidated Tape delete information mode in which the volume and the first digit of the price are omitted. A DIGITS & VOL RESUMED message appears when trading activity slows. *See also* delete information mode.

dilution (*dilución*) A reduction in earnings per share of common stock. Dilution occurs through the issuance of additional shares of common stock and the conversion of convertible securities.

direct debt (*deuda directa*) The total of a municipality's general obligation bonds, short-term notes and revenue debt.

direct paper (*papel de venta directa*) Commercial paper sold directly to the public without the use of a dealer.

direct participation program (DPP) (*programa de participación directa*) (*programa*) A business organized so as to pass all income, gains, losses and tax benefits to its owners, the investors; the business is usually structured as a limited partnership. Examples include oil and gas programs, real estate programs, agricultural programs, cattle programs, condominium securities and Subchapter S corporate offerings. *Syn.* program.

direct participation programs limited principal (*principal especializado de programas de participación directa*) *See* Series 39.

direct participation programs limited representative (*representante especializado de programas de participación directa*) *See* Series 22.

discount (*descuento*) The difference between the lower price paid for a security and the security's face amount at issue. *See also* premium.

discount bond (*bono con descuento*) A bond that sells at a lower price than its face value. *See also* par value; premium bond.

discount rate (*tasa de descuento*) The interest rate charged by the twelve Federal Reserve Banks for short-term loans made to member banks.

discretion (*discrecionalidad*) The authority given to someone other than the beneficial owner of an account to make investment decisions for the account concerning the security, the number of shares or units, and whether to buy or sell. The authority to decide only timing or price does not constitute "discretion." *See also* limited power of attorney.

discretionary account (*cuenta discrecional*) An account in which the customer has given the registered representative authority to enter transactions at the rep's discretion.

discretion exercised (DE) (*discrecionalidad ejercida*) The notation marked on an order placed for a discretionary account to indicate that the representative made the decision to trade. *See also* discretionary account.

discretion not exercised (DNE) (*discrecionalidad no ejercida*) The notation marked on an order placed for a discretionary account to indicate that the account owner made the decision to trade. *See also* discretionary account.

disintermediation (*desintermediación*) The flow of money from low-yielding accounts in traditional savings institutions to higher yielding investments; typically, this occurs when the Fed tightens the money supply and interest rates rise.

disposable income (DI) (*ingreso disponible*) The sum that people divide between spending and personal savings. *See also* personal income.

disproportionate allocation (*distribución desproporcionada*) (*asignación desproporcionada*) One of the criteria used by the NASD to determine whether a violation of the freeriding and withholding rules has occurred. The guideline is that no more than 10% of a firm's allotment of hot issues should be sold to restricted accounts.

disproportionate sharing (*participación desproporcionada*) A sharing arrangement whereby the sponsor in an oil and gas direct participation program pays a portion of the program's costs but receives a disproportionately higher percentage of its revenues. *See also* sharing arrangement.

distant contract (*contrato con fecha de expiración distante*) (*contrato con fecha de expiración lejana*) (*contrato con fecha de vencimiento distante*) (*contrato con fecha de vencimiento lejana*) Of two or more futures contracts, the contract with the longer time remaining to expiration. *Syn.* distant delivery. *See also* nearby contract.

distant delivery (*contrato con fecha de expiración distante*) (*contrato con fecha de expiración lejana*) (*contrato con fecha de vencimiento distante*) (*contrato con fecha de vencimiento lejana*) *See* distant contract.

distribution (*distribución*) Any cash or other property distributed to shareholders or general partners that arises from their interests in the business, investment company or partnership.

distribution stage (*etapa de distribución*) (*etapa de reparto*) (*periodo de distribución*) (*periodo de reparto*) The period during which distributions are received from an annuity account. *Syn.* payout stage. *See also* accumulation stage; accumulation unit.

District Business Conduct Committee (*Comité de Administración de Operaciones Distritales*) (*Comité de Administración de Operaciones Distritales de la NASD*) *See* NASD District Business Conduct Committee.

diversification (*diversificación*) A risk management technique that mixes a wide variety of investments within a portfolio, thus minimizing the impact of any one security on overall portfolio performance.

diversified common stock fund (*fondo de acciones ordinarias diversificadas*) A mutual fund that invests its assets in a wide range of common stocks. The fund's objectives may be growth, income or a combination of both. *See also* growth fund; mutual fund.

diversified investment company (*compañía de inversión diversificada*) As defined by the Investment Company Act of 1940, an investment company that meets certain standards as to the percentage of assets invested. These companies use diversification to manage risk. *See also* management company; nondiversified investment company; 75-5-10 test.

divided account (*cuenta del oeste*) *See* Western account.

dividend (*dividendo*) (*dividendo en acciones*) A distribution of the earnings of a corporation. Dividends may be in the form of cash, stock or property. All dividends must be declared by the board of directors. *Syn.* stock dividend. *See also* cash dividend; dividend yield; property dividend.

dividend department (*departamento de dividendos*) The department within a brokerage firm that is responsible for crediting client accounts with dividends and interest payments on client securities held in the firm's name.

dividend disbursing agent (DDA) (*agente de pagos de dividendos*) The person responsible for making the required dividend distributions to the broker-dealer's dividend department.

dividend exclusion rule (*regla de exclusión de dividendos*) An IRS provision that permits a corporation to exclude from its taxable income 70% of dividends received from domestic preferred and common stocks. The Tax Reform Act of 1986 repealed the dividend exclusion for individual investors.

dividend payout ratio (*relación de pagos de dividendos*) (*coeficiente de pagos de dividendos*) (*razón de pagos de dividendos*) A measure of a corporation's policy of paying cash dividends, calculated by dividing the dividends paid on common stock by the net income available for common stockholders. The ratio is the complement of the retained earnings ratio. *See also* retained earnings ratio.

dividends per share (*dividendos por acción*) The dollar amount of cash dividends paid on each common share during one year.

dividend yield (*rendimiento en dividendos*) The annual rate of return on a common or preferred stock investment. The yield is calculated by dividing the annual dividend by the purchase price of the stock. *See also* current yield; dividend.

DJIA (*DJIA*) *See* Dow Jones Industrial Average.

DK (*DK*) *See* don't know.

DNE (*DNE*) *See* discretion not exercised.

DNR (*DNR*) *See* do not reduce order.

doctrine of mutual reciprocity (*doctrina de la reciprocidad*) (*doctrina de la exclusión mutua*) (*inmunidad recíproca*) The agreement that established the federal tax exemption for municipal bond interest. States and municipalities do not tax federal securities or properties, and the federal government reciprocates by exempting local government securities and properties from federal taxation. *Syn.* mutual exclusion doctrine; reciprocal immunity.

dollar bonds (*bonos en dólares*) Municipal revenue bonds that are quoted and traded on a basis of dollars rather than yield to maturity. Term bonds, tax-exempt notes and New Housing Authority bonds are dollar bonds.

dollar cost averaging (*promediar costos en valores*) A system of buying mutual fund shares in fixed dollar amounts at regular fixed intervals, regardless of the price of the shares. The investor purchases more shares when prices are low and fewer shares when prices are high, thus lowering the average cost per share over time.

donor (*donante*) A person who makes a gift of money or securities to another; once the gift is donated, the donor gives up all rights to the gift. Gifts of securities to minors under the Uniform Gifts to Minors Act provide tax advantages to the donor. *See also* Uniform Gifts to Minors Act.

do not reduce order (DNR) (*orden de no reducir*) An order that stipulates that the limit or stop price should not be reduced in response to the declaration of a cash dividend.

don't know (DK) (*no se sabe*) A response to a confirmation received from a broker-dealer indicating a lack of information about, or record of, the transaction.

double auction market (*mercado de subasta*) (*mercado de subasta doble*) *See* auction market.

double-barreled bond (*bono de doble garantía*) A municipal security backed by the full faith and credit of the issuing municipality, as well as by pledged revenues. *See also* general obligation bond; revenue bond.

double declining balance depreciation (*doble depreciación del saldo decreciente*) (*doble amortización del saldo decreciente*) An accounting procedure that allows the owner of an asset to deduct the cost of its declining value for tax purposes. The method allows the owner to deduct in the early years of the asset's life twice the amount permitted under the straight-line method. *See also* straight-line depreciation.

Dow Jones averages (*promedios Dow Jones*) The most widely quoted and oldest measures of change in stock prices. Each of the four averages is based on the prices of a limited number of stocks in a particular category. *See also* average; Dow Jones

Composite Average; Dow Jones Industrial Average; Dow Jones Transportation Average; Dow Jones Utilities Average.

Dow Jones Composite Average (DJCA) (Composite Average) (*Promedio Compuesto Dow Jones*) A market indicator composed of the 65 stocks that make up the Dow Jones Industrial, Transportation and Utilities Averages. *See also* average; Dow Jones Industrial Average; Dow Jones Transportation Average; Dow Jones Utilities Average.

Dow Jones Industrial Average (DJIA) (*Promedio Industrial Dow Jones*) The most widely used market indicator, composed of 30 large, actively traded issues of industrial stocks. *See also* average; Dow Jones Composite Average; Dow Jones Transportation Average; Dow Jones Utilities Average.

Dow Jones Transportation Average (DJTA) (*Promedio Dow Jones de los Transportes*) (*Promedio de los Transportes*) A market indicator composed of 20 transportation stocks. *See also* average; Dow Jones Composite Average; Dow Jones Industrial Average; Dow Jones Utilities Average.

Dow Jones Utilities Average (DJUA) (*Promedio Dow Jones de los Servicios Públicos*) A market indicator composed of 15 utilities stocks. *See also* average; Dow Jones Composite Average; Dow Jones Industrial Average; Dow Jones Transportation Average.

down tick (*puja a la baja*) *See* minus tick.

Dow theory (*teoría Dow*) A technical market theory that long-term trends in the stock market can be confirmed by analyzing the movements of the Dow Jones Industrial Average and the Dow Jones Transportation Average.

DPP (*DPP*) *See* direct participation program.

DR (*DR*) *See* debit balance.

dry hole (*pozo seco*) A well that is plugged and abandoned without being completed or that is abandoned for any reason without having produced commercially for 60 days. *See also* productive well.

dual-purpose fund (*fondo con doble finalidad*) A closed-end investment company that offers two classes of stock: income shares and capital shares. Income shares entitle the holder to share in the net dividends and interest paid to the fund. Capital shares entitle the holder to profit from the capital appreciation of all the securities held by the fund. *See also* closed-end investment company.

due bill (*vale*) A printed statement showing the obligation of a seller to deliver securities or rights to the purchaser. A due bill is also used as a pledge to deliver dividends when the transaction occurs after the record date.

due diligence (*auditoría de información*) The careful investigation by the underwriters that is necessary to ensure that all material information pertinent to an issue has been disclosed to prospective investors.

due diligence meeting (*reunión de información*) A meeting at which an issuing corporation's officials and representatives of the underwriting group present information on and answer questions about a pending issue of securities. The meeting is held for the benefit of brokers, securities analysts and institutional investors.

duplicate confirmation (*duplicado de confirmación*) A copy of a customer's confirmation that a brokerage firm sends to an agent or an attorney if the customer requests it in writing. In addition, if the customer is an employee of another broker-dealer, SRO regulations may require a duplicate confirmation to be sent to the employing broker-dealer. *See also* confirmation.

DVP (*DVP*) *See* delivery vs. payment.

E

early warning (*alerta anticipada*) The term describing the status of a broker-dealer when its net capital falls to less than 120% of the required minimum or its ratio of aggregate indebtedness to net capital exceeds 12:1. The firm's FOCUS reporting requirements are stepped up until three months after it is out of early warning.

earned income (*ingreso ganado*) (*ingreso devengado*) (*ingreso del trabajo*) Income derived from active participation in a trade or business, including wages, salary, tips, commissions and bonuses. *See also* portfolio income; unearned income.

earned surplus (*utilidades retenidas*) (*utilidades no distribuidas*) (*utilidades reinvertidas*) *See* retained earnings.

earnings per share (EPS) (*utilidades por acción*) (*ganancias por acción*) A corporation's net income available for common stock divided by its number of shares of common stock outstanding. *Syn.* primary earnings per share.

earnings per share fully diluted (*utilidades por acción totalmente diluidas*) (*ganancias por acción totalmente diluidas*) A corporation's earnings per share calculated assuming that all convertible securities have been converted. *See also* earnings per share.

Eastern account (*cuenta del este*) (*cuenta por aplicar*) A securities underwriting in which the agreement among underwriters states that each syndicate member will be responsible for its own allocation as well as for a proportionate share of any securities remaining unsold. *Syn.* undivided account. *See also* syndicate; Western account.

Easy-growth Treasury Receipt (ETR) (*Recibo de la Tesorería de Fácil Crecimiento*) One of several types of zero-coupon bonds issued by brokerage firms and collateralized by Treasury securities. *See also* Treasury receipt.

economic risk (*riesgo económico*) The potential for international developments and domestic events to trigger losses in securities investments.

EE (*EE*) *See* excess equity.

EE savings bond (*bono de ahorro EE*) *See* Series EE bond.

effective cost (*costo efectivo*) The net price paid for a commodity, including any hedging transactions.

effective date (*fecha de entrada en vigor*) The date the registration of an issue of securities becomes effective, allowing the underwriters to sell the newly issued securities to the public and confirm sales to investors who have given indications of interest.

efficiency ratio (*índice de rotación de inventario*) (*índice de rotación de existencias*) (*índice de eficiencia*) *See* inventory turnover ratio.

efficient market theory (*teoría del mercado eficiente*) (*teoría de la eficiencia del mercado*) A theory based on the premise that the stock market processes information efficiently. The theory postulates that, as new information becomes known, it is reflected immediately in the price of stock and therefore stock prices represent fair prices.

either/or order (*orden y/o*) *See* alternative order.

elasticity (*elasticidad*) The responsiveness of consumers and producers to a change in prices. A large change in demand or production resulting from a small change in price for a good is considered an indication of elasticity. *See also* inelasticity.

eligible security (*valor con margen*) *See* margin security.

Employee Retirement Income Security Act of 1974 (ERISA) (*Ley de Seguridad de los Ingresos de Retiro de los Empleados de 1974*) (*Ley de Reformas a las Pensiones*) The law that governs the operation of most corporate pension and benefit plans. The law eased pension eligibility rules, set up the Pension Benefit Guaranty Corporation and established guidelines for the management of pension funds. Corporate retirement plans established under ERISA qualify for favorable tax treatment for employers and participants. *Syn.* Pension Reform Act. *See also* Title 1; Title 2; Title 3; Title 4.

endorsement (*endoso*) The signature on the back of a stock or bond certificate by the person named on the certificate as the owner.

Owners must endorse certificates when transferring them to another person. *See also* assignment.

EPS *(EPS) See* earnings per share.

EQ *(EQ) See* equity.

equipment-leasing limited partnership *(sociedad en comandita simple de arrendamiento de equipo)* A direct participation program that purchases equipment for leasing to other businesses on a long-term basis. Tax-sheltered income is the primary objective of such a partnership.

equipment bond *(certificado fiduciario respaldado por equipo)* *(bono respaldado por equipo)* *(pagaré respaldado por equipo)* *See* equipment trust certificate.

equipment note *(certificado fiduciario respaldado por equipo)* *(bono respaldado por equipo)* *(pagaré respaldado por equipo)* *See* equipment trust certificate.

equipment trust certificate *(certificado fiduciario respaldado por equipo)* *(bono respaldado por equipo)* *(pagaré respaldado por equipo)* A debt obligation backed by equipment. The title to the equipment is held by an independent trustee (usually a bank), not the issuing company. Equipment trust certificates are generally issued by transportation companies such as railroads. *Syn.* equipment bond; equipment note. *See also* New York plan.

equity (EQ) *(capital social [2])* *(capital accionario) (acciones)* (1) The ownership interest of common and preferred stockholders in a corporation. (2) In a margin or short account, equity equals what is owned minus what is owed. *See also* equity financing.

equity financing *(financiamiento mediante acciones y participaciones de capital)* Raising money for working capital or for capital expenditures by selling common or preferred stock to individual or institutional investors. In return for the money paid, the individuals or institutions receive ownership interests in the corporation. *See also* debt financing.

equity interest *(derecho de participación)* The legal right or title to a share in a business or property.

equity option *(opción participativa de capital)* A security representing the right to buy or sell common stock at a specified price within a specified time. *See also* nonequity option; option.

equity security (*título de capital*) (*título de participación*) A security representing ownership in a corporation or other enterprise. Examples of equity securities include:
- common and preferred stock;
- interests in a limited partnership or joint venture;
- securities that carry the right to be traded for equity securities, such as convertible bonds, rights and warrants; and
- put and call options on equity securities.

See also debt security.

ERISA (*ERISA*) *See* Employee Retirement Income Security Act of 1974.

error report (*reporte de error*) A message on the Consolidated Tape correcting an error in a report on a previous trade. Any necessary correction is preceded by the letters "CORR." *See also* CORR.

escrow agreement (*contrato de depósito en garantía*) The certificate provided by an approved bank that guarantees that the indicated securities are on deposit at that bank. An investor who writes a call option and can present an escrow agreement is considered covered and does not need to meet margin requirements.

ETR (*ETR*) *See* Easy-growth Treasury Receipt.

Eurobond (*eurobono*) A long-term debt instrument of a government or corporation that is denominated in the currency of the issuer's country but is issued and sold in a different country.

Eurodollar (*eurodólar*) U.S. currency held in banks outside the United States. *See also* Eurodollar future.

Eurodollar future (*futuro en eurodólares*) A contract based on short-term Eurodollar deposits, settled with cash by subtracting the three-month LIBOR average from 100. *See also* Eurodollar; London Interbank Offered Rate.

even yield curve (*curva uniforme de rendimiento*) (*curva uniforme de ganancias de capital*) (*curva uniforme de rentabilidad*) *See* flat yield curve.

excess equity (EE) (*capital excedente*) (*excedente de margen*) (*excedente conforme al Reglamento T*) (*exceso de capital*) The value of money or securities in a margin account that is in excess of the federal requirement. *Syn.*

margin excess; Regulation T excess.

excess margin securities (*valores de margen excedentes*) (*excedente de valores de margen*) (*exceso de valores de margen*) The securities in a margin account that are in excess of 140% of the account's debit balance. Such securities are available to the broker-dealer for debit balance financing purposes, but they must be segregated and earmarked as the customer's property.

exchange (*bolsa*) Any organization, association or group of persons that maintains or provides a marketplace in which securities can be bought and sold. An exchange does not have to be a physical place, and several strictly electronic exchanges do business around the world.

Exchange Act (*Ley de Bolsas*) *See* Securities Exchange Act of 1934.

exchange distribution (*distribución bursátil*) (*distribución en bolsa*) A block trading procedure in which a large number of shares of stock is crossed with offers on the floor of the exchange with no prior announcement on the broad tape.

exchange-listed security (*título inscrito en bolsa*) (*título registrado en bolsa*) (*título cotizado en bolsa*) A security that has met certain requirements and has been admitted to full trading privileges on an exchange. The NYSE, AMEX and regional exchanges set listing requirements for volume of shares outstanding, corporate earnings and other characteristics. Exchange-listed securities can be traded in the third market, the market for institutional investors.

exchange market (*mercado intercambiario*) (*mercado bursátil*) All of the exchanges on which listed securities are traded.

exchange offer (*oferta de intercambio*) An offer to exchange one issuer's securities for those of another, often in conjunction with a corporate takeover.

exchange privilege (*privilegio de intercambio*) A feature offered by a mutual fund allowing an investor to transfer an investment in one fund to another fund under the same sponsor without incurring an additional sales charge.

exchange rate (*tasa de cambio*) (*tipo de cambio*) (*tasa cambiaria*) (*tipo cambiario*) *See* foreign exchange rate.

exchange stabilization fund (*fondo de estabilización*

cambiaria) (*fondo de estabilización de cambios*) A fund that the U.S. Treasury Department draws on for buying and selling U.S. dollars in an attempt to influence the dollar's exchange rate in the interbank market.

ex-date (*fecha exdividendo*) The first date on which a security is traded without entitling the buyer to receive distributions previously declared. *Syn.* ex-dividend date.

ex-dividend date (*fecha exdividendo*) *See* ex-date.

executor (*albacea*) (*albacea testamentario*) A person given fiduciary authorization to manage the affairs of a decedent's estate. An executor's authority is established by the last will of the decedent.

exempt security (*valor exento*) (*título exento*) (*título valor exento*) A security exempt from the registration requirements (although not from the antifraud requirements) of the Securities Act of 1933. Examples include U.S. government securities and municipal securities.

exempt transaction (*transacción exenta*) (*operación exenta*) Transactions that do not trigger a state's registration and advertising requirements under the Uniform Securities Act. Examples of exempt transactions include:

- nonissuer transactions in outstanding securities (normal market trading);
- transactions with financial institutions;
- unsolicited transactions; and
- private placement transactions.

No transaction is exempt from the Uniform Securities Act's antifraud provisions.

exercise (*ejercer*) (*ejecutar*) To effect the transaction offered by an option, right or warrant. For example, an equity call holder exercises a call by buying 100 shares of the underlying stock at the agreed-upon price within the agreed-upon time period.

exercise price (*precio de ejercicio*) (*precio de ejecución*) The cost per share at which the holder of an option or a warrant may buy or sell the underlying security. *Syn.* strike price.

existing property program (*programa de participación en inmuebles existentes*) (*programa de participación en propiedades existentes*) A real estate direct participation program that

361

aims to provide capital appreciation and income by investing in existing construction.

ex-legal (*emisión no dictaminada*) A municipal issue that trades without a written legal opinion of counsel from a bond attorney. An ex-legal issue must be designated as such at the time of the trade. *See also* legal opinion of counsel.

expansion (*expansión*) (*recuperación*) A period of increased business activity throughout an economy; one of the four stages of the business cycle. *Syn.* recovery. *See also* business cycle.

expansionary policy (*política expansionista*) (*política de expansión*) A monetary policy that increases the money supply, usually with the intention of lowering interest rates and combatting deflation.

expense ratio (*coeficiente de gastos*) (*razón de gastos*) (*relación de gastos*) A ratio for comparing the efficiency of a mutual fund by dividing the fund's expenses by its net assets.

expiration cycle (*ciclo de vencimiento*) (*ciclo de expiración*) A set of four expiration months for a class of listed options. An option may have expiration dates of January, April, July and October (JAJO); February, May, August and November (FMAN); or March, June, September and December (MJSD).

expiration date (*fecha de vencimiento [1]*) (*fecha de expiración*) The specified date on which an option buyer no longer has the rights specified in the option contract.

ex-pit transaction (*transacción fuera del piso de remates*) (*operación fuera del piso de remates*) A commodity trade executed outside the normal exchange trading ring or pit.

exploratory drilling program (*programa de perforación de exploración*) (*programa de perforación exploratoria*) A limited partnership that aims to locate and recover undiscovered reserves of oil, gas or minerals. These programs are considered highly risky investments. *Syn.* wildcatting. *See also* developmental drilling program; income program.

exploratory well (*pozo de exploración*) A well drilled either in search of an undiscovered pool of oil or gas or with the hope of substantially extending the limits of an existing pool of oil or gas.

ex-rights (*sin derechos*) Stock trading without rights. *See also* cum rights.

ex-rights date (*fecha de separación de derechos*) The date on or after which stocks will be traded without subscription rights previously declared.

ex-warrants date (*fecha de separación de títulos opcionales de compraventa*) (*fecha de separación de vales de suscripción*) (*fecha de separación de certificados de opción*) (*fecha de separación de certificados para compra de acciones*) The date on or after which stocks will be traded without warrants previously declared.

F

FAC (*FAC*) *See* face-amount certificate company.

face-amount certificate company (FAC) (*compañía de certificados con valor nominal*) An investment company that issues certificates obligating it to pay an investor a stated amount of money (the face amount) on a specific future date. The investor pays into the certificate in periodic payments or in a lump sum.

face value (*valor nominal*) (*valor par*) (*principal [3]*) *See* par value.

fail to deliver (*omisión de la entrega*) A situation where the broker-dealer on the sell side of a transaction or contract does not deliver the specified securities to the broker-dealer on the buy side. *Syn.* broker fail; fails; fails to deliver; failure to deliver.

fail to receive (*omisión de la recepción*) A situation where the broker-dealer on the buy side of a transaction or contract does not receive the specified securities from the broker-dealer on the sell side. *Syn.* fails; fails to receive; failure to receive.

Fannie Mae (*Asociación Nacional Federal Hipotecaria*) *See* Federal National Mortgage Association.

Farm Credit Administration (FCA) (*Administración de Crédito Agrícola*) The government agency that coordinates the activities of the banks in the Farm Credit System. *See also* Farm Credit System.

Farm Credit System (FCS) (*Sistema de Crédito Agrícola*) An organization of 37 privately owned banks that provide credit services to farmers and mortgages on farm property. Included in the system are the Federal Land Banks, Federal Intermediate Credit Banks and the Banks for Cooperatives. *See also* Farm Credit Administration; Federal Intermediate Credit Bank.

farm out (*subcontratar*) An agreement whereby the

owner of a leasehold or working interest assigns his interest in certain acreage to a third party while retaining partial interest on the condition that the drilling of one or more specific wells or some other specified task is completed.

FCA (*FCA*) *See* Farm Credit Administration.

FCM (*FCM*) *See* futures commission merchant.

FCO (*FCO*) *See* foreign currency option.

FCS (*FCS*) *See* Farm Credit System.

FDIC (*FDIC*) *See* Federal Deposit Insurance Corporation.

feasibility study (*estudio de factibilidad*) A due diligence investigation that determines whether a proposed municipal project will generate sufficient funds to cover operation of the project and debt service. A feasibility study is generally required before the issuance of a municipal revenue bond.

Fed (*Fed*) *See* Federal Reserve System.

Fed call (*aviso de margen*) (*llamada de margen*) *See* margin call.

federal call (*aviso de margen*) (*llamada de margen*) *See* margin call.

Federal Deposit Insurance Corporation (FDIC) (*Corporación Federal de Seguros de Depósitos*) The government agency that provides deposit insurance for member banks and prevents bank and thrift failures.

federal funds (*fondos federales*) The reserves of banks and certain other institutions greater than the reserve requirements or excess reserves. These funds are available immediately.

federal funds rate (*tasa de fondos federales*) The interest rate charged by one institution lending federal funds to another.

Federal Home Loan Bank (FHLB) (*Banco Federal para el Financiamiento de la Vivienda*) A government-regulated organization that operates a credit reserve system for the nation's savings and loan institutions.

Federal Home Loan Mortgage Corporation (FHLMC) (*Corporación Federal de Préstamos Hipotecarios para la Vivienda*) A publicly traded corporation that promotes the nationwide secondary market in mortgages by issuing mortgage-backed pass-through debt certificates. *Syn.* Freddie Mac.

Federal Intermediate Credit Bank (FICB) (*Banco Federal Intermediario del Crédito*) One of 12 banks that provide short-term financing to farmers as part of the Farm Credit System.

federal margin (*margen*) *See* margin.

Federal National Mortgage Association (FNMA) (*Asociación Nacional Federal Hipotecaria*) A publicly held corporation that purchases conventional mortgages and mortgages from government agencies, including the Federal Housing Administration, Department of Veterans Affairs and Farmers Home Administration. *Syn.* Fannie Mae.

Federal Open Market Committee (FOMC) (*Comité de las Operaciones de Mercado Abierto de la Reserva Federal*) A committee that makes decisions concerning the Fed's operations to control the money supply. *See also* open-market operations.

Federal Reserve Board (FRB) (*Junta de la Reserva Federal*) A seven-member group that directs the operations of the Federal Reserve System. Board members are appointed by the president, subject to approval by Congress.

Federal Reserve System (*Sistema de la Reserva Federal*) The central bank system of the United States. Its primary responsibility is to regulate the flow of money and credit. The system includes twelve regional banks, 24 branch banks and hundreds of national and state banks. *Syn.* Fed.

FGIC (*FGIC*) *See* Financial Guaranty Insurance Corporation.

FHLB (*FHLB*) *See* Federal Home Loan Bank.

FHLMC (*FHLMC*) *See* Federal Home Loan Mortgage Corporation.

FICB (*FICB*) *See* Federal Intermediate Credit Bank.

fictitious quotation (*cotización ficticia*) A bid or an offer published before being identified by source and verified as legitimate. A fictitious quote may create the appearance of trading activity where none exists; this violates the NASD Rules of Fair Practice.

fidelity bond (*fianza de fidelidad*) Insurance coverage required by the self-regulatory organizations for all employees, officers and partners of member firms to protect clients against acts of lost securities, fraudulent trading and check forgery. *Syn.* surety bond.

fiduciary (*fiduciario [1]*) (*institución fiduciaria*) A person legally appointed and authorized to hold assets in trust for another person and manage those assets for the benefit of that person.

FIFO (*FIFO*) *See* first in, first out.

filing (*inscripción por solicitud*) *See* registration by filing.

filing date (*fecha de registro [1]*) The day on which an issuer submits to the SEC the registration statement for a new securities issue.

fill or kill order (FOK) (*orden ejecutar o cancelar*) An order that instructs the floor broker to fill the entire order immediately; if the entire order cannot be executed immediately, it is canceled.

final prospectus (*prospecto*) (*prospecto final*) (*prospecto definitivo*) The legal document that states the price of a new issue security, the delivery date, the underwriting spread and other material information. It must be given to every investor who purchases a new issue of registered securities. *Syn.* prospectus.

Financial and Operational Combined Uniform Single Report (FOCUS Report) (*Reporte Único Uniforme y Combinado de Finanzas y Operaciones*) (*Informe Único Uniforme y Combinado de Finanzas y Operaciones*) (*Reporte FOCUS*) (*Informe FOCUS*) A financial statement that includes figures on earnings, capital and cash flow. General securities broker-dealers must file a FOCUS Report Part I monthly and a FOCUS Report Part II quarterly. Introducing broker-dealers must file a FOCUS Report Part IIA quarterly, but are not required to file a monthly report.

financial and operations limited principal (*Serie 27*) *See* Series 27.

Financial Guaranty Insurance Corporation (FGIC) (*Sociedad Financiera de Seguros de Garantía*) An insurance company that offers insurance on the timely payment of interest and principal on municipal issues and unit investment trusts.

financial risk (*riesgo de crédito*) *See* credit risk.

firm commitment underwriting (*colocación en firme*) A type of underwriting commitment in which the underwriter agrees to sell an entire new issue of securities. The underwriter acts as a dealer, pays the issuer a lump sum for the securities and assumes all financial responsibility for any unsold shares. *See also* underwriting.

firm quote (*cotización en firme*) The actual price at which a trading unit of a security (such as 100 shares of stock or five bonds) may be bought or sold. All quotes are firm quotes unless otherwise indicated. *See also* bona fide quote; nominal quote; workout quote.

first in, first out (FIFO) (*primeras entradas, primeras salidas*) (*PEPS*) An accounting method used to assess a company's inventory, in which it is assumed that the first goods acquired are the first to be sold. The same method is used by the IRS to determine cost basis for tax purposes. *See also* average basis; last in, first out; share identification.

fiscal policy (*política fiscal*) The federal tax and spending policies set by Congress or the president. These policies affect tax rates, interest rates and government spending in an effort to control the economy. *See also* monetary policy.

Fitch Investors Service, Inc. A rating service for corporate bonds, municipal bonds, commercial paper and other debt obligations. *See also* bond rating; Moody's Investors Service; Standard & Poor's Corporation.

5% markup policy (*política de sobreprecio de 5%*) (*política del margen comercial de 5%*) (*política del aumento de precio de 5%*) (*política del margen de comercialización de 5%*) The NASD's general guideline for the percentage markup, markdown and commissions on OTC securities transactions. The policy is intended to ensure fair and reasonable treatment of the investing public.

fixed annuity (*seguro de renta fija*) An insurance contract in which the insurance company makes fixed dollar payments to the annuitant for the term of the contract, usually until the annuitant dies. The insurance company guarantees both earnings and principal. *Syns.* fixed dollar annuity; guaranteed dollar annuity. *See also* annuity; variable annuity.

fixed asset (*activo fijo*) A tangible, physical property used in the course of a corporation's everyday operations; it including buildings, equipment and land.

fixed charge coverage ratio (*razón de cobertura de intereses sobre un bono*) (*razón de cobertura de cargos fijos*) (*relación de cobertura de intereses*) *See* bond interest coverage ratio.

fixed dollar annuity (*seguro de renta fija*) *See* fixed annuity.

fixed unit investment trust (*fideicomiso de inversión en unidades fijas*) (*fondo común de inversión en unidades fijas*) (*sociedad de cartera en unidades fijas*) (*compañía de inversión en unidades fijas*) An investment company that invests in a portfolio of securities in which no changes are permissible. *See also* nonfixed unit investment trust; unit investment trust.

fixing (*fijación [1]*) (*fijación de precio*) Trading in a new security for the purpose of stabilizing its price above the established public offering price; this practice is prohibited. *Syn.* pegging.

flat (*neto*) A term used to describe bonds traded without accrued interest; they are traded at the agreed-upon market price only. *See also* accrued interest.

flat yield curve (*curva uniforme de rendimiento*) (*curva uniforme*

de ganancias de capital) (*curva uniforme de rentabilidad*) A chart showing the yields of bonds with short maturities as equal to the yields of bonds with long maturities. *Syn.* even yield curve. *See also* inverted yield curve; normal yield curve; parallel shift; yield curve.

flexible premium policy (*póliza de prima flexible*) A variable or whole life insurance contract that permits the holder to adjust the premium payments and death benefit according to changing needs.

floating debt (*deuda flotante*) An obligation payable on demand or having a very short maturity.

floor broker (*operador de piso*) (*agente de intermediación exclusiva*) *See* commission house broker.

floor trader (*corredor de bolsa*) An exchange member who executes transactions from the floor of the exchange only for his own account. *Syn.* local.

flower bond (*bono tipo flor*) A type of Treasury bond issued with certain tax advantages that make it suitable for settling estate taxes after the investor's death. Flower bonds tend to trade at discounts due to their low coupon rates.

flow of funds (*flujo de fondos [2]*) (*corriente de fondos*) (*corriente financiera*) The schedule of payments disbursed from the proceeds of a facility financed by a revenue bond. The flow of funds determines the order in which the operating expenses, debt service and other expenses are paid. Typically, the priority is (1) operations and maintenance, (2) debt service, (3) debt service reserve, (4) reserve maintenance, (5) renewal and replacement, (6) surplus. *See also* debt service account; debt service reserve fund.

flow-through (*transferencia*) (*traspaso*) A term that describes the way income, deductions and credits resulting from the activities of a business are applied to individual taxes and expenses as though each incurred the income and deductions directly. *See also* limited partnership.

FNMA (*FNMA*) *See* Federal National Mortgage Association.

FOCUS Report (*Reporte FOCUS*) (*Informe Único Uniforme y Combinado de Finanzas y Operaciones*) (*Informe FOCUS*) *See* Financial and Operational Combined Uniform Single Report.

FOK (*orden ejecutar o cancelar*) *See* fill or kill order.

FOMC (*FOMC*) *See* Federal Open Market Committee.

forced conversion (*conversión forzosa*) Market conditions created by a corporation to encourage convertible bondholders to exercise their conversion options. Often conversion is forced by calling the bonds when the market value of the stock is higher than the redemption price offered by the corporation. *See also* redemption.

forced sell-out (*liquidación forzosa*) The action taken when a customer fails to meet the deadline for paying for securities and no extension has been granted: the broker-dealer must liquidate enough securities to pay for the transaction.

foreign associate (*asociado extranjero*) A non-U.S. citizen employed by an NASD member firm. Foreign associates are not subject to registration and licensing with the NASD. However, they must not engage in the securities business in any country or territory under the jurisdiction of the United States, nor do business with any U.S. citizen, national or resident alien.

foreign currency (*divisa*) (*moneda extranjera*) Money issued by a country other than the one in which the investor resides. Options and futures contracts on numerous foreign currencies are traded on U.S. exchanges.

foreign currency future (*futuro en divisas*) (*futuro en moneda extranjera*) A futures contract covering a set amount of the currency of a foreign country.

foreign currency option (FCO) (*opción de divisas*) (*opción de moneda extranjera*) A security representing the right to buy or sell a specified amount of a foreign currency. *See also* option.

foreign exchange rate (*tasa de cambio*) (*tipo de cambio*) (*tasa cambiaria*) (*tipo cambiario*) The price of one country's currency in terms of another currency. *Syn.* exchange rate.

foreign fund (*fondo sectorial*) (*fondo especializado*) *See* specialized fund.

foreign limited representative (*representante especializado corresponsal*) A person who is registered to sell securities in a foreign country and who has passed an examination attesting to knowledge of the laws and regulations necessary to conduct securities business in the United States. *See also* Series 17; Series 37; Series 38; Series 47.

Form 3 (*Forma 3*) A legal document used by officers, directors and principal stockholders of a corporation to file an initial statement of beneficial ownership of equity securities. The form is filed with the exchange on which the securities trade. If the securities are listed on more than one exchange, the issuer can designate one exchange with which it will file its report.

Form 4 (*Forma 4*) A legal document used to update Form 3 when there are changes in the beneficial ownership of a corporation.

Form 8K (*Forma 8K*) A legal document used to report events of consequence that occur in a corporation; such events include changes in control of the corporation or in its name, address, financial standing, board of directors or auditors. *Syn.* current report.

Form 10C (*Forma 10C*) A legal document used by an issuer of securities quoted on Nasdaq to report a change in its name and changes of more than 5% in the amount of securities it has outstanding.

Form 10K (*Forma 10K*) An annual audited report that covers essentially all the information contained in an issuing company's original registration statement. A Form 10K is due within 90 days of year end.

Form 10Q (*Forma 10Q*) A quarterly report containing a corporation's unaudited financial data. Certain nonrecurring events that arise during the quarterly period, such as significant litigation, must be reported. A Form 10Q is due 45 days after the end of each of the first three fiscal quarters.

form letter (*carta modelo*) (*carta tipo circular*) A sales letter whose contents are substantially identical to the contents of another sales letter. A form letter is subject to federal and NASD approval and filing requirements for sales literature. *See also* sales literature.

45-day letter (*carta de periodo de gracia*) (*carta de los 45 días*) *See* free-look letter.

forward contract (*contrato a plazo*) (*contrato a término*) (*contrato adelantado*) A cash market transaction specifying a future delivery date. The terms of forward contracts are not standardized, and forward contracts are not traded in contract markets. *See also* futures contract.

forward market (*mercado de contratos a plazo*) (*mercado de contratos a término*) (*mercado de contratos adelantados*) The nonexchange trading of commodities and foreign currencies in which delivery is set for a future date. *Syn.* forward trade. *See also* cash market; futures market.

forward pricing (*cotización adelantada*) The valuation process for mutual fund shares, whereby orders to purchase or redeem shares are executed at the price determined by the portfolio valuation calculated after the order is received. Portfolio valuations occur at least once per business day.

forward trade (*mercado de contratos a plazo*) (*mercado de contratos a término*) (*mercado de contratos adelantados*) *See* forward market.

401K plan (*plan 401K*) A tax-deferred defined contribution retirement plan offered by an employer.

403B plan (*plan 403B*) A tax-deferred annuity retirement plan available to employees of public schools and certain nonprofit organizations.

fourth market (*cuarto mercado*) The exchange where securities are traded directly from one institutional investor to another without the services of a brokerage firm, primarily through the use of INSTINET. *See also* INSTINET.

fractional share (*acción fraccionaria*) (*fracción de acción*) A portion of a whole share of stock. Mutual fund shares are frequently issued in fractional amounts. Fractional shares used to be generated when corporations declared stock dividends, merged or voted to split stock, but today it is more common for corporations to issue the cash equivalent of fractional shares.

fraud (*fraude*) The deliberate concealment, misrepresentation or omission of material information or the truth, so as to deceive or manipulate another party for unlawful or unfair gain.

FRB (*FRB*) *See* Federal Reserve Board.

Freddie Mac (*Corporación Federal de Préstamos Hipotecarios para la Vivienda*) *See* Federal Home Loan Mortgage Corporation.

free credit balance (*saldo a favor disponible*) The cash funds in customer accounts. Broker-dealers are required to notify customers of their free credit balances at least quarterly. *See also* Rule 15c3-2.

free crowd (*grupo activo*) *See* active crowd.

free-look letter (*carta de periodo de gracia*) (*carta de los 45 días*) A letter to mutual fund investors explaining the sales charge and operation of a contractual plan. The letter must be sent within 60 days of the sale; during the free-look period, the investor may terminate the plan without paying a sales charge. *Syn.* 45-day letter. *See also* contractual plan; right of withdrawal.

freeriding (*aprovechamiento gratuito*) Buying and immediately selling securities without making payment. This practice violates the SEC's Regulation T.

freeriding and withholding (*aprovechamiento gratuito y retención*) The failure of a member participating in the distribution of a hot issue to make a bona fide public offering at the public offering price. This practice violates the NASD Rules of Fair Practice. *See also* hot issue.

front-end fee (*comisión inicial*) (*comisión pagadera a la firma*) (*comisión abonada al firmar*) (*comisión de compra*) The expenses paid for services rendered during a direct participation program's organization or acquisition phase, including front-end organization and offering expenses, acquisition fees and expenses, and any other similar fees designated by the sponsor.

front-end load (*cargo por venta anticipado*) (1) A mutual fund commission or sales fee that is charged at the time shares are purchased. The load is added to the net asset value of the shares when calculating the public offering price. *See also* back-end load; Class A share; level load. (2) A system of sales charge for contractual plans that permits up to 50% of the first year's payments to be deducted as a sales charge. Investors have a right to withdraw from the plan, but there are some restrictions if this occurs. *See also* contractual plan; spread load.

frozen account (*cuenta congelada*) (*cuenta bloqueada*) An account requiring cash in advance before a buy order is executed and securities in hand before a sell order is executed; the account holder has violated Reg T.

Full Disclosure Act (*Ley de Divulgación Completa*) (*Ley de Valores de 1933*) *See* Securities Act of 1933.

full faith and credit bond (*bono general*) *See* general obligation bond.

full power of attorney (*poder amplio*) A written authorization for someone other than the beneficial owner of an account to make deposits and withdrawals and execute trades in the account. *See also* limited power of attorney.

full trading authorization (*autorización amplia para negociar*) An authorization, usually provided by a full power of attorney, for someone other than the customer to have full trading privileges in an account. *See also* limited trading authorization.

fully disclosed broker (*intermediario introductor*) *See* introducing broker.

fully registered bond (*bono totalmente registrado*) (*bono esencialmente nominativo*) (*bono totalmente nominativo*) A debt issue that prints the name of the bondholder on the certificate. The issuer's transfer agent maintains the records and sends principal and interest payments directly to the investor. *See also* registered; registered as to principal only.

functional allocation (*asignación funcional*) (*distribución funcional*) (*adjudicación funcional*) A sharing arrangement whereby the investors in an oil and gas direct participation program are responsible for intangible costs and the sponsor is responsible for tangible costs; revenues are shared. *See also* sharing arrangement.

fundamental analysis (*análisis fundamental*) A method of evaluating securities by attempting to measure the intrinsic value of a particular stock. Fundamental analysts study the overall economy, industry conditions and the financial condition and management of particular companies. *See also* technical analysis.

funded debt (*deuda consolidada*) All long-term debt financing of a corporation or municipality; that is, all outstanding bonds maturing in five years or longer.

funding (*segregación*) An ERISA guideline stipulating that retirement plan assets must be segregated from other corporate assets.

fund manager (*administrador de cartera*) *See* portfolio manager.

funds statement (*estado de flujo de fondos*) (*estado de fuentes y utilización de fondos*) The part of a corporation's annual report that analyzes why working capital increased or decreased.

fungible (*fungible*) (*intercambiable*) Interchangeable owing to identical characteristics or value. A security is fungible if it can be substituted or exchanged for another security.

futures commission merchant (FCM) (*intermediario de operaciones de futuros*) (*comisionista de operaciones de futuros*) An individual or organization engaged in the solicitation or acceptance of orders and the extension of credit for the purchase or sale of commodities futures. *Syns.* commission house; wire house.

futures contract (*contrato de futuros*) A standardized, exchange-traded agreement to buy or sell a particular type and grade of commodity for delivery at an agreed-upon place and time in the future. Futures contracts are transferable between parties. *See also* actual; forward contract.

futures exchange (*bolsa de contratos de futuros*) A centralized facility for the continuous trading of commodity futures contracts.

futures market (*mercado de futuros*) A continuous auction market in which participants buy and sell commodities contracts for delivery on a specified future date. Trading is carried on through open outcry and hand signals in a trading pit or ring. *See also* cash market.

G

GAN (*GAN*) *See* grant anticipation note.

GDP (*GDP*) *See* gross domestic product.

general account (*cuenta general*) (*cuenta principal*) The account that holds all of the assets of an insurer other than those in separate accounts. The general account holds the contributions paid for traditional life insurance contracts. *See also* separate account.

general ledger (*libro mayor general*) (*mayor general*) The records to which all of a brokerage firm's assets, liabilities, capital accounts, and income and expense accounts are posted. The information must be posted at least monthly. *See also* customer ledger; stock record.

general obligation bond (GO) (*bono general*) A municipal debt issue backed by the full faith, credit and taxing power of the issuer for payment of interest and principal. *Syn.* full faith and credit bond. *See*

also double-barreled bond; revenue bond.

general partner (GP) (*socio comanditado*) (*socio colectivo*) (*socio con responsabilidad ilimitada*) An active investor in a direct participation program who is personally liable for all debts of the program and who manages the business of the program. The GP's duties include: making decisions that bind the partnership; buying and selling property; managing property and money; supervising all aspects of the business; and maintaining a 1% financial interest in the partnership. *See also* limited partner.

general partnership (GP) (*sociedad en nombre colectivo*) An association of two or more entities formed to conduct a business jointly. The partnership does not require documents for formation, and the general partners are jointly and severally liable for the partnership's liabilities. *See also* limited partnership.

general securities principal
(*principal de valores generales*)
(*Serie 24*) *See*
Series 24.

general securities representative
(*Serie 7*) *See* Series 7.

general securities sales
supervisor (*supervisor de*
ventas de valores generales)
(*Serie 8*) *See* Series 8.

generic advertising (*publicidad*
genérica) (*publicidad*
institucional) Communications
with the public that promote
securities as investments but
that do not make reference to a
particular security. *Syn.*
institutional advertising.

Ginnie Mae (*Asociación*
Hipotecaria Nacional
Gubernamental) *See*
Government National
Mortgage Association.

Glass-Steagall Act of 1933 (*Ley*
Glass-Steagall de 1933)
(*legislación bancaria*)
Federal legislation that
forbids commercial banks to
underwrite securities and
forbids investment bankers to
open deposit accounts or
make commercial loans. *Syn.*
banking act.

GNMA (*GNMA*) *See* Government
National Mortgage
Association.

GNP (*GNP*) *See* gross domestic
product.

GO (*GO*) *See* general obligation
bond.

good delivery (*entrega de*
conformidad) (*entrega conforme*)
(*entrega buena*) A term
describing a security that is
negotiable, in compliance
with the contract of the sale
and ready to be transferred
from seller to purchaser. *See*
also uniform delivery ticket.

good faith deposit (*depósito de*
buena fe) A deposit
contributed by each syndicate
involved in a competitive bid
underwriting for a municipal
issue. The deposit ensures
performance by the low
bidder. The amount required
to be deposited is stipulated
in the official notice of sale
sent to prospective
underwriters; it is usually 2%
to 5% of the bid.

good till canceled order (GTC)
(*orden válida hasta su*
revocación) (*orden sujeta*
a revocación) (*orden abierta*)
(*orden vigente hasta su*
revocación) (*orden buena hasta*
cancelarse) An order that is left
on the specialist's book until
it is either executed or
canceled. *Syn.* open order.

goodwill (*crédito mercantil*) (*buen*
nombre) An intangible asset
that represents the value that
a firm's business reputation
adds to its book value.

Government National Mortgage Association (GNMA) (*Asociación Hipotecaria Nacional Gubernamental*) A wholly government-owned corporation that issues pass-through mortgage debt certificates backed by the full faith and credit of the U.S. government. *Syn.* Ginnie Mae.

government security (*valor gubernamental*) (*título gubernamental*) (*valor público*) (*título público*) (*título valor público*) A debt obligation of the U.S. government, backed by its full faith, credit and taxing power, and regarded as having no risk of default. The government issues short-term Treasury bills, medium-term Treasury notes and long-term Treasury bonds. *See also* agency issue.

GP (*GP*) *See* general partner; general partnership.

GPM (*GPM*) *See* gross processing margin.

grade (*clasificación*) The quality classification of a commodity, specified in a futures contract.

Grain Futures Act of 1922 (*Ley de Futuros de Granos de 1922*) The first federal legislation to regulate futures trading. Administered by the U.S. Department of Agriculture, the act regulated the futures trading of grains and some other commodities, and set quality standards.

grant anticipation note (GAN) (*pagaré de anticipo de subsidio*) A short-term municipal debt security issued in anticipation of receiving a funding grant, typically from a government agency.

green shoe option (*opción "green-shoe"*) A provision of an issue's registration statement that allows an underwriter to buy extra shares from the issuer (thus increasing the size of the offering) if public demand proves exceptionally strong. The term derives from the Green Shoe Manufacturing Company, which first used the technique.

gross domestic product (GDP) (*producto interno bruto*) (*PIB*) The total value of goods and services produced in a country during one year. It includes consumption, government purchases, investments, and exports minus imports.

gross income (*ingreso bruto [1]*) All income of a taxpayer, from whatever source derived.

gross proceeds (*producto bruto*) The total of the initial invested capital in a direct participation program contributed by all of the original and additional limited partners.

gross processing margin (GPM) (*margen de procesamiento bruto*) The difference between the cost of soybeans and the revenue from the resultant meal and oil after processing.

gross revenue pledge (*promesa de ingresos brutos*) (*promesa de entradas brutas*) The flow of funds arrangement in a municipal revenue bond issue indicating that debt service is the first payment to be made from revenues received. The pledge is contained in the trust indenture. *See also* net revenue pledge.

gross revenues (*ingreso bruto [2]*) (*entradas brutas*) All money received by a business from its operations. The term typically does not include interest income or income from the sale, refinancing or other disposition of properties.

group net order (*orden neta de grupo*) In a municipal bond underwriting, an order received by a syndicate member that is credited to the entire syndicate. Takedowns on these orders are paid to members according to their participation in the syndicate. *See also* designated order; member-at-the-takedown order; presale order.

growth fund (*fondo de crecimiento*) A diversified common stock fund that has capital appreciation as its primary goal. It invests in companies that reinvest most of their earnings for expansion, research or development. *See also* diversified common stock fund; mutual fund.

growth industry (*industria de crecimiento*) (*sector de crecimiento*) An industry that is growing faster than the economy as a whole as a result of technological changes, new products or changing consumer tastes.

growth stock (*acción de crecimiento*) A relatively speculative issue believed to offer significant potential for capital gains; it often pays low dividends and sells at a high price-earnings ratio. *See also* price-earnings ratio.

GTC (*GTC*) *See* good till canceled order.

guaranteed bond (*bono con garantía [1]*) (*bono garantizado*) A debt obligation issued with a promise from a corporation other than the issuing corporation to maintain payments of principal and interest.

guaranteed dollar annuity (*seguro de renta fija*) *See* fixed annuity.

guaranteed stock (*acción con garantía*) (*acción garantizada*) An equity security, generally a preferred stock, issued with a promise from a corporation other than the issuing corporation to maintain dividend payments. The stock still represents ownership in the issuing corporation, but it is considered a dual security.

guardian (*guardián*) (*tutor*) A fiduciary who manages the assets of a minor or incompetent for the benefit of that person. *See also* fiduciary.

H

haircut (*corte*) The reduction in the value of securities in a broker-dealer's possession used in calculating net capital. It is a conservative asset valuation practice required by the SEC to provide a cushion against investment losses.

HALT (*ALTO*) A message on the Consolidated Tape indicating that trading in a particular security has been stopped. *See also* trading halt.

head and shoulders (*hombro-cabeza-hombro*) On a technical analyst's trading chart, a pattern that has three peaks resembling a head and two shoulders. The stock price moves up to its first peak (the left shoulder), drops back, then moves to a higher peak (the top of the head), drops again but recovers to another, lower peak (the right shoulder). A head and shoulders top typically forms after a substantial rise and indicates a market reversal. A head and shoulders bottom (an inverted head and shoulders) indicates a market advance.

hedge (*cobertura*) (*resguardo*) (*protección*) An investment made in order to reduce the risk of adverse price movements in a security. Normally, a hedge consists of a protecting position in a related security. *See also* buying a hedge; long hedge; selling a hedge; short hedge.

HH savings bond (*bono Serie HH*) *See* **Series HH bond.**

high (*máximo*) (*precio máximo*) The highest price a security or commodity reaches during a specified period of time. *See also* low.

holder (*tenedor*) The owner of a security. *See also* long.

holding company (*empresa tenedora*) (*empresa controladora*) A company organized to invest in and manage other corporations.

holding period (*periodo de tenencia*) A time period signifying how long a security is possessed by the owner. It starts the day after a purchase and ends on the day of sale.

hold in street name (*transferencia de propiedad nominal*) (*transmisión de propiedad nominal*) (*transferencia de titularidad nominal*) (*transmisión de titularidad nominal*) A securities transaction settlement and delivery procedure whereby a customer's securities are transferred into the broker-dealer's name and held by the broker-dealer. Although the broker-dealer is the nominal owner, the customer is still the beneficial owner. *See also* in-street-name account; transfer and hold in safekeeping; transfer and ship.

horizontal spread (*posición mixta horizontal*) The purchase and sale of two options on the same underlying security and with the same exercise price but different expiration dates. *Syn.* calendar spread; time spread. *See also* spread.

hot issue (*emisión especulativa*) A new issue that sells or is anticipated to sell at a premium over the public offering price. *See also* freeriding and withholding.

house maintenance call (*aviso de mantenimiento de margen*) (*llamada de mantenimiento de margen*) (*aviso de margen mínimo*) (*llamada de margen mínimo*) (*aviso de mantenimiento*) (*llamada de mantenimiento*) (*aviso de mantenimiento NASD/NYSE*) (*llamada de mantenimiento NASD/NYSE*) *See* margin maintenance call.

house maintenance requirement (*requisito de mantenimiento de margen*) (*requisito de margen mínimo*) (*requisito de mantenimiento*) (*requisito de mantenimiento NASD/NYSE*) *See* margin maintenance requirement.

Housing Authority bond (*bono de la Nueva Autoridad de la Vivienda*) (*bono de la Autoridad de la Vivienda*) (*bono de la Autoridad Pública de la Vivienda*) *See* New Housing Authority bond.

HR-10 plan (*plan HR-10*) *See* Keogh plan.

hypothecation (*pignoración*) Pledging to a broker-dealer securities bought on margin as collateral for the margin loan. *See also* rehypothecation.

I

IADB (*IADB*) *See* Inter-American Development Bank.

IB (*IB*) *See* introducing broker.

IBRD (*IBRD*) *See* International Bank for Reconstruction and Development.

IDB (*IDB*) *See* industrial development bond.

IDC (*IDC*) *See* intangible drilling cost.

IDR (*IDR*) *See* industrial development bond.

identified security (*valor identificado*) (*título identificado*) (*título valor identificado*) The particular security designated for sale by an investor holding identical securities with different acquisition dates and cost bases. This allows the investor to control the amount of capital gain or loss incurred through the sale.

Illinois Warehouse Act of 1871 (*Ley de 1871 del Estado de Illinois para Regular los Almacenes*) Legislation that set standards for licensing warehouses to conduct public business in Illinois.

immediate annuity (*seguro de renta inmediata*) An insurance contract purchased for a single premium that starts to pay the annuitant immediately following its purchase. *See also* annuity.

immediate family (*familiar adscrito*) A person who is supported financially by a person associated with the securities industry, including a parent, mother- or father-in-law, husband or wife, child or other relative.

immediate or cancel order (IOC) (*orden de ejecución inmediata o cancelación*) An order that instructs the floor broker to execute it immediately, in full or in part. Any portion of the order that remains unexecuted is canceled.

inactive crowd (*grupo inactivo*) The members of the NYSE that trade inactive, infrequently traded bonds. *Syns.* cabinet crowd; can crowd. *See also* active crowd.

incidental insurance benefit (*indemnización incidental*) A payment received from a variable life insurance policy, other than the variable death benefit and the minimum death benefit, and including but not limited to any accidental death and dismemberment benefit, disability income benefit, guaranteed insurability option, family income benefit or fixed-benefit term rider.

income bond (*bono de ingresos [2]*) (*bono de ajuste*) (*bono de ganancias*) A debt obligation that promises to repay principal in full at maturity. Interest is paid only if the corporation's earnings are sufficient to meet the interest payment and if the interest payment is declared by the board of directors. Income bonds are usually traded flat. *Syn.* adjustment bond. *See also* flat.

income fund (*fondo de ingresos*) (*fondo de ganancias*) A mutual fund that seeks to provide stable current income by investing in securities that pay interest or dividends. *See also* mutual fund.

income program (*programa de ingresos*) (*programa de ganancias*) A limited partnership that buys and markets proven reserves of oil and gas: it buys the value of the oil in the ground. *See also* developmental drilling program; exploratory drilling program.

income statement (*estado de ingresos*) (*estado de resultados*) The summary of a corporation's revenues and expenses for a specific fiscal period.

indefeasible title (*título irrevocable*) (*título inabrogable*) Ownership that cannot be declared null or void.

index (*índice de precios bursátiles*) A comparison of current prices to some baseline, such as prices on a particular date. Indexes are frequently used in technical analysis. *See also* average.

index arbitrage (*arbitraje de índices*) Trading a group of stocks in conjunction with stock index options or futures contracts in order to profit from incremental price differences. *See also* arbitrage.

index option (*opción de índice*) A security representing the right to receive, in cash, the difference between the underlying value of a market index and the strike price of the option. The investor speculates on the direction, degree and timing of the change in the numerical value of the index. *See also* capped index option.

indication of interest (IOI) (*indicio de interés*) An investor's expression of conditional interest in buying an upcoming securities issue after the investor has reviewed a preliminary prospectus. An indication of interest is not a commitment to buy.

individual retirement account (IRA) (*cuenta individual para el retiro*) A retirement investing tool for employed individuals that allows an annual contribution of 100% of earned income up to a maximum of $2,000. Some or all of the contribution may be deductible from current taxes, depending on the individual's adjusted gross income and coverage by employer-sponsored qualified retirement plans. *See also* Keogh plan; nonqualified retirement plan; qualified retirement plan; simplified employee pension plan.

industrial development bond (IDB) (*bono de desarrollo industrial*) (*bono de fomento industrial*) (*bono de ingresos industriales*) A debt security issued by a municipal authority, which uses the proceeds to finance the construction or purchase of facilities to be leased or purchased by a private company. The bonds are backed by the credit of the private company, which is ultimately responsible for principal and interest payments. *Syn.* industrial revenue bond.

industrial revenue bond (IDR) (*bono de desarrollo industrial*) (*bono de fomento industrial*) (*bono de ingresos industriales*) *See* industrial development bond.

industry fund (*fondo sectorial*) (*fondo especializado*) *See* sector fund.

inelasticity (*inelasticidad*) A lack of responsiveness on the part of consumers and producers to a change in prices. *See also* elasticity.

inflation (*inflación*) A persistent and measurable rise in the general level of prices. *See also* deflation; stagflation.

inflation risk (*riesgo de poder adquisitivo*) (*riesgo de poder de compra*) (*riesgo de inflación*) *See* purchasing power risk.

initial margin requirement (*requisito de margen inicial*) The amount of equity a customer must deposit when making a new purchase in a margin account. The SEC's Regulation T requirement for equity securities is currently 50% of the purchase price. The NYSE and NASD's initial minimum requirement is a deposit of $2,000 but not more than 100% of the purchase price. *See also* margin; margin call.

initial public offering (IPO) (*oferta pública inicial*) The first sale of common stock by a corporation to the public. *See also* new issue market; public offering.

in-part call (*amortización parcial*) (*redención parcial*) The redemption of a certain portion of a bond issue at the request of the issuer. *See also* in-whole call.

inside information (*información privilegiada*) Material information that has not been disseminated to, or is not readily available to, the general public.

inside market (*cotización del mercado interno*) The best (highest) bid price at which an OTC stock can be sold, and the best (lowest) ask price at which the same stock can be bought in the interdealer market. *See also* affiliate; control person.

insider (*poseedor de información privilegiada*) (*persona con información privilegiada*) (*iniciado*) Any person who has or has access to material nonpublic information about a corporation. Insiders include directors, officers and stockholders who own more than 10% of any class of equity security of a corporation.

Insider Trading Act (*Ley de 1988 de Fraudes en Operaciones Bursátiles por Poseedores de Información Privilegiada*) (*Ley de Operaciones Bursátiles*) *See* Insider Trading and Securities Fraud Enforcement Act of 1988.

Insider Trading and Securities Fraud Enforcement Act of 1988 (*Ley de 1988 de Fraudes en Operaciones Bursátiles por Poseedores de Información Privilegiada*) (*Ley de Operaciones Bursátiles*) Legislation that defines what constitutes the illicit use of nonpublic information in making securities trades and the liabilities and penalties that apply. *Syn.* Insider Trading Act. *See also* Chinese wall; contemporaneous trader; insider.

INSTINET An electronic securities order execution system, owned by Reuters

387

Holdings PLC, that offers institutional investors a means of trading more than 15,000 U.S. and 5,000 global securities without using a broker-dealer or going through an exchange. INSTINET collects price quotations from exchange-based market makers and Nasdaq and displays the best bid and asked for each security. *See also* fourth market.

institutional account (*cuenta institucional*) An account held for the benefit of others. Examples of institutional accounts include banks, trusts, pension and profit-sharing plans, mutual funds and insurance companies.

institutional advertising (*publicidad genérica*) (*publicidad institucional*) *See* generic advertising.

institutional investor (*inversionista institucional*) A person or organization that trades securities in large enough share quantities or dollar amounts that it qualifies for preferential treatment and lower commissions. An institutional order can be of any size. Institutional investors are covered by fewer protective regulations because it is assumed that they are more knowledgeable and better able to protect themselves.

in-street-name account (*cuenta a nombre del propietario nominal*) (*cuenta a nombre del titular nominal*) An account in which the customer's securities are held in the name of the brokerage firm, to facilitate payment and delivery. The customer remains the beneficial owner. *Syn.* street name account.

insubstantiality (*insustancialidad*) (*inconsistencia*) One of the criteria used by the NASD to determine whether a violation of the freeriding and withholding rules has taken place. Any sales to restricted accounts should not represent a significant portion of the total allocation in either total number of shares or dollar amount.

insurance covenant (*cláusula de seguros*) A provision of a municipal revenue bond's trust indenture that helps ensure the safety of the issue by promising to insure the facilities built. *See also* maintenance covenant; rate covenant.

intangible asset (*activo intangible*) A property owned that is not physical, such as a formula, a copyright or goodwill. *See also* goodwill.

intangible drilling cost (IDC) (*costo intangible de perforación*) In an oil and gas limited partnership, a tax-deductible cost; usually this is for a nonphysical asset, such as labor or fuel, which does not depreciate. The cost may be expensed in the year incurred, or deductions may be amortized over the life of the well. *Syn.* intangible drilling development expense.

intangible drilling development expense (*costo intangible de perforación*) *See* intangible drilling cost.

Inter-American Development Bank (IADB) (*Banco Interamericano de Desarrollo*) (*BID*) An institution formed to promote the social and economic development of Latin America by financing capital projects in its member countries.

interbank market (*mercado intercambiario*) An unregulated, decentralized international market in which the various major currencies of the world are traded.

interest (*interés*) The charge for the privilege of borrowing money, usually expressed as an annual percentage rate.

interest coverage ratio (*razón de cobertura de intereses sobre un bono*) (*razón de cobertura de cargos fijos*) (*relación de cobertura de intereses*) *See* bond interest coverage ratio.

interest rate future (*contrato de futuros de tasas de interés*) (*contrato de futuros de tipos de interés*) A futures contract covering a set number of fixed-income securities such as Treasury issues, GNMAs and CDs.

interest rate option (*opción de tasa de interés*) (*opción de tipo de interés*) A security representing the right to buy or sell government debt securities. The federal deficit has created a large market in securities that are sensitive to changes in interest rates; the investor can profit from fluctuations in interest rates and can hedge the risks created by the fluctuations.

interest rate risk (*riesgo de pérdida por concepto de intereses*) The risk associated with investments relating to the sensitivity of price or value to fluctuation in the current level of interest rates; also, the risk that involves the competitive cost of money. This term is generally associated with bond prices, but it applies to all investments. In bonds, the price carries an interest risk because if bond prices rise, outstanding bonds will not remain competitive unless their yields and prices adjust to reflect the current market.

interlocking directorate (*consejos de administración entrelazados*) (*junta directiva entrelazada*) Two or more corporate boards of directors that have individual directors who serve simultaneously on both boards. The concept is invoked in the Investment Company Act of 1940, which states that at least 40% of an investment company's board must remain independent from the operations of the investment company, and no more than 60% of the directors may be affiliated persons such as investment advisers, custodians or accountants.

Intermarket Trading System/ Computer Assisted Execution System (ITS/ CAES) (*Sistema de Comercio entre Mercados/Sistema de Ejecución Asistida por Computadora*) An NASD service that provides a computerized link between market makers and specialists who make a market in the same security on the various exchanges.

ITS/CAES market makers must maintain a continuous, two-sided market in those securities.

internal rate of return (IRR) (*tasa interna de rendimiento*) (*tasa interna de rentabilidad*) (*tasa interna de ganancias de capital*) The investment yield required to make future cash flows exactly equal the initial capital investment.

Internal Revenue Code (IRC) (*Código Fiscal de Estados Unidos*) (*Código de Ingresos Internos*) (*Código de Rentas Internas*) The legislation that defines tax liabilities and deductions for U.S. taxpayers.

Internal Revenue Service (IRS) (*Servicio de Impuestos Internos*) (*Servicio de Ingresos Internos*) (*Servicio de Rentas Internas*) The U.S. government agency responsible for collecting most federal taxes and for administering tax rules and regulations.

international arbitrage (*arbitraje internacional*) The simultaneous purchase and sale of a security on an exchange effected for the purpose of profiting from the difference between its price on that exchange and its price on an exchange outside the jurisdiction of the U.S. securities regulators.

International Bank for Reconstruction and Development (IBRD) (*Banco Internacional de Reconstrucción y Fomento*) (*Banco Mundial*) The international organization that finances loans for building and improving infrastructure in developing countries. The loans are guaranteed by the government of the borrowing country. *Syn.* World Bank.

interpolation (*interpolación*) A method for determining a bond's price or yield when its actual price or yield falls between two numbers listed in a table in the bond basis book. *See also* bond basis book.

interpositioning (*interposición*) Placing a third party in the middle of a trade between a broker-dealer and a customer. The practice violates the NASD Fair Pricing Rules unless it results in a lower cost to the customer.

interstate offering (*oferta interestatal*) An issue of securities registered with the SEC and sold to residents of states other than that in which the issuer does business.

in-the-money (*dentro del precio*) The term used to describe an option that has intrinsic value, such as a call option when the stock is selling above the exercise price or a put option when the stock is selling below the exercise price. *See also* at-the-money; intrinsic value; out-of-the-money.

intrastate offering (*oferta intraestatal*) An issue of securities exempt from SEC registration, available to companies that do business in one state and sell their securities only to residents of that same state. *See also* Rule 147.

intrinsic value (*valor intrínseco*) The potential profit to be made from exercising an option. A call option is said to have intrinsic value when the underlying stock is trading above the exercise price. *See also* time value.

introduced account (*cuenta de intermediación sin reserva de confidencialidad*) An account opened by an investment adviser or a broker-dealer acting on the behalf of its customers. The firm carrying the account receives full disclosure of the individual customers' account information and maintains records of statements and confirms for the individual customers. *Syn.* investment adviser's customer account. *See also* omnibus account.

introducing broker (IB) (*intermediario introductor*) A broker-dealer that does not hold customers' money or securities; instead, it introduces customer accounts to a clearing broker-dealer, which handles all cash and securities for those accounts. *Syn.* fully disclosed broker. *See also* clearing broker-dealer.

introducing broker-dealer financial and operations limited principal (*Serie 28*) *See* Series 28.

inventory turnover ratio (*índice de rotación de inventario*) (*índice de rotación de existencias*) (*índice de eficiencia*) A tool used by fundamental analysts to measure the efficiency of a company by determining how rapidly it is turning its inventory and accounts receivable into cash. *Syn.* efficiency ratio.

inverted market (*mercado invertido*) A futures market situation in which nearby contracts are selling at higher prices than distant contracts. *Syn.* backwardation. *See also* carrying charge market; normal market.

inverted yield curve (*curva invertida de rendimiento*) (*curva negativa de rendimiento*) A chart showing long-term debt instruments having lower yields than short-term debt instruments. *Syn.* negative yield curve. *See also* flat yield curve; normal yield curve; parallel shift.

invested capital (*capital invertido*) *See* capitalization.

investment adviser (*asesor en inversiones*) (*asesor en inversión*) (1) Any person who makes investment recommendations in return for a flat fee or percentage of assets managed. (2) For investment companies, the individual who has the daily responsibility of investing the cash and securities held in the fund's portfolio in accordance with objectives stated in the fund's prospectus.

investment adviser representative (*representante de asesor en inversiones*) (*representante de asesor de inversión*) Any partner, officer, director or other individual associated with an investment adviser who gives investment advice, manages client portfolios, determines which investment recommendations should be given, sells investment advisory services, or supervises employees involved in any of these activities.

Investment Advisers Act of 1940 (*Ley de Asesores en Inversiones de 1940*) Legislation governing who must register with the SEC as an investment adviser. *See also* investment adviser.

investment adviser's customer account (*cuenta de intermediación sin reserva de confidencialidad*) *See* introduced account.

investment banker (*banco de inversión*) (*banco de inversiones*) An institution in the business of raising capital for corporations and municipalities. An investment banker may not accept deposits or make commercial loans. *Syn.* investment bank. *See also* commercial bank.

investment banking business (*empresa de banca de inversión*) (*empresa de valores de inversión*) A broker, dealer or municipal or government securities dealer that underwrites or distributes new issues of securities as a dealer, or that buys and sells securities for the accounts of others as a broker. *Syn.* investment securities business.

investment company (*compañía de inversión*) A company engaged in the business of pooling investors' money and trading in securities for them. Examples include face-amount certificate companies, unit investment trusts and management companies.

Investment Company Act Amendments of 1970 (*Reformas de 1970 a la Ley de Compañías de Inversión*) Amendments to the Investment Company Act of 1940 requiring a registered investment company that issues contractual plans to offer all purchasers withdrawal rights and purchasers of front-end load plans surrender rights. *See also* Investment Company Act of 1940.

Investment Company Act Amendments of 1975 (*Reformas de 1975 a la Ley de Compañías de Inversión*) Amendments to the Investment Company Act of 1940 requiring, in particular, that sales charges relate to the services a fund provides its shareholders. *See also* Investment Company Act of 1940.

Investment Company Act of 1940 (*Ley de Compañías de Inversión de 1940*)

Congressional legislation that regulates companies that invest and reinvest in securities. The act requires an investment company engaged in interstate commerce to register with the SEC.

investment company/variable contract products limited principal (*principal especializado de productos de compañías de inversión/contratos de seguros de renta variable*) *See* Series 26.

investment company/variable contract products limited representative (*representante especializado de productos de compañías de inversión/ contratos de renta variable*) *See* Series 6.

investment grade security (*valor con grado de inversión*) (*título con grado de inversión*) A security to which the rating services (Standard & Poor's, Moody's, etc.) have assigned a rating of BBB/Baa or above.

investment in property (*inversión en propiedades*) (*inversión en bienes*) The amount of capital contributions allocated to the purchase, development, construction or improvement of properties acquired by a direct participation program. The amount available for investment equals the gross

proceeds raised less front-end fees.

investment objective (*objetivo de inversión*) Any goal a client hopes to achieve through investing; examples include current income, capital growth and preservation of capital.

investment pyramid (*pirámide de inversión*) (*pirámide de inversiones*) A portfolio strategy that allocates investable assets according to the relative safety of the investment. The base of the pyramid is composed of low-risk investments, the mid portion is composed of growth investments and the top of the pyramid is composed of speculative investments.

investment securities business (*empresa de banca de inversión*) (*empresa de valores de inversión*) *See* investment banking business.

investment value (*valor de inversión*) The market price at which a convertible security (usually a debenture) would sell if it were not converted into common stock. *See also* conversion value; convertible bond; debenture.

investor (*inversionista*) The purchaser of an asset or security with the intent of profiting from the transaction.

invitation for bids (*anuncio de subasta*) (*anuncio de licitación*) A notice to securities underwriters soliciting bids for the issuing of a bond issue. These notices are published in *The Bond Buyer, Munifacts,* newspapers and journals.

in-whole call (*amortización [2]*) (*redención total*) The redemption of a bond issue in its entirety at the option of the issuer, as opposed to its redemption based on a lottery held by an independent trustee. *See also* in-part call.

IOC (*IOC*) *See* immediate or cancel order.

IOI (*IOI*) *See* indication of interest.

IPO (*IPO*) *See* initial public offering.

IRA (*IRA*) *See* individual retirement account.

IRA rollover (*refinar.ciamiento mediante una cuenta individual para el retiro*) The reinvestment of assets that an individual receives as a distribution from a qualified tax-deferred retirement plan into an individual retirement account within 60 days of receiving the distribution. The individual may reinvest either the entire sum or a portion of the sum, although any portion not reinvested is taxed as ordinary income. *See also* individual retirement account; IRA transfer.

IRA transfer (*transferencia a una cuenta individual para el retiro*) The direct reinvestment of retirement assets from the custodian of one qualified tax-deferred retirement plan to an individual retirement account. The account owner never takes possession of the assets, but directs that they be transferred directly from the existing plan custodian to the new plan custodian. *See also* individual retirement account; IRA rollover.

IRC (*IRC*) *See* Internal Revenue Code.

IRR (*IRR*) *See* internal rate of return.

irrevocable stock power (*poder para transmitir acciones*) (*poder irrevocable para transmitir acciones*) (*poder de sustitución*) *See* stock power.

IRS (*IRS*) *See* Internal Revenue Service.

issued stock (*acciones emitidas*) Equity securities authorized by the issuer's registration statement and distributed to the public. *See also* outstanding stock; treasury stock.

issuer (*emisor*) (*entidad emisora*) (*emisora*) (1) The entity, such as a corporation or municipality, that offers or proposes to offer its securities for sale. (2) The creator of an option: the issuer of an over-the-counter option is the option writer, and the issuer of a listed option is the Options Clearing Corporation. There are two exceptions to the definition of issuer. In the case of voting-trust certificates or collateral-trust certificates, the issuer is the person who assumes the duties of depositor or manager. Also, there is considered to be no issuer for certificates of interest or participation in oil, gas, or mining titles or leases where payments are made out of production.

issuer tender offer statement (*declaración de oferta pública de emisor*) *See* Schedule 13E-4.

ITS (*ITS*) *See* Intermarket Trading System/Computer Assisted Execution System.

J

joint account (*cuenta mancomunada*) (*cuenta y/o*) (*cuenta común*) (*cuenta en participación*) An account in which two or more individuals possess some form of control over the account and may transact business in the account. The account must be designated as either joint tenants in common or joint tenants with right of survivorship. *See also* joint tenants in common; joint tenants with right of survivorship.

joint life with last survivor annuity (*seguro de vida mancomunado con renta reversible*) An annuity payout option that covers two or more people; the annuity payments continue as long as one of the annuitants remains alive.

joint tenants in common (JTIC) (*cotitularidad*) A form of joint ownership of an account whereby a deceased tenant's fractional interest in the account is retained by his estate. *Syn.* tenants in common. *See also* joint tenants with right of survivorship.

joint tenants with right of survivorship (JTWROS) (*cotitularidad con derecho de sobrevivencia*) A form of joint ownership of an account whereby a deceased tenant's fractional interest in the account passes to the surviving tenant(s). It is used almost exclusively by husbands and wives. *See also* joint tenants in common.

joint venture (*coinversión*) (*empresa conjunta*) (*operación conjunta*) (*asociación en participación*) (*sociedad accidental*) The cooperation of two or more individuals or enterprises in a specific business enterprise, rather than in a continuing relationship—as in a partnership.

JTIC (*JTIC*) *See* joint tenants in common.

JTWROS (*JTWROS*) *See* joint tenants with right of survivorship.

junior lien debt (*deuda con garantía subordinada*) (*deuda con garantía secundaria*) A bond backed by the same collateral backing a previous issue and having a subordinate claim to the collateral in the event of default. *See also* closed-end covenant; open-end covenant.

Keogh plan (*plan Keogh*) (*plan HR-10*) A qualified tax-deferred retirement plan for persons who are self-employed and unincorporated or who earn extra income through personal services aside from their regular employment. *Syn.* HR-10 plan. *See also* individual retirement account; nonqualified retirement plan; qualified retirement plan; top-heavy rule.

Keynesian economics (*economía keynesiana*) The theory that active government intervention in the marketplace is the best method of ensuring economic growth and stability.

know your customer rule (*regla de "conozca a su cliente"*) *See* Rule 405.

L

L (*L*) A category of the money supply that includes all of the components of M1, M2 and M3, in addition to all Treasury bills, savings bonds, commercial paper, bankers' acceptances and Eurodollar holdings of U.S. residents. *See also* M1; M2; M3; money supply.

lagging indicator (*indicador retrospectivo*) (*indicador atrasado*) (*indicador desfasado retrospectivo*) A measurable economic factor that changes after the economy has started to follow a particular pattern or trend. Lagging indicators are believed to confirm long-term trends. Examples include average duration of unemployment, corporate profits and labor cost per unit of output. *See also* coincident indicator; leading indicator.

last in, first out (LIFO) (*últimas entradas, primeras salidas*) (*UEPS*) An accounting method used to assess a corporation's inventory in which it is assumed that the last goods acquired are the first to be sold. The method is used to determine cost basis for tax purposes; the IRS designates last in, first out as the order in which sales or withdrawals from an investment are made. *See also* average basis; first in, first out; share identification.

leading indicator (*indicador oportuno*) (*indicador adelantado*) (*indicador desfasado anticipado*) A measurable economic factor that changes before the economy starts to follow a particular pattern or trend. Leading indicators are believed to predict changes in the economy. Examples include new orders for durable goods, slowdowns in deliveries by vendors and numbers of building permits issued. *See also* coincident indicator; lagging indicator.

LEAPS (*LEAPS*) *See* long-term equity option.

lease (*concesión [2]*) A full or partial interest in the use of an asset. For oil, gas or mineral properties, a lease represents the interest in the property and the authorization to drill for, produce and sell oil, gas or minerals.

lease rental bond (*bono con derecho de alquiler y renta*) A debt security issued by a municipal authority to raise funds for new construction with the understanding that the finished structure will be rented to the authority and that the rental payments will finance the bond payments.

legal list (*lista legal*) The selection of securities determined by a state agency (usually a state banking or insurance commission) to be appropriate investments for fiduciary accounts such as mutual savings banks, pension funds and insurance companies.

legal opinion of counsel (*dictamen jurídico*) (*dictamen legal*) (*opinión legal*) The statement of a bond attorney affirming that an issue is a municipal issue and that interest is exempt from federal taxation. Each municipal bond certificate must be accompanied by a legal opinion of counsel. *See also* ex-legal; qualified legal opinion; unqualified legal opinion.

legislative risk (*riesgo legislativo*) The potential for an investor to be adversely affected by changes in investment or tax laws.

Lehman Investment Opportunity Note (LION) (*Pagaré de Oportunidad de Inversión Lehman*) One of several types of zero-coupon bonds issued by brokerage firms and collateralized by Treasury securities. *See also* Treasury receipt.

lending at a premium (*préstamo con premio*) Charging a short seller for the loan of the securities borrowed. The charge is stated in terms of dollars per 100 shares per business day. *See also* short sale.

lending at a rate (*préstamo con interés*) (*préstamo con intereses*) Paying interest on money received in connection with securities loaned to short sellers. *See also* short sale.

letter of intent (LOI) (*carta de intención*) (*declaración de intención*) A signed agreement allowing an investor to buy mutual fund shares at a lower overall sales charge, based on the total dollar amount of the intended investment. A letter of intent is valid only if the investor completes the terms of the agreement within 13 months of the time the agreement is signed. A letter

401

of intent may be backdated 90 days. *Syn.* statement of intention.

level debt service (*servicio fijo de la deuda*) A schedule for debt repayment whereby principal and interest payments remain essentially constant from year to year over the life of the issue. *See also* decreasing debt service.

level load (*cargo por venta anual fijo*) A mutual fund sales fee charged annually based on the net asset value of a share. A 12b-1 asset-based fee is an example of a level load. *See also* back-end load; Class C share; Class D share; front-end load.

Level One (*Nivel Uno*) The basic level of Nasdaq service; through a desktop quotation machine, it provides registered representatives with up-to-the-minute inside bid and ask quotations on hundreds of over-the-counter stocks. *See also* National Association of Securities Dealers Automated Quotation System.

Level Two (*Nivel Dos*) The second level of Nasdaq service; through a desktop quotation machine, it provides up-to-the-minute inside bid and ask quotations and the bids and askeds of each market maker for a security. *See also* National Association of Securities Dealers Automated Quotation System.

Level Three (*Nivel Tres*) The highest level of Nasdaq service; through a desktop quotation machine, it provides up-to-the-minute inside bid and ask quotations, supplies the bids and askeds of each market maker for a security and allows each market maker to enter changes in those quotations. *See also* National Association of Securities Dealers Automated Quotation System.

leverage (*apalancamiento*) (*poder multiplicador*) (*efecto palanca*) Using borrowed capital to increase investment return. *Syn.* trading on the equity.

leverage transaction merchant (LTM) (*intermediario de operaciones de apalancamiento*) An individual or an organization permitted to engage in the off-exchange trading of selected futures instruments and registered with the Commodity Futures Trading Commission.

liability (*responsabilidad*) A legal obligation to pay a debt owed. Current liabilities are debts payable within twelve months. Long-term liabilities are debts payable over a period of more than twelve months.

LIBOR (*LIBOR*) *See* London Interbank Offered Rate.

licenses (*licencias*) *See* Series 3; Series 4; Series 6; Series 7; Series 8; Series 11; Series 17; Series 22; Series 24; Series 26; Series 27; Series 28; Series 37; Series 38; Series 39; Series 42; Series 47; Series 52; Series 53; Series 62; Series 63; Series 65; Series 66.

life annuity/straight life (*renta vitalicia*) An annuity payout option that pays a monthly check over the lifetime of the annuitant.

life annuity with period certain (*renta vitalicia por periodo fijo*) An annuity payout option that guarantees the annuitant a monthly check for a certain time period and thereafter until the annuitant's death. If the annuitant dies before the time period expires, the payments go to the annuitant's named beneficiary.

life contingency annuity (*renta vitalicia contingente*) An annuity payout option that provides a death benefit during the accumulation stage. If the annuitant dies during this period, a full

contribution is made to the account, which is paid to the annuitant's named beneficiary.

LIFO (*LIFO*) *See* last in, first out.

lifting cost (*costo de elevación*) (*costo de alza*) A cost incurred in producing and marketing oil and gas from completed wells. Lifting costs include labor, fuel, repairs, haulage of materials, supplies, utilities, ad valorem and severance taxes, insurance and casualty losses, and compensation to well operators for services rendered.

limited liability (*responsabilidad limitada*) The right of an investor to limit potential losses to no more than the amount invested. Equity shareholders, such as corporate stockholders and limited partners, have limited liability.

limited partner (LP) (*socio comanditario*) (*socio con responsabilidad limitada*) An investor in a direct participation program who does not participate in the management or control of the program and whose liability for partnership debts is limited to the amount invested in the program. *See also* general partner; participant; passive investor.

limited partnership (LP)
(*sociedad en comandita simple*)
An association of two or more
partners formed to conduct a
business jointly and in which
one or more of the partners is
liable only to the extent of the
amount of money they have
invested. Limited partners do
not receive dividends but
enjoy direct flow-through of
income and expenses. *See also*
flow-through; general
partnership.

limited partnership agreement
(*contrato de sociedad en
comandita simple*) The contract
between a partnership's
limited and general partners
that provides the guidelines
for partnership operation
and states the rights and
responsibilities of each
partner.

limited power of attorney (*poder
limitado*) A written
authorization for someone
other than the beneficial
owner of an account to make
certain investment decisions
regarding transactions in the
account. *See also* discretion;
full power of attorney.

limited principal (*principal
especializado*) A person who
has passed an examination
attesting to the knowledge
and qualifications necessary
to supervise the business of a
broker-dealer in a limited area
of expertise. A limited
principal is not qualified in
the general fields of expertise
reserved for a general
securities principal; these
include supervision of
underwriting and market
making and approval of
advertising. *See also* Series 4;
Series 8; Series 26; Series 27;
Series 28; Series 39; Series 53.

limited representative
(*representante especializado*) A
person who has passed an
examination attesting to the
knowledge and qualifications
necessary to sell certain
specified investment
products. *See also* Series 6;
Series 17; Series 22; Series 37;
Series 38; Series 42; Series 47;
Series 52; Series 62.

limited tax bond (*bono fiscal
limitado*) A general obligation
municipal debt security
issued by a municipality
whose taxing power is limited
to a specified maximum rate.

limited trading authorization
(*autorización limitada para
negociar*) An authorization,
usually provided by a limited
power of attorney, for
someone other than the
customer to have trading
privileges in an account.
These privileges are limited to
purchases and sales;

withdrawal of assets is not authorized. *See also* full trading authorization.

limit order (*orden de ejecución a un precio determinado*) An order that instructs the floor broker to buy a specified security below a certain price or to sell a specified security above a certain price. *Syn.* or better order. *See also* stop limit order; stop order.

limit order book (*libro de especialista*) *See* specialist's book.

LION (*LION*) *See* Lehman Investment Opportunity Note.

liquidation priority (*prioridad de liquidación*) In the case of a corporation's liquidation, the order that is strictly followed for paying off creditors and stockholders:

1. unpaid wages
2. taxes
3. secured claims (mortgages)
4. secured liabilities (bonds)
5. unsecured liabilities (debentures) and general creditors
6. subordinated debt
7. preferred stockholders
8. common stockholders

liquidity (*liquidez*) The ease with which an asset can be converted to cash in the marketplace. A large number of buyers and sellers and a high volume of trading activity provide high liquidity.

liquidity ratio (*coeficiente de liquidez*) (*razón de liquidez*) (*índice de liquidez*) A measure of a corporation's ability to meet its current obligations. The ratio compares current assets to current liabilities. *See also* acid-test ratio; current ratio.

liquidity risk (*riesgo de liquidez*) (*riesgo de bursatilidad*) The potential that an investor might not be able to sell an investment as and when desired. *Syn.* marketability risk.

listed option (*opción registrada*) (*opción bursátil*) (*opción cotizada en bolsa*) (*opción negociable en bolsa*) (*opción negociada en bolsa*) (*opción inscrita*) (*opción cotizable en bolsa*) (*opción estandarizada*) An option contract that can be bought and sold on a national securities exchange in a continuous secondary market. Listed options carry standardized strike prices and expiration dates. *Syn.* standardized option. *See also* OTC option.

listed security (*valor registrado*) (*valor bursátil*) (*valor cotizado* en bolsa) (*valor negociable en bolsa*) (*valor negociado en bolsa*) (*valor inscrito*) (*valor cotizable en bolsa*) (*título registrado*) (*título bursátil*) (*título cotizado en bolsa*) (*título negociable en bolsa*) (*título negociado en bolsa*) (*título inscrito*) (*título cotizable en bolsa*) A stock, bond or other security that satisfies certain minimum requirements and is traded on a regional or national securities exchange such as the New York Stock Exchange. *See also* over the counter.

LMV (*LMV*) *See* current market value.

loan consent agreement (*contrato de consentimiento de préstamo*) (*contrato de consentimiento de crédito*) An optional contract between a brokerage firm and a margin customer that permits the firm to lend the margined securities to other brokers; the contract is part of the margin agreement. *Syn.* consent to lend agreement.

loaned flat (*préstamo sin interés*) (*préstamo sin intereses*) Securities loaned to short sellers without an interest charge.

loan for set amount (*crédito por una cantidad fija*) A broker's collateral loan that requires the borrowing firm to deposit

new collateral before it can obtain a new loan when additional funds are needed. *See also* broker's loan; call loan; time loan.

loan value (*límite máximo de préstamo*) (*crédito máximo*) *See* maximum loan value.

local (*corredor de bolsa*) *See* floor trader.

local basis (*base local*) *See* country basis.

Local Quotations Program (*Programa de Cotizaciones Locales*) A quotation dissemination service provided to the news media by the NASD Information Committee. Information on a particular security may be provided to a community based on local stockholder interest, local market conditions and the number of stockholders residing in that community.

locked market (*mercado bloqueado*) The situation created when there is no spread between the bid and the ask on the same security; that is, one market maker bids for a stock at the same price that another market maker quotes its ask price. This violates the NASD Rules of Fair Practice. *See also* crossed market.

LOI (*LOI*) *See* letter of intent.

London Interbank Offered Rate (LIBOR) (*Tasa Interbancaria de Oferta de Londres*) The average of the interbank-offered interest rates for dollar deposits in the London market, based on the quotations at five major banks. *See also* Eurodollar future.

long (*posición a largo*) (*posición larga*) The term used to describe the owning of a security, contract or commodity. For example, an owner of common stock is said to have a long position in the stock. *See also* short; short against the box.

long hedge (*cobertura larga*) (*protección a largo*) (*protección larga*) (*resguardo a largo*) (*resguardo largo*) (*cobertura a largo*) Buying puts as protection against a decline in the value of a long securities or actuals position. *See also* buying a hedge; hedge; selling a hedge; short hedge.

long market value (LMV) (*valor actual de mercado*) (*valor corriente de mercado*) (*valor comercial actual*) (*valor comercial corriente*) *See* current market value.

long straddle (*posición larga escalonada*) (*posición larga de doble opción*) An option investor's position that results from buying a call and a put on the same stock with the same exercise price and expiration month. *See also* short straddle; spread; straddle.

long-term capital gain (*ganancia de capital a largo plazo*) (*utilidad a largo plazo*) The profit earned on the sale of a capital asset that has been owned for more than twelve months. *See also* capital gain; capital loss; long-term loss; short-term capital gain.

long-term equity option (*opción participativa de capital a largo plazo*) An option contract that has a longer expiration than traditional equity option contracts. The most common long-term equity option is the CBOE's Long-term Equity AnticiPation Security (LEAPS®).

long-term loss (*pérdida de capital a largo plazo*) The loss realized on the sale of a capital asset that has been owned for more than twelve months. *See also* capital gain; capital loss; long-term gain; short-term capital loss.

loss carryover (*pérdida de ejercicios anteriores*) A capital loss incurred in one tax year that is carried over to the next or later years for use as a capital loss deduction. *See also* capital loss.

low (*precio mínimo*) The lowest price a security or commodity reaches during a specified time period. *See also* high.

LP (*LP*) *See* limited partner; limited partnership.

LTM (*LTM*) *See* leverage transaction merchant.

M

M (*M*) Consolidated Tape market identifier for the Chicago Stock Exchange (formerly the Midwest Stock Exchange).

M1 (*M1*) A category of the money supply that includes all coins, currency and demand deposits (that is, checking accounts and NOW accounts). *See also* L; M2; M3; money supply.

M2 (*M2*) A category of the money supply that includes M1 in addition to all time deposits, savings deposits and noninstitutional money-market funds. *See also* L; M1; M3; money supply.

M3 (*M3*) A category of the money supply that includes M2 in addition to all large time deposits, institutional money-market funds, short-term repurchase agreements and certain other large liquid assets. *See also* L; M1; M2; money supply.

MACRS (*MACRS*) *See* Modified Accelerated Cost Recovery System.

maintenance call (*aviso de mantenimiento de margen*) (*llamada de mantenimiento de margen*) (*aviso de margen mínimo*) (*aviso de mantenimiento*) (*llamada de mantenimiento*) (*aviso de mantenimiento NASD/NYSE*) (*llamada de mantenimiento NASD/NYSE*) *See* margin maintenance call.

maintenance covenant (*cláusula de mantenimiento*) A provision of a municipal revenue bond's trust indenture that helps ensure the safety of the issue by promising to keep the facility and equipment in good working order. *See also* insurance covenant; rate covenant.

maintenance requirement (*requisito de mantenimiento de margen*) (*requisito de margen mínimo*) (*requisito de mantenimiento*) (*requisito de mantenimiento NASD/ NYSE*) *See* margin maintenance requirement.

Major Market Index (MMI) (*Índice de Mercado Principal*) A market indicator designed to track the Dow Jones industrials. It is composed of 15 of the 30 Dow Jones industrials and five other large NYSE-listed stocks. *See also* index.

make a market (*formar mercado*) (*forjar mercado*) To stand ready to buy or sell a particular security as a dealer for its own account. A market maker accepts the risk of holding the position in the security. *See also* market maker.

Maloney Act (*Ley Maloney*) An amendment enacted in 1938 to broaden Section 15 of the Securities Exchange Act of 1934. Named for its sponsor, the late Sen. Francis Maloney of Connecticut, the amendment provided for the creation of a self-regulatory organization for the specific purpose of supervising the over-the-counter securities market. *See also* National Association of Securities Dealers, Inc.

managed underwriting (*colocación sindicada*) (*colocación administrada*) An arrangement between the issuer of a security and an investment banker in which the banker agrees to form an underwriting syndicate to bring the security to the public. The syndicate manager then directs the entire underwriting process.

management company (*compañía de administración*) (*compañía administradora*) An investment company that trades various types of securities in a portfolio, in accordance with specific objectives stated in the prospectus. *See also* closed-end investment company; diversified investment company; mutual fund; nondiversified investment company.

management fee (*cargo por administración*) (*cargo por manejo*) The payment to the sponsor of a direct participation program for managing and administering the program. The fee is capped at about 5% of the program's gross revenues.

manager of the syndicate (*colocador libre*) (*administrador de colocación*) (*colocador administrador*) (*administrador de sindicato de colocadores*) *See* underwriting manager.

managing partner (*socio gerente*) (*socio administrador*) (*socio director*) The general partner of a direct participation program that selects the investments and operates the partnership.

managing underwriter (*colocador libre*) (*administrador de colocación*) (*colocador administrador*) (*administrador* *de sindicato de colocadores) See* underwriting manager.

mandatory call (*compra obligatoria*) The redemption of a bond by an issuer authorized in the trust indenture and based on a predetermined schedule or event. *See also* catastrophe call; partial call.

margin (*margen*) (*garantía*) The amount of equity contributed by a customer as a percentage of the current market value of the securities held in a margin account. *See also* equity; initial margin requirement; margin call; Regulation T.

margin account (*cuenta de margen*) A customer account in which a brokerage firm lends the customer part of the purchase price of securities. *See also* cash account; Regulation T; special arbitrage account.

margin call (*aviso de margen*) (*llamada de margen*) The Federal Reserve Board's demand that a customer deposit a specified amount of money or securities when a purchase is made in a margin account; the amount is expressed as a percentage of the market value of the securities at the time of purchase. The deposit must be made within one payment

period. *Syns.* Fed call; federal call; federal margin; Reg T call; T call. *See also* initial margin requirement; margin.

margin deficiency (*requisito de mantenimiento de margen*) (*requisito de margen mínimo*) (*requisito de mantenimiento*) (*requisito de mantenimiento NASD/NYSE*) *See* margin maintenance requirement.

margin department (*departamento de margen*) (*departamento de crédito*) The department within a brokerage firm that computes the amount of money clients must deposit in margin and cash accounts. *Syn.* credit department.

margin excess (*capital excedente*) (*excedente de margen*) (*excedente conforme al Reglamento T*) (*exceso de capital*) *See* excess equity.

margin maintenance call (*aviso de mantenimiento de margen*) (*llamada de mantenimiento de margen*) (*aviso de margen mínimo*) (*aviso de mantenimiento*) (*aviso de mantenimiento de la NASD*) (*llamada de mantenimiento*) (*aviso de mantenimiento NASD/NYSE*) (*llamada de mantenimento NASD/NYSE*) (*llamada de margen mínimo*) (*aviso de mantenimiento NYSE*) A demand that a margin customer deposit money or securities when the customer's equity falls below the margin maintenance requirement set by the broker-dealer or by the NASD or NYSE. *Syn.* house maintenance call; maintenance call; NASD/NYSE maintenance call.

margin maintenance requirement (*requisito de mantenimiento de margen*) (*requisito de margen mínimo*) (*requisito de mantenimiento*) (*requisito de mantenimiento NASD/NYSE*) The minimum equity that must be held in a margin account, determined by the broker-dealer and by the NASD or NYSE. The amount of equity required varies with the type of security bought on margin, and the broker-dealer's house requirement is usually higher than that set by the NASD or NYSE. *Syns.* house maintenance requirement; maintenance requirement; NASD/NYSE maintenance requirement.

margin of profit ratio (*margen de operación*) (*índice de utilidad de operación*) A measure of a corporation's relative profitability. It is calculated by dividing the operating profit by the net sales. *Syns.*

operating profit ratio; profit margin.

margin risk (*riesgo de margen*) The potential that a margin customer will be required to deposit additional cash if her security positions are subject to adverse price movements.

margin security (*valor con margen*) (*título con margen*) (*título valor con margen*) A security that is eligible for purchase on margin, including any registered security, OTC margin stock or bond or Nasdaq National Market security. A firm is permitted to lend money to help customers purchase these securities, and may accept these securities as collateral for margin purchases. *Syn.* eligible security. *See also* nonmargin security; OTC margin security.

markdown (*rebaja [2]*) (*disminución de precio*) (*reducción de precio*) The difference between the highest current bid price among dealers and the lower price that a dealer pays to a customer.

marketability (*bursatilidad*) (*comerciabilidad*) The ease with which a security can be bought or sold; having a readily available market for trading.

marketability risk (*riesgo de bursatilidad*) *See* liquidity risk.

market arbitrage (*arbitraje de mercado*) The simultaneous purchase and sale of the same security in different markets to take advantage of a price disparity between the two markets. *See also* arbitrage.

market identifier (*marca de identificación de mercado*) On the Consolidated Tape's high-speed line, a letter that identifies the exchange or market on which a transaction took place.

market-if-touched order (MIT) (*orden a precio exacto*) *See* board order.

market letter (*boletín de negocios*) A publication that comments on securities, investing, the economy or other related topics, and is distributed to an organization's clients or to the public. *See also* sales literature.

market maker (*formador de mercado*) (*operador por cuenta propia*) (*forjador de mercado*) A dealer willing to accept the risk of holding a particular security in its own account to facilitate trading in that security. *See also* make a market.

market NH (*orden de ejecución discrecional*) *See* not held order.

market not held order (*orden de ejecución discrecional*) *See* not held order.

market-on-close order (*orden de ejecución al cierre del mercado*) (*orden de ejecución al cierre*) An order that specifies it is to be executed at, or as near as possible to, the close of the market or of trading in that security, or else it is canceled. The order does not have to be executed at the closing price. *Syn.* at-the-close order. *See also* at-the-opening order.

market order (*orden de ejecución al mejor precio de mercado*) (*orden de ejecución a precio de mercado*) An order that is to be executed immediately at the best available price. A market order is the only order that guarantees execution. *Syn.* unrestricted order.

market-out clause (*cláusula de salida del mercado*) The standard provision of a firm commitment underwriting agreement that relieves the underwriter of its obligation to underwrite the issue under circumstances that impair the investment quality of the securities.

market risk (*riesgo de mercado*) The potential for an investor to experience losses owing to day-to-day fluctuations in the prices at which securities can be bought or sold. *See also* systematic risk.

market value (*valor de mercado*) (*valor comercial*) The price at which investors buy or sell a share of common stock or a bond at a given time. Market value is determined by the interaction between buyers and sellers. *See also* current market value.

market value on the trade date (*valor de mercado en la fecha de operación*) (*valor de mercado en la fecha de negociación*) (*valor comercial en la fecha de negociación*) (*valor comercial en la fecha de operación*) The gross amount of a long purchase (including commissions) or the net proceeds of a short sale.

mark to the market (*ajuste a valor actual de mercado*) (*ajuste a valor corriente de mercado*) (*ajuste a valor comercial actual*) (*ajuste a valor comercial corriente*) (*ajuste a valor presente de mercado*) To adjust the value of the securities in an account to the current market value of those securities; used to calculate the market value and equity in a margin account.

markup (*sobreprecio*) (*margen comercial*) (*aumento de precio*) (*margen de comercialización*) The difference between the lowest current offering price among dealers and the higher price a dealer charges a customer.

markup policy (*política de sobreprecio de 5% de la NASD*) (*política del margen comercial de 5% de la NASD*) (*política del aumento de precio de 5% de la NASD*) (*política del margen de comercialización de 5% de la NASD*) *See* NASD 5% markup policy.

married put (*opción de venta vinculada*) The simultaneous purchase of a stock and a put on that stock specifically identified as a hedge.

matching orders (*emparejamiento de órdenes*) (*correlación de órdenes*) Simultaneously entering identical (or nearly identical) buy and sell orders for a security to create the appearance of active trading in that security. This violates the antifraud provisions of the Securities Exchange Act of 1934.

material information (*información sustancial*) Any fact that could affect an investor's decision to trade a security.

maturity date (*fecha de vencimiento [2]*) (*plazo de vencimiento*) The date on which a bond's principal is repaid to the investor and interest payments cease. *See also* balloon maturity; principal; serial bond; term maturity.

maximum loan value (*límite máximo de préstamo*) (*crédito máximo*) The percentage of market value a broker-dealer is permitted to lend a margin customer for the purchase of securities. Loan value is equal to the complement of the Regulation T requirement:
if Reg T were 65%, the maximum loan value would be 35%. *Syn.* loan value.

maximum market value (*valor máximo de mercado*) (*valor máximo de mercado a corto*) (*valor comercial máximo*) (*valor comercial máximo a corto*) The market value to which a short sale position may advance before a margin maintenance call is issued. Maximum market value is set by the NASD/NYSE, and currently equals the credit balance divided by 130%. *Syn.* maximum short market value.

maximum short market value (*valor máximo de mercado*) (*valor máximo de mercado a corto*) (*valor comercial máximo*) (*valor comercial máximo a corto*) *See* maximum market value.

MBIA (*MBIA*) *See* Municipal Bond Investors Assurance Corp.

member (*socio*) (*miembro*) (1) Of the New York Stock Exchange: one of the 1,366 individuals owning a seat on the Exchange. (2) Of the National Association of Securities Dealers: any broker or dealer admitted to membership in the Association.

member-at-the-takedown order (*orden de miembro participante en la asignación*) (*orden de miembro*) In a municipal bond underwriting, a customer order submitted by one syndicate member, who will receive the entire takedown. Member-at-the-takedown orders receive the lowest priority when the securities of the issue are allocated. *Syn.* member order. *See also* designated order; group net order; presale order.

member firm (*socio de una bolsa*) (*sociedad miembro de una bolsa*) A broker-dealer in which at least one of the principal officers is a member of the New York Stock Exchange, another exchange, a self-regulatory organization, or a clearing corporation.

member order (*orden de miembro participante en la asignación*) (*orden de miembro*) *See* member-at-the takedown order.

membership (*membresía*) The members of the New York Stock Exchange, another exchange, a self-regulatory

415

organization or a clearing corporation.

merger (*fusión [2]*) (*incorporación*) (*unión*) (*consolidación*) (*absorción*) Combining two or more companies by offering the stockholders of one company securities in another company in exchange for the surrender of their stock. This falls under the purview of SEC Rule 145. *See also* Rule 145.

Midwest Stock Exchange (MSE) (*Bolsa de Valores del Medio Oeste*) The former name of the Chicago Stock Exchange. *See also* Chicago Stock Exchange.

mill rate (*tasa en milésimas de dólar*) The tax per dollar of assessed value of property in a particular municipality, usually expressed in mills; one mill equals 1/10th of a cent ($.001). *See also* ad valorem tax; assessed value.

mini-max underwriting (*colocación mínima-máxima*) A form of best efforts underwriting in which the issuer sets a floor and a ceiling on the amount of securities to be sold. *See also* underwriting.

minimum death benefit (*indemnización mínima por muerte*) The amount payable under a variable life insurance policy upon the death of the policy owner, regardless of the investment performance of the separate account. The minimum amount is guaranteed by the insurance company.

minimum margin requirement (*requisito de mantenimiento de margen*) (*requisito de margen mínimo*) (*requisito de mantenimiento*) (*requisito de mantenimiento NASD/ NYSE*) *See* margin maintenance requirement.

MINIMUM PRICE CHANGES OMITTED (*CAMBIOS DE PRECIO MÍNIMO OMITIDOS*) A Consolidated Tape delete information mode in which only those trades that differ by more than 1/18th of a point from the last report are printed. *See also* delete information mode.

minimum subscription amount (*cantidad mínima de suscripción*) (*monto mínimo de suscripción*) The smallest amount an investor may contribute to a new offering of a direct participation program. The amount is disclosed in the program's prospectus.

minus tick (*puja a la baja*) A security transaction's execution price that is below the previous execution price, by a minimum amount. A short sale may not be executed on a minus tick. *Syn.* down tick. *See also* plus tick;

416

plus tick rule; short sale; tick; zero-minus tick.

MIT (*MIT*) *See* market-if-touched order.

mixed account (*cuenta combinada*) (*cuenta mixta*) *See* combined account.

MMI (*MMI*) *See* Major Market Index.

modern portfolio theory (MPT) (*teoría moderna de la cartera*) A method of choosing investments that focuses on the importance of the relationships among all of the investments in a portfolio rather than the individual merits of each investment. The method allows investors to quantify and control the amount of risk they accept and return they achieve.

Modified Accelerated Cost Recovery System (MACRS) (*Sistema Modificado de Recuperación Acelerada de Costos*) An accounting method used to recover the cost of qualifying depreciable property by taking the larger deductions in the first years. The system eliminates the acceleration of deductions for real property. Deductions are based on percentages prescribed in the Internal Revenue Code. *See also* straight-line depreciation.

monetarist theory (*teoría monetarista*) An economic theory holding that the money supply is the major determinant of price levels and that therefore a well-controlled money supply will have the most beneficial impact on the economy.

monetary policy (*política monetaria*) The actions of the Federal Reserve Board that determine the size and rate of growth of the money supply, which in turn affect interest rates. *See also* fiscal policy.

money market (*mercado de dinero*) The securities market that deals in short-term debt. Money-market instruments are forms of debt that mature in less than one year and are very liquid. Treasury bills make up the bulk of the money-market instruments.

money-market fund (*fondo del mercado monetario*) (*fondo del mercado de dinero*) A mutual fund that invests in short-term debt instruments. The fund's objective is to earn interest while maintaining a stable net asset value of $1.00 per share. Generally sold with no load, the fund may also offer draft-writing privileges and low opening investments. *See also* mutual fund.

money spread (*posición mixta vertical*) *See* vertical spread.

money supply (*medio circulante*) (*oferta monetaria*) (*masa monetaria*) The total stock of bills, coins, loans, credit and other liquid instruments in the economy. It is divided into four categories—L, M1, M2 and M3—according to the type of account in which the instrument is kept. *See also* L; M1; M2; M3.

Moody's Investors Service One of the best known investment rating agencies in the United States. A subsidiary of Dun & Bradstreet, Moody's rates bonds, commercial paper, preferred and common stocks, and municipal short-term issues. *See also* bond rating; Fitch Investors Service, Inc.; Standard & Poor's Corporation.

moral obligation bond (*bono respaldado por una obligación moral*) A municipal revenue bond for which a state legislature has the authority, but no legal obligation, to appropriate money in the event the issuer defaults.

mortgage bond (*bono con garantía hipotecaria*) (*bono con garantía prendaria*) A debt obligation secured by a property pledge. It represents a lien or mortgage against the issuing

corporation's properties and real estate assets.

moving average chart (*gráfica de promedio móvil*) (*gráfica de medias móviles*) A tool used by technical analysts to track the price movements of a commodity. It plots average daily settlement prices over a defined period of time (for example, over three days for a three-day moving average). *See also* bar chart; point-and-figure chart.

MPT (*MPT*) *See* modern portfolio theory.

MSE (*MSE*) *See* Midwest Stock Exchange. *See also* Chicago Stock Exchange.

MSRB (*MSRB*) *See* Municipal Securities Rulemaking Board.

multiplier effect (*efecto multiplicador*) The expansion of the money supply that results from a Federal Reserve System member bank's being able to lend more money than it takes in. A small increase in bank deposits generates a far larger increase in available credit.

municipal bond (*bono municipal*) A debt security issued by a state, a municipality or other subdivision (such as a school, park, sanitary or other local taxing district) to finance its capital expenditures. Such expenditures might include the construction of highways, public works or school buildings. *Syn.* municipal security.

municipal bond fund (*fondo de bonos municipales*) (*fondo de obligaciones municipales*) A mutual fund that invests in municipal bonds and operates either as a unit investment trust or as an open-end fund. The fund's objective is to maximize federally tax-exempt income. *See also* mutual fund; unit investment trust.

municipal bond index future (*futuro basado en el índice de bonos municipales*) (*futuro basado en el índice de obligaciones municipales*) A futures contract based on the performance of The Bond Buyer Municipal Bond Index of 40 long-term tax-exempt issues of state and local governments.

Municipal Bond Investors Assurance Corp. (MBIA) (*MBIA*) A public corporation offering insurance as to the timely payment of principal and interest on qualified municipal issues. Issues with MBIA insurance are generally rated AAA by Standard & Poor's.

municipal broker's broker (*intermediario en emisiones municipales*) A broker acting for another broker in trading municipal securities. The broker's broker does not take positions in a security or transact orders for the public. *See also* broker's broker.

municipal note (*pagaré municipal*) A short-term municipal security issued in anticipation of funds from another source. *See also* municipal security.

municipal securities principal (*principal de valores municipales*) (*agente de valores municipales*) *See* Series 53.

municipal securities representative (*representante de valores municipales*) *See* Series 52.

Municipal Securities Rulemaking Board (MSRB) (*Consejo para la Regulación de Valores Municipales*) A self-regulatory organization that regulates the issuance and trading of municipal securities. The Board functions under the supervision of the Securities and Exchange Commission; it has no enforcement powers. *See also* Securities Acts Amendments of 1975.

municipal security (*bono municipal*) *See* municipal bond.

Munifacts A news wire service for the municipal bond industry; a product of *The Bond Buyer*.

mutual exclusion doctrine (*doctrina de la reciprocidad*) (*doctrina de la exclusión mutua*) (*inmunidad recíproca*) *See* doctrine of mutual reciprocity.

mutual fund (*sociedad de inversión*) (*fondo mutualista*) (*fondo mutuo*) (*compañía de inversión abierta*) (*compañía de inversión con cartera de composición variable*) (*compañía de inversión con número de acciones variable*) (*compañía de inversión con capital variable*) An investment company that continuously offers new equity shares in an actively managed portfolio of securities. All shareholders participate in the gains or losses of the fund. The shares are redeemable on any business day at the net asset value. Each mutual fund's portfolio is invested to match the objective stated in the prospectus. *Syn.* open-end investment company; open-end management company. *See also* asset allocation fund; balanced fund; contractual plan; net asset value.

mutual fund custodian (*custodio de sociedad de inversión*) A national bank, stock exchange member firm, trust company or other qualified institution that physically safeguards the securities held by a mutual fund. It does not manage the fund's investments; its function is solely clerical. *See also* custodian; plan custodian.

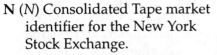

N (*N*) Consolidated Tape market identifier for the New York Stock Exchange.

naked (*al descubierto*) (*sin cobertura*) The position of an option investor who writes a call or a put on a security he does not own. *Syn.* uncovered.

naked call writer (*vendedor de opciones de compra al descubierto*) (*vendedor de opciones de compra sin cobertura*) (*vendedor de opciones de compra descubiertas*) An investor who writes a call option without owning the underlying stock or other related assets that would enable the investor to deliver the stock should the option be exercised. *Syn.* uncovered call writer. *See also* naked put writer.

naked put writer (*vendedor de opciones de venta al descubierto*) (*vendedor de opciones de venta sin cobertura*) (*vendedor de opciones de venta descubiertas*) An investor who writes a put option without owning the underlying stock or other related assets that would enable the investor to purchase the stock should the option be exercised. *Syn.* uncovered put writer. *See also* naked call writer.

narrow-based index (*índice sectorial*) An index that is designed to reflect the movement of a market segment, such as a group of stocks in one industry or a specific type of investment. Examples include the Technology Index and the Gold/Silver Index. *See also* broad-based index; index.

NASD (*NASD*) *See* National Association of Securities Dealers, Inc.

Nasdaq (*Nasdaq*) *See* National Association of Securities Dealers Automated Quotation System.

Nasdaq National Market (NNM) (*Mercado Nacional del Nasdaq*) The most actively traded over-the-counter stocks quoted on Nasdaq. Trades in these stocks are reported as they occur.

Nasdaq 100 (*Las cien del Nasdaq*) An index of the largest 100 nonfinancial stocks on Nasdaq, weighted according to capitalization.

Nasdaq-OTC price indexes (*índices Nasdaq de precios extrabursátiles*) Indexes of OTC-traded stocks, published by the NASD through Nasdaq.

NASD Bylaws (*Estatutos de la NASD*) The body of rules that describes how the NASD functions, defines its powers and determines the qualifications and registration requirements for brokers.

NASD District Business Conduct Committee (DBCC) (*Comité de Administración de Operaciones Distritales de la NASD*) (*Comité de Administración de Operaciones Distritales*) A committee composed of up to twelve NASD members who each serve as administrator for one of the 13 local NASD districts. The DBCC has original jurisdiction for hearings and judging complaints.

NASD 5% markup policy (*política de sobreprecio de 5% de la NASD*) (*política del margen comercial de 5% de la NASD*) (*política del aumento de precio de 5% de la NASD*) (*política del margen de comercialización de 5% de la NASD*) A guideline for reasonable markups, markdowns and commissions for secondary over-the-counter transactions. According to the policy, all commissions on broker transactions and all markups or markdowns on principal transactions should equal 5% or should be fair and reasonable for that particular transaction. *Syn.* markup policy.

NASD maintenance call (*aviso de mantenimiento de la NASD*) *See* margin maintenance call.

NASD maintenance requirement (*requisito de mantenimiento de la NASD*) *See* margin maintenance requirement.

NASD Manual A publication that outlines NASD policies for regulating the over-the-counter market; included are the Rules of Fair Practice, the Uniform Practice Code and the Codes of Procedure and of Arbitration Procedure.

NASDR (*NASDR*) *See* NASD Regulation, Inc.

NASD Regulation, Inc. Branch of the NASD organized in 1996 to supervise member broker-dealers, enforce laws and ethical standards and mete out disciplinary action.

NASD Rules of Fair Practice
(*Reglas de Prácticas Legales de la NASD*) Regulations designed to ensure that NASD member firms and their representatives follow fair and ethical trade practices when dealing with the public. The rules complement and serve as extensions of the Securities Act of 1933, the Securities Exchange Act of 1934 and the Investment Company Act of 1940.

National Association of Securities Dealers, Inc. (NASD) (*NASD*) The self-regulatory organization for the over-the-counter market. The NASD was organized under the provisions of the 1938 Maloney Act. *See also* Maloney Act; Small Order Execution System.

National Association of Securities Dealers Automated Quotation System (Nasdaq) (*Sistema Automatizado de Cotizaciones de la National Association of Securities Dealers*) The nationwide electronic quotation system for up-to-the-minute bid and asked quotations on approximately 5,500 over-the-counter stocks.

National Futures Association (NFA) (*Asociación Nacional de Futuros*) The self-regulatory organization of the commodities futures industry to which all futures exchange members, commodity trading advisers and commodity pool operators must belong. The NFA is responsible for enforcing the rules and regulations of the Commodity Futures Trading Commission.

National List (*Registro Nacional*) A list of securities for which Nasdaq will supply quotations for dissemination to the media; the list is compiled by the NASD Information Committee. Inclusion on the list is determined by size, float and price criteria. *See also* Additional List.

National Quotation Bureau (*Oficina Nacional de Cotizaciones*) The publisher of compiled quotes from market makers in over-the-counter stocks and bonds. The daily *Pink Sheets* report stock quotes and the daily *Yellow Sheets* report corporate bond quotes. *See also Pink Sheets; Yellow Sheets.*

National Securities Clearing Corporation (NSCC) (*NSCC*) An organization that acts as a medium through which member brokerage firms and exchanges reconcile accounts with each other.

National Securities Trading System (NSTS) (*Sistema Nacional de Comercio de Valores*) An automated electronic execution system used by the Cincinnati Stock Exchange; it provides members with agency transactions of up to 1,099 shares at the best available quote prices.

NAV (*NAV*) *See* net asset value.

NAV of fund (*valor de activo neto de un fondo*) The net total of a mutual fund's assets and liabilities; used to calculate the price of new fund shares.

NAV per bond (*valor de activo neto por bono*) A measure of a firm's ability to meet its long-term debt obligations by calculating the assets available to back the bonds issued.

NAV per share (*valor de activo neto por acción*) The value of a mutual fund share, calculated by dividing the total net asset value of the fund by the number of shares outstanding.

NC (*NC*) *See* net capital.

NDP (*NDP*) *See* net domestic product.

nearby contract (*contrato con fecha de expiración cercana*) (*contrato con fecha de vencimiento cercana*) (*contrato con fecha de expiración próxima*) (*contrato con fecha de vencimiento próxima*) Of two or more futures contracts, the contract with the shorter time remaining to expiration. *Syns.* nearby delivery; nearby month. *See also* distant contract.

nearby delivery (*contrato con fecha de expiración cercana*) (*contrato con fecha de vencimiento cercana*) (*contrato con fecha de expiración próxima*) (*contrato con fecha de vencimiento próxima*) *See* nearby contract.

nearby month (*contrato con fecha de expiración cercana*) (*contrato con fecha de vencimiento cercana*) (*contrato con fecha de expiración próxima*) (*contrato con fecha de vencimiento próxima*) *See* nearby contract.

negative yield curve (*curva invertida de rendimiento*) (*curva negativa de rendimiento*) *See* inverted yield curve.

negotiability (*negociabilidad*) A characteristic of a security that permits the owner to assign, give, transfer or sell it to another person without the permission of a third party.

negotiable certificate of deposit (CD) (*certificado de depósito negociable*) An unsecured promissory note issued with a minimum face value of

$100,000. It evidences a time deposit of funds with the issuing bank, and is guaranteed by the bank.

negotiable order of withdrawal (NOW) account (*cuenta a la vista con interés*) (*cuenta corriente con interés*) A bank account through which the customer is permitted to write drafts against money held on deposit; an interest-bearing checking account. *See also* M1.

negotiated commission (*comisión negociada*) A transaction fee on a futures trade that is established by the trader rather than the exchange. A negotiated commission is used for trades above a certain breakpoint size; for trades smaller than that size, the exchange-set commission is used.

negotiated underwriting (*colocación negociada*) A form of underwriting agreement in which a brokerage firm consults with the issuer to determine the most suitable price and timing of a forthcoming securities offering. *See also* competitive bid underwriting.

net asset value (NAV) (*valor de activo neto*) (*valor líquido*) The value of a mutual fund share calculated once a day, based on the closing market price for each security in the fund's portfolio. It is computed by deducting the fund's liabilities from the total assets of the portfolio and dividing this amount by the number of shares outstanding. *See also* mutual fund.

net capital (NC) (*capital neto*) (*capital líquido*) The amount of cash and assets readily convertible into cash that a broker-dealer owns in excess of its liabilities. The SEC sets net capital requirements to ensure that broker-dealers have enough money to deal responsibly with the investing public. *See also* aggregate indebtedness; Rule 15c3-1; tentative net capital.

net change (*diferencia neta*) (*variación neta*) The difference between the closing price of a security on the trading day reported and the previous day's closing price. In over-the-counter transactions, the term refers to the difference between the closing bids.

net current asset value per share (*valor del activo circulante neto por acción*) (*valor del activo corriente neto por acción*) The calculation of book value per share that excludes all fixed assets. *See also* book value per share.

net debt per capita (*deuda neta per cápita*) (*deuda per cápita*) A measure of the ability of a municipality to meet its debt obligations; it compares the debt issued by the municipality to its property values.

net debt to assessed valuation (*deuda neta a valor catastral*) (*deuda neta a valor imponible*) (*deuda neta a valuación fiscal*) (*deuda neta a valor gravable*) (*deuda neta a valor base del impuesto*) (*deuda neta a valor de tasación*) (*deuda neta a avalúo*) (*deuda neta a tasación*) A measure of the financial condition of a municipality; it compares the municipality's debt obligations to the assessed value of its property. *See also* net debt to estimated valuation.

net debt to estimated valuation (*deuda neta a valor estimado*) (*deuda neta a valuación estimada*) (*deuda neta a avalúo estimado*) (*deuda neta a tasación estimada*) A measure of the financial condition of a municipality; it compares the municipality's debt obligations to the estimated value of its property. *See also* net debt to assessed valuation.

net direct debt (*deuda directa neta*) The amount of debt obligations of a municipality, including general obligation bonds and notes and short-term notes. Self-supported debt from revenue bond issues is not included in the calculation.

net domestic product (*producto interno neto*) A measure of the annual economic output of a nation adjusted to account for depreciation. It is calculated by subtracting the amount of depreciation from the gross domestic product. *See also* gross domestic product.

net fixed assets per bond (*activo fijo neto por bono*) A measure of a bond's safety; it is a conservative measure because it excludes intangible assets, working capital and accumulated depreciation.

net income to net sales (*margen de utilidad*) (*margen de utilidad neta*) *See* net profit ratio.

net interest cost (NIC) (*costo neto de intereses*) (*gasto neto de intereses*) (*costo de intereses*) (*cargo neto por intereses*) A means of evaluating the competitive bids of prospective bond underwriting syndicates. It calculates the coupon interest to be paid by each syndicate over the life of the bond. *See also* true interest cost.

net investment income (*ingreso neto por inversiones*) (*renta neta* *de la inversión*) The source of an investment company's dividend payments. It is calculated by subtracting the company's operating expenses from the total dividends and interest received from the securities in its portfolio.

net investment return (*rendimiento neto de la inversión*) (*rentabilidad neta de la inversión*) (*ganancia neta de la inversión*) The rate of return from a variable life insurance separate account. The cumulative return for all years is applied to the benefit base when calculating the death benefit.

net operating profits interest (*participación en las utilidades netas de operación*) (*participación en las utilidades netas de explotación*) A sharing arrangement in an oil and gas direct participation program whereby the general partner bears none of the program's costs but is entitled to a percentage of profits after all royalties and operating expenses have been paid. *See also* sharing arrangement.

net proceeds (*producto neto*) (*producto líquido*) The amount of money received from a direct participation program offering less expenses incurred, such as selling commissions, syndicate fees and organizational costs.

net profit margin (*margen de utilidad*) (*margen de utilidad neta*) *See* net profit ratio.

net profit ratio (*margen de utilidad*) (*margen de utilidad neta*) A measure of a corporation's relative profitability. It is calculated by dividing aftertax income by net sales. *Syns.* net income to net sales; net profit margin; net profits to sales; profit after taxes; profit ratio.

net profits to sales (*margen de utilidad*) (*margen de utilidad neta*) *See* net profit ratio.

net revenue pledge (*promesa de ingresos netos*) (*promesa de entradas netas*) The flow of funds arrangement in a municipal revenue bond issue pledging that operating and maintenance expenses will be paid before debt service. The pledge is contained in the trust indenture. *See also* gross revenue pledge.

net tangible assets per bond (*valor en libros por bono*) (*valor contable por bono*) (*activo tangible neto por bono*) *See* book value per bond.

net tangible assets per share (*valor en libros por acción*) (*valor contable por acción*) (*activo *tangible neto por acción*) *See* book value per share.

net total debt (*deuda total neta*) The sum of the debt obligations of a municipality, calculated by adding the municipality's net direct debt to its overlapping debt. *See also* net direct debt; overlapping debt.

Network A (*Red A*) A Consolidated Tape reporting system that provides subscribers with information on transactions in NYSE-listed securities. *See also* Consolidated Tape.

Network B (*Red B*) A Consolidated Tape reporting system that provides subscribers with information on transactions in AMEX-listed and certain regional securities. *See also* Consolidated Tape.

net worth (*capital contable*) (*interés del propietario*) (*patrimonio*) (*patrimonio neto*) (*activo neto*) The amount by which assets exceed liabilities. *Syns.* owners' equity; shareholders' equity; stockholders' equity.

new account form (*forma de apertura de cuenta*) Form that must be filled out for each new account opened with a brokerage firm. The form specifies, at a minimum, account owner, trading authorization, payment method and types of securities appropriate for the customer.

new construction program (*programa de nuevas construcciones*) A real estate direct participation program that aims to provide capital appreciation from building new property.

New Housing Authority bond (NHA) (*bono de la Nueva Autoridad de la Vivienda*) (*bono de la Autoridad de la Vivienda*) (*bono de la Autoridad Pública de la Vivienda*) A municipal special revenue bond backed by the U.S. government and issued by a local public housing authority to develop and improve low-income housing. *Syn.* Housing Authority bond; Public Housing Authority bond.

new issue market (*mercado primario*) (*mercado de nuevas emisiones*) The securities market for shares in privately owned businesses that are raising capital by selling common stock to the public for the first time. *Syn.* primary market. *See also* initial public offering; secondary market.

New Issues Act (*Ley del Mercado Primario*) *See* Securities Act of 1933.

New York plan (*plan neoyorquino*)
A financing method for the
purchase of equipment,
similar to a conditional sale. A
company purchases
equipment by issuing bonds
and, as the bonds are paid off,
the company acquires full title
to the equipment. *See also*
equipment trust certificate.

**New York Stock Exchange
(NYSE)** (*Bolsa de Valores de
Nueva York*) The largest stock
exchange in the United States.
It is a corporation, operated
by a board of directors, and it
is responsible for setting
policy, supervising Exchange
and member activities, listing
securities, overseeing the
transfer of members' seats on
the Exchange and judging
whether an applicant is
qualified to be a specialist. *See
also* Super Designated Order
Turnaround System.

**New York Stock Exchange
Composite Index** (*Índice
Compuesto de la Bolsa de Valores
de Nueva York*) (*Índice
Compuesto de la NYSE*) Index
of common stocks
listed on the NYSE, based on
the price of each stock
weighted by its total value of
shares outstanding. *Syn.*
NYSE Index.

NFA (*NFA*) *See* National Futures
Association.

NH (*NH*) *See* not held order.

NHA (*NHA*) *See* New Housing
Authority bond.

NIC (*NIC*) *See* net interest cost.

nine bond rule (*regla de los nueve
bonos*) An NYSE rule that
requires orders for nine or
fewer listed bonds to be sent
to the floor of the NYSE
before being traded in the
over-the-counter market.

NNM (*NNM*) *See* Nasdaq
National Market.

no-load fund (*fondo libre de
cargos*) A mutual fund whose
shares are sold without a
commission or sales charge.
Shares are distributed directly
by the investment company.
See also mutual fund; net asset
value; sales load.

nominal owner (*propietario
nominal*) (*titular nominal*) The
person in whose name
securities are registered if that
person is other than the
beneficial owner. This is the
role of a brokerage firm when
customer securities are
registered in street name.

nominal quote (*cotización
nominal*) A quotation on an
inactively traded security
that does not represent an
actual offer to buy or sell but
is given for informational
purposes only. *See also* bona
fide quote; firm quote;

subject quote; workout quote.

nominal yield (*rendimiento nominal*) (*rentabilidad nominal*) (*rendimiento declarado*) (*tasa de cupón*) (*rendimiento de cupón*) The interest rate stated on the face of a bond that represents the percentage of interest to be paid by the issuer on the face value of the bond. *Syn.* coupon rate; stated yield. *See also* bond yield.

nonaccredited investor (*inversionista no acreditado*) An investor not meeting the net worth requirements of Regulation D. Nonaccredited investors are counted for purposes of the 35-investor limitation for Regulation D private placements. *See also* accredited investor; private placement; Regulation D.

nonaffiliate (*persona no afiliada*) A buyer of an unregistered public offering security who has no management or major ownership interest in the company being acquired. Nonaffiliates may sell this stock only after a specified holding period.

nonallowable asset (*activo no computable*) An asset that a broker-dealer may not include when computing its net capital. These assets are usually current receivables, or illiquid, unsecured or only partly secured. *See also* allowable asset; net capital; tentative net capital; unsecured receivable.

noncompetitive bid (*postura no competitiva*) (*licitación sin cotizar*) (*licitación sin cotización*) An order placed for Treasury bills in which the investor agrees to pay the average of the competitive bids and in return is guaranteed that the order will be filled.

noncumulative preferred stock (*acción preferente no acumulativa*) (*acción preferencial no acumulativa*) An equity security that does not have to pay any dividends in arrears to the holder. *See also* convertible preferred stock; cumulative preferred stock; preferred stock.

nondiscrimination (*no discriminación*) In a qualified retirement plan, a formula for calculating contributions and benefits that must be applied uniformly so as to ensure that all employees receive fair and equitable treatment. *See also* qualified retirement plan.

nondiversification (*no diversificación*) A portfolio management strategy that seeks to concentrate investments in a particular industry or geographic area, in hopes of achieving higher returns. *See also* diversification.

nondiversified investment company (*compañía de inversión no diversificada*) A management company that does not meet the diversification requirements of the Investment Company Act of 1940. These companies are not restricted in the choice of securities or by the concentration of interest they have in those securities. *See also* diversified investment company; management company; mutual fund.

noneligible security (*valor sin margen*) *See* nonmargin security.

nonequity option (*opción no participativa de capital*) A security representing the right to buy or sell an investment instrument other than a common stock at a specified price within a specified time period. Examples of such investment instruments include foreign currencies, indexes and interest rates. *See also* equity option; foreign currency option; index option; interest rate option; option.

nonfixed unit investment trust (*fideicomiso de inversión en unidades variables*) An

investment company that invests in a portfolio of securities and permits changes in the makeup of the portfolio. *See also* fixed unit investment trust; unit investment trust.

nonissuer transaction (*operación sin beneficio para el emisor*) (*operación sin beneficio para la entidad emisora*) (*operación sin beneficio para la emisora*) A securities trade that does not directly or indirectly benefit the issuer. Under the Uniform Securities Act, the proceeds of a nonissuer transaction go to the selling stockholder. Most nonissuer transactions are also called secondary transactions.

nonmanaged offering (*oferta no sindicada*) (*oferta no administrada*) A method of distributing direct participation program interests in which the program sponsor contracts with individual broker-dealers to offer the interests to the public. A wholesaler is often hired by the sponsor to arrange selling agreements with each firm.

nonmargin security (*valor sin margen*) A security that must be purchased in a cash account, that must be paid for in full, and that may not be used as collateral for a loan. Examples include put and call options, rights, insurance contracts and new issues. *See also* margin security.

nonqualified retirement plan (*plan para el retiro no elegible*) A corporate retirement plan that does not meet the standards set by the Employee Retirement Income Security Act of 1974. Contributions to a nonqualified plan are not tax deductible. *See also* qualified retirement plan.

nonrecourse financing (*financiamiento sin posibilidad de recurso*) (*financiamiento de reembolso limitado [1]*) Debt incurred for the purchase of an asset which pledges the asset as security for the debt but that does not hold the borrower personally liable. *See also* recourse financing.

nonsecurities credit account (*cuenta de crédito excluyente de valores*) (*cuenta de crédito excluyente de títulos*) (*cuenta de crédito excluyente de títulos valor*) A broker-dealer's firm account set up for the purpose of effecting transactions, carrying commodities or foreign exchange, and extending and maintaining nonpurpose credit.

nonstandard option (*opción no registrada*) (*opción extrabursátil*) (*opción no cotizada en bolsa*) (*opción no negociable en bolsa*) (*opción no negociada en bolsa*) (*opción no inscrita*) (*opción no cotizable en bolsa*) (*opción no estandarizada*) *See* OTC option.

nonspecified property program (*fondo de inversión a ciegas*) (*programa de inversión en bienes indeterminados*) *See* blind pool.

nonsystematic risk (*riesgo no sistemático*) The potential for an unforeseen event to affect the value of a specific investment. Examples of such events include strikes, natural disasters, introductions of new product lines and attempted takeovers. *See also* systematic risk.

no-par stock (*acción sin valor nominal*) An equity security issued without a stated value.

normal market (*mercado normal*) (*contango*) A futures market situation in which nearby contracts are selling at lower prices than distant contracts. *Syn.* contango. *See also* carrying charge market; inverted market.

normal yield curve (*curva de rendimiento normal*) (*curva positiva de rendimiento*) A chart showing long-term debt instruments having higher yields than short-term debt instruments. *Syn.* positive yield curve. *See also* flat yield curve; inverted yield curve; parallel shift; yield curve.

note (*pagaré*) A short-term debt security, usually maturing in five years or less. *See also* municipal note; Treasury note.

not held order (NH) (*orden de ejecución discrecional*) An order that gives the floor broker discretion as to the price and timing of the order's execution. Not held orders are often entered for large amounts of a security. *Syns.* market NH; market not held order.

notification (*inscripción por solicitud*) *See* registration by filing.

NOW account (*cuenta a la vista con interés*) (*cuenta corriente con interés*) *See* negotiable order of withdrawal account.

NSCC (*NSCC*) *See* National Securities Clearing Corporation.

NSTS (*NSTS*) *See* National Securities Trading System.

numbered account (*cuenta numerada*) An account titled with something other than the customer's name; the title might be a number, symbol or special title. The customer must sign a form designating ownership of the account.

NYSE (*NYSE*) *See* New York Stock Exchange.

NYSE Composite Index (*Índice Compuesto de la NYSE*) *See* New York Stock Exchange Composite Index.

NYSE maintenance call (*aviso de mantenimiento NYSE*) *See* margin maintenance call.

NYSE maintenance requirement (*requisito de mantenimiento NYSE*) *See* margin maintenance requirement.

O

O (*O*) Consolidated Tape market identifier for INSTINET.

OB (*OB*) *See* limit order.

OBO (*OBO*) *See* order book official.

OCC (*OCC*) *See* Office of the Comptroller of the Currency; Options Clearing Corporation.

OCC Disclosure Document (*documento de divulgación de opciones*) *See* options disclosure document.

OCO (*OCO*) *See* one cancels other.

odd lot (*pico*) (*lote pico*) (*lote incompleto*) An amount of a security that is less than the normal unit of trading for that security. Generally, an odd lot is fewer than 100 shares of stock or five bonds. *See also* round lot.

odd lot differential (*diferencial de lote impar*) (*diferencial de lote pico*) (*diferencial de los lotes incompletos*) The extra commission often charged when an odd lot order is executed on an exchange. Usually the charge is 12.5 cents of a point) per share in addition to the broker's standard commission.

odd-lot theory (*teoría de los picos*) (*teoría de los lotes pico*) (*teoría de los lotes incompletos*) A technical analysis theory based on the assumption that the small investor is always wrong. Therefore, if odd lot sales are up—that is, small investors are selling stock—it is probably a good time to buy.

offer (*oferta*) (1) *See* ask. (2) Under the Uniform Securities Act, any attempt to solicit a purchase or sale in a security for value. *See also* bid; quotation; public offering price.

offering circular (*circular de oferta*) An abbreviated prospectus used by corporations issuing less than $5 million of stock. The SEC's Regulation A allows these offerings an exemption from the full registration requirements of the 1933 act. *See also* Regulation A.

office of supervisory jurisdiction (OSJ) (*oficina con jurisdicción para supervisar*) The broker-dealer office responsible for supervising the activities of registered representatives and associated persons housed in that office and in other offices within the same region. The NASD requires a broker-dealer to assign these supervisory responsibilities to an office that carries out certain market making and customer service functions. *See also* branch office; satellite office.

Office of the Comptroller of the Currency (OCC) (*Oficina del Contralor de Moneda*) The bureau of the U.S. Treasury Department that is responsible for issuing and enforcing regulations governing the investing and lending practices of the nation's banks.

Office of Thrift Supervision (OTS) (*Oficina de Supervisión del Ahorro*) The bureau of the U.S. Treasury Department that is responsible for issuing and enforcing regulations governing the nation's savings and loan industry.

official notice of sale (*aviso oficial de venta*) (*notificación oficial de venta*) The invitation to bid on a municipal bond issue; the invitation is sent to prospective underwriters and specifies, among other things, the date, time and place of sale, description of the issue, maturities, call provisions and amount of good faith deposit required.

official statement (OS) (*estado oficial*) A document concerning a municipal issue that must be provided to every buyer. The document is prepared by the underwriter from information provided by the issuer; typically included are the offering terms, descriptions of the bonds and the issuer, the underwriting spread, fees received by brokers, initial offering price and tax status.

offset (*compensar*) To liquidate a futures position by entering an equivalent but opposite transaction. To offset an initial purchase, a sale is made; to offset an initial sale, a purchase is made.

OID (*OID*) *See* original issue discount bond.

oil and gas direct participation program (*programa de participación directa de petróleo y gas*) (*sociedad en comandita simple de petróleo y gas*) A direct participation program formed to locate new oil and gas reserves, develop existing reserves or generate income from producing wells. A high return is the primary objective of such a program. *Syn.* oil and gas limited partnership.

oil depletion allowance (*bonificación por agotamiento de petróleo*) (*rebaja por disminución de petróleo*) (*descuento por agotamiento de petróleo*) An accounting procedure that reduces the taxable portion of revenues from the sale of oil to compensate for the decreased supply of oil in the ground. Depletion is the natural resource counterpart of depreciation.

omnibus account (*cuenta de intermediación con reserva de confidencialidad*) An account opened in the name of an investment adviser or a broker-dealer for the benefit of its customers. The firm carrying the account does not receive disclosure of the individual customers' names or holdings and does not maintain records for the individual customers. *Syn.* special omnibus account. *See also* introduced account.

one cancels other order (OCO) (*orden y/o*) *See* alternative order.

one-way lien (*prenda simple*) Pledging a firm's securities as collateral for a bank loan to protect customer securities. *See also* cross lien.

OPD (*OPD*) A message on the Consolidated Tape announcing the initial transaction in a security for which the opening has been delayed.

open-end covenant (*cláusula abierta*) A provision of a bond's trust indenture allowing the issuer to use the same collateral backing a bond as collateral for future bond issues. As a result, new creditors have the same claim on the collateral as existing creditors. *See also* closed-end covenant; junior lien debt.

open-end investment company (*sociedad de inversión*) (*compañía de inversión abierta*) (*fondo mutualista*) (*fondo mutuo*) (*sociedad de inversión con cartera de composición variable*) (*sociedad de inversión con número de acciones variable*) (*sociedad de inversión con capital variable*) *See* mutual fund.

open-end mortgage bond (*bono de emisión abierta con garantía hipotecaria*) A secured bond issued with a trust indenture that permits the corporation to issue more bonds of the same class (and with the same collateral backing) at a later date. *See also* closed-end mortgage bond.

opening purchase (*compra inicial*) (*compra de apertura*) Entering the options market by buying calls or puts. *See also* closing sale; opening sale.

opening range (*escala de precios*) *See* range.

opening sale (*venta inicial*) (*venta de apertura*) Entering the options market by selling calls or puts. *See also* closing purchase; opening purchase.

open-market operations (*operaciones de mercado abierto*) (*operaciones de mercado libre*) The buying and selling of securities (primarily government or agency debt) by the Federal Open Market Committee to effect control of the money supply. These transactions increase or decrease the level of bank reserves available for lending.

open order (*orden válida hasta su revocación*) (*orden sujeta a revocación*) (*orden abierta*) (*orden vigente hasta su revocación*) (*orden buena hasta cancelarse*) *See* good till canceled order.

operating expenses (*gastos de operación*) (*gastos de explotación*) (1) The day-to-day costs incurred in running a business. (2) In an oil and gas program,

any production or leasehold expense incurred in the operation of a producing lease, including district expense, direct out-of-pocket expenses for labor, materials and supplies and those shares of taxes and transportation charges not borne by overriding royalty interests.

operating income (*ingresos de operación*) (*ingresos de explotación*) The profit realized from one year of operation of a business.

operating profit ratio (*margen de operación*) (*índice de utilidad de operación*) *See* margin of profit ratio.

operating ratio (*coeficiente de gastos*) (*relación de explotación*) The ratio of operating expenses to net sales; the complement to the margin of profit ratio.

operations and maintenance fund (*fondo para operaciones y mantenimiento*) The account from which are paid current operating and maintenance expenses on a facility financed by a municipal revenue bond. *See also* flow of funds.

operator (*operador [1]*) (*administrador [2]*) The person who supervises and manages the exploration, drilling, mining, production and leasehold operations of an oil and gas or mining direct participation program.

option (*opción*) A security that represents the right to buy or sell a specified amount of an underlying investment instrument—a stock, bond, futures contract, etc.—at a specified price within a specified time. The purchaser acquires a right, and the seller assumes an obligation. *See also* actual.

option agreement (*acuerdo de opción*) The document a customer must sign within 15 days of being approved for options trading. In it the customer agrees to abide by the rules of the options exchanges and not to exceed position or exercise limits.

option contract adjustment (*ajuste al contrato de opción*) An adjustment made automatically to the terms of an option on the ex-dividend date when a stock pays a stock dividend or if there is a stock split or a reverse split.

options account (*cuenta de opciones*) A customer account in which the customer has received approval to trade options.

Options Clearing Corporation (OCC) (*OCC*) The organization that issues options, standardizes option contracts and guarantees their performance. The OCC made secondary trading possible by creating fungible option contracts.

options disclosure document (*documento de divulgación de opciones*) A publication of the Options Clearing Corporation that outlines the risks and rewards of investing in options. The document must be given to each customer at the time of opening an options account, and must accompany any options sales literature sent to a customer. *Syn.* OCC Disclosure Document.

or better order (OB) (*orden de ejecución a un precio determinado*) *See* limit order.

order book official (OBO) (*oficial del libro de órdenes*) The title given to a specialist or market maker employed on the Pacific, Philadelphia and Chicago Board Options exchanges.

order department (*departamento de órdenes*) The department within a brokerage firm that transmits orders to the proper market for execution and returns confirmations to the appropriate representative. *Syn.* order room; wire room.

order memorandum
(*memorándum de orden*) (*boleta de orden*) The form completed by a registered rep that contains customer instructions regarding the placement of an order. The memorandum contains such information as the customer's name and account number, a description of the security, the type of transaction (buy, sell, sell short, etc.) and any special instructions (such as time or price limits). *Syn.* order ticket.

order room (*departamento de órdenes*) *See* order department.

Order Routing System (ORS)
(*Sistema de Encaminamiento de Órdenes*) The system the Chicago Board Options Exchange uses to collect, store, route and execute orders for public customers. ORS automatically routes option market and limit orders of up to 2,000 contracts to the CBOE member firm's floor booth, to the floor brokers in the trading crowd, to the order book official's electronic book or to the Retail Automatic Execution System. *See also* Chicago Board Options Exchange; Retail Automatic Execution System.

order ticket (*memorándum de orden*) (*boleta de orden*) *See* order memorandum.

ordinary income (*ingreso ordinario*) Earnings other than capital gain.

organization and offering expense (*gastos de organización y oferta*) The cost of preparing a direct participation program for registration and subsequently offering and distributing it to the public; the cost includes sales commissions paid to broker-dealers.

original issue discount bond (OID) (*bono con descuento sobre su valor nominal*) A corporate or municipal debt security issued at a discount from face value. The bond may or may not pay interest. The discount on a corporate OID bond is taxed as if accrued annually as ordinary income. The discount on a municipal OID bond is exempt from annual taxation; however, the discount is accrued for the purpose of calculating cost basis. *See also* zero-coupon bond.

ORS (*ORS*) *See* Order Routing System.

OS (*OS*) *See* official statement.

OSJ (*OSJ*) *See* office of supervisory jurisdiction.

OTC (*OTC*) *See* over the counter.

OTC Bulletin Board (*Tablero Electrónico Extrabursátil*) An electronic quotation system for equity securities that are not listed on a national exchange or included in the Nasdaq system.

OTC margin security (*valor de margen extrabursátil*) (*valor de margen fuera de bolsa*) (*valor de margen cotizable fuera de bolsa*) (*valor de margen cotizado fuera de bolsa*) (*valor de margen negociable fuera de bolsa*) (*valor de margen no inscrito*) (*título de margen extrabursátil*) (*título de margen fuera de bolsa*) (*título de margen no inscrito*) (*título de margen cotizable fuera de la bolsa*) (*título de margen cotizado fuera de bolsa*) (*título de margen negociable fuera de bolsa*) A security that is not traded on a national exchange but that has been designated by the Federal Reserve Board as eligible for trading on margin. The Fed publishes a list of such securities. *See also* margin security.

OTC market (*mercado extrabursátil*) (*mercado fuera de bolsa*) (*mercado no oficial*) The security exchange system in which broker-dealers negotiate directly with one another rather than through an auction on an exchange floor. The trading takes place over computer and telephone networks that link brokers and dealers around the world. Both listed and OTC securities, as well as municipal and U.S. government securities, are traded in the OTC market.

OTC option (*opción no registrada*) (*opción extrabursátil*) (*opción no cotizada en bolsa*) (*opción no negociable en bolsa*) (*opción no negociada en bolsa*) (*opción no inscrita*) (*opción no cotizable en bolsa*) (*opción no estandarizada*) An option contract that is not listed on an exchange. All contract terms are negotiated between buyer and seller. *Syn.* nonstandard option. *See also* listed option.

OTS (*OTS*) *See* Office of Thrift Supervision.

out-of-the-money (*fuera del precio*) The term used to describe an option that has no intrinsic value, such as a call option when the stock is selling below the exercise price or a put option when the stock is selling above the exercise price. *See also* at-the-money; in-the-money; intrinsic value.

outstanding stock (*acción en circulación*) Equity securities issued by a corporation and in the hands of the public; issued stock that has not been reacquired by the issuer. *See also* treasury stock.

overbought (*en sobrecompra*) A technical analysis term for a market in which more and stronger buying has occurred than the fundamentals justify. *See also* oversold.

overlapping debt (*deuda sobrepuesta*) (*deuda traslapada*) A condition resulting when property in a municipality is subject to multiple taxing authorities or tax districts, each having tax collection powers and recourse to the residents of that municipality. *See also* coterminous.

overriding royalty interest (*participación de regalías predominante*) A sharing arrangement whereby a person with a royalty interest in an oil and gas direct participation program takes no risks but receives a share of the revenues; the share is carved out of the working interest without liability for any costs of extraction. *See also* sharing arrangement.

oversold (*en sobreventa*) A technical analysis term for a market in which more and stronger selling has occurred than the fundamentals justify. *See also* overbought.

over the counter (OTC) (*extrabursátil*) (*fuera de bolsa*) (*cotizado fuera de bolsa*) (*negociable fuera de bolsa*) (*no inscrito*) (*no registrado*) The term used to describe a security that is traded through the telephone- and computer-connected OTC market rather than through an exchange. *See also* OTC market.

overtrading (*multiplicación de operaciones*) *See* churning.

owners' equity (*capital contable*) (*interés del propietario*) (*patrimonio*) (*patrimonio neto*) (*activo neto*) *See* net worth.

P

P (*P*) Consolidated Tape market identifier for the Pacific Stock Exchange.

P&S (*P&S*) *See* purchases and sales department.

PACE (*PACE*) *See* Philadelphia Automated Communication and Execution System.

Pacific Stock Exchange (PSE) (*Bolsa de Valores del Pacífico*) The only SEC-registered stock exchange west of the Mississippi. It was registered in 1956, after merging four exchanges that served Los Angeles and San Francisco. *See also* regional exchange; Securities Communication, Order Routing and Execution System.

paid-in capital (*excedente de capital*) (*superávit de capital*) (*capital pagado*) (*superávit pagado*) (*excedente pagado*) *See* capital surplus.

paid-in surplus (*excedente de capital*) (*superávit de capital*) (*capital pagado*) (*superávit pagado*) (*excedente pagado*) *See* capital surplus.

parallel shift (*cambio paralelo*) An up or down movement in a yield curve of approximately the same percentage for all maturities. *See also* flat yield curve; inverted yield curve; normal yield curve.

parity (*paridad*) In an exchange market, a situation in which all brokers bidding have equal standing and the winning bid is awarded by a random drawing. *See also* precedence; priority.

parity price of common (*precio de paridad de acción ordinaria*) The dollar amount at which a common stock is equal in value to its corresponding convertible security. It is calculated by dividing the convertible security's market value by its conversion ratio.

parity price of convertible (*precio de paridad de valor convertible*) The dollar amount at which a convertible security is equal in value to its corresponding common stock. It is calculated by multiplying the market price of the common stock by its conversion ratio.

partial call (*compra parcial*) The redemption by an issuer of a portion of an outstanding bond issue prior to the maturity date. *See also* catastrophe call; mandatory call.

partially registered (*registrado sólo en cuanto al principal*) (*inscrito sólo en cuanto al principal*) (*parcialmente registrado*) *See* registered as to principal only.

participant (*participante*) (1) A person who advises stockholders in a proxy contest. (2) The holder of an interest in a direct participation program. *See also* limited partner.

participating preferred stock (*acción preferente participativa*) (*acción preferencial participativa*) An equity security that offers the holder a share of corporate earnings remaining after all senior securities have been paid a fixed dividend. The payment is made in addition to the fixed dividend stated on the certificate, and may be cumulative or noncumulative. *See also* convertible preferred stock; cumulative preferred stock; noncumulative preferred stock; preferred stock.

participation (*participación*) The provision of the Employee Retirement Income Security Act of 1974 requiring that in a qualified retirement plan all employees be covered within a reasonable time of their dates of hire.

partnership (*sociedad de personas*) A form of business organization in which two or more individuals manage the business and are equally and personally liable for its debts.

partnership account (*cuenta social*) An account that empowers the individual members of a partnership to act on the behalf of the partnership as a whole.

partnership management fee (*comisión por administración de una sociedad*) (*comisión por administración de un programa*) (*comisión por administración de bienes*) The amount payable to the general partners of a limited partnership, or to other persons, for managing the day-to-day partnership operations. *Syn.* program management fee; property management fee.

par value (*valor nominal*) (*valor par*) (*principal*) (*valor declarado*) The dollar amount assigned to a security by the issuer. For an equity security, par value is usually a small dollar amount that bears no relationship to the security's market price. For a debt security, par value is the amount repaid to the investor when the bond matures, usually $1,000. *Syn.* face value; principal; stated value. *See also* capital surplus; discount bond; premium bond.

passive income (*utilidad pasiva*) Earnings derived from a rental property, limited partnership or other enterprise in which the individual is not actively involved. Passive income therefore does not include earnings from wages or active business participation, nor does it include income from dividends, interest and capital gains. *See also* passive loss; unearned income.

passive investor (*socio comanditario*) (*socio con responsabilidad limitada*) *See* limited partner.

passive loss (*pérdida pasiva*) A loss incurred through a rental property, limited partnership or other enterprise in which the individual is not actively involved. Passive losses can be used to offset passive income only, not wage or portfolio income. *See also* passive income.

pass-through certificate (*certificado de transferencia*) A security representing an interest in a pool of conventional, VA, Farmers Home Administration or other agency mortgages. The principal and interest payments are received by the pool and are passed through to the certificate holder. Payments may or may not be guaranteed. *See also* Federal National Mortgage Association; Government National Mortgage Association.

pattern (*patrón*) A repetitive series of price movements on a chart used by a technical analyst to predict future movements of the market.

payment date (*fecha de pago*) The day on which a declared dividend is paid to all stockholders owning shares on the record date.

payment period (*periodo de pagos*) As defined by the Federal Reserve Board's Regulation T, the period of time corresponding to the regular way settlement period, plus two business days.

payout stage (*etapa de distribución*) (*etapa de reparto*) (*periodo de distribución*) (*periodo de reparto*) *See* distribution stage.

payroll deduction plan (*plan con deducciones de nómina*) A retirement plan whereby an employee authorizes a deduction from his check on a regular basis. The plan may be qualified, such as a 401K plan, or nonqualified.

PE (*PE*) *See* price-earnings ratio.

peak (*cima*) (*prosperidad*) The end of a period of increasing business activity throughout the economy, one of the four stages of the business cycle. *Syn.* prosperity. *See also* business cycle.

pegging (*fijación [2]*) (*vinculación*) (1) Stabilizing a country's currency through its purchase or sale by the country's central bank. (2) *See* fixing.

penalty plan (*plan de inversión en pagos periódicos*) (*plan de inversión en pagos fijos*) (*plan de inversión en pagos adelantados*) *See* contractual plan.

pennant (*triángulo*) (*banderín*) *See* triangle.

pension plan (*plan de pensión*) (*plan de jubilación*) A contract between an individual and an employer, labor union, government entity or other institution, which provides for the distribution of pension benefits at retirement.

Pension Reform Act (*Ley de Reformas a las Pensiones*) *See* Employee Retirement Income Security Act of 1974.

PE ratio (*Relación PE*) *See* price-earnings ratio.

percentage depletion (*agotamiento porcentual*) (*reducción porcentual*) (*disminución porcentual*) A method of tax accounting for a direct participation program whereby a statutory percentage of gross income from the sale of a mineral resource is allowed as a tax-deductible expense. Percentage depletion is available to small producers only and not to purchasers of producing interests.

periodic payment plan (*plan de pagos periódicos*) A mutual fund sales contract in which the customer commits to buying shares in the fund on a periodic basis over a long time period in exchange for a lower minimum investment.

person (*persona*) As defined in securities law, an individual, corporation, partnership, association, fund, joint stock company, unincorporated organization, trust, government or political subdivision of a government.

personal income (PI) (*ingreso personal*) An individual's total earnings derived from wages, passive business enterprises and investments. *See also* disposable income.

phantom income (*ingreso fantasma*) In a limited partnership, taxable income that is not backed by a positive cash flow. *See also* crossover point.

Philadelphia Automated Communication and Execution System (PACE) (*Sistema Automatizado de Comunicación y Ejecución de Filadelfia*) The computerized order routing system developed in 1975 by the Philadelphia Stock Exchange. The system routes and executes orders automatically; it provides electronic executions within approximately 15 seconds of order receipt and returns confirmations to the originating broker-dealer in only a few seconds more. PACE handles market and limit orders for actively traded stocks. *See also* Philadelphia Stock Exchange.

Philadelphia plan (*plan Filadelfia*) A type of financing for railroad equipment trust obligations whereby a vendor delivers equipment to a trustee. The vendor receives equipment trust certificates that are then sold to investors; the railroad leases the equipment and pays a rental fee, which covers interest and principal payments to the investors. When all rental payments are made, the title is transferred to the railroad.

Philadelphia Stock Exchange (PHLX) (*Bolsa de Valores de Filadelfia*) Founded in 1790, the oldest stock exchange in the United States. Its three trading floors are devoted to equity securities, equity options and foreign currencies. *See also* Philadelphia Automated Communication and Execution System; regional exchange.

PHLX (*PHLX*) *See* Philadelphia Stock Exchange.

Pink Sheets (*Hojas rosas*) A daily publication compiled by the National Quotation Bureau and containing interdealer wholesale quotations for over-the-counter stocks. *See also Yellow Sheets*.

pipeline theory (*teoría del conducto*) *See* conduit theory.

placement ratio (*relación de colocación*) (*índice de colocación*) A ratio compiled by *The Bond Buyer* indicating the number of new municipal issues that have sold within the last week.

plan completion insurance (*seguro de conclusión de plan*)

An insurance contract purchased by a contractual plan investor naming the plan custodian as beneficiary. In the event of the investor's death, the insurance proceeds are used to complete the contractual plan payments.

plan custodian (*custodio de plan de inversión*) An institution retained by a contractual plan company to perform clerical duties. The custodian's responsibilities include safeguarding plan assets, sending out customer confirmations and issuing shares. *See also* custodian; mutual fund custodian.

plus tick (*puja a la alza*) A security transaction's execution price that is above the previous execution price, by a minimum amount. *Syn.* up tick. *See also* minus tick; plus tick rule; tick; zero-plus tick.

plus tick rule (*regla de puja a la alza*) The SEC regulation governing the market price at which a short sale may be made. No short sale may be executed at a price below the price of the last sale. *Syn.* up tick rule. *See also* minus tick; short-exempt transaction; short sale; tick; zero-plus tick.

PN (*PN*) *See* project note.

point (*punto*) A measure of a bond's price; $10 or 1% of the par value of $1,000. *See also* basis point.

point-and-figure chart (*gráfica de punto y figura*) A tool used by technical analysts to track the effects of price reversals, or changes in the direction of prices, of a commodity over time. *See also* bar chart; moving average chart.

policy processing day (*día de procesamiento de póliza*) The day on which charges authorized in a variable life insurance policy are deducted from the policy's cash value. These charges include administrative fees, taxes and cost of insurance.

POP (*POP*) *See* public offering price.

portfolio income (*ingreso de cartera*) Earnings from interest, dividends and other nonbusiness investments. *See also* earned income; passive income; unearned income.

portfolio insurance (*seguro de cartera*) A method of hedging a portfolio of common stocks against market risk by selling stock index futures short. The technique is frequently used by institutional investors.

portfolio manager (*administrador de cartera*) (*administrador de* *fondo*) The entity responsible for investing a mutual fund's assets, implementing its investment strategy and managing day-to-day portfolio trading. *Syn.* fund manager.

possession of securities (*control de títulos valor*) (*control de valores*) (*control de títulos*) (*posesión de títulos valor*) (*posesión de valores*) (*posesión de títulos*) See control of securities.

position (*posición*) The amount of a security either owned (a long position) or owed (a short position) by an individual or by a dealer. Dealers take long positions in specific securities to maintain inventories and thereby facilitate trading.

position limit (*límite de posición*) The rule established by options exchanges that prohibits an investor from having a net long or short position of more than a specific number of contracts on the same side of the market.

position trader (1) (*intermediario de posiciones*) (*negociante de posiciones*) (*corredor de posiciones*) A dealer who acquires or sells an inventory in a security. *See also* dealer; principal; make a market.

position trader (2) (*especulador con posiciones*) A commodities speculator who buys or sells positions in the futures markets as a means of speculating on long-term price movements. *See also* day trader; scalper; spreader.

positive yield curve (*curva de rendimiento normal*) (*curva positiva de rendimiento*) See normal yield curve.

power of substitution (*poder para transmitir acciones*) (*poder irrevocable para transmitir acciones*) (*poder de sustitución*) See stock power.

Pr (*Pr*) A message on the Consolidated Tape indicating that the trade being reported is in a preferred stock.

precedence (*precedencia*) In an exchange market, the ranking of bids and offers according to the number of shares involved. *See also* parity; priority.

preemptive right (*derecho de precedencia*) (*derecho al tanto*) (*derecho del tanto*) The legal right of stockholders to maintain their proportionate ownership by purchasing newly issued shares before the new stock is offered to the public. *See also* right.

preferred dividend coverage ratio (*razón de cobertura de* dividendos preferentes) (razón de cobertura de dividendos preferenciales) (coeficiente de cobertura de dividendos preferentes) (coeficiente de cobertura de dividendos preferenciales) An indication of the safety of a corporation's preferred dividend payments. It is computed by dividing preferred dividends by net income.

preferred stock (acción preferente) (acción preferencial) An equity security that represents ownership in a corporation. It is issued with a stated dividend, which must be paid before dividends are paid to holders of common stock. It generally carries no voting rights. See also callable preferred stock; convertible preferred stock; cumulative preferred stock; participating preferred stock; prior preferred stock.

preferred stock fund (fondo de acciones preferentes) (fondo de acciones preferenciales) A mutual fund whose investment objective is to provide stable income with minimal capital risk. It invests in income-producing instruments such as preferred stock. See also bond fund.

preferred stock ratio (razón de acciones preferentes) (coeficiente de acciones preferentes) (razón de acciones preferenciales) (coeficiente de acciones preferenciales) One of several tools used by bond analysts to assess the safety of a corporation's bonds. It measures the percentage of the corporation's total capitalization that is composed of preferred stock by dividing the total face value of the preferred stock by the total capitalization.

preliminary prospectus (prospecto preliminar) An abbreviated prospectus that is distributed while an issuer's registration statement is being reviewed by the SEC. It contains the essential facts about the forthcoming offering except the underwriting spread, final public offering price and date on which the shares will be delivered. Syn. red herring.

premium (premio) (1) The amount of cash that an option buyer pays to an option seller. (2) The difference between the higher price paid for a security and the security's face amount at issue. See also discount.

premium bond (bono con premio) A bond that sells at a higher price than its face value. *See also* discount bond; par value.

prepaid charge plan (*plan de inversión en pagos periódicos*) (*plan de inversión en pagos fijos*) (*plan de inversión en pagos adelantados*) *See* contractual plan.

prerefunding (*refinanciamiento anticipado*) (*refinanciamiento adelantado*) (*refinanciación anticipada*) (*refinanciación adelantada*) *See* advance refunding.

presale order (*orden de preventa*) An order communicated to a syndicate manager prior to formation of the underwriting bid of a new municipal bond issue. If the syndicate wins the bid, the order takes the highest priority when orders are filled. *See also* designated order; group net order; member-at-the-takedown order.

present value (*valor presente*) (*valor actual*) The worth in today's terms of a future payment or stream of payments. It takes into account the time value of money by discounting the future value of an investment by an assumed compound interest rate.

price-earnings ratio (PE) (*múltiplo de precio-utilidad*)

(*P.U.*) A tool for comparing the prices of different common stocks by assessing how much the market is willing to pay for a share of each corporation's earnings. It is calculated by dividing the current market price of a stock by the earnings per share.

price risk (*riesgo de precio*) The potential that the value of a currency or commodity will change between the signing of a delivery contract and the time delivery is made. The futures markets serve to manage price risk.

price spread (*posición mixta vertical*) *See* vertical spread.

primary distribution (*oferta primaria*) (*distribución primaria*) (*colocación primaria*) *See* primary offering.

primary earnings per share (*utilidades por acción*) (*ganancias por acción*) *See* earnings per share.

primary market (*mercado primario*) (*mercado de nuevas emisiones*) *See* new issue market.

primary offering (*oferta primaria*) (*distribución primaria*) (*colocación primaria*) An offering in which the proceeds of the underwriting go to the issuing corporation, agency or municipality. The issuer seeks to increase its capitalization either by selling shares of stock, representing ownership, or by selling bonds, representing loans to the issuer. *Syn.* primary distribution.

prime rate (*tasa preferencial*) (*tasa preferente*) The interest rate that commercial banks charge their prime or most creditworthy customers, generally large corporations.

principal (*principal*) (1) A person who trades for its own account in the primary or secondary market. *See also* position trader. (2) *See* dealer. (3) *See* par value.

principal transaction (*operación de principal*) A transaction in which a broker-dealer either buys securities from customers and takes them into its own inventory or sells securities to customers from its inventory. *See also* agency transaction; agent; broker; dealer; principal.

priority (*prioridad*) In an exchange market, the ranking of bids and offers according to the first person to bid or offer at a given price. Therefore, only one individual or firm can have priority. *See also* parity; precedence.

prior lien bond (*bono con garantía prioritaria*) (*bono con garantía privilegiada*) A secured bond that takes precedence over other bonds secured by the same assets. *See also* mortgage bond.

prior preferred stock (*acción preferente privilegiada*) (*acción preferente prioritaria*) (*acción preferencial privilegiada*) (*acción preferencial prioritaria*) An equity security that offers the holder stock that has prior claim over other preferred stock in receipt of dividends and in distribution of assets in the event of liquidation. *See also* preferred stock.

private placement (*colocación privada*) An offering of new issue securities that complies with Regulation D of the Securities Act of 1933. According to Regulation D, a security generally is not required to be registered with the SEC if it is offered to no more than 35 nonaccredited investors or to an unlimited number of accredited investors. *See also* Regulation D.

processing spread (*posición mixta de procesamiento*) (*posición mixta de elaboración*) (*posición mixta de transformación*) A hedge position in commodity futures assumed by a corporation that is in the business of processing raw materials into finished goods. The corporation buys futures on the raw materials and sells futures on the finished goods in order to protect its profits. *See also* cracking spread.

productive well (*pozo productivo*) An oil or gas well that produces mineral resources that can be marketed commercially. *See also* dry hole.

profitability (*rentabilidad [1]*) The ability to generate a level of income and gain in excess of expenses.

profitability ratio (*coeficiente de rentabilidad*) (*razón de rentabilidad*) (*relación de rentabilidad*) One of several measures of a corporation's relative profit or income in relation to its sales. *See also* margin of profit ratio; net profit ratio; return on equity.

profit after taxes (*margen de utilidad*) (*margen de utilidad neta*) *See* net profit ratio.

profit margin (*margen de operación*) (*índice de utilidad de operación*) *See* margin of profit ratio.

profit ratio (*margen de utilidad*) (*margen de utilidad neta*) *See* net profit ratio.

profit-sharing plan (*plan de participación de utilidades*) An employee benefit plan established and maintained by an employer whereby the employees receive a share of the profits of the business. The money may be paid directly to the employee, deferred until retirement, or a combination of both approaches.

program (*programa de participación directa*) (*programa*) *See* direct participation program.

program management fee (*comisión por administración de una sociedad*) (*comisión por administración de un programa*) (*comisión por administración de bienes*) *See* partnership management fee.

program trading (*administración automatizada de cartera*) (*manejo automatizado de cartera*) A coordinated trading strategy involving the related purchases or sales of groups of stocks having a market value of $1 million or more. Program trading often involves arbitrage between the stock market and the futures market.

progressive tax (*impuesto progresivo*) (*impuesto escalonado [1]*) A tax that takes a larger percentage of the income of high-income people than of low-income people; an example is the graduated income tax. *See also* regressive tax.

project note (PN) (*pagaré de proyecto*) A short-term municipal debt instrument issued in anticipation of a later issuance of New Housing Authority bonds. *See also* New Housing Authority bond.

property dividend (*dividendo en bienes*) A distribution made by a corporation to its stockholders of securities it owns in other corporations or of its products. *See also* dividend.

property management fee (*comisión por administración de una sociedad*) (*comisión por administración de un programa*) (*comisión por administración de bienes*) *See* partnership management fee.

proprietorship (*propiedad individual*) (*propiedad de una sola persona*) (*negocio individual*) *See* sole proprietorship.

prospect (*área de prospección*) A property in which an oil or gas direct participation program intends to acquire an interest.

prospectus (*prospecto*) (*prospecto final*) (*prospecto definitivo*) *See* final prospectus.

Prospectus Act (*Ley de Valores de 1933*) *See* Securities Act of 1933.

prosperity (*cima*) (*pico*) (*prosperidad*) *See* peak.

proxy (*poder*) A limited power of attorney from a stockholder authorizing another person to vote on stockholder issues according to the first stockholder's instructions. In order to vote on corporate matters, a stockholder must either attend the annual meeting or must vote by proxy.

proxy department (*departamento de representación*) (*departamento de procuración*) The department within a brokerage firm that is responsible for sending proxy statements to customers whose securities are held in the firm's name and for mailing financial reports received from issuers to their stockholders.

prudent man rule (*norma de prudente discreción*) A legal maxim that restricts discretion in a fiduciary account to only those investments that a reasonable and prudent person might make.

PSA (*PSA*) *See* Public Securities Association.

PSA prepayment model (*modelo de pagos anticipados de la PSA*)

A standard benchmark of prepayment speeds on mortgage loans, set forth by the Public Securities Association. Prices and interest rates of CMO securities are often based on these prepayment assumptions. *See also* Public Securities Association.

PSE (*PSE*) *See* Pacific Stock Exchange.

Public Housing Authority bond (PHA) (*bono de la Nueva Autoridad de la Vivienda*) (*bono de la Autoridad de la Vivienda*) (*bono de la Autoridad Pública de la Vivienda*) *See* New Housing Authority bond.

publicly traded fund (*compañía de inversión cerrada*) (*compañía de inversión con cartera de composición fija*) (*compañía de inversión con número de acciones fijo*) (*compañía de inversión con capital fijo*) *See* closed-end investment company.

public offering (*oferta pública*) The sale of an issue of common stock, either by a corporation going public or by an offering of additional shares. *See also* initial public offering.

public offering price (POP) (*precio de oferta pública*) (*precio corriente*) (1) The price of new shares that is established in the issuing corporation's

prospectus. (2) The price to investors for mutual fund shares, equal to the net asset value plus the sales charge. *See also* ask; bid; mutual fund; net asset value.

public purpose bond (*bono de utilidad pública*) A municipal bond that is exempt from federal income tax as long no more than a 10% of the proceeds benefit private entities.

Public Securities Association (PSA) (*Asociación de Valores Públicos*) An organization of banks and broker-dealers that conduct business in mortgage-backed securities, money-market securities and securities issued by the U.S. government, government agencies and municipalities. *See also* PSA prepayment model.

purchases and sales (P&S) department (*departamento de compras y ventas*) The department within a brokerage firm that computes commissions and taxes and sends confirmations to customers. *See also* trade confirmation.

purchasing power risk (*riesgo de poder adquisitivo*) (*riesgo de poder de compra*) (*riesgo de inflación*) The potential that, due to inflation, a certain amount of money will not purchase as much in the future as it does today. *Syn.* inflation risk.

pure hedge (*cobertura pura*) (*resguardo puro*) A futures position in a particular security or commodity that is held to minimize the risk of a long actuals position in the same security or commodity. *See also* cross hedge.

put (1) (*opción de venta*) An option contract giving the owner the right to sell a specified amount of an underlying security at a specified price within a specified time.

put (2) (*venta*) The act of exercising a put option. *See also* call.

put bond (*bono de amortización garantizada*) A debt security requiring the issuer to purchase the security at the holder's discretion or within a prescribed time. *Syn.* tender bond.

put buyer (*comprador de opciones de venta*) An investor who pays a premium for an option contract and receives, for a specified time, the right to sell the underlying security at a specified price. *See also* call buyer; call writer; put writer.

put spread (*posición mixta de venta*) An option investor's position in which the investor buys a put on a particular security and writes a put on the same security but with a different expiration date, exercise price, or both.

put writer (*vendedor de opciones de venta*) An investor who receives a premium and takes on, for a specified time, the obligation to buy the underlying security at a specified price at the put buyer's discretion. *See also* call buyer; call writer; put buyer.

pyramiding (*esquema pirámide*) A speculative strategy whereby an investor uses unrealized profits from a position held to increase the size of the position continuously but by ever-smaller amounts.

Q

qualification (*registro por calificación*) (*inscripción por calificación*) *See* registration by qualification.

qualified block positioner (*colocador calificado de bloques*) A dealer that enters into transactions involving large amounts of a security with customers and that meets all of its minimum net capital requirements.

qualified independent appraiser (*valuador independiente calificado*) (*tasador independiente calificado*) A person who holds himself out as an appraiser of a particular type of property, who is licensed to practice his profession within his state, and who is independent in that he bases appraisals on his own experience and judgment, has no present or contemplated future interest in the property appraised, is not an affiliate of a sponsor, and his compensation is contingent solely on the delivery of his report for a predetermined fee.

qualified legal opinion (*dictamen jurídico con reservas*) (*dictamen legal con reservas*) The statement of a bond attorney affirming the validity of a new municipal bond issue but expressing reservations about its quality. *See also* legal opinion of counsel; unqualified legal opinion.

qualified OTC market maker (*formador de mercado extrabursátil calificado*) (*forjador de mercado extrabursátil calificado*) A dealer that makes a market in an over-the-counter margin security. The dealer must meet certain standards, including NASD membership and a minimum net capital requirement. *See also* net capital; over the counter.

qualified retirement plan (*plan para el retiro elegible*) (*plan para el retiro calificado*) A corporate retirement plan that meets the standards set by the Employee Retirement Income Security Act of 1974. Contributions to a qualified plan are tax deductible. *Syn.*

approved plan. *See also* individual retirement account; Keogh plan; nonqualified retirement plan.

qualified third-market maker (*formador de mercado terciario calificado*) (*forjador de mercado terciario calificado*) An OTC dealer that makes a market in an exchange-listed stock and that meets minimum net capital requirements. *See also* net capital.

quality adjustment (*ajuste de calidad*) The amount by which the settlement price on a futures transaction is increased or decreased when the quality grade of the delivered commodity differs from that specified in the original contract.

quality allowance (*bonificación*) (*rebaja*) (*retribución*) *See* allowance.

quarterly securities count (*conteo trimestral de valores*) (*conteo trimestral de títulos*) (*conteo trimestral de títulos valor*) The accounting of securities in its control that a broker-dealer must conduct each calendar quarter. The procedure includes verifying securities in transit, comparing the count with its records and recording all unresolved differences.

quick assets (*activo líquido*) (*activo de liquidez inmediata*) (*activo disponible*) A measure of a corporation's liquidity that takes into account the size of the unsold inventory. It is calculated by subtracting inventory from current assets, and it is used in the acid-test ratio. *See also* acid-test ratio.

quick ratio (*coeficiente de solvencia inmediata*) (*coeficiente de activo disponible-pasivo corriente*) (*razón de solvencia inmediata*) (*índice de solvencia inmediata*) (*razón de activo disponible-pasivo corriente*) (*relación de activo disponible-pasivo corriente*) *See* acid-test ratio.

quotation (*cotización*) The price being offered or bid by a market maker or broker-dealer for a particular security. *Syn.* quote. *See also* ask; bid; bond quote; stock quote.

quote (*cotización*) *See* quotation.

quote machine (*máquina de cotización*) A computer that provides representatives and market makers with the information that appears on the Consolidated Tape. The information on the screen is condensed into symbols and numbers. *See also* Quotron®.

Quotron® One of several computerized financial information systems used by brokerage firms and market makers. *See also* quote machine.

R

RAES (*RAES*) *See* Retail Automatic Execution System.

RAN (*RAN*) *See* revenue anticipation note.

random walk theory (*teoría del trayecto aleatorio*) (*teoría del camino aleatorio*) A market analysis theory that the past movement or direction of the price of a stock or market cannot be used to predict its future movement or direction.

range (*rango*) (*rango de apertura*) A security's low price and high price for a particular trading period, such as the close of a day's trading, the opening of a day's trading, or a day, month or year. *Syn.* opening range.

rate covenant (*cláusula de tarifas*) A provision of a municipal revenue bond's trust indenture that helps ensure the safety of the issue by specifying the rates to be charged the user of the facility. *See also* insurance covenant; maintenance covenant.

rating (*calificación*) An evaluation of a corporate or municipal bond's relative safety, according to the issuer's ability to repay principal and make interest payments. Bonds are rated by various organizations such as Standard & Poor's and Moody's. Ratings range from AAA or Aaa (the highest) to C or D, which represents a company in default.

rating service (*servicio de calificación*) A company, such as Moody's or Standard & Poor's, that rates various debt and preferred stock issues for safety of payment of principal, interest or dividends. The issuing company or municipality pays a fee for the rating. *See also* bond rating; rating.

ratio writing (*venta de coeficientes*) An option hedge position in which the investor writes more than one call option for every 100 shares of underlying stock that the investor owns. As a result, the investor has a partly covered position and a partly naked position.

raw land program (*programa de terrenos no acondicionados*) A real estate direct participation program that aims to provide capital appreciation by investing in undeveloped land.

R coefficient (*coeficiente R*) (*coeficiente de correlación*) A statistical measure of how closely the movements of a security's price track the movements of the market. *Syn.* correlation coefficient.

real estate investment trust (REIT) (*fideicomiso de inversión en bienes raíces*) (*fideicomiso de inversión inmobiliaria*) A corporation or trust that uses the pooled capital of many investors to invest in direct ownership of either income property or mortgage loans. These investments offer tax benefits in addition to interest and capital gains distributions.

real estate limited partnership (*sociedad de bienes raíces en comandita simple*) (*sociedad inmobiliaria en comandita simple*) A direct participation program formed to build new structures, generate income from existing property or profit from the capital appreciation of undeveloped land. Growth potential, income distributions and tax shelter are the most important benefits of such a program.

real estate mortgage investment conduit (REMIC) (*intermediario de inversiones hipotecarias*) (*corredor de inversiones hipotecarias*) A corporation, trust or partnership that uses the pooled capital of many investors to invest in fixed portfolios of real estate mortgages. These investments offer tax benefits in addition to interest and capital gains distributions.

realized gain (*ganancia realizada*) The amount earned by a taxpayer when an asset is sold. *See also* unrealized gain.

reallowance (*concesión*) (*reasignación*) *See* concession.

recapitalization (*recapitalization*) Changing the capital structure of a corporation by issuing, converting or redeeming securities.

recapture (*recuperación [1]*) The taxation as ordinary income of previously earned deductions or credits. Circumstances that may cause the IRS to require this tax to be paid include excess depreciation, premature sale of a asset or because a previous tax benefit is no disallowed.

recession (*recesión*) (*contracción económica*) General economic

459

decline lasting from six to eighteen months.

reciprocal immunity (*doctrina de la reciprocidad*) (*doctrina de la exclusión mutua*) (*inmunidad recíproca*) *See* doctrine of mutual reciprocity.

reclamation (*reclamación*) (*reclamo*) The right of the seller of a security to recover any loss incurred in a securities transaction owing to bad delivery or other irregularity in the settlement process.

reclassification (*reclasificación*) The exchange by a corporation of one class of its securities for another class of its securities. This shifts ownership control among the stockholders and therefore falls under the purview of the SEC's Rule 145. *See also* Rule 145.

record date (*fecha de registro [2]*) The date established by a corporation's board of directors that determines which of its stockholders are entitled to receive dividends or rights distributions.

recourse financing (*financiamiento con posibilidad de recurso limitado*) (*financiamiento de reembolso limitado [2]*) Debt incurred for the purchase of an asset and that holds the borrower

personally liable for the debt. *See also* nonrecourse financing.

recovery (*expansión*) (*recuperación [2]*) *See* expansion.

redeemable security (*valor amortizable*) (*valor redimible*) (*título amortizable*) (*título redimible*) (*título valor amortizable*) (*título valor redimible*) A security that the issuer redeems on the request of the holder. Examples include shares in an open-end investment company and Treasury notes.

redemption (*amortización [3]*) (*redención*) The return of an investor's principal in a security, such as a bond, preferred stock or mutual fund shares. By law, redemption of mutual fund shares must occur within seven days of receiving a request for redemption from the investor.

redemption notice (*aviso de amortización*) (*notificación de amortización*) (*aviso de redención*) (*notificación de redención*) A published announcement that a corporation or municipality is calling a certain issue of its bonds.

red herring (*prospecto preliminar*) *See* preliminary prospectus.

reducing order (*orden reduciente*) An order that reduces automatically to keep in step with the new price when a stock goes ex-dividend. Examples include buy limit orders, sell stop orders and sell stop limit orders.

refinancing (*refinanciamiento*) (*refinanciación*) Issuing equity, the proceeds of which are used to retire debt.

refunding (*refondeo*) Retiring an outstanding bond issue at maturity using money from the sale of a new offering. *See also* advance refunding.

regional exchange (*bolsa regional*) A stock exchange that serves the financial community in a particular region of the country. These exchanges tend to focus on securities issued within their regions, but also offer trading in NYSE- and AMEX-listed securities.

regional fund (*fondo sectorial*) (*fondo especializado*) *See* sector fund.

registered (*registrado*) (*inscrito*) The term that describes a security that prints the name of the owner on the certificate. The owner's name is stored in records kept by the issuer or a transfer agent.

registered as to principal only (*registrado sólo en cuanto al principal*) (*inscrito sólo en cuanto al principal*) (*parcialmente registrado*) The term used to describe a bond that prints the name of the owner on the certificate but that has unregistered coupons payable to the bearer. *Syn.* partially registered. *See also* coupon bond; fully registered bond; registered.

registered options principal (ROP) (*principal registrado de opciones*) The officer or partner of a brokerage firm who approves in writing accounts in which options transactions are permitted. *See also* Series 4.

registered options representative (*representante registrado de opciones*) *See* Series 42.

registered principal (*principal registrado*) An associated person of a member firm who manages or supervises the firm's investment banking or securities business. This includes persons who train associated persons and who solicit business. Unless the member firm is a sole proprietorship, it must employ at least two registered principals, one of whom must be registered as a general securities principal and one of whom must be registered as a financial and operations principal. If the firm does options business with the public, it must employ at least one registered options principal. *See also* Series 24.

registered representative (RR) (*representante registrado*) (*ejecutivo de cuentas*) (*intermediario*) (*corredor de bolsa*) (*comisionista de bolsa*) (*operador [2]*) An associated person engaged in the investment banking or securities business. According to the NASD, this includes individuals who supervise, solicit or conduct business in securities and who train people to supervise, solicit or conduct business in securities.

Anyone employed by a brokerage firm who is not a principal and who is not engaged in clerical or brokerage administration is subject to registration and exam licensing as a registered representative. *Syn.* account executive; stockbroker. *See also* associated person of a member.

registered secondary distribution (*distribución secundaria*) (*redistribución*) (*distribución secundaria registrada*) See secondary distribution.

registered trader (*operador registrado*) (*corredor registrado*) A member of an exchange who trades primarily for a personal account and at personal risk.

registrar (*registrador*) The independent organization or part of a corporation responsible for accounting for all of the issuer's outstanding stock and certifying that its bonds constitute legal debt.

registration by coordination (*registro por coordinación*) (*inscripción por coordinación*) A process that allows a security to be sold in a state. It is available to an issuer who files for registration of the security under the Securities Act of 1933 and files duplicates of the registration documents with the state administrator. The state registration becomes effective at the same time the federal registration statement becomes effective.

registration by filing (*registro por solicitud*) (*inscripción por solicitud*) (*registro por notificación*) A process that allows a security to be sold in a state. Previously referred to as "registration by notification," it is available to an issuer who files for registration of the security under the Securities Act of 1933, meets minimum net worth and certain other requirements, and notifies the state of this eligibility by filing certain documents with the state administrator. The state registration becomes effective at the same time the federal registration statement becomes effective.

registration by notification (*registro por solicitud*) (*inscripción por solicitud*) (*registro por notificación*) *See* registration by filing.

registration by qualification (*registro por calificación*) (*inscripción por calificación*) A process that allows a security to be sold in a state. It is available to an issuer who files for registration of the security with the state administrator, meets minimum net worth, disclosure and other requirements and files appropriate registration fees. The state registration becomes effective when the administrator so orders.

registration statement (*estado de registro*) The legal document that discloses all pertinent information concerning an offering of a security and its issuer. It is submitted to the SEC in accordance with the requirements of the Securities Act of 1933, and forms the basis of the final prospectus that is distributed to investors.

regressive tax (*impuesto regresivo*) (*impuesto escalonado [2]*) A tax that takes a larger percentage of the income of low-income people than of high-income people; examples include gasoline tax and cigarette tax. *See also* progressive tax.

Reg T (*Reg T*) *See* Regulation T.

Reg T call (*aviso de margen*) (*llamada de margen*) *See* margin call.

regular complaint procedure (*procedimiento normal de demanda*) The process for settling a charge or complaint under the NASD's Code of Procedure. *See also* Code of Procedure; summary complaint procedure.

regular way (*plazo normal de liquidación*) (*ciclo normal de liquidación de valores*) A settlement contract that calls for delivery and payment to occur a standard number of days after the date of the trade; the standard settlement cycle is established by the SEC. The type of security being traded determines the amount of time allowed for regular way settlement. *Syn.*

standard securities settlement cycle. *See also* cash transaction; settlement date.

regulated investment company (*compañía de inversión regulada*) An investment company to which subchapter M of the Internal Revenue Code grants special status that allows the flow-through of tax consequences on a distribution to shareholders. If 90% of income is passed through to the shareholders, the company is not subject to tax on this income.

Regulation A (*Reglamento A*) The provision of the Securities Act of 1933 that exempts from registration small public offerings valued at no more than $5 million worth of securities issued during a twelve-month period.

Regulation D (*Reglamento D*) The provision of the Securities Act of 1933 that exempts from registration offerings sold to a maximum of 35 nonaccredited investors during a twelve-month period. *See also* private placement.

Regulation G (*Reglamento G*) The Federal Reserve Board regulation that governs the extension of credit for securities transactions by commercial lenders and nonfinancial corporations.

See also Regulation T; Regulation U.

Regulation Q (*Reglamento Q*) The Federal Reserve Board regulation that established how much interest banks may pay on savings accounts. Regulation Q was phased out in 1986.

Regulation T (*Reglamento T*) The Federal Reserve Board regulation that governs customer cash accounts and the amount of credit that brokerage firms and dealers may extend to customers for the purchase of securities. Regulation T currently sets the loan value of marginable securities at 50% and the payment deadline at two days beyond regular way settlement. *Syn.* Reg T. *See also* Regulation G; Regulation U.

Regulation T excess (*capital excedente*) (*excedente de margen*) (*excedente conforme al Reglamento T*) (*exceso de capital*) *See* excess equity.

Regulation U (*Reglamento U*) The Federal Reserve Board regulation that governs loans by banks for the purchase of securities. Call loans are exempt from Regulation U. *See also* broker's loan; call loan; Regulation G; Regulation T; time loan.

Regulation X (*Reglamento X*) The Federal Reserve Board regulation that governs the use of borrowed money in securities transactions, mainly in connection with U.S. businesses borrowing from overseas lenders.

rehypothecation (*segunda pignoración*) The pledging of a client's securities as collateral for a bank loan. Brokerage firms may rehypothecate up to 140% of the value of their customers' securities to finance margin loans to customers. *See also* hypothecation.

reinstatement privilege (*privilegio de reintegración*) (*privilegio de reposición*) A benefit offered by some mutual funds, allowing an investor to withdraw money from a fund account and then redeposit the money without paying a second sales charge.

reinvested earnings (*utilidades retenidas*) (*utilidades no distribuidas*) (*utilidades reinvertidas*) *See* retained earnings.

reinvestment (*reinversión*) Using dividends, interest and capital gains earned in a mutual fund investment to purchase additional shares, rather than receiving the distributions in cash.

reinvestment risk (*riesgo de reinversión*) The potential that a bond investor may not be able to reinvest interest income or principal in new bonds at the same rate of return.

REIT (*REIT*) *See* real estate investment trust.

rejection (*rechazo*) The right of the buyer of a security to refuse to accept delivery in completion of a trade because the security does not meet the requirements of good delivery.

REMIC (*REMIC*) *See* real estate mortgage investment conduit.

renewal and replacement fund (*fondo de renovaciones y sustituciones*) The account that is used to fund major renewal projects and equipment replacements financed by a municipal revenue bond issue. *See also* flow of funds.

reoffering price (*precio de reventa*) The price or yield at which a municipal security is sold to the public by the underwriters.

reorganization department (*dpartamento de reorganización*) The department within a brokerage firm that handles transactions that represent a change in the securities outstanding, such as trades relating to tender offers, bond calls, preferred stock redemptions and mergers and acquisitions.

REPEAT PRICES OMITTED (*REPEAT PRICES OMITTED*) A Consolidated Tape delete information mode indicating that only transactions that differ in price from the previous report will be shown. *See also* delete information mode.

repo (*repo*) *See* repurchase agreement.

repurchase agreement (*reporto*) (*acuerdo de recompra*) (*pacto de recompra*) (*pacto de retroventa*) A sale of securities with an attendant agreement to repurchase them at a higher price on an agreed-upon future date; the difference between the sale price and the repurchase price represents the interest earned by the investor. Repos are considered money-market instruments, and are used to raise short-term capital and as instruments of monetary policy. *Syn.* repo. *See also* reverse repurchase agreement.

reserve maintenance fund (*fondo de mantenimiento de reservas*) The account that holds funds that supplement the general maintenance fund of a municipal revenue bond issue. *See also* flow of funds.

reserve requirement (*reserva legal*) (*reserva obligatoria*) The percentage of depositors' money that the Federal Reserve Board requires a commercial bank to keep on deposit in the form of cash or in its vault. *Syn.* reserves.

reserves (*reserva legal*) (*reserva obligatoria*) *See* reserve requirement.

residual claim (*derecho de reclamación residual*) The right of a common stockholder to corporate assets in the event that the corporation ceases to exist. A common stockholder may claim assets only after the claims of all creditors and other security holders have been satisfied.

resistance level (*nivel de resistencia*) (*resistencia*) A technical analysis term describing the top of a stock's historical trading range. *See also* breakout; support level.

restricted account (*cuenta restringida*) A margin account in which the equity is less than the Regulation T initial requirement. *See also* equity; initial margin requirement; margin account; retention requirement.

restricted security (*valor restringido*) (*título restringido*) (*título valor restringido*) An unregistered, nonexempt security acquired either directly or indirectly from the issuer, or an affiliate of the issuer, in a transaction that does not involve a public offering. *See also* holding period; Rule 144.

Retail Automatic Execution System (RAES) (*Sistema de Ejecución Automática al Menudeo*) The system the Chicago Board Options Exchange uses to execute option market and executable limit orders of ten or fewer contracts received from the exchange's own Order Routing System. Orders sent through RAES are filled instantaneously at the prevailing market quote and are confirmed almost immediately to the originating firm. *See also* Chicago Board Options Exchange; Order Routing System.

retail transaction (*operación al menudeo*) (*transacción al menudeo*) A trade in which an individual investor buys a security from or through a broker-dealer, or sells a security to or through a broker-dealer. *See also* wholesale transaction.

retained earnings (*utilidades retenidas*) (*utilidades no distribuidas*) (*utilidades*

reinvertidas) The amount of a corporation's net income that remains after all dividends have been paid to preferred and common stockholders. *Syn.* earned surplus; reinvested earnings.

retained earnings ratio (*relación de utilidades retenidas*) (*coeficiente de utilidades retenidas*) (*razón de utilidades retenidas*) A measure of a corporation's policy of accumulating profits, calculated by dividing the net income available for common stockholders by the dividends paid on common stock. The ratio is the complement of the dividend payout ratio. *See also* dividend payout ratio.

retention (*retención*) The percentage of a new issue that an underwriter holds to sell directly to its own customers. The securities that it underwrites but does not retain are turned back to the syndicate to be sold by the selling group.

retention requirement (*requisito de retención*) The provision of Regulation T that applies to the withdrawal of securities from a restricted account. The customer must deposit an amount equal to the unpaid portion of the securities being withdrawn, in order to reduce the debit balance. The retention requirement is the reciprocal of the initial margin requirement. *See also* restricted account.

retirement account (*cuenta para el retiro*) A customer account established for the purpose of providing retirement funds.

retiring bonds (*retiro de bonos*) Ending an issuer's debt obligation by calling the outstanding bonds, by purchasing bonds in the open market, or by repaying bondholders the principal amount at maturity.

return on common equity (*rendimiento de capital ordinario*) (*rentabilidad de capital ordinario*) (*rendimiento de capital común*) (*rentabilidad de las acciones comunes*) A measure of a corporation's profitability, calculated by dividing aftertax income by common shareholders' equity.

return on equity (*rendimiento del capital*) (*rentabilidad del capital*) A measure of a corporation's profitability, specifically its return on assets, calculated by dividing aftertax income by tangible assets.

return on investment (ROI) (*rendimiento de la inversión*) (*rentabilidad de*

la inversión) (*rendimiento del capital invertido*) The profit or loss resulting from a security transaction, often expressed as an annual percentage rate.

return on sales (*margen de utilidad*) (*margen de utilidad neta*) *See* net profit ratio.

revaluation (*revaluación*) A change in the relative value of a country's currency owing to a decision by the country's government. *See also* devaluation.

revenue anticipation note (RAN) (*pagaré de anticipo de ingresos públicos*) A short-term municipal debt security issued in anticipation of revenue to be received.

revenue bond (*bono de ingresos [2]*) A municipal debt issue whose interest and principal are payable only from the specific earnings of an income-producing public project. *See also* double-barreled bond; general obligation bond; municipal bond; special revenue bond.

reverse crush spread (*posición mixta inversa de trituración*) A speculative futures position established with short soybean futures and long soybean oil and meal futures. *See also* crush spread; processing spread.

reverse repo (*reporto inverso*)
(*acuerdo de recompra inverso*)
(*pacto de recompra inverso*) (*pacto
de retroventa inverso*) *See* reverse
repurchase agreement.

reverse repurchase agreement
(*reporto inverso*) (*acuerdo de
recompra inverso*) (*pacto
de recompra inverso*) (*pacto de
retroventa inverso*) A purchase
of securities with an attendant
agreement to resell them at a
higher price on an agreed-
upon future date; the
difference between the
purchase price and the resale
price represents the interest
earned by the investor. The
purchaser initiates the deal.
Syn. reverse repo. *See also*
repurchase agreement.

reverse split (*división inversa de
acciones*) A reduction in the
number of a corporation's
shares outstanding that
increases the par value of its
stock or its earnings per
share. The market value of the
total number of shares
remains the same. *See also*
stock split.

reversionary working interest
(*participación directa
subordinada*) (*participación
subordinada*) (*participación
directa subordinada reversible*)
A sharing arrangement
whereby the general partner
of a direct participation

program bears none of
the program's costs and
does not share in revenues
until the limited partners
receive payment plus a
predetermined rate of return.
Syn. subordinated interest;
subordinated reversionary
working interest. *See also*
sharing arrangement.

right (*derecho*) (*derecho de
suscripción*) (*cédula de suscripción*)
A security representing a
stockholder's entitlement to
the first opportunity to
purchase new shares issued
by the corporation at a
predetermined price
(normally less than the
current market price) in
proportion to the number of
shares already owned. Rights
are issued only for a short
period of time, after which
they expire. *Syn.* subscription
right; subscription right
certificate. *See also* preemptive
right; rights offering.

right of accumulation (*derecho de
acumulación*) A benefit offered
by a mutual fund that allows
the investor to qualify for
reduced sales loads on
additional purchases
according to the total dollar
value of the fund account.

right of withdrawal (*derecho de
retractarse*) A provision of the
Investment Company Act of

469

1940 that allows an investor in a mutual fund contractual plan to terminate the plan within 45 days from the mailing date of the written notice detailing the sales charges that will apply over the plan's life. The investor is then entitled to a refund of all sales charges. *See also* free-look letter.

rights agent (*agente de derechos*) An agent of an issuing corporation who is responsible for maintaining current records of the names of the owners of rights certificates.

rights offering (*oferta de derechos*) An issue of new shares of stock accompanied by the opportunity for each stockholder to maintain a proportionate ownership by purchasing additional shares in the corporation before the shares are offered to the public. *See also* right; standby underwriter.

right to refund (*derecho de reembolso*) A benefit of a mutual fund front-end load plan that entitles an investor who cancels the plan within 18 months to receive the current value of the investment and a refund of sales charges in excess of 15%.

risk arbitrage (*arbitraje de riesgo*) The purchase of stock in a company that is being acquired and the short sale of stock in the acquiring company, in order to profit from the anticipated increase in the acquired corporation's shares and decrease in the acquiring corporation's shares.

riskless and simultaneous transaction (*operación simultánea segura*) (*transacción simultánea segura*) The buying or selling by a broker-dealer of a security for its own account so as to fill an order previously received from a customer. Although the firm is technically acting as a principal in the trade, the transaction is relatively riskless because the purchase and sale are consummated almost simultaneously. *Syn.* riskless transaction.

riskless transaction (*operación simultánea segura*) (*transacción simultánea segura*) *See* riskless and simultaneous transaction.

ROFP (*ROFP*) *See* Rules of Fair Practice.

ROI (*ROI*) *See* return on investment.

rolling forward (*arbitraje de cartera*) *See* switching.

rollover (*refinanciamiento continuo*) (*renovación*) The transfer of funds from one qualified retirement plan to another qualified retirement plan; if this is not done within a specified time period, the funds are taxed as ordinary income.

ROP (*ROP*) *See* registered options principal.

round lot (*lote normal*) (*lote completo*) The normal unit of trading of a security, which is generally 100 shares of stock or five bonds. *See also* odd lot.

royalty interest (*participación de regalías*) The right of a mineral rights owner to receive a share in the revenues generated by the resource if and when production begins. The royalty interest retained is free from costs of production.

RR (*RR*) *See* registered representative.

ᴿ A message on the Consolidated Tape indicating a right.

Rule 144 (*Regla 144*) SEC rule requiring that persons who hold control or restricted securities may sell them only in limited quantities, and that all sales of restricted stock by control persons must be reported to the SEC by filing a Form 144, "Notice of Proposed Sale of Securities." *See also* control security; restricted security.

Rule 145 (*Regla 145*) SEC rule requiring that, whenever the stockholders of a publicly owned corporation are solicited to vote on or consent to a plan for reorganizing the corporation, full disclosure of all material facts must be made in a proxy statement or prospectus that must be in the hands of the stockholders before the announced voting date. *See also* merger; reclassification; transfer of assets.

Rule 147 (*Regla 147*) SEC rule that provides exemption from the registration statement and prospectus requirements of the 1933 act for securities offered and sold exclusively intrastate.

Rule 15c2-1 (*Regla 15c2-1*) SEC rule governing the safekeeping of securities in customer margin accounts. It prohibits broker-dealers from (1) using a customer's securities in excess of the customer's aggregate indebtedness as collateral to secure a loan without written permission from the customer, and (2) commingling a customer's securities without written permission from the customer. *See also* rehypothecation.

Rule 15c2-11 (*Regla 15c2-11*) SEC rule governing the activities of market makers so as to ensure that investors receive enough information about a security's issuer to enable them to make a sound investment decision. The rule directs market makers to provide a prospectus unless financial reports of the issuer are available to the public.

Rule 15c3-1 (*Regla 15c3-1*) SEC rule governing the net capital requirements of broker-dealers. The requirements vary for different types of broker-dealers and for different amounts of aggregate indebtedness. The rules define net capital and cover how to compute it, minimum dollar requirements, and maximum debt-to-equity ratios. *See also* aggregate indebtedness; net capital.

Rule 15c3-2 (*Regla 15c3-2*) SEC rule requiring broker-dealers to inform customers of their free credit balances at least quarterly.

Rule 15c3-3 (*Regla 15c3-3*) (*regla de protección al cliente*) SEC Rule governing the location, segregation and handling of customer funds and securities. It requires broker-dealers to segregate all customer fully paid and excess margin securities in a special reserve bank account for the exclusive benefit of customers. *Syn.* customer protection rule.

Rule 17a-3 (*Regla 17a-3*) SEC rule governing the maintaining of records by a broker-dealer and the posting of reports and transactions to those records.

Rule 17a-4 (*Regla 17a-4*) SEC rule governing the retention and storage by a broker-dealer of records and reports.

Rule 17a-5 (*Regla 17a-5*) SEC rule governing the filing by a broker-dealer of certain FOCUS reports. *See also* Financial and Operational Combined Uniform Single Report.

Rule 17a-11 (*Regla 17a-11*) SEC rule governing violations of the net capital rule and setting out early warning rules. *See also* net capital.

Rule 17f-2 (*Regla 17f-2*) SEC rule requiring the fingerprinting of all associated persons and others who handle cash or securities, and the keeping of such fingerprint records.

Rule 405 (*Regla 405*) (*regla de "conozca a su cliente"*) NYSE rule requiring that each member organization exercises due diligence to learn the essential facts about every customer. *Syn.* know your customer rule.

Rule 406 (*Regla 406*) NYSE rule stating that no member organization may carry an account designated by a number or symbol unless the customer has signed a written statement attesting to ownership of the account and the statement is on file with the member organization.

Rule 407 (*Regla 407*) NYSE rule stating that employees of the NYSE, or of any of its members and certain nonmember organizations, must have written permission from their employers before opening either cash or margin accounts, but that employees of banks, trust companies and insurance companies need permission from their employers only when opening margin accounts.

Rule 409 (*Regla 409*) NYSE rule requiring that, before a customer's mail can be held, written instructions must be received from the customer, together with the written approval of a member or an allied member.

Rule 415 (*Regla 415*) SEC rule governing shelf offerings. The rule allows an issuer to sell limited portions of a new issue over a two-year period. *See also* shelf offering.

Rule 427 (*Regla 427*) SEC rule requiring that a prospectus in use after nine months be updated to provide current financial information. Financial statements in a prospectus must be dated no earlier than 16 months prior to use.

Rule 504 (*Regla 504*) SEC rule providing that an offering of less than $1,000,000 during any twelve-month period may be exempt from full registration. The rule does not restrict the number of accredited or nonaccredited purchasers.

Rule 505 (*Regla 505*) SEC rule providing that an offering of $1,000,000 to $5,000,000 during any twelve-month period may be exempt from full registration. The rule restricts the number of nonaccredited purchasers to 35 but does not restrict the number of accredited purchasers.

Rule 506 (*Regla 506*) SEC rule providing that an offering of more than $5,000,000 during any twelve-month period may be exempt from full registration. The rule restricts the number of nonaccredited purchasers to 35 but does not restrict the number of accredited purchasers.

Rule G-1 (*Regla G-1*) MSRB rule that classifies as municipal securities dealers any separately identifiable departments of banks that engage in activities related to the municipal securities business. *See also* separately identifiable department or division.

Rule G-2 (*Regla G-2*) MSRB rule that sets professional qualification standards.

Rule G-3 (*Regla G-3*) MSRB rule governing the classification of municipal securities principals and representatives.

Rule G-4 (*Regla G-4*) MSRB rule that statutorily disqualifies members who have violated securities laws or regulations.

Rule G-5 (*Regla G-5*) MSRB rule governing disciplinary actions by regulatory agencies, including the SEC and other SROs.

Rule G-6 (*Regla G-6*) MSRB rule governing the fidelity bond requirements for member broker-dealers.

Rule G-7 (*Regla G-7*) MSRB rule governing the documentation that must be kept on each associated person.

Rule G-8 (*Regla G-8*) MSRB rule outlining the requirements for maintaining books and records.

Rule G-9 (*Regla G-9*) MSRB rule governing the preservation of books and records.

Rule G-10 (*Regla G-10*) MSRB rule requiring that an investor brochure be delivered in response to a customer complaint.

Rule G-11 (*Regla G-11*) MSRB rule governing the priority given to orders received for new issue municipal securities.

Rule G-12 (*Regla G-12*) MSRB rule governing the uniform practices for settling transactions between municipal securities firms.

Rule G-13 (*Regla G-13*) MSRB rule requiring broker-dealers to publish only bona fide quotations for municipal securities unless the quotations are identified as informational.

Rule G-14 (*Regla G-14*) MSRB rule prohibiting fictitious, deceptive or manipulative reports of municipal securities sales and purchases.

Rule G-15 (*Regla G-15*) MSRB rule governing the confirmation, clearance and settlement of customer municipal securities transactions.

Rule G-16 (*Regla G-16*) MSRB rule requiring inspections to be conducted every 24 months, to verify compliance.

Rule G-17 (*Regla G-17*) MSRB rule that sets ethical standards for conducting municipal securities business.

Rule G-18 (*Regla G-18*) MSRB rule requiring firms to make an effort to obtain the best price when executing municipal securities transactions for customers.

Rule G-19 (*Regla G-19*) MSRB rule governing discretionary accounts and the suitability of municipal securities recommendations and transactions.

Rule G-20 (*Regla G-20*) MSRB rule that sets a limit on the value of gifts and gratuities given by municipal securities firms.

Rule G-21 (*Regla G-21*) MSRB rule governing the advertising of municipal securities.

Rule G-22 (*Regla G-22*) MSRB rule requiring disclosures to customers of control relationships between municipal firms and issuers.

Rule G-23 (*Regla G-23*) MSRB rule that seeks to minimize conflicts of interest arising out of the activities of financial advisers that also act as municipal underwriters to the same issuer.

Rule G-24 (*Regla G-24*) MSRB rule prohibiting the misuse of confidential information about customers obtained by municipal securities firms acting in fiduciary capacities.

Rule G-25 (*Regla G-25*) MSRB rule prohibiting the improper use of assets by municipal securities firms and their representatives.

Rule G-26 (*Regla G-26*) MSRB rule governing municipal customer account transfers.

Rule G-27 (*Regla G-27*) MSRB rule requiring each municipal securities firm to designate a principal to supervise its municipal securities representatives.

Rule G-28 (*Regla G-28*) MSRB rule governing employee accounts held at other municipal securities firms.

Rule G-29 (*Regla G-29*) MSRB rule governing the availability of MSRB regulations.

Rule G-30 (*Regla G-30*) MSRB rule requiring prices and commissions charged by municipal securities firms to be fair and reasonable.

Rule G-31 (*Regla G-31*) MSRB rule prohibiting a municipal securities professional from soliciting business from an investment company portfolio in return for sales of that fund to its customers.

Rule G-32 (*Regla G-32*) MSRB rule requiring that customers receive a copy of the preliminary or final official statement when purchasing a new municipal issue.

Rule G-33 (*Regla G-33*) MSRB rule governing the calculation of accrued interest on municipal bonds using a 360-day year.

Rule G-34 (*Regla G-34*) MSRB rule requiring a managing underwriter to apply for a CUSIP number for a new municipal issue.

Rule G-35 (*Regla G-35*) MSRB rule governing the rules for arbitration to settle disputes between parties engaged in the municipal securities business.

Rule G-36 (*Regla G-36*) MSRB rule requiring the underwriter of a new municipal issue to file the final official statement with the MSRB.

Rule G-37 (*Regla G-37*) MSRB rule prohibiting municipal securities dealers from underwriting securities issued under the authority of a public official to whom an associated person of the dealer has contributed money.

Rule G-38 (*Regla G-38*) MSRB rule requiring municipal securities firms to disclose relationships with consultants hired to obtain business from municipal issuers.

Rules of Fair Practice (ROFP) (*Reglas de Prácticas Leales*) NASD rules that outline ethical trade practices to be followed by member firms in their dealings with the public.

S

S&P (*S&P*) *See* Standard & Poor's Corporation.

S&P 100 (*S&P 100*) *See* Standard & Poor's 100 Stock Index.

S&P 500 (*S&P 500*) *See* Standard & Poor's Composite Index of 500 Stocks.

sale (*vender*) *See* sell.

sale-leaseback (*venta y arrendamiento de una propiedad*) A method of raising cash by selling property to a buyer and then leasing it back from the buyer.

sales charge (*comisión*) (*cargo por venta*) *See* commission.

sales literature (*propaganda*) Any written material distributed to customers or the public by a firm in a controlled manner. Examples include circulars, research reports, form letters, market letters, performance reports and text used for seminars. *See also* advertisement; form letter; market letter.

sales load (*cargo por venta*) The amount added to the net asset value of a mutual fund share to arrive at the offering price.

See also mutual fund; net asset value; no-load fund.

Sallie Mae (*Sallie Mae*) *See* Student Loan Marketing Association.

satellite office (*oficina satélite*) A member location not identified as an office of supervisory jurisdiction or a branch office, or held out to the public as a place of business for the member. *See also* branch office; office of supervisory jurisdiction.

savings bond (*bono de ahorro*) A government debt security that is not negotiable or transferable and that may not be used as collateral. *See also* Series EE bond; Series HH bond.

scale (*escala*) A list of each of the scheduled maturities in a new serial bond issue. The list outlines the number of bonds, maturity dates, coupon rates and yields. *See also* writing a scale.

scalper (*revendedor*) A commodities trader who buys and sells many commodities contracts during a single day in the anticipation of profiting from small price fluctuations. Scalpers rarely carry positions from one day to the next, and their buying and selling activity contributes greatly to the liquidity of the commodities markets. *See also* day trader; position trader; spreader.

scheduled premium policy (*póliza de pagos de prima preestablecidos*) A variable life insurance policy under which both the amount and the timing of the premium payments are fixed by the insurer.

Schedule 13D (*Formulario 13D*) The form that must be filed by an individual (or individuals acting in concert) after acquiring beneficial ownership of 5% or more of any nonexempt equity security. It must be sent within ten business days to the issuing company, the exchange where the stock is trading and the SEC.

Schedule 13E-3 (*Formulario 13E-3*) The form that must be filed by a public company when it engages in a strategy to take the company private; such a strategy includes a merger, tender offer, reverse stock split or transaction that would decrease the number of stockholders to fewer than 300. The results of such a transaction must be reported no later than ten days after the transaction.

Schedule 13E-4 (*Formulario 13E-4*) The form that must be filed by a public company when it makes a tender offers for its own securities. Reporting must occur no later than ten days after termination of the tender. *Syn.* issuer tender offer statement.

Schedule 13G (*Formulario 13G*) An abbreviated Schedule 13D used principally by a broker-dealer, bank or insurance company if it acquires a 5% position in the normal course of business and not for the purpose of changing or influencing control of the company. The schedule must be filed 45 days after the first calendar year end when the firm becomes subject to the requirement.

Schedule E (*Formulario E*) An NASD bylaw that sets out the procedures that apply when a broker-dealer acts as its own underwriter, or as an underwriter for an affiliate; the procedures protect against conflicts of interest.

SCOREX (*SCOREX*) *See* Securities Communication, Order Routing and Execution System.

SEC (*SEC*) *See* Securities and Exchange Commission.

secondary distribution (*distribución secundaria*) (*redistribución*) (*distribución secundaria registrada*) (1) A distribution, with a prospectus, that involves securities owned by major stockholders (typically founders or principal owners of a corporation). The sale proceeds go to the sellers of the stock, not to the issuer. *Syn.* registered secondary distribution. *See also* spot secondary distribution. (2) A procedure for trading very large blocks of shares of stock whereby the trade is executed off the floor of an exchange after the market closes.

secondary market (*mercado secundario*) (*segundo mercado*) The market in which securities are bought and sold subsequent to their being sold to the public for the first time. *See also* new issue market.

secondary offering (*oferta secundaria*) (*colocación en lotes*) (*reclasificación de títulos*) A sale of securities in which one or more major stockholders in a company sell all or a large portion of their holdings; the underwriting proceeds are paid to the stockholders rather than to the corporation. Typically such an offering occurs when the founder of a business (and perhaps some of the original financial backers) determine that there is more to be gained by going public than by staying private. The offering does not increase the number of shares of stock outstanding. *See also* secondary distribution.

sector fund (*fondo sectorial*) (*fondo especializado*) A mutual fund whose investment objective is to capitalize on the return potential provided by investing primarily in a particular industry or sector of the economy. *Syn.* industry fund; specialized fund.

secured bond (*bono con garantía [2]*) A debt security backed by identifiable assets set aside as collateral. In the event that the issuer defaults on payment, the bondholders may lay claim to the collateral. *See also* debenture.

Securities Act of 1933 (*Ley de Valores de 1933*) Federal legislation requiring the full and fair disclosure of all material information about the issuance of new securities. *Syn.* act of 1933; Full Disclosure Act; New Issues Act; Prospectus Act; Trust in Securities Act; Truth in Securities Act.

Securities Acts Amendments of 1975 (*Reformas de 1975 a las Leyes de Valores*) Federal legislation that established the Municipal Securities Rulemaking Board. *See also* Municipal Securities Rulemaking Board.

Securities and Exchange Commission (SEC) (*Comisión de Valores y Bolsas*) Commission created by Congress to regulate the securities markets and protect investors. It is composed of five commissioners appointed by the president of the United States and approved by the Senate. The SEC enforces, among other acts, the Securities Act of 1933, the Securities Exchange Act of 1934, the Trust Indenture Act of 1939, the Investment Company Act of 1940 and the Investment Advisers Act of 1940.

Securities Communication, Order Routing and Execution System (SCOREX) (*Sistema de Comunicación Bursátil, Encaminamiento y Ejecución de Órdenes*) The computerized system the Pacific Stock Exchange uses to route and execute orders automatically. SCOREX serves to link the PSE to the national and regional stock exchanges; a quote on SCOREX is based on quotes from each exchange trading that particular stock or option. *See* Pacific Stock Exchange.

Securities Exchange Act of 1934 (*Ley de Bolsas de Valores de 1934*) (*Ley de 1934*) (*Ley de Bolsas*) Federal legislation that established the Securities and Exchange Commission. The act aims to protect investors by regulating the exchanges, over-the-counter market, extension of credit by the Federal Reserve Board, broker-dealers, insider transactions, trading activities, client accounts and net capital. *Syn.* act of 1934; Exchange Act.

Securities Industry Association (SIA) (*Asociación del Sector de Valores*) A nonprofit organization that represents the collective business interests of securities firms. The association's activities include government relations, industry research and educational and informational services for its members.

Securities Information Center (SIC) (*Centro de Información sobre Valores*) The organization designated by the SEC to act as a central data bank for records of lost and stolen securities.

securities information processor (*procesador de información sobre valores*) (*procesador de información sobre títulos*) (*procesador de información sobre títulos valor*) One who is in the business of providing information about securities transactions or quotations on a current and continuing basis. The information may be published on paper or disseminated through a computer network or other communications system.

Securities Investor Protection Corporation (SIPC) A nonprofit membership corporation created by an act of Congress to protect clients of brokerage firms that are forced into bankruptcy. Membership is composed of all brokers and dealers registered under the Securities Exchange Act of 1934, all members of national securities exchanges and most NASD members. SIPC provides customers of these firms up to $500,000 coverage for cash and securities held by the firms (although coverage of cash is limited to $100,000).

securities record (*registro de acciones*) (*registro de valores*) (*registro de títulos*) (*registro de títulos valor*) *See* stock record.

security (*valor*) (*título*) (*título valor*) Any piece of securitized paper that can be traded for value other than an insurance policy or a fixed annuity. Under the act of 1934, this includes any note, stock, bond, investment contract, debenture, certificate of interest in profit-sharing or partnership agreement, certificate of deposit, collateral trust certificate, preorganization certificate, option on a security, or other instrument of investment commonly known as a security.

Also categorized as securities are interests in oil and gas drilling programs, real estate condominiums and cooperatives, farmland or animals, commodity option contracts, whiskey warehouse receipts, multilevel distributorship arrangements, and merchandising marketing programs.

The federal courts have established that, if a person invests money in a common enterprise and is led to expect profits from the managerial efforts of the promoter or a third party, the investment is a security.

security arbitrage (*arbitraje bursátil*) The simultaneous

481

purchase and sale of related or convertible securities to take advantage of a price disparity between the two securities. *See also* arbitrage.

security cage (*departamento de cajas*) (*caja de valores*) *See* cashiering department.

segregation (*segregación*) Holding customer-owned securities separate from securities owned by other customers and securities owned by the brokerage firm. *See also* commingling.

selection risk (*riesgo de selección*) The potential for loss on an investment owing to the particular security chosen performing poorly in spite of good overall market or industry performance.

self-regulatory organization (SRO) (*organización autorreguladora*) One of eight organizations accountable to the SEC for the enforcement of federal securities laws and the supervision of securities practices within an assigned field of jurisdiction. For example, the National Association of Securities Dealers regulates the over-the-counter market, the Municipal Securities Rulemaking Board supervises state and municipal securities and certain exchanges, such as the New York Stock Exchange and the Chicago Board Options Exchange, act as self-regulatory bodies to promote ethical conduct and standard trading practices.

sell (*vender*) To convey ownership of a security or other asset for money or value. This includes giving or delivering a security with or as a bonus for a purchase of securities, a gift of assessable stock, and selling or offering a warrant or right to purchase or subscribe to another security. Not included in the definition is a bona fide pledge or loan, or a stock dividend if nothing of value is given by the stockholders for the dividend. *Syn.* sale.

seller (*vendedor de opciones*) *See* writer.

seller's option (*opción del vendedor*) A settlement contract that calls for delivery and payment according to a number of days specified by the seller. *See also* buyer's option.

selling a hedge (*venta de cobertura*) (*venta de resguardo*) Selling futures options as protection against a future decrease in commodities prices. *See also* buying a hedge; hedge; long hedge; short hedge.

selling away (*venta subrepticia*) An associated person engaging in private securities transactions without the knowledge and consent of the employing broker-dealer. This violates the NASD Rules of Fair Practice.

selling concession (*concesión [1]*) (*reasignación*) *See* concession.

selling dividends (*venta de dividendos*) (1) Inducing customers to buy mutual fund shares by implying that an upcoming distribution will benefit them; this practice is illegal. (2) Combining dividend and gains distributions in the calculation of current yield.

selling group (*grupo vendedor*) Brokerage firms that help distribute securities in an offering but that are not members of the syndicate.

sell-out (*cierre forzoso de venta*) The procedure that the seller of a security follows when the buyer fails to complete the contract by accepting delivery of the security. The seller closes the contract by selling the security in the open market and charging the account of the buyer for transaction fees and any loss caused by changes in the market. *See also* buy-in.

sell stop order (*orden de venta condicionada a un precio límite*) An order to sell a security that is entered at a price below the current market price and that is triggered when the market price touches or goes through the sell stop price.

senior lien debt (*deuda con garantía prioritaria*) (*deuda con garantía privilegiada*) A bond issue that shares the same collateral as is backing other issues but that has a prior claim to the collateral in the event of default.

senior registered options principal (SROP) (*principal registrado supervisor de opciones*) The principal responsible for developing and enforcing a program for supervising customer options accounts. The SROP must review accounts for compliance with suitability rules and must approve all customer correspondence. *See also* Series 4.

senior security (*valor prioritario*) (*valor privilegiado*) (*título prioritario*) (*título privilegiado*) (*título valor prioritario*) (*título valor privilegiado*) A security that grants its holder a prior claim to the issuer's assets over the claims of another security's holders. For example, a bond is a senior security over common stock.

SEP (*SEP*) *See* simplified employee pension plan.

separate account (*cuenta separada*) The account that holds funds paid by variable annuity contract holders. The funds are kept separate from the insurer's general account, and are invested in a portfolio of securities that matches the contract holders' objectives. *See also* accumulation unit; annuity; general account.

separately identifiable department or division (*departamento o división identificable por separado*) A department of a bank that engages in the business of buying or selling municipal securities under the direct supervision of an officer of the bank. Such a department is classified by the Municipal Securities Rulemaking Board as a municipal securities dealer, and must comply with MSRB regulations. *See also* Rule G-1.

Separate Trading of Registered Interest and Principal of Securities (STRIPS) (*negociación de valores con separación del interés y el capital registrados*) A zero-coupon bond issued and backed by the Treasury Department. *See also* zero-coupon bond.

SEP-IRA (*SEP-IRA*) *See* simplified employee pension plan.

serial bond (*bono con vencimientos en serie*) A debt security issued with a maturity schedule in which parts of the outstanding issue mature at intervals until the entire balance has been repaid. Most municipal bonds are serial bonds. *See also* maturity date; series bond.

series (*serie*) Options of the same class that have the same exercise price and the same expiration date. *See also* class; type.

Series 3 (*Serie 3*) The National Commodity Futures Exam. Passing this exam serves to meet the requirements for the National Futures Association to issue the license that is needed to do futures business with the public. *See also* National Futures Association.

Series 4 (*Serie 4*) The Registered Options Principal License, which qualifies the holder to supervise the sale and trading of options. A Series 7 or a Series 62 qualification is a prerequisite for this license. Every NASD member firm engaged in trading options must employ at least one registered options principal. *See also* compliance registered options principal; registered options principal;

senior registered options principal.

Series 6 (*Serie 6*) The Investment Company/Variable Contract Products Limited Representative License, which entitles the holder to sell mutual funds and variable annuities and is used by many firms that sell primarily insurance-related products. The Series 6 can serve as the prerequisite for the Series 26 license.

Series 7 (*Serie 7*) The General Securities Registered Representative License, which entitles the holder to sell all types of securities products with the exception of commodities futures (which requires a Series 3 license). The Series 7 is the most comprehensive of the NASD representative licenses, and serves as a prerequisite for most of the NASD's principals examinations.

Series 8 (*Serie 8*) The General Securities Sales Supervisor Limited Principal License, which entitles the holder to supervise the sale of all types of securities products except commodities.

Series 11 (*Serie 11*) The Assistant Representative–Order Processing License, which entitles the holder to accept unsolicited orders, enter order tickets, update client information, fill out client new account forms and provide to customers quotes and other pro forma information relating to securities. The license does not permit the holder to determine suitability, recommend transactions or provide advice to customers. An assistant representative–order processing may be compensated on a salary or hourly-wage basis only.

Series 17 (*Serie 17*) The Limited Registered Rep—UK License, which entitles a rep registered in the United Kingdom to sell securities in the United States; it does not qualify the rep to sell municipal securities. The shortened exam module tests only that material from the General Securities Registered Rep exam not covered by the rep's native licensing exam. *See also* foreign limited representative.

Series 22 (*Serie 22*) The Direct Participation Programs Limited Representative License, which entitles the holder to sell oil and gas, real estate, motion picture and other types of limited partnerships, and is used by many firms selling tax-advantaged limited partnership products. The Series 22 license can serve as the prerequisite for the Series 39 license.

Series 24 (*Serie 24*) The General Securities Principal License, which entitles the holder to supervise the business of a broker-dealer. A Series 7 or a Series 62 qualification is a prerequisite for this license.

Series 26 (*Serie 26*) The Investment Company / Variable Contract Products Limited Principal License, which entitles the holder to supervise the sale of investment company and variable annuity products. A Series 6 or a Series 7 qualification is a prerequisite for this license.

Series 27 (*Serie 27*) The Financial and Operations Limited Principal License, which entitles the holder to supervise the financial administration of a brokerage firm.

Series 28 (*Serie 28*) The Introducing Broker-Dealer Financial and Operations Limited Principal License, which entitles the holder to supervise the financial administration of a brokerage firm that is categorized as an introducing broker-dealer.

Series 37 (*Serie 37*) One of two Limited Registered Rep—Canada Licenses, which entitles a rep registered in Canada to sell securities in the United States; it does not qualify the rep to sell municipal securities. Designed for the Canadian rep who also holds Canada's license to sell options, the shortened exam module tests only that material from the General Securities Registered Rep exam not covered by the rep's native licensing exam. *See also* foreign limited representative.

Series 38 (*Serie 38*) One of two Limited Registered Rep—Canada Licenses, which entitles a rep registered in Canada to sell securities in the United States; it does not qualify the rep to sell municipal securities. Designed for the Canadian rep who wishes to sell options, the shortened exam module tests only that material from the General Securities Registered Rep exam not covered by the rep's native licensing exam. *See also* foreign limited representative.

Series 39 (*Serie 39*) The Direct Participation Programs Limited Principal License, which entitles the holder to supervise the business of a brokerage firm as it relates to direct participation programs and limited partnerships. A Series 7 or a Series 22 qualification is a prerequisite for this license.

Series 42 (*Serie 42*) The Registered Options Representative License, which entitles the holder to sell put and call option contracts only. The Series 62 qualification is a prerequisite for this license.

Series 47 (*Serie 47*) The Limited Registered Rep—Japan License, which entitles a rep registered in Japan to sell securities in the United States; it does not qualify the rep to sell municipal securities. The shortened exam module tests only that material from the General Securities Registered Rep exam not covered by the rep's native licensing exam. *See also* foreign limited representative.

Series 52 (*Serie 52*) The Municipal Securities Representative License, which entitles the holder to sell municipal and government securities and is used by many firms that sell primarily municipal debt products. The Series 52 license can serve as the prerequisite for the Series 53 license.

Series 53 (*Serie 53*) The Municipal Securities Principal License, which entitles the holder to supervise the municipal and government securities business of a brokerage firm. A Series 7 or a Series 52 qualification is a prerequisite for this license.

Series 62 (*Serie 62*) The Corporate Securities Limited Representative License, which entitles the holder to sell all types of corporate securities but not municipal securities, options, direct participation programs or certain other products. The Series 62 license can serve as the prerequisite for the Series 4 and the Series 24 licenses.

Series 63 (*Serie 63*) The Uniform Securities Agent State Law Exam, which entitles the successful candidate to sell securities and give investment advice in those states that require Series 63 registration. *See also* blue-sky laws; Uniform Securities Act.

Series 65 (*Serie 65*) The Uniform Investment Adviser Law Exam, which entitles the successful candidate to sell securities and give investment advice in those states that require Series 65 registration. *See also* blue-sky laws; Uniform Securities Act.

Series 66 (*Serie 66*) The Uniform Combined State Law Exam, which entitles the holder to act both as an agent and as an investment adviser in those states requiring registration. In many states, the Series 66 is accepted in place of the Series 63 and the Series 65. *See also* blue-sky laws; Uniform Securities Act.

series bond (*bono en serie*) A debt security issued in a series of public offerings spread over an extended time period. All the bonds in the series have the same priority claim against assets. *See also* serial bond.

Series EE bond (*bono Serie EE*) A nonmarketable, interest-bearing U.S. government savings bond issued at a discount from par. Interest on Series EE bonds is exempt from state and local taxes. *See also* savings bond; Series HH bond.

Series HH bond (*bono Serie HH*) A nonmarketable, interest-bearing U.S. government savings bond issued at par and purchased only by trading in Series EE bonds at maturity. Interest on Series HH bonds is exempt from state and local taxes. *See also* savings bond; Series EE bond.

settlement (*liquidación*) The completion of a trade through the delivery of a security or commodity and the payment of cash or other consideration.

settlement date (*fecha de liquidación*) The date on which ownership changes between buyer and seller. Settlement provisions are standardized by the NASD's Uniform Practice Code. *See also* cash transaction; regular way.

75-5-10 test (*prueba del 75-5-10*) The standard for judging whether an investment company qualifies as diversified under the Investment Company Act of 1940. Under this act, a diversified investment company must have at least 75% of its total assets in cash, receivables or invested securities, no more than 5% of its total assets invested in the voting securities of any one company, and no single investment representing ownership of more than 10% of the outstanding voting securities of any one company. *See also* diversified investment company.

shareholders' equity (*capital contable*) (*interés del propietario*) (*patrimonio*) (*patrimonio neto*) (*activo neto*) *See* net worth.

share identification (*identificación de acciones*) An accounting method that identifies the specific shares selected for liquidation in the event that an investor wishes to liquidate shares. The difference between the buying and selling price determines the investor's tax liability. *See also* average basis; first in, first out; last in, first out.

share of beneficial interest (*unidad de interés patrimonial*) *See* unit of beneficial interest.

sharing arrangement (*arreglo de participación*) A method of allocating the responsibility for expenses and the right to share in revenues among the sponsor and limited partners in a direct participation program. *See also* carried interest; disproportionate sharing; functional allocation; net operating profits interest; overriding royalty interest; reversionary working interest.

shelf offering (*oferta en reserva*) An SEC provision allowing an issuer to register a new issue security without selling the entire issue at once. The issuer can sell limited portions of the issuer over a two-year period without reregistering the security or incurring penalties. *See also* Rule 415.

short (*posición corta*) (*posición a corto*) The term used to describe the selling of a

security, contract or commodity not owned by the seller. For example, an investor who borrows shares of stock from a broker-dealer and sells them on the open market is said to have a short position in the stock. *See also* long; short against the box.

short against the box (*posición a corto contra el cajón*) The term used to describe the selling of a security, contract or commodity that the seller owns but prefers not to deliver; frequently this is done to defer taxation.

short-exempt transaction (*operación a corto exenta*) An exception to the SEC plus tick rule that allows a short sale in an arbitrage account even if the price is declining. *See also* plus tick rule.

short hedge (*cobertura a corto*) (*a corto*) Selling options or futures as protection against a decrease in the value of a long securities or actuals position. *See also* buying a hedge; hedge; long hedge; selling a hedge.

short-interest theory (*teoría del interés a corto*) A technical analysis theory that examines the ratio of short sales to volume in a stock. Because the underlying stock must be purchased to close out the short positions, a high ratio is considered bullish.

short sale (*venta en corto*) (*venta corta*) The sale of a security that the seller does not own, or any sale consummated by the delivery of a security borrowed by or for the account of the seller. *See also* plus tick rule.

short securities difference (*diferencia de valores a corto*) (*diferencia de títulos a corto*) (*diferencia de títulos valor a corto*) A shortfall between the number of shares reported in a broker-dealer's accounting records and the number of shares in a physical count of its securities. *See also* quarterly securities count; stock record break.

short straddle (*posición corta escalonada*) (*posición a corto escalonada*) An option investor's position that results from selling a call and a put on the same stock with the same exercise price and expiration month. *See also* long straddle; spread; straddle.

short-term capital gain (*ganancia de capital a corto plazo*) The profit realized on the sale of an asset that has been owned for twelve months or less. *See also* capital gain; capital loss;

long-term capital gain; short-term capital loss.

short-term capital loss (*pérdida de capital a corto plazo*) The loss incurred on the sale of a capital asset that has been owned for twelve months or less. *See also* capital gain; capital loss; long-term capital loss; short-term capital gain.

SIA (*SIA*) *See* Securities Industry Association.

SIC (*SIC*) *See* Securities Information Center.

simplified arbitration (*arbitraje simplificado*) An expedient method of settling disputes involving claims not exceeding $10,000, whereby a panel of arbitrators reviews the evidence and renders a decision. All awards are made within 30 business days. *See also* arbitration.

simplified employee pension plan (SEP) (*plan simplificado de pensiones para los trabajadores*) A qualified retirement plan designed for employers with 25 or fewer employees. Contributions are made with before-tax dollars and earnings grow tax deferred. The contributions are made to the employee's SEP-IRA, which is an individual retirement account with a higher contribution limit. A

SEP-IRA must be established for each employee eligible to participate in the SEP plan. *See also* individual retirement account.

single account (*cuenta individual*) An account in which only one individual has control over the investments and may transact business.

sinking fund (*fondo de amortización*) An account established by an issuing corporation or municipality into which money is deposited regularly so that the issuer has the funds to redeem its bonds, debentures or preferred stock.

SIPC (*SIPC*) *See* Securities Investor Protection Corporation.

SLD (*SLD*) A message on the Consolidated Tape indicating that the sale being reported was not reported on time and is therefore out of sequence.

SLMA (*SLMA*) *See* Student Loan Marketing Association.

SMA (*SMA*) *See* special memorandum account.

Small Order Execution System (SOES) (*Sistema de Ejecución de Órdenes Pequeñas*) The automatic order execution system the NASD uses to facilitate the trading of public market and executable limit orders of 1,000 or fewer shares. Any Nasdaq or Nasdaq National Market security with at least one active SOES market maker is eligible for trading through SOES. SOES electronically matches and executes orders, locks in a price and sends confirms directly to the broker-dealers on both sides of the trade. *See also* National Association of Securities Dealers, Inc.

SOES (*SOES*) *See* Small Order Execution System.

sole proprietorship (*propiedad individual*) (*propiedad de una sola persona*) (*negocio individual*) A form of business organization in which a single owner has total control over the business, makes all managerial decisions and is personally liable for all debts of the business. *Syn.* proprietorship.

solvency (*solvencia*) The ability of a corporation both to meet its long-term fixed expenses and to have adequate money for long-term expansion and growth.

SOYD (*SOYD*) *See* sum-of-the-years-digits.

special arbitrage account (*cuenta especial de arbitraje*) A margin account for arbitrage transactions. These transactions are exempt from Reg T and short sale requirements. *See also* arbitrage; market arbitrage; risk arbitrage; security arbitrage.

special assessment bond (*bono de contribución especial*) A municipal revenue bond funded by assessments only on property owners who benefit from the services or improvements provided by the proceeds of the bond issue. *See also* revenue bond.

special bid (*oferta especial*) (*postura de venta especial*) *See* special offering.

special cash account (*cuenta de caja*) (*cuenta en efectivo*) *See* cash account.

specialist (*especialista*) A stock exchange member who stands ready to quote and trade certain securities either for his own account or for customer accounts. The specialist's role is to maintain a fair and orderly market in the stocks for which he is responsible. *See also* specialist's book.

specialist block sale (*venta de especialista en bloque*) A block trading procedure for smaller blocks in which the specialist sells the block in a private transaction.

specialist block trade (*operación de especialista en bloque*) (*transacción de especialista en bloque*) (*negociación de especialista en bloque*) A transaction in which a specialist purchases or sells a relatively small block of shares for a customer in a private transaction.

specialist's book (*libro de especialista*) (*libro de ejecución de órdenes a un precio determinado*) A journal in which a specialist records the limit and stop orders that he holds for execution. The contents of the journal are confidential. *Syn.* limit order book. *See also* specialist.

specialized fund (*fondo sectorial*) (*fondo especializado*) *See* sector fund.

special memorandum account (SMA) (*cuenta de orden especial*) (*cuenta por memorándum especial*) (*cuenta miscelánea especial*) A notation on a customer's general or margin account indicating that funds are credited to the account on a memo basis; the account is used much like a line of credit with a bank. An SMA preserves the customer's right to use excess equity. *Syn.* special miscellaneous account.

special miscellaneous account (*cuenta de orden especial*) (*cuenta por memorándum especial*) (*cuenta miscelánea especial*) *See* special memorandum account.

special offering (*oferta especial*) (*postura de venta inicial*) A block trading procedure in which a large number of shares of stock is offered for sale after a prior announcement on the Consolidated Tape. *Syn.* special bid.

special omnibus account (*cuenta de intermediación con reserva de confidencialidad*) *See* omnibus account.

special reserve bank account (*cuenta bancaria de reserva especial*) A separate account maintained by a broker-dealer for the exclusive benefit of customers and for the required deposits of customer credit balances.

special revenue bond (*bono de ingresos especial*) A municipal revenue bond issued to finance a specific project. Examples include industrial development bonds, lease rental bonds, special tax bonds and New Housing Authority bonds. *See also* revenue bond.

special situation fund (*fondo para situaciones especiales*) A mutual fund whose objective is to capitalize on the profit potential of corporations in nonrecurring circumstances, such as undergoing reorganizations or being considered as takeover candidates.

special tax bond (*bono de impuesto especial*) A municipal revenue bond payable only from the proceeds of a tax on certain items, rather than an ad valorem tax. *See also* revenue bond.

speculation (*especulación*) Trading a commodity or security with a higher than average risk in return for a higher than average profit potential. The trade is effected solely for the purpose of profiting from it and not as a means of hedging or protecting other positions.

speculator (*especulador*) One who trades a commodity or security with a higher than average risk in return for a higher than average profit potential. *See also* speculation.

split offering (*oferta mixta*) A public offering of securities that combines aspects of both a primary and a secondary offering. A portion of the issue is a primary offering, the proceeds of which go to the issuing corporation; the remainder of the issue is a secondary offering, the proceeds of which go to the selling stockholders. *Syn.* combined distribution. *See also* primary offering; secondary offering.

sponsor (*patrocinador*) A person who is instrumental in organizing, selling, or managing a limited partnership.

spot commodity (*producto básico disponible*) (*producto básico de entrega inmediata*) (*producto primario disponible*) (*producto primario de entrega inmediata*) *See* actual.

spot market (*mercado al contado*) (*mercado de realización inmediata*) *See* cash market.

spot market trade (*operación de mercado de 48 horas*) (*operación de mercado de realización inmediata*) A foreign currency transaction between international banks that is settled and delivered within two business days.

spot price (*precio al contado*) (*precio de realización inmediata*) The actual price at which a particular commodity can be bought or sold at a specified time and place.

spot secondary distribution (*distribución secundaria al contado*) (*redistribución al contado*) (*distribución secundaria de realización inmediata*) (*redistribución de realización inmediata*) (*distribución secundaria no registrada*) A transaction in which a distribution of major stockholder shares is announced suddenly and is not registered. *Syn.* unregistered secondary distribution. *See also* secondary distribution.

spousal account (*cuenta de cónyuge*) A separate individual retirement account established for a nonworking spouse. Contributions to the account are made by the working spouse and grow tax-deferred until withdrawal. *See also* individual retirement account.

spread (1) (*diferencial de precio*) In a quotation, the difference between the bid and the ask prices of a security.

spread (2) (*posición mixta*) An options position established by purchasing one option and selling another option of the same class but of a different series.

spreader (*especulador bursátil*) A commodities trader who attempts to profit from a change in price differences between commodities, futures contracts or options contracts;

a commodities arbitrageur. *See also* day trader; position trader; scalper.

spread load (*cargo por venta decreciente*) A system of sales charges for a mutual fund contractual plan. It permits a decreasing scale of sales charges, with a maximum charge of 20% in any one year and of 9% over the life of the plan. Rights of withdrawal with no penalty exist for 45 days. *See also* contractual plan; front-end load.

spread order (*orden de posición mixta*) A customer order specifying two option contracts on the same underlying security or commodity and a price difference between them. A spread order takes priority over equal but separate bids and offers.

SRO (*SRO*) *See* self-regulatory organization.

SROP (*SROP*) *See* senior registered options principal.

S A symbol on the Consolidated
S Tape indicating that the stock in question sold in 10-share units.

stabilizing (*estabilización de precio*) Bidding at or below the public offering price of a new issue security. Underwriting managers may enter stabilizing bids during the offering period to prevent the price from dropping sharply. *See also* fixing.

stagflation (*estanflación*) A period of high unemployment in the economy accompanied by a general rise in prices. *See also* deflation; inflation.

Standard & Poor's Corporation (S&P) A company that rates stocks and corporate and municipal bonds according to risk profiles and that produces and tracks the S&P indexes. The company also publishes a variety of financial and investment reports. *See also* bond rating; Fitch Investors Service, Inc.; Moody's Investors Service; rating; Standard & Poor's 100 Stock Index; Standard & Poor's Composite Index of 500 Stocks.

Standard & Poor's 100 Stock Index (S&P 100) (*Índice de 100 Acciones de Standard & Poor's*) A value-weighted index composed of 100 blue chip stocks. The index is owned and compiled by Standard & Poor's Corporation. *See also* index; Standard & Poor's Corporation; Standard & Poor's Composite Index of 500 Stocks.

Standard & Poor's Composite 500 Stock Index (S&P 100)

(*Índice Compuesto de 500 Acciones de Standard & Poor's*) A value-weighted index that offers broad coverage of the securities market. It is composed of 400 industrial stocks, 40 financial stocks, 40 public utility stocks and 20 transportation stocks. The index is owned and compiled by Standard & Poor's Corporation. *See also* index; Standard & Poor's Corporation; Standard & Poor's 100 Index.

standardized contract (*contrato normalizado*) (*contrato estandarizado*) (*contrato uniforme*) A futures contract in which all the contract terms are set by the exchange except for price.

standardized option (*opción registrada*) (*opción bursátil*) (*opción cotizada en bolsa*) (*opción negociable en bolsa*) (*opción negociada en bolsa*) (*opción inscrita*) (*opción cotizable en bolsa*) (*opción estandarizada*) *See* listed option.

standard securities settlement cycle (*plazo normal de liquidación*) (*ciclo normal de liquidación de valores*) *See* regular way.

standby underwriter (*suscriptor contingente*) An investment banker that agrees to purchase any part of an issue that has not been purchased by current stockholders through a rights offering. The firm exercises the remaining rights, maintains a trading market in the rights, and offers the stock acquired to the public. *See also* rights offering.

stated value (*valor nominal*) (*valor par*) (*principal 3*) *See* par value.

stated yield (*rendimiento nominal*) (*rentabilidad nominal*) (*rendimiento declarado*) (*tasa de cupón*) (*rendimiento de cupón*) *See* nominal yield.

statement of claim (*escrito de pretensiones*) A document filed by the party submitting a dispute for resolution under the NASD's Code of Arbitration Procedure; the document specifies the relevant facts about the dispute and the remedies sought by the claimant.

statement of intention (*carta de intención*) (*declaración de intención*) *See* letter of intent.

statutory disqualification (*descalificación reglamentaria*) Prohibiting a person from associating with a self-regulatory organization because the person has been expelled, barred or suspended from association with a member of a self-regulatory organization; has had his registration suspended, denied or revoked by the SEC; has been the cause of someone else's suspension, barment or revocation; has been convicted of certain crimes; or has falsified an application or report that he is required to file with or on behalf of a membership organization.

statutory voting (*votación reglamentaria*) A voting procedure that permits stockholders to cast one vote per share owned for each position. The procedure tends to benefit majority stockholders. *See also* cumulative voting.

steer averaging (*inversión escalonada en ganado*) Investing fixed amounts of money in cattle regularly over a fixed time period, with the proceeds from the sale of the cattle automatically reinvested. The technique is used to manage the risks involved in a cattle-feeding direct participation program.

step-out well (*pozo de salida*) An oil or gas well or prospect adjacent to a field of proven reserves. *See also* developmental drilling program.

stock ahead (*postergación*) The term used to describe the

inability of a specialist to fill a limit order at a specific price because other orders at the same price were entered previously.

stockbroker (*representante registrado*) (*ejecutivo de cuentas*) (*intermediario*) (*corredor de bolsa*) (*comisionista de bolsa*) (*operador*) *See* registered representative.

stock certificate (*título accionario*) (*título de acciones*) Written evidence of ownership in a corporation.

stock dividend (*dividendo*) (*dividendo en acciones*) *See* dividend.

stockholders' equity (*capital contable*) (*interés del propietario*) (*patrimonio*) (*patrimonio neto*) (*activo neto*) *See* shareholders' equity.

stock index future (*futuro basado en un índice de acciones*) A futures contract based on an established stock market index, such as the S&P 500, Major Market Index or *Value Line* Composite Index.

stock loan agreement (*acuerdo de préstamo de valores*) The document that an institutional customer must sign when the broker-dealer borrows stock from the customer's account; the document specifies the terms of the loan and the rights of both parties.

stock power (*poder para transmitir acciones*) (*poder irrevocable para transmitir acciones*) (*poder de sustitución*) A standard form that duplicates the back of a stock certificate and is used for transferring the stock to the new owner's name. A separate stock power is used if the registered owner of a security does not have the certificate available for signature endorsement. *Syn.* irrevocable stock power; power of substitution. *See also* assignment.

stock quote (*cotización de acciones*) A list of representative prices bid and asked for a stock during a particular trading day. Stocks are quoted in points, where one point equals $1, and 1/8 of a point, where 1/8 equals 12.5 cents. Stock quotes are listed in the financial press and most daily newspapers. *See also* bond quote.

stock record (*registro de acciones*) (*registro de valores*) (*registro de títulos*) (*registro de títulos valor*) A broker-dealer's accounting system that shows separately for each security all long and short positions, as well as the location of each security, the holdings of all customers, and

all securities due from or owed to other broker-dealers. *Syn.* securities record. *See also* customer ledger; general ledger.

stock record break (*discrepancia de registro de acciones*) A discrepancy between the number of shares reported in a broker-dealer's accounting records and the number of shares in a physical count of its securities. The discrepancy can be due to a counting error or to missing securities. *See also* quarterly securities count.

stock record department (*departamento de registro de acciones*) The department within a brokerage firm responsible for maintaining the ledger that lists the owners of securities and the location of certificates.

stock split (*división de acciones*) An increase in the number of a corporation's outstanding shares that decreases the par value of its stock. The market value of the total number of shares remains the same. The proportional reductions in orders held on the books for a split stock are calculated by dividing the market price of the stock by the fraction that represents the split. *See also* reverse split.

stop limit order (*orden de ejecución condicionada a un precio límite*) A customer order that becomes a limit order when the market price of the security reaches or passes a specific price. *See also* limit order; stop order.

stop order (*orden de suspensión de venta*) (1) A directive from the SEC that suspends the sale of new issue securities to the public when fraud is suspected or filing materials are deficient. (2) A customer order that becomes a market order when the market price of the security reaches or passes a specific price. *See also* limit order; market order; stop limit order.

stopping stock (*condicionamiento a un precio*) The method used by a specialist to guarantee that a customer order will be executed at a specific price.

straddle (*posición escalonada*) An option investor's position that results from buying a call and a put or selling a call and a put on the same security with the same exercise price and expiration month. *See also* long straddle; short straddle; spread.

straight-line depreciation (*depreciación en línea recta*) (*depreciación lineal*) (*amortización lineal*) (*amortización constante*) (*amortización de cuotas fijas*) An accounting method used to recover the cost of a qualifying depreciable asset, whereby the owner writes off the cost of the asset in equal amounts each year over the asset's useful life. *See also* Modified Accelerated Cost Recovery System.

strangle (*obstrucción*) An option investor's position that results from buying a call and a put when both options are out-of-the-money on either side of the current price of the underlying security. A strangle can be profitable only if the market is highly volatile and makes a major move in either direction.

strap (*opción triple*) Buying two calls and one put on the same security with the same exercise price and expiration month. *See also* strip.

street name (*cuenta a nombre del titular nominal*) *See* in-street-name account.

strengthening basis (*base de fortalecimiento*) A converging of the spot price and the futures price of a commodity. *See also* weakening basis.

strike price (*precio de ejercicio*) (*precio de ejecución*) *See* exercise price.

striking price (*precio de ejercicio*) (*precio de ejecución*) *See* exercise price.

strip (*opción triple inversa*) Buying two puts and one call on the same security with the same exercise price and expiration month. *See also* strap.

stripped bond (*bono cupón cero*) (*bono sin cupones*) (*bono desmantelado*) A debt obligation that has been stripped of its interest coupons by a brokerage firm, repackaged and sold at a deep discount. It pays no interest but may be redeemed at maturity for the full face value. *See also* zero-coupon bond.

stripper well (*pozo de petróleo mermado*) (*pozo casi agotado*) An oil well that produces fewer than ten barrels per day.

STRIPS (*STRIPS*) *See* Separate Trading of Registered Interest and Principal of Securities.

Student Loan Marketing Association (SLMA) A publicly owned corporation that purchases student loans from financial institutions and packages them for sale in the secondary market, thereby increasing the availability of money for educational loans. *Syn.* Sallie Mae.

Subchapter S corporation (*sociedad del subcapítulo S*) A small business corporation that meets certain requirements and is taxed as a partnership while retaining limited liability.

subject quote (*cotización tentativa*) A securities quotation that does not represent an actual offer to buy or sell but is tentative, subject to reconfirmation by the broker-dealer. *See also* bona fide quote; firm quote; nominal quote; workout quote.

submission agreement (*acuerdo de presentación*) A document filed by each party involved in a dispute submitted for resolution under the NASD's Code of Arbitration Procedure; the document must be filed by each party before proceedings may begin.

subordinated debenture (*obligación subordinada*) (*obligación subordinada sin garantía*) (*deuda subordinada sin garantía específica*) (*deuda quirografaria subordinada*) A debt obligation, backed by the general credit of the issuing corporation, that has claims to interest and principal subordinated to ordinary debentures and all other liabilities. *See also* debenture.

subordinated debt financing
(*financiamiento mediante deuda subordinada*) A form of long-term capitalization used by broker-dealers, in which the claims of lenders are subordinated to the claims of other creditors. Subordinated financing is considered part of the broker-dealer's capital structure and is added to net worth when computing its net capital.

subordinated interest
(*participación directa subordinada*) (*participación subordinada*) (*participación directa subordinada reversible*) *See* reversionary working interest.

subordinated loan (*préstamo subordinado*) A loan to a broker-dealer in which the lender agrees to subordinate its claim to the claims of the firm's other creditors.

subordinated reversionary working interest (*participación directa subordinada*) (*participación subordinada*) (*participación directa subordinada reversible*) *See* reversionary working interest.

subscription agreement (*acuerdo de suscripción*) A statement signed by an investor indicating an offer to buy an interest in a direct participation program. In the statement, the investor agrees to grant power of attorney to the general partner and to abide by the limited partnership agreement. The sale is finalized when the subscription agreement is signed by the general partner.

subscription amount (*monto de suscripción*) (*importe de suscripción*) The total dollar amount that a participant in a direct participation program has invested.

subscription right (*derecho*) (*derecho de suscripción*) (*cédula de suscripción*) *See* right.

subscription right certificate (*derecho*) (*derecho de suscripción*) (*cédula de suscripción*) *See* right.

substitution (*sustitución*) The purchase of a different but related commodity because the commodity originally desired became too expensive.

suitability (*idoneidad*) A determination made by a registered representative as to whether a particular security matches a customer's objectives and financial capability. The rep must have enough information about each customer in order to make this judgment. *See also* Rule 405.

summary complaint procedure
(*procedimiento sumario de demanda*) A process for settling a charge or complaint that is quicker and less formal than the NASD's regular complaint procedure. The maximum penalty imposed under the summary complaint procedure is $2,500 plus public censure. *See also* Code of Procedure; regular complaint procedure.

sum-of-the-years-digits (SOYD)
(*suma de dígitos de años*) A method of depreciation in which a corporation writes off more of the value of an asset during its early years of use than during its later years of use.

Super Designated Order Turnaround System (*Sistema de Rotación de Órdenes Sobredesignadas*) (*SuperDot*) The computerized trading and execution system used by the New York Stock Exchange. The system allows broker-dealers to choose the destinations of orders and the routes they will take; specialists or commission brokers executing the orders use the system to send reports back to the firms. Orders executed through the system are often confirmed back to the broker in less than 60 seconds. *Syn.* SuperDot. *See also* New York Stock Exchange.

SuperDot (*SuperDot*) *See* Super Designated Order Turnaround System.

supervision (*supervisión*) A system implemented by a broker-dealer to ensure that its employees and associated persons comply with the applicable rules and regulations of the SEC, the exchanges and the SROs.

supply (*oferta*) The total amount of a good or service available for purchase by consumers. *See also* demand.

supply-side theory (*teoría favorable a la economía de la oferta*) (*teoría de la política de oferta*) (*teoría de la política de estímulo a la oferta*) An economic theory holding that bolstering an economy's ability to supply more goods is the most effective way to stimulate economic growth. Supply-side theorists advocate income tax reduction insofar as this increases private investment in corporations, facilities and equipment.

support level (*nivel de soporte*) A technical analysis term describing the bottom of a stock's historical trading range. *See also* breakout; resistance level.

surety bond (*bono de fidelidad*) *See* fidelity bond.

surplus fund (*fondo de excedentes*) An account that is used to pay a variety of a municipal revenue bond's expenses, including redeeming bonds, funding improvements and making tax payments. *See also* flow of funds.

switching (*arbitraje de cartera*) A speculative strategy whereby an investor closes a commodity or option position that specifies one delivery or expiration month and opens a position for the same commodity or option in another, more distant month. *Syn.* rolling forward.

symmetrical triangle (*triángulo simétrico*) On a technical analyst's trading activity chart, a pattern which indicates that the market is consolidating for the time being; considered to be a neutral indicator. *See also* ascending triangle; descending triangle.

syndicate (*sindicato*) (*sindicato colocador*) (*sindicato de colocadores*) A group of investment bankers formed to handle the distribution and sale of a security on behalf of the issuer. Each syndicate member is responsible for the sale and distribution of a portion of the issue. *Syn.* underwriting syndicate. *See also* Eastern account; Western account.

syndicate manager (*colocador libre*) (*administrador de colocación*) (*colocador administrador*) (*administrador de sindicato de colocadores*) *See* underwriting manager.

synthetic future (*futuro sintético*) A combination of a futures position with an option position that simulates the risk and return potential of a single futures purchase or sale.

synthetic option (*opción sintética*) A combination of a stock position with an option position that simulates the risk and return potential of a single option purchase or sale.

synthetic stock (*acción sintética*) An options position that simulates the risk and return potential of directly holding the underlying stock.

systematic risk (*riesgo sistemático*) The potential for a security to decrease in value owing to its inherent tendency to move together with all securities of the same type. Neither diversification nor any other investment strategy can eliminate this risk. *See also* market risk; nonsystematic risk.

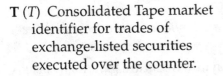

T (*T*) Consolidated Tape market identifier for trades of exchange-listed securities executed over the counter.

takedown (*asignación*) The discount from the public offering price at which a syndicate member buys new issue securities from the syndicate for sale to the public. *See also* concession.

TAN (*TAN*) *See* tax anticipation note.

Tape (*Cinta de Precios Consolidada*) (*Tira de Precios Consolidada*) *See* Consolidated Tape.

taxability (*imponibilidad*) The risk of the erosion of investment income through taxation.

taxable gain (*ganancia gravable*) (*ganancia imponible*) The portion of a sale or distribution of mutual fund shares that is subject to taxation.

tax and revenue anticipation note (TRAN) (*pagaré de anticipo de ingresos públicos e impuestos*) A short-term municipal debt security to be paid off from future tax receipts and revenues.

tax anticipation note (TAN) (*pagaré de anticipo de impuestos*) A short-term municipal or government debt security to be paid off from future tax receipts.

tax basis (*base del impuesto*) (*base imponible*) (*base gravable*) (*base impositiva*) The amount that a limited partner has invested in a partnership.

tax credit (*crédito fiscal*) (*crédito tributario*) (*descuento tributario*) (*crédito impositivo*) (*descuento impositivo*) An amount that can be subtracted from a tax liability, often in connection with real estate development, energy conservation and research and development programs. Every dollar of tax credit reduces the amount of tax due, dollar for dollar. *See also* deduction.

tax-deferred annuity (*seguro de renta con impuestos diferidos*) (*seguro de renta protegido contra impuestos*) *See* tax-sheltered annuity.

tax-equivalent yield (*rendimiento equivalente a impuestos*) (*rentabilidad equivalente a impuestos*) The rate of return a taxable bond must earn before taxes in order to equal the tax-exempt earnings on a municipal bond. This number varies with the investor's tax bracket.

taxes per capita (*impuesto por persona*) (*impuesto per cápita*) *See* taxes per person.

taxes per person (*impuesto por persona*) (*impuesto per cápita*) A measure of the tax burden of a municipality's population, calculated by dividing the municipality's tax receipts by its population. *Syn.* taxes per capita.

tax-exempt bond fund (*fondo de bonos exentos de impuestos*) (*fondo de bonos libres de impuestos*) A mutual fund whose investment objective is to provide maximum tax-free income. It invests primarily in municipal bonds and short-term debt. *Syn.* tax-free bond fund.

tax-free bond fund (*fondo de bonos exentos de impuestos*) (*fondo de bonos libres de impuestos*) *See* tax-exempt bond fund.

tax liability (*pasivo fiscal*) The amount of tax payable on earnings, usually calculated by subtracting standard and itemized deductions and personal exemptions from adjusted gross income and then multiplying by the tax rate. *See also* adjusted gross income.

tax preference item (*partida con ventajas fiscales*) An element of income that receives favorable tax treatment. The item must be added to taxable income when computing alternative minimum tax. Tax preference items include accelerated depreciation on property, research and development costs, intangible drilling costs, tax-exempt interest on municipal private purpose bonds, and certain incentive stock options. *See also* alternative minimum tax.

Tax Reform Act of 1986 (TRA 1986) (*Ley de Reformas Fiscales de 1986*) Legislation enacted by Congress for the purpose of reducing the federal deficit. The legislation set income tax brackets and imposed various surcharges and special taxes.

tax-sheltered annuity (TSA) (*seguro de renta con impuestos diferidos*) (*seguro de renta protegido contra impuestos*) An insurance contract that entitles the holder to exclude all contributions from gross income in the year they are made. Tax payable on the earnings is deferred until the holder withdraws funds at retirement. TSAs are available to employees of public schools, church organizations and other tax-exempt organizations. *Syn.* tax-deferred annuity.

tax swap (*crédito recíproco*) (*canje de bonos*) (*intercambio de bonos*) (*canje de impuestos*) (*intercambio de impuestos*) *See* bond swap.

T bill (*pagaré de la Tesorería a corto plazo*) (*pagaré T*) *See* Treasury bill.

T bond (*bono de la Tesorería*) (*bono del Tesoro*) (*Bono T*) *See* Treasury bond.

TBR (*Recibo de Bono de la Tesorería*) *See* Treasury Bond Receipt.

T call (*aviso de margen*) (*llamada de margen*) *See* margin call.

TCPA *See* Telephone Consumer Protection Act of 1991.

TSA *See* tax-sheltered annuity.

technical analysis (*análisis técnico*) A method of evaluating securities by analyzing statistics generated by market activity, such as past prices and volume. Technical analysts do not attempt to measure a security's intrinsic value. *See also* chartist; fundamental analysis.

technician (*analista*) (*técnico*) *See* chartist.

Telephone Consumer Protection Act of 1991 (TCPA) (*Ley de Protección al Usuario de Servicios Telefónicos de 1991*) Federal legislation restricting the use of telephone lines for solicitation purposes. A company soliciting sales via telephone, facsimile or E-mail must disclose its name and address to the called party and must not call any person who has requested not to be called.

tenants in common (*cotitularidad*) *See* joint tenants in common.

tender bond (*bono de amortización garantizada*) *See* put bond.

tender offer (*oferta pública de compra*) An offer to buy securities for cash or for cash plus securities.

tentative net capital (*capital neto tentativo*) A broker-dealer's total available capital minus all nonallowable assets. *See also* net capital; nonallowable asset.

term bond (*vencimiento a plazo único*) (*expiración a plazo único*) *See* term maturity.

term maturity (*vencimiento a plazo único*) (*expiración a plazo único*) A repayment schedule for a bond issue in which the entire issue comes due on a single date. *Syn.* term bond. *See also* maturity date.

testamentary trustee (*fiduciario por testamento*) (*fiduciario testamentario*) A person authorized to administer a fiduciary account, including a brokerage account, created by a decedent. The trustee's authority is granted by the last will of the decedent. *See also* trustee of a living trust.

testimonial (*testimonial*) An endorsement of an investment or service by a celebrity or public opinion influencer. The use of testimonials in public communications is regulated by the NASD.

third market (*mercado terciario*) (*tercer mercado*) The exchange where listed securities are traded in the over-the-counter market. Institutional investors are the primary users of the third market.

third-party account (*cuenta de tercero*) (*cuenta a nombre de tercero*) (1) A customer account for which the owner has given power of attorney to a third party. (2) A customer account opened by an adult naming a minor as beneficial owner. (3) A customer account opened for another adult; this type of account is prohibited.

third-party control (*control de terceros*) A commodity trading account for which orders are entered by a party that is neither the account owner nor an exchange member or associated person. This type of account is permitted if the account owner has issued a written trading authorization and has received the appropriate disclosure documents.

30-day visible supply (*oferta visible*) (*suministros visibles*) *See* visible supply.

TIC (*TIC*) *See* joint tenants in common; true interest cost.

tick (*puja*) A minimum upward or downward movement in the price of a security. *See also* minus tick; plus tick; plus tick rule.

Ticker Tape (*Cinta de Precios Consolidada*) (*Tira de Precios Consolidada*) *See* Consolidated Tape.

TIGR (*TIGR*) *See* Treasury Investors Growth Receipt.

time deposit (*depósito a plazo*) A sum of money left with a bank (or borrowed from a bank and left on deposit) that the depositing customer has agreed not to withdraw for a specified time period or without a specified amount of notice. *See also* demand deposit.

time loan (*préstamo a plazo*) A collateral loan of a brokerage firm that matures on a date agreed upon by the lender and the borrower and that has a constant interest rate for the duration of the contract. *See also* broker's loan; call loan; loan for set amount.

times fixed charges earned ratio (*razón de cobertura de interés sobre un bono*) (*razón de cobertura de cargos fijos*) (*relación de cobertura de intereses*) *See* bond interest coverage ratio.

times interest earned ratio (*razón de cobertura de interés sobre un bono*) (*razón de cobertura de cargos fijos*) (*relación de cobertura de intereses*) *See* bond interest coverage ratio.

time spread (*posición mixta horizontal*) *See* horizontal spread.

time value (*valor temporal*) The amount an investor pays for an option above its intrinsic value; it reflects the amount of time left until expiration. The amount is calculated by subtracting the intrinsic value from the premium paid. *See also* intrinsic value.

timing risk (*riesgo de oportunidad*) The potential for an investor to incur a loss as a result of buying or selling a particular security at an unfavorable time.

Title 1 (*Título 1*) One of the four parts of the Employee Retirement Income and Security Act of 1974. Title 1 protects employee benefit rights. *See also* Employee Retirement Income and Security Act of 1974.

Title 2 (*Título 2*) One of the four parts of the Employee Retirement Income and Security Act of 1974. Title 2 amends the pension and benefits sections of the Internal Revenue Code. *See also* Employee Retirement Income and Security Act of 1974.

Title 3 (*Título 3*) One of the four parts of the Employee Retirement Income and Security Act of 1974. Title 3 divides responsibilities among the agencies that administer pension laws. *See also* Employee Retirement Income and Security Act of 1974.

Title 4 (*Título 4*) One of the four parts of the Employee Retirement Income and Security Act of 1974. Title 4 deals with pension plan termination insurance, and established the Pension Benefit Guaranty Corporation. *See also* Employee Retirement Income and Security Act of 1974.

T note (*pagaré de la Tesorería*) (*pagaré del Tesoro*) (*pagaré T*) *See* Treasury note.

tombstone (*aviso informativo*) A printed advertisement that solicits indications of interest in a securities offering. The text is limited to basic information about the offering, such as the name of the issuer, type of security, names of the underwriters and where a prospectus is available.

top-heavy rule (*regla del tope de sueldo*) The provision of a Keogh plan that sets the maximum salary on which employer contributions may be based. The rule prevents great disparities in the dollar amounts contributed for employees at different salary levels. *See also* Keogh plan.

total capitalization (*capitalización total*) The sum of a corporation's long-term debt, stock accounts and capital in excess of par.

TRA 1986 (*TRA 1986*) *See* Tax Reform Act of 1986.

trade comparison (*comparación de operación*) (*comparación de negociación*) (*comparación de transacción*) The memorandum sent by both broker-dealers engaged on either side a trade; it confirms the details of the transaction. Comparison procedures are established by the NASD's Uniform Practice Code.

trade confirmation (*confirmación de operación*) (*confirmación de negociación*) (*confirmación de transacción*) A printed document that contains details of a transaction, including the settlement date and amount of money due from or owed to a customer. It must be sent to the customer on or before the settlement date.

trade date (*fecha de operación*) (*fecha de negociación*) (*fecha de transacción*) The date on which a securities transaction is executed.

trading authorization (*autorización amplia para negociar*) *See* full trading authorization; limited trading authorization.

trading halt (*suspensión de operaciones*) (*suspensión de la negociación*) (*suspensión de la transacción*) A pause in the trading of a particular security on one or more exchanges, usually in anticipation of a news announcement or to correct an order imbalance. During a trading halt, open orders may be canceled and options may be exercised. *See also* HALT.

trading on the equity (*apalancamiento*) (*poder multiplicador*) (*efecto palanca*) *See* leverage.

TRAN (*TRAN*) *See* tax and revenue anticipation note.

tranche (*tramo*) One of the classes of securities that form an issue of collateralized mortgage obligations. Each tranche is characterized by its interest rate, average maturity, risk level and sensitivity to mortgage prepayments. Neither the rate of return nor the maturity date of a CMO tranche is guaranteed. *See also* collateralized mortgage obligation.

transfer agent (*agente de transferencias*) (*agente de transmisiones*) A person or corporation responsible for recording the names and holdings of registered security owners, seeing that certificates are signed by the appropriate corporate officers, affixing the corporate seal, and delivering securities to the new owners.

transfer and hold in safekeeping (*transferencia y tenencia en custodia*) (*transmisión y tenencia en custodia*) A securities buy order settlement and delivery procedure whereby the securities bought are transferred to the customer's name but are held by the broker-dealer. *See also* hold in street name; transfer and ship.

transfer and ship (*transferencia y envío*) (*transmisión y envío*) A securities buy order settlement and delivery procedure whereby the securities bought are transferred to the customer's name and are sent to the customer. *See also* hold in street name; transfer and hold in safekeeping.

transfer of assets (*transferencia de activos*) (*transmisión de activos*) Moving all the assets of one corporation to another corporation, thus dissolving the first corporation. This changes the structure of both corporations and therefore falls under the purview of Rule 145. *See also* Rule 145.

Transportation Average (*Promedio Dow Jones de los Transportes*) (*Promedio de los Transportes*) *See* Dow Jones Transportation Average.

Treasury bill (*pagaré de la Tesorería a corto plazo*) (*pagaré del Tesoro a corto plazo*) (*pagaré T a corto*) A marketable U.S. government debt security with a maturity of less than one year. Treasury bills are issued through a competitive bidding process at a discount from par; there is no fixed interest rate. *Syn.* T bill.

Treasury bond (*bono de la Tesorería*) (*bono del Tesoro*) (*bono T*) A marketable, fixed-interest U.S. government debt security with a maturity of more than ten years. *Syn.* T bond.

Treasury Bond Receipt (TBR) (*Recibo de Bono de la Tesorería*) One of several types of zero-coupon bonds issued by brokerage firms and collateralized by Treasury securities. *See also* Treasury receipt.

Treasury Investors Growth Receipt (TIGR) (*Recibo de la Tesorería para el Crecimiento de Inversionistas*) One of several types of zero-coupon bonds issued by brokerage firms and collateralized by Treasury securities. *See also* Treasury receipt.

Treasury note (*pagaré de la Tesorería*) (*pagaré del Tesoro*) (*pagaré T*) A marketable, fixed-interest U.S. government debt security with a maturity of between one and ten years. *Syn.* T note.

Treasury receipt (*recibo de la Tesorería*) (*recibo del Tesoro*) The generic term for a zero-coupon bond issued by a brokerage firm and collateralized by Treasury securities held in escrow for the investor by a custodian.

treasury stock (*acciones de tesorería*) Equity securities that have been issued and repurchased by the issuing corporation from the public at the current market price. *See also* issued stock; outstanding stock.

trendline (*línea de tendencia*) A tool used by technical analysts to trace a security's movement by connecting the reaction lows in an upward trend or the rally highs in a downward trend.

triangle (*triángulo*) (*banderín*) On a technical analyst's trading activity chart, a pattern that shows a narrowing of the price range in which a security is trading. The left side of the triangle typically shows the widest range, and the right side narrows to a point. *Syn.* pennant. *See also* ascending triangle; descending triangle; symmetrical triangle.

trough (*valle*) The end of a period of declining business activity throughout the economy, one of the four stages of the business cycle. *See also* business cycle.

true interest cost (TIC) (*costo real de intereses*) A means of evaluating the competitive bids of prospective bond underwriting syndicates. Each syndicate provides a calculation of the coupon interest to be paid by the issuer over the life of the bond, taking into account the time value of money. *See also* net interest cost.

trust agreement (*contrato de fideicomiso*) (*escritura fiduciaria*) (*convenio de fideicomiso*) (*escritura de fideicomiso*) (*contrato fiduciario*) *See* trust indenture.

trustee (*fiduciario [2]*) A person legally appointed to act on behalf of a beneficiary. *See also* trustee of a living trust.

trustee of a living trust (*fiduciario de fideicomiso activo*) A person legally appointed to manage the affairs, including any brokerage accounts, of a living beneficiary. The authority is created by a trust agreement, not a will. *See also* testamentary trustee.

trust indenture (*contrato de fideicomiso*) (*escritura fiduciaria*) (*convenio de fideicomiso*) (*escritura de fideicomiso*) (*contrato fiduciario*) A legal contract between a corporation and a trustee that represents its bondholders that details the terms of a debt issue. The terms include the rate of interest, maturity date, means of payment and collateral. *Syns.* deed of trust; trust agreement.

Trust Indenture Act of 1939 (*Ley de Contratos de Fideicomiso de 1939*) The legislation requiring that all publicly offered, nonexempt debt securities be registered under the Securities Act of 1933 and be issued under a trust indenture that protects the bondholders.

Trust in Securities Act (*Ley de Fideicomisos de Valores*) *See* Securities Act of 1933.

Truth in Securities Act (*Ley de Veracidad de los Valores*) *See* Securities Act of 1933.

TSA (*TSA*) *See* tax-sheltered annuity.

12b-1 asset-based fees (*comisión basada en activos 12b-1*) A provision of the Investment Company Act of 1940 that allows a mutual fund to collect a fee for the promotion, sale or other activity connected with the distribution of its shares. The fee must be reasonable (typically 1/2 to 1% of net assets managed), up to a maximum of 8.5% of the offering price per share.

two-dollar broker (*intermediario "de dos dólares"*) An exchange member that executes orders for other member firms when their floor brokers are especially busy. Two-dollar brokers charge a commission for their services; the amount of the commission is negotiated.

type (*tipo*) A term that classifies an option as a call or a put. *See also* class; series.

U

UGMA (*UGMA*) *See* Uniform Gifts to Minors Act.

UIT (*UIT*) *See* unit investment trust.

uncovered (*al descubierto*) (*sin cobertura*) *See* naked.

uncovered call writer (*vendedor de opciones de compra al descubierto*) (*vendedor de opciones de compra sin cobertura*) (*vendedor de opciones de compra descubiertas*) *See* naked call writer.

uncovered put writer (*vendedor de opciones de venta al descubierto*) (*vendedor de opciones de venta sin cobertura*) (*vendedor de opciones de venta descubiertas*) *See* naked put writer.

underlying securities (*valores subyacentes*) (*valores de referencia*) (*títulos de referencia*) (*títulos subyacentes*) (*títulos valor de referencia*) (*títulos valor subyacentes*) The futures or securities that are bought or sold when an option, right or warrant is exercised.

underwriter (*colocador*) An investment banker that works with an issuer to help bring a security to the market and sell it to the public.

underwriting (*colocación*) The procedure by which investment bankers channel investment capital from investors to corporations and municipalities that are issuing securities. *See also* all or none underwriting; best efforts underwriting; firm commitment underwriting; mini-max underwriting.

underwriting compensation (*contraprestación de colocación*) The amount paid to a broker-dealer firm for its involvement in offering and selling securities.

underwriting discount (*margen de colocación*) (*diferencial de colocación*) (*descuento de colocación*) *See* underwriting spread.

underwriting manager (*colocador libre*) (*administrador de colocación*) (*colocador administrador*) (*administrador de sindicato de colocadores*) The brokerage firm responsible for organizing a syndicate, preparing the issue, negotiating with the issuer and underwriters and allocating stock to the selling group. *Syns.* manager of the syndicate; managing underwriter; syndicate manager. *See also* agreement among underwriters; syndicate.

underwriting split (*margen de colocación*) (*diferencial de colocación*) (*descuento de colocación*) *See* underwriting spread.

underwriting spread (*margen de colocación*) (*diferencial de colocación*) (*descuento de colocación*) The difference in price between the public offering price and the price an underwriter pays to the issuing corporation. The difference represents the profit available to the syndicate or selling group. *Syn.* underwriting discount; underwriting split.

underwriting syndicate (*sindicato*) (*sindicato colocador*) (*sindicato de colocadores*) *See* syndicate.

undivided account (*cuenta del este*) (*cuenta por aplicar*) *See* Eastern account.

unearned income (*ingreso no ganado*) (*ingreso no devengado*) (*ingreso no salarial*) Income

derived from investments and other sources not related to employment services. Examples of unearned income include interest from a savings account, bond interest and dividends from stock. *See also* earned income; passive income; portfolio income.

Uniform Combined State Law Exam (*Examen Combinado Uniforme sobre Leyes Estatales*) *See* Series 66.

uniform delivery ticket (*boleta de entrega uniforme*) The document that must accompany securities when they are delivered to the buyer; it signifies good delivery. *See also* good delivery.

Uniform Gifts to Minors Act (UGMA) (*Ley Uniforme de Donaciones a Menores*) Legislation that permits a gift of money or securities to be given to a minor and held in a custodial account that is managed by an adult for the minor's benefit. By transferring income and capital gains to a minor's name, they are taxed at a lower rate. *See also* Uniform Transfers to Minors Act.

Uniform Investment Adviser Law Exam (*Examen Uniforme Legal para Asesores en Inversiones*) *See* Series 65.

Uniform Practice Code (UPC)
(*Código de Prácticas Uniformes*)
The NASD policy that establishes guidelines for a brokerage firm's dealings with other brokerage firms.

Uniform Securities Act (USA)
(*Ley Uniforme de Valores*)
Model legislation for securities industry regulation at the state level. Each state may adopt the legislation in its entirety or it may adapt it (within limits) to suit its needs. *See also* blue-sky laws; Series 63; Series 65; Series 66.

Uniform Securities Agent State Law Exam (USASLE)
(*Examen sobre la Ley Uniforme Estatal de Agentes de Valores*)
See Series 63.

Uniform Transfers to Minors Act (UTMA) (*Ley Uniforme de Transferencias a Menores*)
Legislation adopted in some states that permits a gift of money or securities to be given to a minor and held in a custodial account that is managed by an adult for the minor's benefit until the minor reaches a certain age (not necessarily the age of majority). *See also* Uniform Gifts to Minors Act.

unit (*unidad*) A share in the ownership of a direct participation program that entitles the investor to an interest in the program's net income, net loss and distributions.

United States Department of Agriculture (USDA)
(*Departamento de Agricultura de Estados Unidos*) The federal agency that promotes agriculture through setting quality standards and testing agricultural products for conformity.

unit investment trust (UIT)
(*fideicomiso de inversión en unidades*) An investment company that sells redeemable shares in a professionally selected portfolio of securities. It is organized under a trust indenture, not a corporate charter. *See also* fixed unit investment trust; nonfixed unit investment trust; unit of beneficial interest.

unit of beneficial interest
(*unidad de interés patrimonial*) A redeemable share in a unit investment trust, representing ownership of an undivided interest in the underlying portfolio. *Syn.* share of beneficial interest. *See also* unit investment trust.

unit refund annuity (*seguro de renta bonificable por unidades*) An insurance contract in which the insurance company makes monthly payments to the annuitant over the annuitant's lifetime. If the annuitant dies before receiving an amount equal to the value of the account, the money remaining in the account goes to the annuitant's named beneficiary.

unqualified legal opinion (*dictamen jurídico sin reservas*) (*dictamen legal sin reservas*) The statement of a bond counsel affirming the compliance of a new municipal bond issue with municipal statutes and tax regulations, and expressing no reservations about its validity. *See also* legal opinion of counsel; qualified legal opinion.

unrealized gain (*utilidad no realizada*) The amount by which a security appreciates in value before it is sold. Until it is sold, the investor does not actually possess the proceeds of the sale. *See also* realized gain.

unregistered secondary distribution (*distribución secundaria al contado*) (*redistribución al contado*) (*distribución secundaria de realización inmediata*) (*redistribución de realización inmediata*) (*distribución secundaria no registrada*)

See spot secondary distribution.

unsecured bond (*obligación*) (*deuda sin garantía*) (*deuda sin garantía específica*) (*deuda quirografaria*) *See* debenture.

unsecured receivable (*cuenta por cobrar no garantizada*) (*cuenta por cobrar sin garantía*) An amount that is owed to a broker-dealer by a customer or another broker-dealer and that is not fully collateralized by securities on deposit with the firm. An unsecured receivable is a nonallowable asset for net capital computation purposes. *See also* nonallowable asset.

UPC (*UPC*) *See* Uniform Practice Code.

up tick (*mayor precio conforme a la diferencia mínima anterior*) *See* plus tick.

up tick rule (*regla de puja a la alza*) *See* plus tick rule.

USA (*USA*) *See* Uniform Securities Act.

USASLE (*USASLE*) *See* Series 63.

USDA report (*reporte USDA*) (*informe USDA*) A monthly release of the United States Department of Agriculture that estimates the supply of various agricultural commodities.

U.S. government and agency bond fund (*fondo de bonos del* *gobierno federal de Estados Unidos y de sus organismos*) A mutual fund whose investment objective is to provide current income while preserving safety of capital through investing in securities backed by the U.S. Treasury or issued by a government agency.

UTMA (*UTMA*) *See* Uniform Transfers to Minors Act.

Value Line An investment advisory service that rates hundreds of stocks as to safety, timeliness and projected price performance. *See also Value Line* Composite Index.

Value Line Composite Index (*Índice Compuesto Value Line*) A market index composed of 1,700 exchange and over-the-counter stocks. *See also* index; *Value Line.*

value of a right (*derecho*) (*derecho de suscripción*) (*cédula de suscripción*) *See* right.

variable annuity (*seguro de renta variable*) An insurance contract in which at the end of the accumulation stage the insurance company guarantees a minimum total payment to the annuitant. The performance of a separate account, generally invested in equity securities, determines the amount of this total payment. *See also* accumulation stage; annuity; fixed annuity; separate account.

variable death benefit (*indemnización variable por muerte*) The amount paid to a decedent's beneficiary that is dependent on the investment performance of an insurance company's separate account; the amount is added to any guaranteed minimum death benefit.

variable life insurance policy (*póliza de seguro de vida variable*) An insurance contract that provides financial compensation to the insured's named beneficiaries in the event of the insured's death. The insurance company guarantees payment of a minimum amount plus an additional sum according to the performance of a separate account, usually invested in equities or other relatively high-yielding securities.

variable-rate demand note (*valor municipal a tasa variable*) (*título municipal a tasa variable*) (*título valor municipal a tasa variable*) (*pagaré a la vista a tasa variable*) *See* variable-rate municipal security.

variable-rate municipal security (*valor municipal a tasa variable*) (*título municipal a tasa variable*) (*título valor municipal a tasa variable*) (*pagaré a la vista a tasa variable*) A short-term municipal debt security issued when either general interest rates are expected to change or the length of time before permanent funding is received is uncertain. *Syn.* variable-rate demand note.

variable ratio plan (*plan de coeficiente variable*) (*plan de relación variable*) (*plan de razón variable*) A defensive investment strategy in which the ratio of stocks owned to bonds owned decreases as the market rises and increases as the market falls. The theory is that stocks become more risky as their prices rise, whereas bond prices tend to be more stable.

vertical spread (*posición mixta vertical*) The purchase and sale of two options on the same underlying security and with the same expiration date but with different exercise prices. *Syn.* money spread; price spread. *See also* spread.

vesting (*adquisición de derechos*) (1) An ERISA guideline stipulating that employees must be entitled to their entire retirement benefits within a certain period of time even if they are no longer with the employer. (2) The amount of time that an employee must work before retirement or benefit plan contributions made by the employer become the employee's property without penalty. The IRS and the Employee Retirement Income Security Act of 1974 set minimum requirements for vesting in a qualified plan.

visible supply (*oferta visible*) (*suministros visibles*) (1) The disclosure, published in The Bond Buyer, of the total dollar amount of municipal securities known to be coming to market within the next 30 days. (2) All supplies of goods and commodities that are readily deliverable.

volatility (*volatilidad*) The magnitude and frequency of changes in the price of a security or commodity within a given time period.

volume of trading theory (*teoría del volumen de operaciones*) (*teoría del volumen de contratación*) (*teoría del volumen de intercambios comerciales*) (*teoría del volumen de transacciones*) (*teoría del* *volumen comercial*) A technical analysis theory holding that the ratio of the number of shares traded to total outstanding shares indicates whether a market is strong or weak.

voluntary accumulation plan (*plan de acumulación voluntaria*) A mutual fund account into which the investor commits to deposit amounts on a regular basis in addition to the initial sum invested.

voluntary contribution (*aportación voluntaria*) An additional contribution made to a Keogh plan by an employee to supplement plan benefits. The amount of the contribution is limited to 10% of the employee's compensation. Although the contribution is not tax deductible, the resultant earnings are not subject to tax until retirement.

voting right (*derecho de voto*) The right of a stockholder to vote for members of the board of directors and on matters of corporate policy—particularly the issuance of senior securities, stock splits and substantial changes in the corporation's business. A variation of this right is extended to variable annuity contract holders and mutual fund shareholders, who may vote on material policy issues.

voting trust (*fideicomiso con derecho de voto*) A corporation that assumes common stock voting power of a second corporation for a limited time period, such as during a reorganization of the second corporation.

voting trust certificate (*certificado de fideicomiso con derecho de voto*) A certificate issued in place of a stock certificate to stockholders of a corporation that is temporarily managed by a voting trust. The certificate represents all of the benefits of ownership except the power to vote. When the corporation resumes management of its own affairs, it replaces the voting trust certificate with a new stock certificate.

warrant (*título opcional de compraventa*) (*vale de suscripción*) (*certificado de opción*) (*garantía de opción*) (*certificado para compraventa de acciones*) A security that gives the holder the right to purchase securities from the issuer of the warrant at a stipulated subscription price. Warrants are usually long-term instruments, with expiration dates years in the future.

wash sale (*venta ficticia*) Selling a security at a loss for tax purposes and, within 30 days before or after, purchasing the same or a substantially identical security. The IRS will disallow the claimed loss. *See also* bond swap.

weakening basis (*base dteriorante*) An increasing separation of the spot price and the futures price of a commodity. *See also* strengthening basis.

Western account (*cuenta del oeste*) (*cuenta aplicada*) A securities underwriting in which the agreement among underwriters states that each syndicate member will be liable only for the sale of the portion of the issue allocated to it. *Syn.* divided account. *See also* Eastern account; syndicate.

when-, as- and if-issued security (*valor negociable a su emisión*) (*título negociable a su emisión*) (*título valor negociable a su emisión*) *See* when issued security.

when issued contract (*contrato comercializable a su emisión*) A trade agreement regarding a security that has been authorized but is not yet physically available for delivery. The seller agrees to make delivery as soon as the security is ready, and the contract includes provisions for marking the price to the market and for calculating accrued interest.

when issued security (WI) (*valor negociable a su emisión*) (*título negociable a su emisión*) (*título valor negociable a su emisión*) A securities issue that has been authorized and is sold to investors before the certificates are ready for delivery. Typically, such securities include new issue municipal bonds, stock splits and Treasury securities. *Syn.* when-, as- and if-issued security.

White's Tax-Exempt Bond Rating Service A now-defunct bond analysis company that rated municipal debt based on an issue's marketability rather than its issuer's creditworthiness.

wholesale transaction (*operación al mayoreo*) (*transacción al mayoreo*) A trade in which a broker-dealer buys a security from another broker-dealer or sells a security to another broker-dealer. *See also* retail transaction.

WI (*WI*) *See* when issued security.

W A message on the
I Consolidated Tape indicating that the trade being reported is in when issued stock or is trading when issued.

wildcatting (*programa de perforación de exploración*) (*programa de perforación exploratoria*) *See* exploratory drilling program.

Wilshire 5,000 Equity Index (*Índice Wilshire de 5,000 Acciones*) A value-weighted market indicator composed of 5,000 exchange-listed and over-the-counter common stocks. It is the broadest measure of the market. *See also* index.

wire house (*intermediario de operaciones de futuros*) (*comisionista de operaciones de futuros*) *See* futures commission merchant.

wire room (*departamento de órdenes*) *See* order department.

withdrawal plan (*plan de retiros*) A benefit offered by a mutual fund whereby a customer receives the proceeds of periodic systematic liquidation of shares in the account. The amounts received may be based on a fixed dollar amount, a fixed number of shares, a fixed percentage or a fixed period of time.

workable indication (*indicación factible*) The price at which a municipal securities dealer is willing to purchase securities from another municipal dealer. The price may be revised if market conditions change.

working capital (*capital de trabajo*) (*capital circulante*) (*capital de explotación*) A measure of a corporation's liquidity; that is, its ability to transfer assets into cash to meet current short-term obligations. It is calculated by subtracting total current liabilities from total current assets.

working capital ratio (*coeficiente de circulante*) (*coeficiente de capital de trabajo*) (*razón de circulante*) (*razón de capital de trabajo*) *See* current ratio.

working interest (*participación en la explotación*) (*participación del concesionario*) (*interés económico directo*) An operating interest in a mineral-bearing property entitling the holder to a share of income from production and carrying the obligation to bear a corresponding share of all production costs.

workout quote (*cotización estimada*) A qualified quotation whereby a broker-dealer estimates the price on a trade that will require special handling owing to its size or to market conditions. *See also* bona fide quote; firm quote; nominal quote; subject quote.

World Bank (*Banco Mundial*) *See* International Bank for Reconstruction and Development.

writer (*vendedor de opciones*) The seller of an option contract. An option writer takes on the obligation to buy or sell the underlying security if and when the option buyer exercises the option. *Syn.* seller.

writing a scale (*suscripción de una escala*) The process by which a syndicate establishes the yield for each maturity in a new serial bond issue in order to arrive at its competitive bid. *See also* scale.

WS (*WS*) A message on the Consolidated Tape indicating that the trade being reported is for a warrant.

Yellow Sheets (*Hojas amarillas*) A daily publication compiled by the National Quotation Bureau and containing interdealer wholesale quotations for over-the-counter corporate bonds. *See also Pink Sheets.*

yield (*rendimiento*) (*ganancia de capital*) (*rentabilidad [2]*) The rate of return on an investment, usually expressed as an annual percentage rate. *See also* current yield; dividend yield; nominal yield; yield to call; yield to maturity.

yield-based option (*opción basada en el rendimiento*) (*opción basada en la rentabilidad*) A security representing the right to receive, in cash, the difference between the current yield of an underlying U.S. government security and the strike price of the option. A yield-based option is used to speculate on or hedge against the risk associated with fluctuating interest rates; its strike price represents the anticipated yield of the underlying debt security.

yield curve (*curva de rendimiento*) (*curva de ganancias de capital*) (*curva de rentabilidad*) A graphic representation of the actual or projected yields of fixed-income securities in relation to their maturities. *See also* flat yield curve; inverted yield curve; normal yield curve.

yield to call (YTC) (*rendimiento a la amortización*) The rate of return on a bond that accounts for the difference between the bond's acquisition cost and its proceeds, including interest income, calculated to the earliest date that the bond may be called by the issuing corporation. *See also* bond yield.

yield to maturity (YTM) (*rendimiento al vencimiento*) The rate of return on a bond that accounts for the difference between the bond's acquisition cost and its maturity proceeds, including interest income. *See also* bond yield.

YTC (*YTC*) *See* yield to call.

YTM (*YTM*) *See* yield to maturity.

Z

zero-coupon bond (*bono cupón cero*) (*bono sin cupones*) (*bono desmantelado*) A corporate or municipal debt security traded at a deep discount from face value. The bond pays no interest; rather, it may be redeemed at maturity for its full face value. It may be issued at a discount, or it may be stripped of its coupons and repackaged. *See also* original issue discount bond; stripped bond.

zero-minus tick (*puja horizontal a la baja*) A security transaction's execution price that is equal to the price of the last sale but lower than the last different price. *See also* minus tick; plus tick; zero-plus tick.

zero-plus tick (*puja horizontal a la alza*) A security transaction's execution price that is equal to the price of the last sale but higher than the last different price. *See also* minus tick; plus tick; plus tick rule; zero-minus tick.

Primera edición
Noviembre 1998
Tiro: 5,000 ejemplares
Impresión y encuadernación:
Offset Visionary
México, D.F.
Impreso en México/Printed in México